经济管理类核心课系列教材

会 计 学

（第三版）

主　编　侯雪筠　杨忠海
副主编　李　欢

科 学 出 版 社
北 京

内 容 简 介

本书根据非会计学专业学生对会计知识的需求，综合了基础会计学和中级财务会计学两部分知识内容。首先对会计学进行总括介绍，之后系统地介绍了会计核算的基本方法，在此基础上，按照资产、负债、所有者权益、收入、费用和利润会计要素进行专项阐述，最后将各要素的信息汇总为会计信息的最终载体——财务报告。

本书可以作为高等院校经济类、管理类专业“会计学”课程的教材，也可以作为企业管理人员学习会计学知识的专业参考书。

图书在版编目（CIP）数据

会计学/侯雪筠，杨忠海主编. —3 版. —北京：科学出版社，2020.9
经济管理类核心课系列教材
ISBN 978-7-03-063608-9

Ⅰ. ①会… Ⅱ. ①侯… ②杨… Ⅲ. ①会计学－高等学校－教材
Ⅳ. ①F230

中国版本图书馆 CIP 数据核字（2019）第 272213 号

责任编辑：王京苏 / 责任校对：贾娜娜
责任印制：赵 博 / 封面设计：蓝正设计

科学出版社出版
北京东黄城根北街 16 号
邮政编码：100717
http://www.sciencep.com
北京富资园科技发展有限公司印刷
科学出版社发行 各地新华书店经销
*
2010 年 1 月第 一 版 开本：787×1092 1/16
2014 年 1 月第 二 版 印张：19 1/4
2020 年 9 月第 三 版 字数：456 000
2025 年 1 月第二十次印刷
定价：56.00 元
（如有印装质量问题，我社负责调换）

前　言

2013年，本教材第一版编写完成，作为普通高等院校本科非会计学专业的“会计学”课程教材，已多次重印并再版。每次修订，编写团队都严格遵照最新的企业会计准则对教材内容进行调整，力争用最通俗易懂的文字传递出准确、优美、高雅的会计语言，使非会计学专业的学生通过本教材真正掌握高质量的会计核算方法，为后续课程的学习夯实财务知识。

新时代的经济发展，通过对海量会计信息的收集、整理和加工，可以为企业决策提供信息的支持。由此，《会计学》教材作为了解和掌握会计知识的途径，自然应当关注会计信息供给方和需求方两者的需求。从会计信息供给方角度，本教材着重阐述更透明的会计信息的整个生成过程，以减少企业管理层与投资者之间的信息不对称，加强对投资者利益的保护；从会计信息需求方角度，更多地阐释会计信息应当如何被使用者有效地使用，以培养和提高会计信息使用者自身对会计信息的理解能力和分析能力，进而提高其经济决策能力，减少决策损失，实现对自身利益的有效保护。作为非会计学专业的学生，其立场和角度与会计学专业的学生立场和角度有所不同，他们是站在会计信息使用者的角度而非会计信息提供者的角度来学习和掌握会计知识的，他们更多地关注怎样了解企业的财务状况、经营成果和现金流量，如何透过财务报表的表象了解企业的真实状况。基于这样的认识，我们在编写《会计学》教材中，遵循会计信息使用者导向，更多地关注会计信息使用者的需求，同时兼顾会计信息生成的技术细节和相关的会计程序，以期为非会计学专业学生了解与掌握基本的会计知识提供更多的帮助。

本教材在编写过程中，吸收近年来国内外会计同仁研究的新成果，结合作者多年的教学心得撰写而成。我们力求在基本理论的指导下，以培养和提高读者的理论水平及实际动手能力、分析和解决问题的能力为宗旨，融时效性、实用性和可操作性为一体，做到内容新颖、科学规范、通俗易懂、条理清晰、重点突出。

本教材特为非会计学专业本科生编写。考虑到各专业本科生应当掌握较全面的会计知识，该教材在内容上由基础会计学和中级财务会计学两大部分组成。前2章为会计的基本理论和基本方法，后10章按照会计要素进行谋篇布局。本教材每章的开篇都设有内容概要，能够使读者统揽本章重要知识点，在每章的后面都附有复习思考题，供读者课后讨论和参阅。

教材共分十二章，由侯雪筠、杨忠海担任主编，负责教材编写大纲的拟订、书稿的修改和总纂，李欢任副主编。参加各章编写的有：侯雪筠（第三、十二章），杨忠海（第五、六章），李欢（第二、七、十章），宋海涛（第四章），刘毅（第八章），王朋吾（第九章），孟凡军（第十一章），付丽（第一章）。

现阶段，我国正在努力实现两个一百年的奋斗目标，前进中依然面临巨大的阻力，国际经济环境下行压力的影响，国内构建国家治理体系和治理能力现代化以及调整产业结构带来的阵痛，这一切都对会计领域提出了新的挑战，变革成为会计永恒的主题，我们也会与时俱进不断追踪会计领域最新的变化。感谢科学出版社出版本教材，感谢王京苏编辑为本教材的编辑付出的辛勤工作。感谢刘玉婷、黄华、冯俊娜和温加红认真细致的校对工作。教材编写过程中参考了大量国内外同类教材和有关资料，一并在此致谢。在本教材编写过程中，由于会计知识调整频繁，加之水平有限，难免存在疏漏之处，恳请读者批评和指正。

编 者

2020 年 7 月

目　录

第一章 绪论

本章介绍了会计的发展历程、会计的含义以及会计基本假设、会计基础和会计信息质量要求，较为详细地阐述了会计要素、会计等式、会计计量属性及其应用原则和财务报告框架。

【重要概念】会计　会计假设　会计要素　会计等式

第一节　会计概述

一、会计的发展历程

会计是经济管理的重要组成部分，它是适应社会生产的发展和经济管理的需要而产生和发展的。在社会生产实践活动中，人们总是力求以尽可能少的劳动消耗取得尽可能多的劳动成果，也就是要求少投入、多产出，提高经济效益。因此，为了合理地安排生产，了解生产过程的所耗与所得，就需要对劳动耗费和劳动成果进行记录和计算，并将发生的劳动耗费和取得的劳动成果加以比较和分析，据此以总结过去、了解现状、预测未来。

会计的发展经历了以下三个发展阶段。

（一）古代会计

会计产生初期只是“生产职能的附带部分”，即由生产者凭头脑记忆或简单记录，在生产时间之外附带地把收支情况、支付日期等记载下来。只有当社会生产力发展到一定水平，出现了剩余产品、社会分工和私有制，会计才逐渐“从生产职能中分离出来，成为特殊的专门委托当事人的独立职能”。

随着社会生产力的发展和生产规模的扩大，会计经历了一个由简单到复杂、由低级到高级的发展过程。它从早期对实物数量的简单记录和计算，逐渐发展成为用货币作为计量单位来进行的综合核算和管理监督。在我国，从秦汉到唐宋，在生产力发展的基础上，逐步形成了一套记账、算账的古代会计基本模式，即“四柱清册”方法。“四柱”是指“旧管”“新收”“开除”“实在”，分别相当于“上期结存”“本期收入”“本期支出”“本期结存”。“四柱清册”方法，把一定时期财物收支记录，通过“旧管 + 新收 = 开除 + 实在”这一关系式进行总结验证，既可检查日常财物收支记录的正确性，又可系统、全面、综合地反映财物收支的全貌。“四柱清册”方法是我国古代会计的一大杰出成就。

（二）近代会计

近代会计是商品经济发展的产物。在 14～15 世纪地中海沿岸的一些城市，如意大利的热那亚、威尼斯、佛罗伦萨等，商业、手工业、金融业有了很快的发展，海上贸易繁荣，出现了广泛的信用交易，产生了合伙经营形式和委托代理关系。因此，人们需要详细记录经济业务之间的债权债务关系，合理分配合伙经营的利润，反映受托人的收支业务。为了满足这些要求，就需要建立科学的簿记系统，以便完整、系统地记录经济业务，于是便产生了借贷复式记账法。1494 年，意大利数学家卢卡·帕乔利（Luca Pacioli）所著《算术、几何、比及比例概要》一书在威尼斯出版，书中专设“簿记论”篇，第一次系统地介绍了借贷复式记账法，并从理论上做了阐述。“簿记论”的问世，标志着近代会计的开始，卢卡·帕乔利被称为“近代会计之父”。

我国 19 世纪中叶以前，会计理论与方法较为落后。19 世纪中叶以后，以借贷复式记账法为主要内容的“英式会计”“美式会计”传入我国，我国会计学者也致力于“西式会计”的传播。这对改革中式簿记、推行近代会计、促进我国会计的发展起到一定的作用。

（三）现代会计

第二次世界大战后，跨国公司大量涌现，企业规模越来越大，生产经营日趋复杂，企业间的竞争越来越激烈。为适应竞争的需要，企业迫切需要降低成本，标准成本法的产生和管理会计的迅速发展，丰富了会计的内涵和外延，形成了财务会计和管理会计两大分支；丰富的社会经济实践为会计理论的逐渐形成提供了肥沃的土壤，会计成为一门应用性学科；会计标准和会计规范逐渐形成及完善，会计标准的国际化问题不断引起人们的重视；股份制公司的出现使得社会资本不断集中，随之而来的是上市公司的出现，资本市场的产生和不断完善，使得会计信息的重要性为世人瞩目，客观上形成了注册会计师对会计报表的真实性、公允性发表审计意见的制度。一般认为，管理会计与财务会计相分离而形成独立的学科是现代会计的开端。进入 20 世纪 70 年代以后，会计进入以电子技术和网络技术为主导的全新发展时期。

1993 年 7 月 1 日，我国对会计模式进行了重大的变革，出台了与国际会计惯例相适应的《企业会计准则》和《企业财务通则》，财政部从 1997 年开始陆续颁布了《关联方关系及其交易的披露》等具体会计准则。之后，为适应我国市场经济发展和经济全球化的需要，按照立足国情、国际趋同、涵盖广泛、独立实施的原则，财政部对上述准则做了系统的修改，并制定了一系列新的准则，于 2006 年 2 月 15 日，发布了包括《企业会计准则——基本准则》和 38 项具体准则在内的企业会计准则体系。2006 年 10 月 30 日，又发布了《企业会计准则——应用指南》，从而实现了我国企业会计准则与国际财务报告准则的实质性趋同，也揭开了我国会计发展的崭新篇章。2014 年 7 月 23 日，根据《财政部关于修改〈企业会计准则——基本准则〉的决定》对《企业会计准则——基本准则》进行修改。重新修订了第 2、9、30、33、37 号具体准则，增加了第 39、40、41、42 号具体准则，同时修订了企业会计准则应用指南，实现了我国企业会计准则与国际财务报告准则的持续趋同。

综上所述，会计是适应社会生产力的发展和经济管理的需要而产生和发展的，“经济越发展，会计越重要”。经济的发展，促进了会计理论、会计方法和技术的进步，会计方法和技术的发展又进一步推动了社会文明的进程。

二、会计的含义

“会计”一词由来已久，随着时代的发展和社会的进步，人们对它的认识和理解也在不断地深化。由于会计本身是随着社会经济环境的不断演变和发展而产生和发展的，因此，社会经济环境的发展变化推动了会计方法的逐步更新和会计理论的不断丰富。下面通过介绍国内外会计学界针对会计本质问题所形成的两种主流学派观点，以便在此基础上给出会计的含义。

（一）会计管理活动论

会计管理活动论认为会计的本质是一种经济管理活动，将会计作为一种管理活动并使用“会计管理”这一概念在西方管理理论学派中早已存在。“古典管理理论”的学派代表人物法约尔把会计活动列为经营的六种职能活动之一；美国人卢瑟·古利克把会计管理列为管理化功能之一；20 世纪 60 年代以后出现的“管理经济会计学派”则认为进行经济分析和建立管理会计制度就是管理。

我国最早提倡会计管理活动的是杨纪琬和阎达五教授。他们认为：无论从理论上还是从实践上看，会计不仅仅是管理经济的工具，它本身就具有管理的职能，是人们从事管理的一种活动。杨纪琬、阎达五教授对会计的本质进行了深入的探讨，逐渐形成了较为系统的“会计管理活动论”。杨纪琬教授认为，“会计管理”的概念是建立在“会计是一种管理活动，是一项经济管理工作”这一认识基础上的，通常讲的“会计”就是“会计工作”。他还认为，“会计”和“会计管理”是同一概念，“会计管理”是“会计”这一概念的深化，反映了会计工作的本质属性。阎达五教授指出，会计作为经济管理活动的组成部分，它的核算和监督内容以及应达到的目的受不同社会制度的制约。

（二）会计信息系统论

会计信息系统论，就是把会计理解为提供信息以供决策的一个系统。会计信息系统理论的思想最早起源于美国的会计学家 A. C. 利特尔顿。他在 1953 年出版的《会计理论结构》中指出：“会计是一门特殊门类的信息服务”，“会计的显著目的在于对一个企业经济活动提供某种有意义的信息”。20 世纪 60 年代后期，随着信息论、系统论和控制论的发展，美国的会计学界和会计职业界倾向于将会计的本质定义为会计信息系统。1966 年美国会计学会在其发表的《会计基本理论说明书》中明确指出：“会计是一个信息系统。”从此这个概念开始广为流传。20 世纪 70 年代以来，将会计定义为“一个信息系统”的观点在许多会计名著中流行。

在我国，较早接受会计是一个信息系统的会计学家是余绪缨教授。他于 1980 年在《要从发展的观点看会计学的科学属性》一文中首先提出了这一观点。目前在我国具有代表性的观点是由葛家澍、唐予华教授于 1983 年提出的。他们认为：“会计是为提高企业和各单位的经济效益，加强经济管理而建立的一个以提供财务信息为主的经济信息系统。”

通过主流学派对会计含义理解的分析，可以看到，由于对会计本质认识存在差异，所以就形成了不同的会计含义。

“会计管理活动论”可以理解为与“受托责任观”的会计目标相一致，而“会计信息系统论”又与“决策有用观”的理念相吻合。所以在本书中，将“会计管理活动论”和“会计信息系统论”加以综合，对会计做出如下定义：会计是经济管理的重要组成部分，是以货币为主要计量单位，并利用专门的方法和程序，对企业和行政事业单位的经济活动进行连续、系统、全面的核算和监督，提供以财务信息为主的经济信息，为外部有关各方的投资、信贷决策服务，为强化内部经济管理和提高经济效益服务的一个经济信息系统。

第二节 会计基本假设和会计基础

一、会计基本假设

会计基本假设是企业会计确认、计量和报告的前提，是对会计核算所处的时间、空间环境所做的合理设定。企业会计准则中所规定的各种程序和方法只能在满足会计核算基本前提的基础上进行选择使用。会计人员在进行会计核算之前，必须对所处的经济环境是否符合会计核算的基本前提做出正确的判断。根据我国 2014 年修订的《企业会计准则——基本准则》的规定，我国企业会计假设包括会计主体、持续经营、会计分期和货币计量四个方面。

（一）会计主体

会计主体又称会计实体或会计个体，是指企业会计确认、计量和报告的空间范围。会计主体明确了会计工作的空间范围。《企业会计准则——基本准则》第五条规定：企业应当对其本身发生的交易或者事项进行会计确认、计量和报告。会计主体假设要求会计人员只能核算和监督所在主体的经济活动。其意义在于：一是将特定主体的交易或事项与会计主体的所有者的交易或事项区别开来；二是将该主体的交易或事项与其他会计主体的交易或事项区别开来。

值得注意的是，会计主体与法律主体不是同一概念，它可以是一个有法人资格的企业，也可以是若干家企业通过控股关系组织起来的集团公司，还可以是企业、单位下属的二级核算单位。一般来说，法律主体一定是一个会计主体，但会计主体不一定是法律主体。例如，母公司和子公司都是会计主体，同时也都是法律主体；而总公司和分公司不同，前者是会计主体和法律主体，后者只是会计主体，却不是法律主体。一个法律主体可以包括多个会计主体（如分公司、车间），一个会计主体也可以有多个法律主体（如编制合并会计报表的集团公司）。此外，由企业管理的证券投资基金、企业年金基金等，尽管不属于法律主体，但属于会计主体，应当对每项基金进行会计确认、计量和报告。

（二）持续经营

持续经营是指在可以预见的将来，会计主体将会按当前的规模和状态继续经营下去，不会停业，也不会大规模削减业务，不会破产清算。持续经营明确了会计工作的时间范围。《企业会计准则——基本准则》第六条规定：企业会计确认、计量和报告应当以持续经营为前提。会计主体确定后，只有假定这个作为会计主体的企业是持续、正常经营的，会计原则和会计方法的选择才有可能建立在非清算的基础之上。

明确了这一假设，就意味着会计主体将按照既定的用途去使用资产，债权到期也将及时收回；负债将按照既定的合约条件到期予以偿还；收入与费用按期正常地计量和记录等。在此基础上，企业所采用的会计原则和会计方法才能保持稳定，才能正常反映企业的财务状况、经营成果和现金流量，从而保持会计信息处理的一致性和稳定性。只有在持续经营的前提下，企业的固定资产才可以根据历史成本进行记录，并采用折旧的方法，将历史成本分摊到各个不同的会计期间或相关产品成本中。当然，如果有理由可以判断企业不能持续经营，就应当改变会计核算的原则和会计处理方法，并在企业财务报告中作相应披露。如一旦企业破产的法律条件已经成立且即将进入清算状态，就破坏了持续经营假设，就需要借助一些特殊的方法来处理清算过程中的会计业务，即需要改用破产会计的方法对其进行核算。

（三）会计分期

会计分期是指假设可以将一个企业持续经营的生产经营活动期间人为地划分为一个个连续的、间距相同的会计期间。会计分期是对会计工作时间范围的具体划分。《企业会计准则——基本准则》第七条规定：企业应当划分会计期间，分期结算账目和编制财务报表。会计分期的目的，在于通过会计分期的划分，将持续经营的生产经营活动划分为连续、相等的期间，分期结算账目，以便分阶段考核、报告其经营成果，按期编制财务报告。

会计分期通常分为年度和中期。中外各国所采用的会计年度一般都有不同的规定。我国是以日历年度作为会计年度，即从公历 1 月 1 日起至 12 月 31 日止为一个会计年度。会计中期是指短于一个完整的会计年度的报告期间，包括半年度、季度和月份。

有了会计分期这个假设，才产生了本期与非本期的区别，才使不同类型的会计主体有了记账的基准，进而产生了折旧、摊销等会计处理方法，才能准确地提供财务状况、经营成果和现金流量的信息，才能进行会计信息的对比。

（四）货币计量

货币计量是指会计主体在财务会计确认、计量和报告时以货币计量，反映会计主体的经营活动。在会计核算中，日常用来登记账簿和编制财务报告的货币，就是企业主要会计核算业务所使用的货币，称为记账本位币。《企业会计准则——基本准则》第八条规定：企业会计应当以货币计量。

《企业会计准则——外币折算》规定：企业通常应选择人民币作为记账本位币。业务收支以人民币以外的货币为主的企业，也可以选定某种外币作为记账本位币，但编制的财务报告应当折算为人民币反映。企业记账本位币一经确定，不得随意变更，除非企业经营所处的主要经济环境发生重大变化。同时，企业选择哪种货币作为记账本位币时，还应考虑币值稳定这个前提，即一种价值变动频繁的货币不宜作为记账本位币。

在以货币作为主要计量单位时，包含着币值稳定不变的假设。当货币本身价值变动不大或前后波动可以抵消时，会计核算可以不考虑这种波动，仍按照稳定的币值进行会计处理。当然，货币本身的价值不可能不变，但在该假设条件下，会计核算也不进行币值的调整。因为币值每发生一次变动就对会计记录进行调整，是不现实的，也是做不到的。所以货币计量的假设，为在会计核算时对不同时期的经济事项做出一致记录并进行比较提供了理论依据，也有利于组织会计工作。有时货币可能会发生急剧变动，出现恶性通货膨胀，此时可采用通货膨胀会计。

会计的四个假设是相互依存、相互补充的关系。会计主体确定了会计核算的空间范围，持续经营确定了会计核算的时间范围，而会计分期又是经营期间的具体化，货币计量则为会计核算提供了必要的计量手段。没有会计主体，就不会有持续经营；没有持续经营，就不会有会计分期；没有货币计量，就不会有现代会计。它们共同构成了企业开展会计工作、组织会计核算工作的前提条件和理论基础。

二、会计基础

确定了会计期间，在会计期末就可以根据账簿记录，总结企业的生产经营情况，将本期的营业收入和成本、费用相配比，计算经营成果。由于账簿中所记录的是会计期间发生并据以入账的经济业务，这里就有一个会计确认基础问题，即企业日常的记录是否足以反映实际的收入、费用，以及企业实际的财务状况。对此，会计上有两个确认基础，一是权责发生制，二是收付实现制。

（一）权责发生制

《企业会计准则——基本准则》第九条规定，企业应当以权责发生制为基础进行会计确认、计量和报告。

权责发生制又称应计制。企业会计核算应以权责发生制为基础，即凡是当期已经实现的收入和已经发生或应当负担的费用，不论款项是否收付，都应当作为当期的收入和费用；凡是不属于当期的收入和费用，即使款项已在当期收付，也不应当作为当期的收入和费用。

（二）收付实现制

收付实现制又称现金收付制、实收实付制。企业某期收入和费用的确认，以款项的实际收付为标准。凡属本期收到的收入和支付的费用，不管其是否应归属本期，都作为本期的收入和费用处理；相反，凡本期未曾收到的收入和未曾支付的费用，即使应归属本期，也不作为本期的收入和费用处理。

权责发生制是与收付实现制相对应的一种会计基础，按权责发生制确认收入和费用，比较符合经济业务事项的经济实质，有利于准确地反映企业的经营成果和财务状况。目前，在我国的企业单位以权责发生制作为核算基础，行政事业单位以收付实现制作为核算基础（除经营业务可以采用权责发生制的除外）。

第三节 会计信息质量要求

会计信息质量要求原则是对企业财务报告中所提供会计信息质量的基本要求，是使财务报告中所提供会计信息对投资者等信息使用者决策有用应具备的基本特征，它主要包括可靠性、相关性、可理解性、可比性、实质重于形式、重要性、谨慎性和及时性等。

一、可靠性

可靠性又称客观性，要求企业应当以实际发生的交易或者事项为依据进行会计确认、计量和报告，如实反映符合确认和计量要求的各项会计要素及其他相关信息，保证会计信息真实可靠、内容完整。因此，企业不得虚构、歪曲和隐瞒经济业务事项，这是杜绝会计信息失真的基本前提。

若要实现这一原则，就要求：第一，会计记录必须以实际发生的经济业务为依据，并且有证明这些经济业务发生的原始凭证，如采购原材料时的发票、运单和验收单据，从而如实反映财务状况和经营成果，做到记录清楚、内容真实、数字准确、资料可靠；第二，在符合成本效益原则的前提下，保证会计信息的完整性，包括所编报的财务报表及其附注内容都应当保持完整，不得随意遗漏或者减少应予披露的信息，与会计信息使用者相关的有用信息都应充分披露。第三，包括在财务报告中的会计信息应当是中立的、无偏的，如果企业在财务报告中为了达到事先设定的结果或效果，通过选择或列式有关会计信息以影响决策和判断的，这样的财务报告信息就不是中立的。

二、相关性

相关性原则要求企业提供的会计信息应当与财务报告使用者的经济决策需要相关，有助于财务报告使用者对企业过去、现在或者未来的情况做出评价或者预测。即要求相关的会计信息应当能够有助于评价企业过去的决策，因而具有反馈价值。相关的会计信息还应该具有预测价值，有助于会计信息使用者根据财务报告所提供的会计信息预测企业未来的财务状况、经营成果和现金流量。会计信息使用者包括投资者、债权人、政府、职工、其他利益主体乃至社会公众，会计信息使用者因其各自进行的是不同的经济决策，企业会计信息是为这些与企业相关的各会计信息使用者进行经济决策提供信息支持，因而要求与这些经济决策相对应。

三、可理解性

可理解性又称明晰性，要求企业提供的会计信息应当清晰明了，便于投资者等财务报告使用者理解和使用。

提供会计信息的目的在于使用，要使用会计信息首先必须了解会计信息的内涵，弄懂会计信息的内容，这就要求会计核算和财务报告必须清晰明了，易于理解。只有这样才能提高会计信息的有用性，实现财务报告的目标，满足向投资者等会计信息使用者提供决策有用信息的要求，否则就谈不上会计信息的使用。要做到可理解性原则，会计记录应当准确、清晰；填制会计凭证、登记会计账簿必须做到依据合法，账户对应关系清楚、摘要完整；在编制财务报告时，项目勾稽关系清楚、项目完整、数字准确。

随着我国经济体制改革的不断深入，会计信息的使用者也越来越广泛，这在客观上对会计信息的简明和通俗易懂提出了越来越高的要求。

四、可比性

可比性要求企业提供的会计信息应当具有可比性。其包括两层含义：①同一企业不同时期可比。要求同一企业不同时期发生的相同或者相似的交易或者事项，应当采用一致的会计政策，不得随意变更。但该原则并非表明企业不得变更会计政策，如果按照规定或者在变更会计政策后能够提供更可靠、更相关的会计信息，可以变更会计政策，且进行追溯调整。有关会计政策的变更情况，应当在附注中予以说明。②不同企业相同会计期间可比。要求不同企业同一期间发生的相同或者相似的交易或者事项，应当采用规定使用相同的会计政策，确保会计信息口径一致、相互可比，以使不同企业按一致的确认、计量和报告要求提供相关的信息。

五、实质重于形式

实质重于形式原则要求企业应当按照交易或者事项的经济实质进行会计确认、计量和报告，不应仅以交易或者事项的法律形式为依据。如果企业仅仅以交易或者事项的法律形式为依据进行会计确认、计量和报告，那么就容易导致会计信息失真，无法如实反映经济现实和实际情况。

企业发生的交易或事项在大多数情况下，其经济实质和法律形式是一致的。但在有些情况下，可能会遇到某些不吻合的业务或事项。例如，融资租入的固定资产，在租期未满以前，从法律形式上讲，所有权并没有转移给承租人，但实际上承租人也能行使对该项固定资产的控制权，并能为企业带来经济利益的流入，因此承租人应该将其视同自有的固定资产，列入资产负债表，一并计提折旧。遵循实质重于形式原则，体现了对经济实质的尊重，并能够保证会计核算信息与客观经济事实相符。

六、重要性

重要性原则要求企业提供的会计信息应当反映与企业财务状况、经营成果和现金流量等有关的所有重要交易或者事项。

重要性是指如果某项会计信息的省略或者错报，会引起会计信息使用者的误解或导致决策的失误，则称该事项或信息是重要的。重要性的应用需要依赖于会计人员的职业判断，企业应当根据其所处环境和实际情况，从项目的性质和金额大小两方面加以判断。准确地反映企业经济活动的过程和结果，虽然说是会计核算的基本要求，但从会计信息的使用要求来看，重要的是了解那些对经营决策有重要影响的经济事项。如果会计信息不分主次，反而会影响会计信息的使用价值。从核算效益来看，对一切会计事项的处理，一律不分轻重主次和繁简详略，必将耗费过多的人力、物力和财力，增加许多不必要的工作量。重要性原则也是会计核算本身进行成本效益权衡的体现。

七、谨慎性

谨慎性原则要求企业对交易或者事项进行会计确认、计量和报告应当保持应有的谨慎，不应高估资产或者收益、低估负债或者费用。

谨慎性原则要求，企业在面临不确定性因素的情况下做出职业判断时，应当保持应有的谨慎，充分、合理地估计到各种风险和损失，既不高估资产和收益，也不低估负债或费用。谨慎性原则的目的在于避免虚夸资产和收益，抑制由此给企业生产经营带来的风险。固定资产计提折旧采用加速折旧法、对各项资产可能发生的减值损失计提资产减值准备、预计负债等都是谨慎性原则的具体体现。但是谨慎性原则并不能与蓄意隐瞒利润、逃避纳税画等号，因而企业会计准则中明令禁止计提各项不符合规定的秘密准备。

八、及时性

及时性原则要求企业对于已经发生的交易或者事项，应当及时进行会计确认、计量和报告，不得提前或者延后。会计信息的价值在于帮助会计信息使用者做出经济决策，在会计核算过程中坚持及时性原则应做到：一是及时收集会计信息，即在经济业务发生后，及时收集整理各种原始单据；二是及时处理会计信息，即按照企业会计准则的规定，对会计事项及时进行确认、计量，并编制财务报告；三是及时传递会计信息，即在国家规定的时限内，及时将编制的财务报告传递给会计信息使用者。如果企业的会计核算不能及时进行，会计信息不能及时提供，就无助于经济决策，就不符合及时性原则的要求。

第四节 会计要素及其确认与计量原则

一、会计要素及其确认

会计要素是会计对象的具体化，是对会计核算对象的基本分类，是反映会计主体财务状况和经营成果的基本单位。《企业会计准则——基本准则》规定的会计要素包括资产、负债、所有者权益、收入、费用和利润六项。其中，资产、负债和所有者权益反映企业某一特定日期的财务状况；收入、费用和利润反映一定时期的经营成果。

（一）资产概念及其确认

1. 资产的概念及特征

资产是指企业过去的交易或事项形成的、由企业拥有或者控制的、预期会给企业带来经济利益的经济资源，如原材料、固定资产、递延所得税资产等。相反，若企业失去了资产控制权，也应确认与之相关的资产转移收益。资产的基本特征有以下几点。

（1）资产是由过去的交易或事项所形成的。资产必须是现实的资产，不能是预期资产，是过去已经发生或交易的事项所产生的结果。企业过去的交易或者事项包括购买、生产、建造行为或者其他交易或事项。至于未来或者即将发生而还未发生的交易或事项不能形成企业的资产，不得作为资产确认。

（2）资产必须由企业拥有或者控制。由企业拥有或者控制是指企业享有某项资源的所有权，或者虽然不享有某项资源的所有权，但该资源能被企业所控制。例如融资租入的固定资产，企业虽不拥有所有权，但可以在相当长的时间内使用支配该项资产，并从中获益。

（3）资产预期会给企业带来经济利益。即预期资产有希望给企业带来经济资源的流入。未来经济利益是指直接或间接导致现金和现金等价物流入企业的潜力。

2. 资产的确认条件

符合上述资产概念的资源，在同时满足以下条件时，确认为资产。

1）与该资源有关的经济利益很可能流入企业

从资产的定义来看，能否带来经济利益是资产的一个本质特征，但在现实生活中，由于经济环境瞬息万变，与资源有关的经济利益能否流入企业或者能够流入多少实际上带有不确定性。因此，资产的确认还应与经济利益流入的不确定性程度的判断结合起来。如果根据编制财务报告时所取得的证据，与资源有关的经济利益很可能流入企业，那么就应当将其作为资产予以确认；反之，则不能确认为资产。

2）该资源的成本或者价值能够可靠地计量

财务会计系统是一个确认、计量和报告的系统，其中计量起着枢纽作用，可计量性是所有会计要素确认的重要前提，资产的确认也是如此。只有当有关资源的成本或者价值能够可靠地计量时，资产才能予以确认。企业取得的许多资产都是发生了实际成本的，如企业购买或者生产的存货、企业购置的厂房或者设备等，对于这些资产，只要实际发生的购买成本或者生产成本能够可靠计量，就视为符合资产确认的可计量条件。

符合资产定义和资产确认条件的项目，应当列入资产负债表；符合资产定义，但不符合资产确认条件的项目，不应当列入资产负债表。

（二）负债概念及其确认

1. 负债的概念及特征

负债是指过去的交易或者事项形成的、预期会导致经济利益流出企业的现时义务，如应付账款、长期借款、递延所得税负债等。负债的基本特征有以下两点。

（1）负债是由企业过去的交易或者事项形成的当前债务。企业预期在将来要发生的交易或事项可能产生的义务，由于不属于现时义务，在会计上不能确认为负债。

（2）义务的履行会导致经济利益流出企业。即负债将来需要通过转移资产或提供劳务予以清偿。一般情况下，要用现金进行清偿，有时也可以采用非货币性资产或劳务来清偿，或者通过举借新的债务来抵偿。

2. 负债的确认条件

符合上述负债定义的现时义务，在同时满足以下条件时，确认为负债。

1）与该义务有关的经济利益很可能流出企业

从负债的定义可以看到，预期会导致经济利益流出企业是负债的一个本质特征。履行义务所需流出的经济利益带有不确定性，尤其是与推定义务（推定义务是指根据企业多年来的习惯做法、公开的承诺或者公开宣布的政策而导致企业将承担的责任，这些责任也使有关各方形成了企业将履行义务解脱责任的合理预期）相关的经济利益通常需要依赖于大量的估计。

负债的确认应当与经济利益流出的不确定性程度的判断结合起来。如果有确凿证据表明，与现时义务有关的经济利益很可能流出企业，就应当将其作为负债予以确认；反之，如果企业承担了现时义务，但是导致经济利益流出企业的可能性很小或不复存在，就不符合负债的确认条件，不应将其作为负债予以确认。

2）未来流出的经济利益的金额能够可靠地计量

负债的确认在考虑经济利益流出企业的同时，对于未来流出的经济利益的金额要求应当能够可靠计量。对于与法定义务有关的经济利益流出金额，通常可以根据合同或者法律规定的金额予以确定，考虑到经济利益流出的金额通常在未来期间，有时未来期间较长，有关金额的计量需要考虑货币时间价值等因素的影响。

（三）所有者权益概念及其确认

1. *所有者权益的概念及特征*

所有者权益是指企业资产扣除负债后，由所有者享有的剩余权益。有的所有者权益又称为股东权益。所有者权益相对于负债而言，具有以下几点基本特征。

（1）所有者权益作为一种权益资本，一般不需要偿还，除非发生减资、清算。

（2）企业清算时，负债拥有优先清偿权。只有在清偿所有负债后，剩余财产才返还给投资者。

（3）投资人能够参与企业的经营决策及利润的分配，而债权人只能按约定的条件获取利息，不能参与企业利润的分配。

2. *所有者权益的确认*

由于所有者权益体现的是所有者在企业中的剩余权益，因此，所有者权益的确认主要依赖于其他会计要素，尤其是资产和负债的确认；所有者权益金额的确定也主要取决于资产和负债的计量。例如，企业接受投资者投入的资产，在该资产符合企业资产确认条件时，就相应地符合了所有者权益的确认条件；当该资产的价值能够可靠计量时，所有者权益的金额也就可以确定。

所有者权益反映的是企业所有者对企业资产的剩余索取权，负债反映的是企业债权人对企业资产的索取权，两者在性质上有本质区别，因此企业在会计确认、计量和报告中应当严格区分所有者权益和负债，以如实反映企业的财务状况，尤其是企业的偿债能力和产权比率等。

所有者收益按其来源主要包括所有者投入的资本、直接计入所有者权益的利得和损失（其他综合收益）、留存收益等。

所有者投入的资本，是指所有者投入企业的资本部分，它既包括构成企业注册资本或者股本部分的金额，也包括投入资本超过注册资本或者股本部分的金额，即资本溢价或者股本溢价。

直接计入所有者权益的利得和损失，是指不应计入当期损益、会导致所有者权益发生增减变动的、与所有者投入资本或者向所有者分配利润无关的利得或损失。其中，利得是指由企业非日常活动所形成的、会导致所有者权益增加的、与所有者投入资本无关的经济利益的净流入。损失是指由企业非日常活动所形成的、会导致所有者权益减少的、与向所有者分配利润无关的经济利益的净流出。

留存收益是指企业历年实现的净利润留存于企业的部分，主要包括累计计提的法定盈余公积、任意盈余公积和未分配利润。

同为利得和损失，尤其可能都是未实现的，哪些应直接计入当期损益，哪些应计入所有者权益，企业会计准则没有分类和定义标准，只采用列举方式，指出了哪些应直接计入所有者权益的利得和损失。

2014 年修订的《企业会计准则第 30 号——财务报表列报》第三十三条规定：其他综

合收益，是指企业根据其他会计准则规定未在当期损益中确认的各项利得和损失。

在损益中确定的利得包括非流动资产处置利得、与日常活动无关的政府补助、盘盈（现金）利得、捐赠利得、债券重组利得、确实无法支付的应付账款等。

所有者权益项目应当列入资产负债表。

（四）收入概念及其确认

1. 收入的概念及特征

收入是指企业在日常活动中形成的、会导致所有者权益增加的、与所有者投入资本无关的经济利益的总流入，如销售商品、提供劳务及让渡资产使用权等。收入具有以下几点基本特征。

（1）收入是企业日常活动中形成的。日常活动是指企业为完成其经营目标所从事的经常性活动以及与之相关的主要活动，如销售产品、商品，提供劳务，销售材料，出租资产等。企业从非日常活动中形成的经济利益的流入，如处置非流动资产的净收益等不确认为收入，而应当计入利得。

（2）收入会导致企业所有者权益的增加。收入表现为企业资产的增加，或负债的减少，或者二者兼而有之。不导致所有者权益增加的经济利益的流入不符合收入的定义，不确认为企业的收入。

（3）收入与所有者投入资本无关。收入的发生会导致经济利益的流入，从而使企业资产增加。但由于投入企业资本而引起的经济利益的流入不应确认为收入，应当直接确认为所有者权益的组成部分。

2. 收入的确认

企业收入的来源渠道多种多样，不同收入来源的特征有所不同，其收入确认条件也往往存在差别，如销售商品、提供劳务、让渡资产使用权等。一般而言，收入只有在经济利益很可能流入从而导致企业资产增加或者负债减少，并且经济利益的流入金额能够可靠计量时才能予以确认。即收入的确认至少应当符合以下条件：一是与收入相关的经济利益应当很可能流入企业；二是经济利益流入企业的结果会导致资产的增加或者负债的减少；三是经济利益的流入金额能够可靠计量。

《企业会计准则第 14 号——收入》第四条规定，企业应当在履行了合同中的履约义务，即在客户取得相关商品控制权时确认收入。取得相关商品控制权，是指能够主导该商品的使用并从中获得几乎全部的经济利益。企业确认收入的方式应当反映向客户转让商品或服务的模式，确认的金额应反映企业预计因交付这些商品或服务而有权获得的对价。收入的计量以交易价格分摊为基础。

符合收入定义和收入确认条件的项目，应当列入利润表。

（五）费用概念及其确认

1. 费用的概念及特征

费用是指企业在日常活动中发生的、会导致所有者权益减少的、与向所有者分配利润无关的经济利益的总流出。费用的基本特征有以下几点。

（1）费用是企业日常活动中发生的。这里对日常活动的界定与收入中界定的日常活动相一致。日常活动中的费用主要包括销售商品、提供劳务、出租资产等活动中产生的经济利益的流出。企业在非日常活动中所形成的经济利益的流出，如处置非流动资产的净损失不确认为费用，而应当计入损失。

（2）费用会导致企业所有者权益的减少。费用可能表现为企业资产的减少，如银行存款的减少；也可能表现为企业负债的增加，如增加应付职工薪酬等。导致所有者权益减少的经济利益的流出，不确认为费用。

（3）费用与向所有者分配利润无关。费用的发生会导致经济利益的流出，向投资者分配的利润或股利，虽然也减少了所有者权益，但其性质是属于利润分配，故不构成企业的费用。

2. 费用的确认

费用的确认除了应当符合定义外，至少应当符合以下条件：一是与费用相关的经济利益应当很可能流出企业；二是经济利益流出企业的结果会导致资产的减少或者负债的增加；三是经济利益的流出额能够可靠计量。

符合费用定义和费用确认条件的项目，应当列入利润表。

（六）利润概念及其确认

1. 利润的概念及来源

利润是指企业在一定会计期间的经营成果。通常情况下，如果企业在经营中获得利润，所有者权益会随之而增加；如果企业发生亏损，所有者权益会随之而减少。因此利润指标是评价企业管理层业绩的一项重要指标。

利润包括收入减去费用后的净额、直接计入当期利润的利得和损失等。收入减费用后的净额反映的是企业日常活动的成果；而直接计入当期利润的利得和损失反映的是非日常活动的成果，是指应当计入当期损益、会导致所有者权益发生增减变动的、与所有者投入资本或者向所有者分配利润无关的利得或者损失。

2. 利润的确认

利润反映的是收入减去费用、利得减去损失后的净额的概念，因此，利润的确认主要依赖于收入和费用以及利得和损失的确认，其金额的确定也主要取决于收入、费用、利得、损失金额的计量。

利润项目应当列入利润表。

在利润表上，利润的表现形式有营业利润、利润总额、净利润、综合收益。资产减值损失、公允价值变动损益、投资收益、其他业务收支、其他收益的增减变动，均会影响营业利润。

二、会计等式

（一）会计等式的含义

会计的六大要素反映了资金运动的静态和动态两个方面，具有内在的关联性，它们在数量上存在着特定的平衡关系，这种平衡关系可以通过会计平衡等式表现出来，就是通常所说的会计等式。会计等式又称会计恒等式或会计平衡公式，它是会计核算建立复式记账的理论基础。

1. 基本会计等式

任何企业为了实现其经营目标，都要拥有一定数量的资产。企业的资产，来自两个方面：一是负债，二是投资人的投资及其增值，因而债权人和投资人都对企业的资产拥有要求权。这种对企业资产的要求权，在会计上总称为权益，权益中属于债权人的部分，称为债权人权益，通常称为负债；属于投资人的部分，是投资人享有的权益，称为所有者权益。

资产表明企业拥有什么经济资源和拥有多少经济资源，权益则表明是谁提供了这些经济资源，谁就对这些经济资源拥有要求权。既然权益是对资产的要求权，那么资产与权益之间就是相互依存的关系。没有资产，就没有有效的权益。同样，企业所拥有的资产也完全不能脱离权益而存在。没有无资产的权益，也没有无权益的资产。从数量上看，有一定数额的资产，就必定有一定数额的权益；反之，有一定数额的权益，也必然有一定数额的资产。一个企业的资产总额与权益总额必然相等。资产与权益之间这种数量上的平衡关系，可以用下面等式表示：

资产 = 权益
= 债权人权益 + 所有者权益
= 负债 + 所有者权益

上项等式称为会计基本等式，它直接反映出资产负债表中资产、负债、所有者权益三要素之间的内在联系和数量上的关系，高度概括了企业在一定时点上的财务状况，所以它是建立资产负债表的理论基础。

2. 扩展的会计等式

由于企业的主要目标是通过获取利润使所有者权益增加，因此企业总是力求增加取得的收入、减少发生的费用，使净收入扩大。收入将使所有者权益增加，而费用则使所有者权益减少。会计要素中的收入、费用和利润三项要素，即利润表要素，它们三者之间的关系是：收入 − 费用 = 利润。利润的增减最终会影响所有者权益的变动，因此，收入和费用的发生将影响企业的所有者权益。则会计等式也就转化为下面的形式：

资产 = 负债 + 所有者权益 + 利润
资产 = 负债 + 所有者权益 + （收入 − 费用）
资产 + 费用 = 负债 + 所有者权益 + 收入

将收入、费用两要素列入基本会计等式，可以将资产负债表和利润表联系起来，从而揭示了资产负债表要素和利润表要素各自内部及相互之间的内在联系和数量上的关系。它是所有会计要素的关系表达式，并完整地表现了企业的财务状况和经营成果及其形成过程。

会计期末，企业将收入与费用相互配比，计算出利润（或亏损），并按照规定的程序进行分配，剩余的全部归为所有者权益项目。在会计期末结账之后，会计等式又恢复到会计等式期初的形式。即

资产 = 负债 + 所有者权益

综上所述，会计等式揭示了会计要素之间的联系，它是设置账户、复式记账、试算平衡和编制财务报告的理论依据。

（二）经济业务发生对会计等式的影响

企业在经营过程中发生的各种经济活动，在会计上称为“经济业务”。随着经济业务的不断发生，都必然会引起企业的资产和权益经常发生增减变动。但无论企业的经济业务引起资产和权益发生怎样的变化，企业的资产总额总是等于它的权益总额。任何时候，无论从哪个时点上来观察，会计等式所表示的数量平衡关系都不会被破坏。

经济业务的发生，会引起“资产 = 负债 + 所有者权益”等式中各项会计要素的增减变动，归纳起来，可以分为以下四大类型并细化为九种情况。

（1）资产项目内部一增一减，增减的金额相等。

（2）权益项目内部一增一减，增减的金额相等。

这一类经济业务具体包括以下四种情况：①一项负债减少，另一项负债增加；②一项所有者权益减少，另一项所有者权益增加；③一项负债减少，一项所有者权益增加；④一项所有者权益减少，一项负债增加。

（3）资产和权益项目同时增加，双方增加的金额相等。

这一类经济业务具体包括以下两种情况：①一项资产增加，一项负债增加；②一项资产增加，一项所有者权益增加。

（4）资产和权益项目同时减少，双方减少的金额相等。

这一类经济业务具体包括以下两种情况：①一项资产减少，一项负债减少；②一项资产减少，一项所有者权益减少。

以上四种类型、九种情况的经济业务变化可归纳成表 1-1。

表 1-1　四种类型、九种情况的经济业务变化

经济业务	资产	负债 + 所有者权益
1	（+）（−）	
2		（+）（−）
3		（−）（+）
4		（−）（+）
5		（+）（−）
6	+	+
7	+	+
8	−	−
9	−	−

下面举例说明不同类型经济业务的发生对会计等式的影响。

【例 1-1】琛楠公司 2018 年 12 月 31 日资产、负债和所有者权益的状况如下：

资　产	=	负债	+	所有者权益
库存现金　1 000		短期借款　20 000		实收资本　50 000
银行存款　19 000		应付账款　30 000		
应收账款　10 000				

存　　货 10 000				
固定资产 60 000				
总　　计 100 000	=	50 000	+	50 000

上列会计等式表明，在 12 月 31 日这个特定时点上，琛楠公司拥有的资产总额为 100 000 元，它来自负债和所有者权益两个方面，其中债权人享有的资产要求权，即负债总额为 50 000 元；企业投资人享有的资产要求权，即所有者权益总额为 50 000 元。资产总额和权益总额都是 100 000 元，此时，琛楠公司的资产总额与权益总额相等，会计等式保持着平衡关系。

如果说，上述举例只反映出资产、负债和所有者权益静态的平衡关系，那么下面将进一步考察四大类经济业务与会计等式的关系。

【例 1-2】延续**【例 1-1】**，琛楠公司 2019 年 1 月发生下列经济业务：

（1）5 日，从银行存款中提取现金 1 000 元备用。

这项经济业务的发生，使公司的银行存款（资产项目）减少了 1 000 元，即由原来的 19 000 元减少到 18 000 元，同时使公司的库存现金（资产项目）增加了 1 000 元，即由原来的 1 000 元增加为 2 000 元。这项经济业务使公司的资产项目一增一减，增减的金额相等，因此公司资产总额不会发生变化。这项经济业务没有涉及负债和所有者权益，不会引起权益总额发生变化。在发生这项经济业务以后，会计等式的平衡关系仍没有被破坏。

资　　产	=	负债	+	所有者权益
库存现金　2 000		短期借款 20 000		实收资本 50 000
银行存款 18 000		应付账款 30 000		
应收账款 10 000				
存　　货 10 000				
固定资产 60 000				
总　　计 100 000	=	50 000	+	50 000

（2）7 日，向银行借入期限为 6 个月的短期借款 10 000 元，直接偿还前欠外单位货款。

这项经济业务的发生，使公司的短期银行借款（负债项目）增加了 10 000 元，即由原来的 20 000 元增加到 30 000 元，同时使公司的应付账款（负债项目）减少了 10 000 元，即由原来的 30 000 元减少到 20 000 元。这项经济业务使权益一增一减，增减的金额相等，权益总额不会发生变化，这项经济业务没有涉及资产的变化，不会引起资产总额发生变化。在发生这项经济业务以后，会计等式的平衡关系仍然没有被破坏。

资　　产	=	负债	+	所有者权益
库存现金　2 000		短期借款 30 000		实收资本 50 000
银行存款 18 000		应付账款 20 000		
应收账款 10 000				

存 货 10 000				
固定资产 60 000				
总 计 100 000 =		50 000	+	50 000

（3）15 日，从外单位赊购一批材料，金额为 15 000 元。

这项经济业务的发生，使公司的存货（资产项目）增加了 15 000 元，即由原来的 10 000 元增加到 25 000 元，同时使公司的应付账款（负债项目）增加了 15 000 元，即由原来的 20 000 元增加到 35 000 元。这项经济业务使资产和权益同时增加，双方增加的金额相等，因而会计等式的平衡关系不会被破坏。

资 产	=	负债	+	所有者权益
库存现金 2 000		短期借款 30 000		实收资本 50 000
银行存款 18 000		应付账款 35 000		
应收账款 10 000				
存 货 25 000				
固定资产 60 000				
总 计 115 000	=	65 000	+	50 000

（4）18 日，以银行存款 15 000 元偿还 15 日所欠货款。

这项经济业务的发生，使公司的银行存款（资产项目）减少了 15 000 元，即由原来的 18 000 元减少到 3 000 元，同时使公司的应付账款（负债项目）减少了 15 000 元，即由原来的 35 000 元减少到 20 000 元。这项经济业务使资产和权益同时减少，双方减少的金额相等，因而会计等式的平衡关系不会被破坏。

资 产	=	负债	+	所有者权益
库存现金 2 000		短期借款 30 000		实收资本 50 000
银行存款 3 000		应付账款 20 000		
应收账款 10 000				
存 货 25 000				
固定资产 60 000				
总 计 100 000	=	50 000	+	50 000

从以上举例可以看出，凡是发生只涉及资产或权益一方内部项目之间增减变动的经济业务，如第一大类和第二大类经济业务，不但不会影响双方总额的平衡，而且原来的总额也不会发生变动；凡是发生涉及资产和权益双方项目同增或同减的经济业务，如第三大类和第四大类经济业务，都会使双方原来的总额发生同增或同减的变动，但变动的结果，双方的总额仍然相等。由此可见，任何一项经济业务的发生，无论资产和权益发生怎样的增减变动，都不会破坏会计等式的平衡关系。把握资产和权益的平衡关系这一理论依据，对于我们正确理解和运用复式记账法具有十分重要的意义。

三、会计计量属性及其应用原则

（一）会计计量属性

会计计量是为了将符合确认条件的会计要素登计入账并列报于财务报告而确定其金额的过程。企业应当按照规定的会计计量属性进行计量，确定相关金额。计量属性是指所予计量的某一要素的特性方面，如桌子的长度、铁矿的重量、房间的面积等。从会计角度来看，计量属性反映的是会计要素金额的确定基础，主要包括历史成本、重置成本、可变现净值、现值和公允价值等。

1. 历史成本

历史成本也称实际成本，是指企业在取得或建造某项资产时实际支付的现金或现金等价物。在历史成本计量下，资产按照购置时支付的现金或者现金等价物的金额，或者按照购置资产时所付出的对价的公允价值计量。负债按照因承担现时义务而实际收到的款项或者资产的金额，或者按照承担现时义务的合同金额，或者按照日常活动中为偿还负债预期需要支付的现金或者现金等价物的金额计量。在现行企业会计准则中，大多数资产采用历史成本进行计量，如存货、固定资产、长期股权投资等。在历史成本法下，涉及折旧、摊销、减值等后续计量。

历史成本计量属性的优点在于，它具有最强的可靠性和可验证性，对履行资产的保管责任具有不可替代的作用，且处理程序简单明了。缺点是在出现严重通货膨胀的情况下，期末对资产按照历史成本列报并按照历史成本结转成本费用，必然会带来利润的虚增，造成企业经营成果的扭曲。

2. 重置成本

重置成本也称现行成本，是指在当前市场条件下，重新购置相同资产所付出的现金或现金等价物。在重置成本计量下，资产按照现在购买相同或者相似资产所需支付的现金或者现金等价物的金额计量。负债按照现在偿付该项债务所需支付的现金或者现金等价物的金额计量。在实务中很少涉及，盘盈的固定资产，应按重置成本进行计量。

重置成本计量属性的优点在于，能够区分持有损益和经营损益，可增加收益这方面信息的可比性，能避免由于个别物价上涨因素导致的虚增收益，确切反映生产耗费的补偿，有利于资本的保全。缺点是难以确定各项资产在任何时点的现值，财务报告项目之间缺乏可比性，增加了审计难度。

3. 可变现净值

可变现净值是指在正常生产经营活动中，以估计售价减去至完工时估计将要发生的成本、估计销售费用以及相关税金后的金额。在可变现净值计量下，资产按照其正常对外销售所能收到现金或者现金等价物的金额扣减该资产至完工时估计将要发生的成本、估计的销售费用以及相关税费后的金额计量。该运用主要体现在存货的期末计量，若存货可变现净值低于账面成本，应按可变现净值进行列报。

可变现净值计量属性的优点在于，资产负债表能够反映当前的现金等值，与决策的相关性较强，能够评价独立实体的财务应变能力，并且能够克服费用分摊的主观随意性。缺点是可变现净值的确定操作上有较大难度，由于否认配比原则，忽视对收入、费用的专门计量，不利于经营责任的履行。

4. 现值

现值是考虑货币时间价值因素的一种计量属性，是指采用恰当的折现率对未来现金流量折现后的价值。在现值计量下，资产按照预计从其持续使用和最终处置中所产生的未来净现金流入量的折现金额计量。负债按照预计期限内需要偿还的未来净现金流出量的折现金额计量。对于固定资产、无形资产等非流动资产，期末测算其可回收金额，应按照预计从其持续使用和最终处置中所产生的未来净现金流入量的现值，及销售净额两者中较大的作为可回收金额。

现值计量属性的优点在于，所提供的会计信息的相关性最强，最能反映资产的经济价值，最有利于财务决策。缺点是由于未来现金流量、贴现率和收益期都具有极大的不确定性，会计信息的可靠性最差，用资本化价值作为日常核算的基础可操作性较低。

5. 公允价值

公允价值是指市场参与者在计量日发生的有序交易中，出售一项资产所能收到或者转移一项负债所支付的价格。在公允价值计量下，资产和负债按照在公平交易中，熟悉情况的交易双方自愿进行资产交换或者债务清偿的金额计量。

（二）会计计量属性应用原则

《企业会计准则——基本准则》规定，企业在对会计要素进行计量时，一般应当采用历史成本，采用重置成本、可变现净值、现值、公允价值计量的，应当保证所确定的会计要素金额能够取得并可靠计量。

在企业会计准则体系建设中适度、谨慎地引入公允价值这一计量属性，是因为随着我国资本市场的发展，股权分置改革的基本完成，越来越多的股票、债券、基金等金融产品在交易所挂牌上市，使得这类金融资产的交易已经形成较为活跃的市场，因此，我国已经具备引入公允价值的条件。在这种情况下，引入公允价值，更能反映企业的实际情况，对投资者等财务报告使用者的决策更加有用，而且也正因为如此，我国企业会计准则才实现了与国际会计准则的趋同。

在引入公允价值计量属性过程中，我国充分考虑了国际财务报告准则中公允价值应用的三个级次：第一，资产或负债等存在活跃市场的，活跃市场中的报价应当用于确定其公允价值；第二，不存在活跃市场的，参考熟悉情况并自愿交易的各方最近进行的市场交易中使用的价格，或参照实质上相同或相似的其他资产或负债等的市场价格确定其公允价值；第三，不存在活跃市场，且不满足上述两个条件的，应当采用估值技术等确定公允价值。

我国引入公允价值是适度、谨慎和有条件的。原因是考虑到我国尚属新兴的市场经济国家，如果不加限制地引入公允价值，有可能出现公允价值计量不可靠，甚至借机人为操纵利润的现象。因此，在投资性房地产和生物资产等具体会计准则中规定，只有存在活跃市场、公允价值能够取得并可靠计量的情况下，才能采用公允价值计量。

复习思考题

一、概念题

会计　会计主体　持续经营　会计分期　会计要素　权责发生制　收付实现制

二、简答题

1. 会计的发展经历了哪几个阶段？
2. 什么是会计假设？会计假设有哪些？
3. 企业提供的会计信息应当具备哪些质量要求？这些质量要求的具体含义是什么？
4. 各会计要素的确认应当分别符合哪些条件？
5. 会计计量属性有哪些？应用这些计量属性应当贯彻什么原则？

第二章

会计核算基础

本章介绍了会计科目和账户的概念、意义及会计科目与账户之间的关系；系统阐述了复式记账的原理；介绍了会计凭证的填制和审核的要求；系统阐述了账簿的填制要求及错账的更正方法；介绍了财产清查的种类、方法及会计核算组织程序的种类。

【重要概念】会计科目　借贷记账法　会计凭证　会计账簿　账务处理程序

第一节　会计科目和账户

一、会计科目

（一）会计科目的概念和意义

1. 会计科目的概念

会计科目是对会计对象的具体内容进行分类核算的项目，也就是按照经济内容对各个会计要素所做的进一步分类。由于经济业务的复杂性，即使涉及同类会计要素，但它们的业务性质、经济内容和作用都存在着较大的差别，所以按其差异性将各会计要素分为不同的会计科目。例如应付账款与短期借款同属于负债类，但由于它们的形成原因和偿付期限各不相同，所以必须分别设置“应付账款”和“短期借款”两个会计科目。又如库存现金和银行存款虽同属于资产类，但由于存放地点、管理方法和作用的不同，需要分别设置“库存现金”和“银行存款”两个科目。对于企业的其他各项会计要素，也应按其经济内容的差异，设置不同的会计科目。

会计科目按其所提供信息的详细程度不同，可分为总分类科目和明细分类科目。总分类科目又称一级科目，是对会计要素具体内容进行总括分类，提供总括信息的会计科目，如“应收账款”“应付账款”“原材料”等。明细分类科目是对总分类科目的进一步分类，提供更详细、更具体的会计信息的科目。例如“应收账款”科目可按债务人单位名称或姓名设置明细科目，反映应收账款的具体对象；“应付账款”科目可按债权人单位名称或姓名设置明细科目，反映应付账款的具体对象；“原材料”科目可按原材料的种类、规格等设置明细科目，反映各种原材料的具体构成内容。根据企业内部经营管理需要提供多层明细核算的，还可在总分类科目和明细分类科目之间增设二级科目（也称子目），在二级科目的明细科目下设置三级明细科目（又称细目）。

2. 设置会计科目的意义

通过设置会计科目可以把纷繁复杂、性质相异的经济业务进行科学的分类，将杂乱的经济资料变为有规律的经济信息，为将其转换成会计信息做好准备。因此，设置会计科目是正确组织会计核算的一个重要条件。设置会计科目有以下几方面的意义。

（1）会计科目是复式记账的基础。复式记账要求每一笔经济业务在两个或两个以上相互联系的账户中进行登记，以反映资金运动的来龙去脉。

（2）会计科目是编制记账凭证的基础。会计凭证是确定所发生的经济业务应计入什么科目以及分门别类登记账簿的凭据。

（3）会计科目为成本计算与财产清查提供了前提条件。通过设置会计科目，有助于成本核算，使各种成本计算成为可能；而账面记录与实际结存的核对，又为财产清查、保证账实相符提供了必备的条件。

（4）会计科目为编制财务报表提供了方便。财务报表是提供会计信息的主要手段，为了保证会计信息的质量及其提供的及时性，财务报表中的许多项目与会计科目是一致的，并根据会计科目的本期发生额或余额填列。

（二）会计科目的设置

1. 会计科目设置的原则

会计科目反映会计要素的构成及其变化情况，为投资者、债权人、企业经营管理者等信息使用者提供会计信息，在其设置过程中应努力做到科学、合理、适用和稳定，设置会计科目应遵循以下几点原则。

（1）合法性原则。为了保证会计信息的可比性，所设置的会计科目应当符合国家统一的会计法规的规定。

（2）相关性原则。会计科目的设置，应为提供有关各方所需要的会计信息服务，满足对外报告与对内管理的要求。

（3）实用性原则。企业的组织形式、所处行业、经营内容及业务种类等不同，在会计科目的设置上亦应有所区别。在合法性的基础上，应根据企业自身特点，设置符合企业需要的会计科目。

（4）统一性原则。要求企业设置会计科目时，应根据提供会计信息的要求，对一些主要会计科目的设置及核算内容应保证与《企业会计制度》的规定相一致。

（5）灵活性原则。指在不影响会计核算要求和财务报表指标汇总，以及对外提供统一的财务报告的前提下，企业可以根据本单位的具体情况、行业特征和业务特点，对统一规定的会计科目做必要的增设、删减或合并，有针对性地设置会计科目。

2. 会计科目表

会计科目的设置，一般是从会计要素出发，将会计科目分为资产类、负债类、共同类、所有者权益类、成本类和损益类六大类。

按照《企业会计准则应用指南》规定的会计科目表，本教材选取一些主要和常用的会计科目，将其名称及统一编号列于表 2-1。

表 2-1 会计科目表（简表）

序号	编码	会计科目名称	序号	编码	会计科目名称
		一、资产类	33	2231	应付利息
1	1001	库存现金	34	2232	应付股利
2	1002	银行存款	35	2241	其他应付款
3	1012	其他货币资金	36	2401	递延收益
4	1101	交易性金融资产	37	2501	长期借款
5	1121	应收票据	38	2701	长期应付款
6	1122	应收账款	39	2901	递延所得税负债
7	1123	预付账款			三、共同类
8	1131	应收股利	40	3101	衍生工具
9	1132	应收利息	41	3201	套期工具
10	1221	其他应收款	42	3202	被套期项目
11	1231	坏账准备			四、所有者权益类
12	1401	材料采购	43	4001	实收资本
13	1402	在途物资	44	4002	资本公积
14	1403	原材料	45	4101	盈余公积
15	1404	材料成本差异	46	4103	本年利润
16	1405	库存商品	47	4104	利润分配
17	1406	发出商品			五、成本类
18	1511	长期股权投资	48	5001	生产成本
19	1601	固定资产	49	5101	制造费用
20	1602	累计折旧	50	5201	劳务成本
21	1604	在建工程			六、损益类
22	1606	固定资产清理	51	6001	主营业务收入
23	1701	无形资产	52	6051	其他业务收入
24	1801	长期待摊费用	53	6111	投资收益
25	1811	递延所得税资产	54	6301	营业外收入
26	1901	待处理财产损益	55	6401	主营业务成本
		二、负债类	56	6402	其他业务成本
27	2001	短期借款	57	6403	税金及附加
28	2201	应付票据	58	6601	销售费用
29	2202	应付账款	59	6602	管理费用
30	2203	预收账款	60	6603	财务费用
31	2211	应付职工薪酬	61	6711	营业外支出
32	2221	应交税费	62	6801	所得税费用
			63	6901	以前年度损益调整

二、账户

1. 账户的概念

会计科目只是对会计对象具体内容进行分类核算的项目，还不能进行具体的会计核算。为了全面、序时、连续、系统地反映和监督会计要素的增减变动情况，还必须设置账户。账户是根据会计科目设置的，具有一定的格式和结构，用于分类反映会计要素增减变动情况及其结果的户头。设置账户是会计核算的重要方法之一。通过账户可以对大量复杂的经济业务进行分类核算，从而提供不同性质和内容的会计信息。由于账户以会计科目为依据，因而某一账户的核算内容具有独立性和排他性，并在设置上要服从于财务报表的编报要求。

2. 账户的结构

为了全面、清晰地记录各项经济业务，每一个账户既要有明确的经济内容，又必须有一定的结构。账户的结构就是账户的格式，即每一个账户应分为几个部分，每一部分分别登记什么内容，增减变动的结果在哪一方，表示什么。各项经济业务引起的资金变动，尽管是错综复杂的，但从数量上看不外乎增加和减少两种情况，所以账户的结构也相应地划分为两个基本部分：一部分反映增加的数额，另一部分反映减少的数额。通常把账户划分为左右两方，分别记录增加额或减少额，增减相抵后的差额，称为账户的余额。

账户在一定时期内登记的经济业务金额的合计称作账户的本期发生额，它反映一定时期内各项会计要素增减变动情况，提供的是动态的指标。本期发生额包括本期增加发生额和本期减少发生额。账户的本期增加发生额与本期减少发生额相抵后的差额，称为账户的余额。期初（或期末）余额是指报告期开始（或结束）时账户的金额，它反映某一时点企业资产和权益变动的结果，提供的是静态指标。本期期末余额转入下期时，即为下期的期初余额。由此可见，通过账户记录的金额可提供期初余额、本期增加发生额、本期减少发生额、期末余额四个核算指标。上述四项指标之间的关系可以用下列等式表示：

$$期末余额 = 期初余额 + 本期增加发生额 - 本期减少发生额$$

三、账户与会计科目的联系和区别

会计科目与账户是两个既有联系又有区别的概念。它们的联系在于会计科目是设置账户的依据，是账户的名称；账户是会计科目的具体运用，会计科目所反映的经济内容，就是账户所要登记的内容，即两者反映的内容相同。它们的区别在于会计科目只是对会计对象具体内容的分类，本身没有结构；账户则有一定的结构和格式，具体反映某项经济业务内容的增减变动情况及其结果。由于账户是根据会计科目设置的，并按照会计科目命名，即会计科目就是账户的名称，两者名称完全相同，因而在实际工作中，会计科目与账户常被作为同义语来理解。

由于账户是根据会计科目开设的，在实际工作中，为了满足会计核算的要求，应分别按总分类科目开设总分类账户，进行总分类核算；按明细分类科目开设明细分类账户，进行明细分类核算。

第二节　复式记账

一、复式记账法

记账方法是指在账簿中登记经济业务的方法。记账方法经历了一个由单式记账法到复式记账法的发展过程。单式记账法是指对每项经济业务只在一个账户中进行单方面登记的方法；复式记账法是指对发生的每一项经济业务都以相等的金额同时在两个或两个以上相互联系的账户中进行登记，以系统全面地反映每一项经济业务所引起的资产和权益变化情况及其结果的一种方法。复式记账法是从单式记账法发展起来的一种比较完善的记账方法，其主要的特点是：①对每项经济业务都以相等的金额在两个或两个以上相互联系的账户中进行记录；②各账户之间客观上存在对应关系，对账户记录的结果可以进行试算平衡；③复式记账法较好地体现了资金运动的内在规律，能够全面、系统地反映资金增减变动的来龙去脉及经营成果，并有助于检查账户处理和保证账簿记录结果的正确性。

我国曾经采用的复式记账有借贷记账法、增减记账法、收付记账法三种。目前，我国企事业单位一律采用借贷记账法。

二、借贷记账法

（一）借贷记账法的记账符号

借贷记账法是以“借”“贷”两字作为记账符号，运用复式记账原理，记录反映资产、负债、所有者权益等会计要素增减变化及其结果的一种记账方法。借贷记账法最早出现于中世纪的意大利沿地中海一带城市，并经历了佛罗伦萨式簿记法、热那亚簿记法和威尼斯簿记法三个发展阶段，15 世纪已逐步形成比较完备的复式记账法。

“借”和“贷”的概念是在借贷资本运动过程中产生的。借贷资本家对于吸收的存款，记在“贷主”的名下，表示自身债务的增加；对于付出去的放款，记在“借主”的名下，表示自身债权的增加。随着商品经济的发展，经济活动的内容日益丰富，记账内容的逐步扩展，记录的经济业务不再局限于货币资金的借贷业务，而逐渐扩展到财产物资、成本费用和经营损益等的增减变动，“借”和“贷”两字逐渐失去原来的含义而转化为纯粹的记账符号，用于标明记账的方向。至于“借”表示增加，还是“贷”表示增加，则取决于账户的性质及结构。

（二）借贷记账法的账户结构

在借贷记账法下，所有账户的基本结构都分为左、右两方，其中左方为借方，右方为贷方，以一方登记增加额，一方登记减少额。至于哪一方登记增加额，哪一方登记减少额，将取决于账户反映的经济业务的内容。其基本结构可用“T”字形账户表示，如图 2-1 所示。

借方	贷方

图 2-1　账户的名称

1. 资产类账户

资产类账户借方登记当期增加额，贷方登记当期减少额，期末余额一般在借方，表示期末资产的结存额，其结构如图 2-2 所示。

借方	贷方
期初余额 本期增加额	本期减少额
本期发生额合计	本期发生额合计
期末余额	

图 2-2　资产类账户

资产类账户的期末余额可根据下列公式计算：

资产类账户期末借方余额＝期初借方余额＋本期借方发生额－本期贷方发生额

2. 权益类账户

权益类账户包括负债和所有者权益两类账户。权益类账户具有相同的结构，即账户贷方登记当期增加额，借方登记当期减少额，期末余额一般在贷方，表示期末权益的结存额，其结构如图 2-3 所示。

借方	贷方
本期减少额	期初余额 本期增加额
本期发生额合计	本期发生额合计
	期末余额

图 2-3　权益类账户

权益类账户的期末余额可根据下列公式计算：

权益类账户期末贷方余额＝期初贷方余额＋本期贷方发生额－本期借方发生额

3. 共同类账户

共同类账户是具有双重性质的账户。当该账户为资产性质时，账户的期末余额在借方，账户结构同资产类账户，在资产负债表上列报时列入资产项目；当该账户为负债性质时，账户的期末余额在贷方，账户结构同负债类账户，在资产负债表上列报时列入负债项目，其结构如图 2-4 所示。

借方	贷方
资产期初余额 资产本期增加额 负债本期减少额	负债期初余额 负债本期增加额 资产本期减少额
本期发生额合计	本期发生额合计
资产期末余额	负债期末余额

图 2-4　共同类账户

4. 成本类账户

成本类账户的结构与资产类账户基本相同。即成本的增加额计入账户的借方，减少额计入账户的贷方，期末若有余额一般在借方，其结构如图 2-5 所示。

借方	贷方
期初余额 本期增加额	本期减少额
本期发生额合计	本期发生额合计
期末余额	

图 2-5　成本类账户

5. 损益类账户

损益类账户包括收入类账户和费用类账户。

收入的发生将增加所有者权益或者减少负债，其结构与权益类账户的结构基本相同，即贷方登记收入的增加数，借方登记收入的减少数或转销数。所不同的是，会计期末当收入结转后，收入类账户没有期末余额，其结构如图 2-6 所示。

借方	贷方
本期减少额或转销额	本期增加额
本期发生额合计	本期发生额合计

图 2-6　收入类账户

费用的发生将抵减所有者权益或者增加负债，故其结构与权益类账户的结构相反，与资产类和成本类账户的结构基本相同，即借方登记费用的增加数，贷方登记其减少数或转销数。所不同的是，该类账户期末结转费用后，没有期末余额，其结构如图 2-7 所示。

借方	贷方
本期增加额	本期减少额或转销额
本期发生额合计	本期发生额合计

图 2-7　费用类账户

综上所述，可将借贷记账法下各类账户的基本结构汇总归纳如图 2-8 所示。

借方	贷方
资产期初余额	权益期初余额
资产的增加 成本的增加 费用的增加 负债的减少 所有者权益的减少 收入的减少或转销	负债的增加 所有者权益的增加 收入的增加 资产的减少 成本的减少 费用的减少或转销
资产期末余额	权益期末余额

图 2-8　各类账户的基本结构

（三）借贷记账法的记账规则

记账规则是指某种记账方法在账户中记录经济业务应遵循的规律。借贷记账法的记账规则就是“有借必有贷，借贷必相等”。

在运用借贷记账法的记账规则记录每一项经济业务时，应遵循以下三个步骤：首先，根据所发生的经济业务的具体内容确定所涉及的账户；其次，根据账户的性质确定其增减金额；最后，根据账户的结构，确定计入账户的借方或贷方。

下面将举例说明借贷记账法的记账规则。

【**例 2-1**】琛楠公司为增值税一般纳税人（下同），从银行提取现金 10 000 元备用。

该经济业务的发生涉及“库存现金”和“银行存款”两个资产类账户。其中“库存现金”属于资产类账户，增加应计入其借方；“银行存款”也属于资产类账户，减少应计入其贷方。该项经济业务的会计处理如图 2-9 所示。

图 2-9　会计处理（一）

【**例 2-2**】琛楠公司用银行存款归还以前所欠的 B 单位的货款 8 000 元。

该经济业务的发生涉及“银行存款”和“应付账款”两个账户。其中“银行存款”属于资产类账户，减少应计入其贷方；“应付账款”属于负债类账户，减少应计入其借方。该项经济业务的会计处理如图 2-10 所示。

图 2-10　会计处理（二）

【**例 2-3**】琛楠公司接受 A 单位投入货币资金 200 000 元，存入银行。

该经济业务的发生涉及“银行存款”和“实收资本”两个账户。其中“银行存款”属于资产类账户，增加应计入其借方；“实收资本”属于所有者权益类账户，增加应计入其贷方。该项经济业务的会计处理如图 2-11 所示。

图 2-11　会计处理（三）

【**例 2-4**】琛楠公司从银行借入短期借款 30 000 元，直接偿还前欠供应单位的货款。

该经济业务的发生涉及“短期借款”和“应付账款”两个账户。其中“短期借款”属于负债类账户，增加应计入其贷方，“应付账款”也属于负债类账户，减少应计入其借方。该项经济业务的会计处理如图 2-12 所示。

图 2-12　会计处理（四）

【**例 2-5**】琛楠公司购买价值 300 000 元的不动产一项，以银行存款支付 120 000 元，其余款项暂欠。

该经济业务的发生涉及“固定资产”“银行存款”和“应付账款”三个账户。其中“固定资产”属于资产类账户，增加应计入其借方，“银行存款”也属于资产类账户，减少应计入其贷方；“应付账款”属于负债类账户，增加应计入其贷方。该项经济业务的会计处理如图 2-13 所示。

借方	应付账款	贷方
	（5）	180 000

借方	银行存款	贷方
	（5）	120 000

借方	固定资产	贷方
（5）	300 000	

图 2-13　会计处理（五）

通过上述举例，可以看出在借贷记账法下，对任何一项经济业务都一律采用“有借必有贷，借贷必相等”的记账规则。

（四）账户的对应关系和会计分录

采用借贷记账法记录经济业务时，在有关账户之间会形成应借、应贷的关系。把账户之间的这种相互依存的关系，称为账户的对应关系；把形成对应关系的账户称为对应账户。例如上述记账规则举例中的借方账户分别和它们的贷方账户相互成为对应账户，通过账户之间的这种对应关系，可以了解经济业务的内容及其内在的联系，并可以检查经济业务处理得正确与否。

会计分录是指对发生的每一项经济业务，确定应记账户的名称、方向和金额的一种记录形式。会计分录包括简单会计分录和复合会计分录。简单会计分录是指只涉及一个借方账户和一个贷方账户的会计分录。复合会计分录是指涉及两个以上账户的会计分录，即涉及一借多贷或多借一贷的会计分录。在借贷记账法下，为了保持账户之间清晰的对应关系，一般应编制“一借一贷”“一借多贷”或“多借一贷”的会计分录。在实际工作中，如果一项经济业务涉及多借、多贷的科目，为了全面反映此项经济业务，可以编制“多借多贷”的会计分录。但不允许将几项不同类型的经济业务合并编制复合的会计分录。

以上述记账规则中所举的经济业务为例，琛楠公司应编制的会计分录如下：

【例 2-6】沿用【例 2-1】资料。

借：库存现金　　10 000

　贷：银行存款　　10 000

【例 2-7】沿用【例 2-2】资料。

借：应付账款　　8 000

　贷：银行存款　　8 000

【例 2-8】沿用【例 2-3】资料。

借：银行存款　　200 000

　贷：实收资本　　200 000

【例 2-9】沿用【例 2-4】资料。

借：应付账款　　30 000

　贷：短期借款　　30 000

【例 2-10】沿用【例 2-5】资料。

借：固定资产　　300 000

贷：银行存款　　120 000

　　应付账款　　180 000

以上会计分录中，【例 2-6】、【例 2-7】、【例 2-8】和【例 2-9】是简单会计分录，【例 2-10】是复合会计分录。

（五）借贷记账法的试算平衡

为了检验一定时期内所发生经济业务在账户中记录的正确性，在会计期末应进行账户的试算平衡。试算平衡是指根据资产与权益的恒等关系以及借贷记账法的记账规则，检查所有账户记录是否正确的过程，包括发生额试算平衡法和余额试算平衡法两种方法。

1. 发生额试算平衡法

发生额试算平衡法是指一定时期内全部账户借方发生额合计等于该时期内全部账户贷方发生额合计。发生额试算平衡的公式如下：

全部账户本期借方发生额合计 = 全部账户本期贷方发生额合计

按照借贷记账法的"有借必有贷，借贷必相等"的记账规则，每一项经济业务所计入账户的借方金额等于贷方金额，那么一个时期内的全部账户的借方发生额合计必然等于全部账户的贷方发生额合计。

2. 余额试算平衡法

余额试算平衡法是指一定时期期末全部账户借方余额合计等于该时期期末全部账户贷方余额合计。余额试算平衡的公式如下：

全部账户期末借方余额合计 = 全部账户期末贷方余额合计

这是以会计恒等式"资产 = 权益"建立起来的。因为期末全部账户借方余额合计即资产总额，期末全部账户贷方余额合计即权益总额，这两个总额始终相等。

在实际工作中，发生额试算平衡和余额试算平衡一般是通过编制试算表来进行的。试算平衡表分两种：一种是将本期发生额和期末余额分别列表编制如表 2-2 和表 2-3 所示；另一种是将本期发生额和期末余额合并在一张表上进行试算，如表 2-4 所示。

表 2-2　总分类账户本期发生额试算平衡表

年　　月　　日　　　　单位：元

会计科目	借方发生额	贷方发生额
库存现金 ⋮		
合计		

表 2-3　总分类账户余额试算平衡表

年　　月　　日　　　　单位：元

会计科目	借方余额	贷方余额
库存现金 ⋮		
合计		

表 2-4　总分类账户本期发生额及余额试算平衡表

年　　月　　日　　　　　　　　单位：元

账户名称	期初余额		本期发生额		期末余额	
	借方	贷方	借方	贷方	借方	贷方
库存现金 ⋮						
合计						

下面举例说明借贷记账法下试算平衡的方法。

【例 2-11】资料：

（1）2019 年 8 月 31 日，琛楠公司总分类账户及期末余额如表 2-5 所示。

表 2-5　琛楠公司总分类账户及期末余额

资产类账户	期末余额	负债及所有者权益账户	期末余额
库存现金	1 000	短期借款	82 000
银行存款	8 600	应付账款	93 600
应收账款	32 000	应交税费	28 000
其他应收款	4 000	实收资本	460 000
原材料	116 000		
库存商品	42 000		
固定资产	460 000		
合计	663 600	合计	663 600

（2）琛楠公司 9 月发生下列经济业务：

①接受国家投资一台设备，价值 190 000 元。

②从银行取得为期 9 个月的借款 92 000 元。

③购入材料 50 000 元，已验收入库，货款未付（不考虑增值税）。

④用银行存款偿还银行短期借款 10 000 元。

⑤开出转账支票，偿还前欠购货款 14 000 元。

⑥接到银行收款通知，收回售给宏大公司的销货款 25 000 元。

⑦开出现金支票，从银行提取现金 1 500 元。

⑧采购员张兵预借差旅费 2 000 元，用现金支付。

要求：根据上述资料，说明借贷记账法下试算平衡的方法。

（1）根据总分类账户的期初余额开设“T”字账户，并登记各账户的期初余额。

（2）根据以上经济业务编制会计分录：

①借：固定资产　　190 000
　　贷：实收资本　　190 000

②借：银行存款　　92 000
　　贷：短期借款　　92 000

③借：原材料　　50 000

贷：应付账款 50 000

④借：短期借款 10 000

贷：银行存款 10 000

⑤借：应付账款 14 000

贷：银行存款 14 000

⑥借：银行存款 25 000

贷：应收账款 25 000

⑦借：库存现金 1 500

贷：银行存款 1 500

⑧借：其他应收款 2 000

贷：库存现金 2 000

（3）根据以上会计分录登记有关账户，并计算出各个账户的本期发生额和期末余额，如图 2-14 所示。

银行存款

借方	贷方
期初余额：8 600	④10 000
②92 000	⑤14 000
⑥25 000	⑦1 500
本期发生额：117 000	本期发生额：25 500
期末余额：100 100	

库存现金

借方	贷方
期初余额：1 000	
⑦1 500	⑧2 000
本期发生额：1 500	本期发生额：2 000
期末余额：500	

应收账款

借方	贷方
期初余额：32 000	⑥25 000
本期发生额：–	本期发生额：25 000
期末余额：7 000	

其他应收款

借方	贷方
期初余额：4 000	
⑧2 000	
本期发生额：2 000	本期发生额：–
期末余额：6 000	

固定资产

借方	贷方
期初余额：460 000	
①190 000	
本期发生额：190 000	本期发生额：–
期末余额：650 000	

短期借款

借方	贷方
	期初余额：82 000
④10 000	②92 000
本期发生额：10 000	本期发生额：92000
	期末余额：164 000

原材料

借方	贷方
期初余额：116 000	
③50 000	
本期发生额：50 000	本期发生额：–
期末余额：166 000	

应付账款

借方	贷方
	期初余额：93 600
⑤14 000	③50 000
本期发生额：14 000	本期发生额：50 000
	期末余额：129 600

借方	实收资本　贷方
	期初余额：460 000 ①190 000
本期发生额：–	本期发生额：190 000
	期末余额：650 000

借方	应交税费　贷方
	期初余额：28 000
本期发生额：–	本期发生额：–
	期末余额：28 000

借方	库存商品　贷方
期初余额：42 000	
本期发生额：– 期末余额：42 000	本期发生额：–

图 2-14　各个账户的本期发生额和期末余额

（4）根据账户记录编制试算平衡表，进行试算平衡，如表 2-6 所示。

表 2-6　总分类账户本期发生额及余额试算平衡表

2019 年 9 月 30 日　　单位：元

账户名称	期初余额		本期发生额		期末余额	
	借方	贷方	借方	贷方	借方	贷方
库存现金	1 000		1 500	2 000	500	
银行存款	8 600		117 000	25 500	100 100	
应收账款	32 000			25 000	7 000	
其他应收款	4 000		2 000		6 000	
原材料	116 000		50 000		166 000	
库存商品	42 000				42 000	
固定资产	460 000		190 000		650 000	
短期借款		82 000	10 000	92 000		164 000
应付账款		93 600	14 000	50 000		129 600
应交税费		28 000				28 000
实收资本		460 000		190 000		650 000
合计	663 600	663 600	384 500	384 500	971 600	971 600

通过上述的试算平衡，可以得到三对平衡数字，第一对是全部资产类账户期初借方余额合计等于全部权益类账户期初贷方余额合计；第二对是全部账户的本期借方发生额合计等于全部账户的本期贷方发生额合计；第三对是全部资产类账户期末借方余额合计等于全部权益类账户期末贷方余额合计。如果三对合计数相等，说明账户记录基本上是正确的，否则，就证明一定有错，应及时查找原因并更正。

通过编制试算平衡表，来检查账户记录是否正确有一定的局限性。因为有些错误并不影响借贷双方的平衡，因而无法通过试算平衡表来发现，如：①一项经济业务的记录全部被漏记或者重记；②一项经济业务的借贷双方，在金额上发生同样的错误，即同时多记或少记；③一项经济业务应借应贷的账户相互颠倒；④发生记账方向错误，等等。由于账户记录可能存在这些不能由试算平衡表来发现的错误，所以还需要对全部会计记录进行日常或定期的复核，以保证账面记录的正确性。

三、总分类账户与明细分类账户

（一）总分类账户与明细分类账户的意义

根据经济管理的要求，在会计核算中既要提供总括且全面的综合指标，又要提供具体而详细的指标。因此需要同时设置总分类账户和明细分类账户，以分别提供总括核算资料和明细核算资料。

总分类账户是根据总分类科目开设的，用来对各会计要素具体内容的变化情况进行总括记录的账户，如“原材料”“应付账款”“实收资本”等账户均为总分类账户。总分类账户只提供价值指标信息。

明细分类账户是根据明细分类科目开设的，用来对会计要素具体内容的变化情况进行详细记录的账户。明细分类账户既可以提供价值指标，又可以提供实物量指标。明细分类账户是对总分类账户所做的更详细的分类，提供详细具体的核算资料。例如为了掌握企业与各个供应商之间的货款结算情况，应在“应付账款”总分类账户下按债权人名称分别设置明细分类账户；又如为了详细了解各种材料的收入、发出、结存情况，就应在“原材料”总分类账户下，按照材料的品种、规格分别设置材料明细分类账户。除总分类账户和明细分类账户外，有时还需要设置二级账户。二级账户是介于总分类账户和明细分类账户之间的账户，它所提供的资料比明细分类账户概括，比总分类账户详细。例如“库存商品”账户，除设总分类账户外，还需要按大类设置二级明细分类账户，再按库存商品名称设置三级明细分类账户。

总分类账户与其所属的明细分类账户之间既有相同点又有区别。二者的相同点表现为：①记录的经济内容相同；②登记账户的原始依据相同。二者的区别表现在：①提供指标的详细程度不同，总分类账户提供总括的核算资料，明细分类账户提供具体的核算资料；②发挥的作用不同，即总分类账户对其所属的明细分类账户起着统驭和控制的作用，而明细分类账户对其总分类账户起着辅助和补充的作用。

（二）总分类账户与明细分类账户的平行登记

根据总分类账户与其所属的明细分类账户之间的上述关系，在会计核算中，为了便于进行账户记录的核对，保证核算资料的完整性和正确性，总分类账户与其所属明细分类账户必须采用平行登记的方法。平行登记是指对发生的每项经济业务，一方面要在有关总分类账户中进行登记，另一方面也要在其所属的各个明细分类账户中进行登记。

总分类账户与明细分类账户平行登记的要点包括以下四个方面。

1. 依据相同

总分类账户及其所属的明细分类账户都是以同一项经济业务的会计凭证来登记的，即它们记账的依据相同。

2. 会计期间相同

企业对发生的每一项经济业务，一定按发生时期在总分类账户中进行登记，同时，也要在同一期间在其所属明细分类账户中进行登记。这里的同期所指的是同一会计期间，而并非同一时点。因为明细分类账户一般根据记账凭证及其所附的原始凭证于平时登记，而总分类账户因会计核算组织程序不同，可能在平时登记，也可能定期登记，但登记总分类账户和明细分类账户必须在同一会计期间完成。

3. 借贷方向相同

对于每一项经济业务，计入总分类账户中的借贷方向必须与计入其所属明细分类账户中的借贷方向一致。即如果总分类账户的金额计入借方（或贷方），其所属的明细分类账户也应当计入借方（或贷方）。

4. 金额相等

企业对每一项经济业务计入某一总分类账户的金额与计入其所属明细分类账户的金额之和相等。

下面以“应付账款”和“原材料”账户为例来说明总分类账户与明细分类账户的平行登记。

【例 2-12】琛楠公司 2019 年 1 月初“应付账款”账户的贷方余额是 9 000 元，其中，应付 A 厂 3 000 元，应付 B 厂 6 000 元。“原材料”账户的借方余额是 10 000 元，其中，甲材料 700 千克，单价 10 元，计 7 000 元；乙材料 150 千克，单价 20 元，计 3 000 元。

2019 年 1 月发生下列经济业务（假设不考虑增值税）：

（1）25 日，购买 A 厂甲材料 500 千克，单价 10 元，价款 5 000 元尚未支付，材料已验收入库。

（2）26 日，购买 A 厂甲材料 600 千克，单价 10 元，价款 6 000 元；购入 B 厂乙材料 400 千克，单价 20 元，价款 8 000 元，甲、乙材料已全部入库，货款均未支付。

（3）29 日，以银行存款支付 A 厂货款 6 000 元，支付 B 厂货款 2000 元。

（4）30 日，生产产品领用甲材料 1000 千克，单价 10 元，计 10 000 元；领用乙材料 250 千克，单价 20 元，计 5 000 元。

根据上述业务琛楠公司应编制如下会计分录：

（1）借：原材料——甲材料	5 000	
贷：应付账款——A 厂		5 000
（2）借：原材料——甲材料	6 000	
——乙材料	8 000	
贷：应付账款——A 厂		6 000
——B 厂		8 000
（3）借：应付账款——A 厂	6 000	
——B 厂	2 000	
贷：银行存款		8 000
（4）借：生产成本	15 000	
贷：原材料——甲材料		10 000
——乙材料		5 000

对以上经济业务进行平行登记的结果如表 2-7～表 2-12 所示。

表 2-7 “应付账款”总分类账户

账户名称：应付账款　　　　单位：元

2019 年		凭证编号	摘要	借方	贷方	借或贷	余额
月	日						
1	1		期初余额			贷	9 000
	25	①	购买材料		5 000	贷	14 000
	26	②	购买材料		14 000	贷	28 000
	29	③	付款	8 000		贷	20 000
	31		本期发生额及余额	8 000	19 000	贷	20 000

表 2-8 “应付账款”明细分类账户

账户名称：A 厂　　　　单位：元

2019 年		凭证编号	摘要	借方	贷方	借或贷	余额
月	日						
1	1		期初余额			贷	3 000
	25	①	购买材料		5 000	贷	8 000
	26	②	购买材料		6 000	贷	14 000
	29	③	付款	6 000		贷	8 000
	31		本期发生额及余额	6 000	11 000	贷	8 000

表 2-9 “应付账款”明细分类账户

账户名称：B 厂　　　　单位：元

2019 年		凭证编号	摘要	借方	贷方	借或贷	余额
月	日						
1	1		期初余额			贷	6 000
	26	②	购买材料		8 000	贷	14 000
	29	③	付款	2 000		贷	12 000
	31		本期发生额及余额	2 000	8 000	贷	12 000

表 2-10 “原材料”总分类账户

账户名称：原材料　　　　计量单位：千克

2019 年		凭证编号	摘要	借方	贷方	借或贷	余额
月	日						
1	1		期初余额			借	10 000
	25	①	购买材料	5 000		借	15 000
	26	②	购买材料	14 000		借	29 000
	30	④	生产领用		15 000	借	14 000
	31		本期发生额及余额	19 000	15 000	借	14 000

表 2-11　“原材料”明细分类账户

材料名称：甲材料　　　　计量单位：千克

2019 年		凭证编号	摘要	收入			发出			结存		
月	日			数量	单价	金额	数量	单价	金额	数量	单价	金额
1	1		期初余额							700	10	7 000
	25	①	购料	500	10	5 000				1 200	10	12 000
	26	②	购料	600	10	6 000				1 800	10	18 000
	30	④	领用				1 000	10	10 000	800	10	8 000
	31		本期发生额及余额	1 100	10	11 000	1 000	10	10 000	800	10	8 000

表 2-12　“原材料”明细分类账户

材料名称：乙材料　　　　计量单位：千克

2019 年		凭证编号	摘要	收入			发出			结存		
月	日			数量	单价	金额	数量	单价	金额	数量	单价	金额
1	1		期初余额							150	20	3 000
	26	②	购料	400	20	8 000				550	20	11 000
	30	④	领用				250	20	5 000	300	20	6 000
	31		本期发生额及余额	400	20	8 000	250	20	5 000	300	20	6 000

上述平行登记的结果是，“应付账款”和“原材料”总分类账户的期初余额、本期发生额和期末余额，分别与其所属明细分类账户的期初余额合计数、本期发生额合计数和期末余额合计数相等，说明账户记录基本正确。

（三）总分类账户与明细分类账户的核对

为了使总分类账户与所属明细分类账户的记录始终保持一致，就要定期检查账户平行登记的结果，将总分类账户与其所属明细分类账户的记录于期末进行核对。在实际工作中，需要通过编制总分类账户和明细分类账户本期发生额及余额表来进行核对，如表 2-13、表 2-14 所示。

表 2-13　“应付账款”总分类账户与明细分类账户本期发生额及余额表

明细分类账户	期初余额		本期发生额		期末余额	
	借方	贷方	借方	贷方	借方	贷方
A 厂 B 厂		3 000 6 000	6 000 2 000	11 000 8 000		8 000 12 000
总分类账户		9 000	8 000	19 000		20 000

表 2-14 “原材料”总分类账户与明细分类账户本期发生额及余额表

明细账名称	计量单位	期初余额		本期发生额				期末余额	
		数量	金额	收入		发出		数量	金额
				数量	金额	数量	金额		
甲材料 乙材料	千克	700 150	7 000 3 000	1 100 400	11 000 8 000	1 000 250	10 000 5 000	800 300	8 000 6 000
合计	千克		10 000		19 000		15 000		14 000

从表 2-13 和表 2-14 可以看出，总分类账户与明细分类账户的核对主要包括：①总分类账户本期借、贷方发生额与其所属的明细分类账户的借、贷方发生额之和必然相等；②总分类账户期末余额与其所属的明细分类账户的期末余额之和必然相等。

第三节 会计凭证

一、会计凭证的意义

会计凭证是记录经济业务、明确经济责任的书面证明，是登记账簿的重要依据。任何单位在处理任何经济业务时，都必须由执行和完成该项经济业务的有关人员自行填制或从单位外部取得有关凭证，以书面形式记录和证明所发生经济业务的性质、内容、数量、金额等，并在凭证上签名或盖章，以对经济业务的合法性及凭证的真实性、完整性和及时性负责。任何会计凭证都必须经过有关人员的严格审核并确认无误后，才能作为记账的依据。合法地取得、正确地填制和审核会计凭证，是会计核算的基本方法之一，也是会计核算工作的起点，在会计核算中具有重要意义。

（1）记录经济业务，提供记账依据。会计凭证是登记账簿的依据，会计凭证所记录的有关信息是否真实、可靠、及时，对于能否保证会计信息质量具有至关重要的影响。

（2）明确经济责任，强化内部控制。任何会计凭证除记录有关经济业务的基本内容外，还必须由有关部门人员签章，对会计凭证所记录经济业务的真实性、完整性、合法性负责，防止舞弊行为，强化内部控制。

（3）监督经济活动，控制经济运行。通过对会计凭证的审核，可以查明每一项经济业务是否符合国家有关法律法规和制度规定；是否符合预算进度；是否有违法乱纪、铺张浪费行为等。对于查出的问题，应积极采取措施予以纠正，实现对经济活动的事中控制，保证经济活动健康运行。

二、会计凭证的种类

按照编制的程序和用途不同，会计凭证可分为原始凭证和记账凭证。

原始凭证是在经济业务发生或完成时取得或填制的，用以记录或证明经济业务的发生或完成情况的原始凭据，原始凭证是会计核算的原始资料和重要依据。

记账凭证是根据审核无误的原始凭证或汇总原始凭证，按照经济业务的内容加以归类，据以确定会计分录所填制的会计凭证，它是登记账簿的直接依据。

（一）原始凭证

按其来源不同，原始凭证可分为外来原始凭证和自制原始凭证。

1. 外来原始凭证

外来原始凭证是指在经济业务发生或完成时，从外单位取得的原始凭证，如购货时由销售方开具的增值税专用发票、付款时由收款方开具的收据等。其一般格式如图 2-15、图 2-16 所示。

开票日期：

<table>
<tr><td rowspan="2">购货单位</td><td>名称</td><td colspan="4"></td><td>纳税人识别号</td><td colspan="2"></td></tr>
<tr><td>地址、电话</td><td colspan="4"></td><td>开户行及账号</td><td colspan="2"></td></tr>
<tr><td colspan="2">货物或应税劳务名称</td><td>规格型号</td><td>计量单位</td><td>数量</td><td>单价</td><td>金额</td><td>税率（%）</td><td>税额</td></tr>
<tr><td colspan="2"></td><td></td><td></td><td></td><td></td><td></td><td></td><td></td></tr>
<tr><td colspan="2">合计</td><td></td><td></td><td></td><td></td><td></td><td></td><td></td></tr>
<tr><td colspan="2">价税合计（大写）</td><td colspan="5"></td><td colspan="2">￥</td></tr>
<tr><td rowspan="2">销货单位</td><td>名称</td><td colspan="4"></td><td>纳税人识别号</td><td colspan="2"></td></tr>
<tr><td>地址、电话</td><td colspan="4"></td><td>开户行及账号</td><td colspan="2"></td></tr>
</table>

复核：　　开票人：　　开票单位（未盖章无效）：

图 2-15　增值税专用发票（发票联）

（企业名称）

年　月　日

交款单位＿＿＿＿＿＿＿＿＿＿　收款方式＿＿＿＿＿＿＿＿

人民币（大写）＿＿＿＿＿＿＿＿　￥＿＿＿＿＿＿＿＿

收款事由＿＿＿＿＿＿＿＿＿＿＿＿＿＿＿＿

收款单位（盖章）：　　审核人：　　经手人：　　出纳员：

图 2-16　收据

2. 自制原始凭证

自制原始凭证是指由本单位内部的业务经办人员，在本单位内部发生经济业务时所填制的原始凭证，如领料单、限额领料单、产品入库单、借款单、差旅费报销单等。其一般格式如图 2-17、图 2-18 所示。

（企业名称）

编号：

领料部门：　　年　月　日　　发料仓库：

<table>
<tr><td rowspan="2">材料编号</td><td rowspan="2">名称及规格</td><td rowspan="2">计量单位</td><td colspan="2">数量</td><td rowspan="2">单价</td><td rowspan="2">金额</td><td rowspan="2">用途</td></tr>
<tr><td>请领</td><td>实领</td></tr>
<tr><td></td><td></td><td></td><td></td><td></td><td></td><td></td><td></td></tr>
<tr><td></td><td></td><td></td><td></td><td></td><td></td><td></td><td></td></tr>
<tr><td></td><td></td><td></td><td></td><td></td><td></td><td></td><td></td></tr>
<tr><td colspan="3">合计</td><td></td><td></td><td></td><td></td><td></td></tr>
</table>

仓库主管：　　发料人：　　领料部门负责人：　　领料人：

图 2-17　领料单

（企业名称）

领料部门： 发料仓库：

材料编号： 领用限额：

材料名称与规格： 计量单位：

日期	请领		实发			退料			限额结余
	数量	领料人签字	数量	发料人签字	领料人签字	数量	发料人签字	领料人签字	
合计									

生产计划部门负责人： 供应部门负责人： 仓库负责人：

图 2-18 限额领料单

原始凭证按其填制手续不同，分为一次凭证、累计凭证和汇总凭证。

1. 一次凭证

一次凭证是指在一项或若干项同类型经济业务发生或完成时，一次填制完毕的会计凭证，如前面介绍的收据、领料单、增值税专用发票等均属于一次凭证。绝大多数的原始凭证都是一次凭证。

2. 累计凭证

累计凭证是指在一定时期内连续记录若干项同类型不断重复发生的同类经济业务，并以其累计数予以记账的原始凭证。累计凭证是多次有效的原始凭证，具有代表性的累计凭证是“限额领料单”。

3. 汇总凭证

汇总凭证也称原始凭证汇总表，是指对一定时期内反映经济业务内容相同的若干张原始凭证，按照一定标准综合填制的原始凭证，如收料凭证汇总表、发出材料汇总表、销售日报表等。其一般格式如表 2-15 所示。

表 2-15 发出材料汇总表

（企业名称）

年 月

会计科目		领料部门	原材料	燃料	合计
生产成本	生产车间	一车间			
		二车间			
		小计			
制造费用		一车间			
		二车间			
		小计			
合计					

会计负责人： 复核： 制表：

（二）记账凭证

记账凭证按其经济内容不同，分为收款凭证、付款凭证和转账凭证。

1. 收款凭证

收款凭证是指用于记录库存现金和银行存款收款业务的会计凭证。收款凭证根据有关库存现金和银行存款收入业务的原始凭证填制，是登记库存现金日记账、银行存款日记账以及有关明细账和总账等账簿的依据，是出纳人员收讫款项的依据。其一般格式如图 2-19 所示。

借方科目：　　　　　　年　　月　　日　　　　　　凭证编号

摘要	应贷科目		金额	记账√	附件张
	一级科目	二级或明细科目			
合计					

会计主管：　　记账：　　出纳：　　审核：　　制单：

图 2-19　收款凭证

2. 付款凭证

付款凭证是指用于记录库存现金和银行存款付款业务的会计凭证。付款凭证根据有关库存现金和银行存款支付业务的原始凭证填制，是登记库存现金日记账、银行存款日记账以及有关明细账和总账等账簿的依据，是出纳人员支付款项的依据。其一般格式如图 2-20 所示。

贷方科目：　　　　　　年　　月　　日　　　　　　凭证编号

摘要	应借科目		金额	记账√	附件张
	一级科目	二级或明细科目			
合计					

会计主管：　　记账：　　出纳：　　审核：　　制单：

图 2-20　付款凭证

3. 转账凭证

转账凭证是指用于记录不涉及库存现金和银行存款业务的会计凭证。转账凭证根据有关业务的原始凭证填制，是登记有关明细账和总账等账簿的依据。其一般格式如图 2-21 所示。

年　　月　　日　　　　　　凭证编号

摘要	会计科目		借方金额	贷方金额	记账√	附件张
	一级科目	二级或明细科目				
合计						

会计主管：　　记账：　　审核：　　制单：

图 2-21　转账凭证

划分收款凭证、付款凭证和转账凭证，有利于区别不同经济业务进行分类管理，有利于经济业务的检查，但工作量较大，适用于规模较大、收付款业务较多的单位。经济业务较简单、规模较小、收付款业务较少的单位，可采用通用记账凭证来记录所有经济业务。记账凭证就不再区分收款、付款和转账业务，而将所有经济业务统一编号，在统一格式的凭证中进行记录。通用记账凭证的格式与转账凭证基本相同。

记账凭证按其填列方式不同，分为单式记账凭证、复式记账凭证和汇总记账凭证。

1. 单式记账凭证

单式记账凭证是指每一张记账凭证只填列经济业务事项所涉及的一个会计科目及其金额的记账凭证。填列借方科目的称为借项凭证，填列贷方科目的称为贷项凭证。经济业务涉及几个会计科目，就需要编制几张单式记账凭证。单式记账凭证反映内容单一，便于分工和汇总，但一张凭证无法反映经济业务全貌，不便于检查会计分录的正确性，在实际工作中应用不多。

2. 复式记账凭证

复式记账凭证是指将每一笔经济业务事项所涉及的全部会计科目及其发生额均在同一张记账凭证中反映的一种凭证。这是实际工作中最普遍使用的记账凭证。收款凭证、付款凭证和转账凭证都属于此类。复式记账凭证可以反映经济业务全貌，有利于检查会计分录的正确性，但不便于会计岗位上的分工记账。

3. 汇总记账凭证

汇总记账凭证是将许多同类记账凭证逐日或定期汇总后填制的凭证。例如将收款凭证、付款凭证和转账凭证按一定时间间隔分别汇总，编制汇总收款凭证、汇总付款凭证和汇总转账凭证；将一段时间的全部记账凭证按会计科目分别汇总借方和贷方数额，编制记账凭证汇总表（科目汇总表）。

三、原始凭证

（一）原始凭证的基本要素

各种原始凭证尽管格式不统一，项目不一样，但都应该具备一些共同的基本内容。这些基本内容也就是每一张原始凭证所应具备的要素。原始凭证必须具备以下几点内容。

（1）原始凭证的名称。

（2）填制凭证的日期和凭证编号。

（3）填制凭证单位或部门名称。

（4）接受凭证的单位名称。

（5）经济业务的内容摘要。

（6）经济业务的实物数量、单价和金额。

（7）填制单位和经办人员的签名或盖章。

原始凭证不仅应满足会计工作的需要，还应满足其他管理工作的需要。因此，在有些原始凭证上，除上述基本内容外，还应增加一些补充项目，如注明与该项经济业务有关的合同号码、结算方式等，以便更加完整地反映经济业务。

（二）原始凭证的填制

原始凭证是编制记账凭证的依据，是会计核算最基础的原始资料。要保证会计核算工作的质量，必须从保证原始凭证的质量做起，正确填制原始凭证。填制原始凭证必须符合下列几点要求。

（1）记录要真实。原始凭证所填列的经济业务的内容和数字，必须真实可靠，符合实际情况。

（2）内容要完整。原始凭证所要求填列的项目必须逐项填列齐全，不得遗漏和省略。

（3）手续要完备。单位自制的原始凭证必须有经办业务的部门及其人员签名盖章，对外开出的原始凭证必须加盖本单位公章等，从外部取得的原始凭证必须盖有填制单位的公章。取得的原始凭证必须符合手续完备的要求，以明确经济责任，确保凭证的合法性、真实性。

（4）书写要清楚规范。原始凭证要按规定填写，文字要简明，字迹要清楚，易于辨认，不得使用未经国务院公布的简化汉字。大小写金额必须相符且填写规范，小写金额用阿拉伯数字逐个书写，不得连写。在数字前要填写人民币符号“￥”，若是用外币结算的凭证，数字前要填写外币符号，如“$”等，数字与货币符号之间不得留有空位。凡是阿拉伯数字前写有货币符号的，数字后面不再写“元”。汉字大写金额一律用正楷或行书书写，如壹、贰、叁、肆、伍、陆、柒、捌、玖、拾、佰、仟、万、亿、元、角、分、零、整等，以防涂改。

（5）编号要连续。各种原始凭证要连续编号，以便查找。如果原始凭证已预先印定编号，如发票、支票等重要凭证，在书写错误等原因需作废时，应加盖“作废”戳记，妥善保管，不得撕毁。

（6）不得随意涂改、刮擦、挖补。原始凭证有错误的，应当由出具单位重开或更正，更正处应当加盖出具单位印章。原始凭证金额有错误的，应当由出具单位重开，不得在原始凭证上更正。

（7）填制要及时。各种原始凭证一定要及时填写，并按规定的程序及时送交会计机构，由会计人员进行审核。

（三）原始凭证的审核

为了如实反映经济业务的发生和完成情况，充分发挥会计的监督职能，保证会计信息的真实性、可靠性和正确性，会计机构和会计人员必须对原始凭证进行严格审核。审核的内容包括以下几方面。

（1）真实性审核。原始凭证作为会计信息的基本信息来源，其真实性对会计信息的质量具有至关重要的影响。其真实性的审核包括对原始凭证日期、业务内容和数据的真实性等内容的审查。对外来原始凭证，必须有填制单位公章和填制人员签章；对自制原始凭证，必须有经办部门和经办人员的签名或盖章。

（2）完整性审核。审核原始凭证各项基本要素是否齐全、日期是否完整、数字是否清晰、文字是否工整、有关人员签章是否齐全、凭证联次是否正确等。

（3）合理、合规性审核。审核原始凭证所记录的经济业务是否有违反国家法律法规的情况，经济业务是否符合企业生产经营活动的需要，是否符合有关的计划和预算，是否履行了规定的凭证传递和审核程序，是否有贪污腐败等行为，等等。

四、记账凭证

（一）记账凭证的基本要素

记账凭证作为登记账簿的依据，因其所反映经济业务的内容不同、各单位规模大小及其对会计核算繁简程度的要求不同，其格式亦有所不同。为了满足记账的基本要求，记账凭证应具备以下几方面基本内容。

（1）记账凭证的名称。

（2）填制凭证的日期和凭证编号。

（3）经济业务的内容摘要。

（4）应借、应贷的会计科目和金额。

（5）记账标记。

（6）所附原始凭证张数。

（7）会计主管、记账、审核、出纳、制单等有关人员签章。

（二）记账凭证的填制

1. 记账凭证编制的总体要求

记账凭证必须按照规定的格式和要求正确编制，除应当做到内容完整、连续编号、书写规范清楚、手续完备之外，还需注意以下几点事项。

（1）摘要简明。在记账凭证的“摘要”栏内，应简明扼要地写清楚经济业务的主要内容，文字应概括明了，以便查阅。

（2）分录正确。原始凭证的核心是经济业务内容，而会计分录是记账凭证的关键。在记账凭证中，必须书写规范的会计科目名称、正确的应借应贷方向、准确的金额数字。

（3）附件齐全。除结账和更正错误的记账凭证可以不附原始凭证外，其他记账凭证都是根据原始凭证编制的，因此必须附有原始凭证。

2. 不同记账凭证编制的具体要求

（1）收款凭证的编制。该凭证左上角的“借方科目”按收款的性质填写“库存现金”或“银行存款”；日期填写的是编制本凭证的日期；右上角填写编制收款凭证的顺序号；“摘要”填写对所记录的经济业务的简要说明；“贷方科目”填写与收入现金或银行存款相对应的会计科目；“记账”是该凭证已登记账簿的标记，防止经济业务重记或漏记；“金额”是该项经济业务的发生额；该凭证右边“附件”指记账凭证所附原始凭证的张数；最下边分别由有关人员签章，以明确经济责任。

（2）付款凭证的编制。付款凭证的编制方法与收款凭证基本相同，只是左上角由“借方科目”换为“贷方科目”，凭证中间的“贷方科目”换为“借方科目”。对于涉及“库存现金”和“银行存款”之间的经济业务，如将现金存入银行或从银行提取现金，为了避免重复记账，一般只编制付款凭证，不编收款凭证。出纳人员应根据会计人员审核无误的收款凭证和付款凭证办理收付款业务。

（3）转账凭证的编制。将经济业务中所涉及的全部会计科目，按照先借后贷的顺序计入“会计科目”栏中的“一级科目”和“二级明细科目”，并按应借、应贷方向分别计入“借方金额”或“贷方金额”栏，其他项目的填列与收、付款凭证相同。

（4）通用凭证的编制。该凭证的编制与转账凭证基本相同。所不同的是在凭证的编号上，采用按照发生经济业务的先后顺序编号的方法，一笔经济业务涉及两张以上记账凭证时，可以采取分数编号法。

（5）科目汇总表的编制。根据分录凭证编制 T 形账户，将本期各会计科目的发生额计入有关 T 形账户；计算各个账户的本期借方发生额与贷方发生额合计数；将发生额合计数填入科目汇总表中与有关科目相对应的“本期发生额”栏，并将所有会计科目本期借方发生额与贷方发生额分别进行合计，借贷相等后，一般说明无误，可用以登记总账。

需要指出，记账凭证应连续编号，以分清会计事项处理的先后顺序，便于记账凭证与会计账簿核对，确保记账凭证完整无缺。

（三）记账凭证的审核

为了保证会计信息的质量，在记账之前应由有关稽核人员对记账凭证进行严格的审核。审核主要包括以下几方面内容。

（1）内容是否真实。审核记账凭证是否有原始凭证为依据，所附原始凭证的内容与记账凭证的内容是否一致，记账凭证汇总表的内容与其所依据的记账凭证的内容是否一致等。

（2）科目及金额是否正确。审核记账凭证的应借、应贷科目是否正确，是否有明确的账户对应关系，所使用的会计科目是否符合国家统一会计规范的规定，金额是否正确等。

（3）项目是否齐全。审核记账凭证各项目的填写是否齐全，有关人员签章是否齐全。

五、会计凭证的保管

会计凭证的保管是指会计凭证记账后的整理、装订、归档和存查工作。会计凭证作为记账的依据，是重要的会计档案和经济资料，任何单位在完成经济业务手续和记账之后，必须将会计凭证按规定的立卷归档制度形成会计档案资料，妥善保管，以便于日后随时查阅。

会计凭证记账以后，应定期（每天、每旬或每月）对各种会计凭证进行分类整理，将各种记账凭证按照编号顺序，连同所附的原始凭证一起加具封面、封底，装订成册。

每年装订成册的会计凭证，在年度终了时可暂由单位会计机构保管一年，期满后应当移交本单位档案机构统一保管；未设立档案机构的，应当在会计机构内部指定专人保管。出纳人员不得兼管会计档案。

对于已归档凭证的查阅、调用或复制，均应得到批准和履行一定手续。原始凭证不得外借，其他单位如有特殊原因确实需要使用时，经本单位会计机构负责人、会计主管人员批准，在会计人员的监督下方可复制。向外单位提供的原始凭证复制件，应在专设的登记簿上登记，并由提供人员和收取人员共同签名或盖章。

各单位要严格遵守会计凭证的保管期限要求，期满前不得任意销毁，对于重要的会计凭证需长期保存。保管期满后，由本单位档案部门提出，会同财会部门共同鉴定，经严格审查后，编制会计档案销毁清册。

第四节 账簿

一、账簿的意义

账簿是由具有一定格式、相互联系的账页所组成，以会计凭证为依据，全面、系统、连续地记录各项经济业务的簿籍。设置和登记账簿，是编制财务报表的基础，是连接会计凭证与财务报表的中间环节，在会计核算中具有重要意义。

（1）记载、储存会计信息。将会计凭证所记录的经济业务计入有关账簿，可以全面反映会计主体在一定时期内所发生的各项资金活动，储存所需要的各项会计信息。

（2）分类、汇总会计信息。账簿由不同的相互关联的账户所构成。通过账簿记录，一方面可以分门别类地反映各项会计信息，提供一定时期经济活动的详细情况；另一方面可以通过发生额、余额计算，提供各方面所需要的总括会计信息，反映财务状况及经营成果的综合价值指标。

（3）检查、校正会计信息。账簿记录是会计凭证信息的进一步整理。例如在永续盘存制下，通过有关盘存账户余额与实际盘点或核查结果的核对，可以确认财产的盘盈或盘亏，并根据实际结存数额调整账簿记录，做到账实相符，提供如实、可靠的会计信息。

（4）编报、输出会计信息。为了反映一定日期的财务状况及一定时期的经营成果，应定期进行结账工作，核对有关账簿，计算出本期发生额和余额，据以编制财务报表，向有关各方提供其所需要的会计信息。

需要指出的是，账簿与账户有着十分密切的联系。账户是根据会计科目开设的，账户存在于账簿之中，账簿中的每一账页就是账户的存在形式和载体，没有账簿，账户就无法存在。账簿是一个外在形式，账户是它的真实内容。账簿序时、分类地记载经济业务，是在个别账户中完成的。账簿是由若干账页组成的一个整体，开设于账页上的账户则是这个整体中的个别部分，账簿与账户的关系是形式和内容的关系。

二、账簿的种类

（一）按用途分类

按用途的不同，账簿可分为序时账簿、分类账簿和备查账簿。

1. 序时账簿

序时账簿也称日记账，它是按照经济业务发生或完成时间的先后顺序逐日逐笔进行登记的账簿。序时账簿可以用来核算和监督某一类经济业务或全部经济业务的发生或完成情况。

2. 分类账簿

分类账簿是按照账户分类登记经济业务的账簿，简称分类账。按照总分类账户分类登记经济业务的是总分类账簿，简称总账。按照明细分类账户分类登记经济业务的是明细分类账簿，简称明细账。总分类账提供总括的会计信息，明细分类账提供详细的会计信息，二者相辅相成，互为补充。

3. 备查账簿

备查账簿也称辅助登记簿。它是对某些在序时账簿和分类账簿等主要账簿中未予登记或登记不够详细的经济业务进行补充登记时使用的账簿。例如租入固定资产备查簿，是用来登记那些以经营租赁方式租入、不属于本企业财产、不能计入本企业固定资产账户的机器设备。

（二）按外表形式分类

按外表形式的不同，账簿可分为订本式账、活页式账和卡片式账。

1. 订本式账

订本式账是启用之前就已将账页装订在一起，并对账页进行了连续编号的账簿。订本式账的优点是能避免账页散失和防止抽换账页；缺点是不能准确地为各账户预留账页，预留太多，造成浪费，预留太少，影响连续登记。这种账簿一般适用于总分类账、库存现金日记账和银行存款日记账。

2. 活页式账

活页式账是在账簿登记完毕之前并不固定装订在一起，而是装在活页式账夹中。当账簿登记完毕之后（通常是一个会计年度结束之后），才将账页予以装订，加具封面，并给各账页连续编号。活页式账的优点是记账时可根据实际需要，随时将空白账页装入账簿，或抽去不需用的账页，也便于分工记账；缺点是如果管理不善，可能会造成账页散失或故意抽换账页。各种明细分类账一般采用活页式账形式。

3. 卡片式账

卡片式账是将账户所需格式印刷在硬卡上。严格说，卡片式账也是一种活页账，只不过它不是装在活页式账夹中，而是装在卡片箱内。在我国企业一般只对固定资产的核算采用卡片式账形式，因为固定资产在长期使用中其实物形态不变，又可能经常转移使用部门，设置卡片账便于随同实物转移。少数企业在材料核算中也使用材料卡片式账。

（三）按账页格式分类

按账页格式不同，账簿可分为三栏式账簿、多栏式账簿和数量金额式账簿。

1. 三栏式账簿

三栏式账簿是设有借方、贷方和余额三个基本栏目的账簿。各种日记账、总分类账以及资本、债权、债务明细账都可采用三栏式账簿。

2. 多栏式账簿

多栏式账簿是在账簿的两个基本栏目借方和贷方按需要分设若干专栏的账簿，如多栏式日记账、多栏式明细账。至于专栏设在借方，还是设在贷方，或是两方同时设专栏，设多少专栏，则根据需要确定。收入、费用明细账一般均采用这种格式账簿。

3. 数量金额式账簿

数量金额式账簿在其借方、贷方和余额三个栏目内，再设数量、单价和金额三小栏，借以反映财产物资的实物数量和价值量。原材料、库存商品等明细账一般都采用数量金额式账簿。

三、账簿的登记

（一）日记账的设置和登记

日记账是按照经济业务发生或完成时间的先后顺序逐日逐笔进行登记的账簿。设置日记账的目的就是使经济业务按照时间先后顺序清晰地反映在账簿中。日记账按其所核算和监督经济业务的范围，分为普通日记账和特种日记账。普通日记账核算和监督全部经济业务的发生和完成情况；特种日记账核算监督某一类型经济业务的发生和完成情况，常见的特种日账有库存现金日记账、银行存款日记账和转账日记账。

1. 普通日记账的设置和登记

普通日记账也称分录薄，是序时地登记全部经济业务的日记账。普通日记账是根据原始凭证逐笔登记的，把每一笔经济业务转化为会计分录登记在账上，然后再转记到分类账上。其结构包括：日期栏、摘要栏、对应账户栏、分类账页数栏、借方金额栏、贷方金额栏。由于只有两个金额栏，因此，这种格式又称为“两栏式”。其格式如表 2-16 所示。

表 2-16 普通日记账

年		凭证编号	摘要	对应账户	分类账页数	借方金额	贷方金额
月	日						

2. 特种日记账的设置和登记

为了逐日反映库存现金、银行存款的收入、支出及结余情况，加强货币资金的管理与监督，各单位必须设置库存现金日记账和银行存款日记账，有条件的企业还可设置转账日记账。

1）库存现金日记账

库存现金日记账是用来逐日反映库存现金的收入、付出及结余情况的特种日记账，必须采用订本式账簿。其账页格式一般有三栏式和多栏式两种。

（1）三栏式库存现金日记账。三栏式库存现金日记账是指在同一张账页上分设“收入”、“支出”和“结余”三个金额栏的日记账。实际工作中普遍采用三栏式库存现金日记账，其格式如表 2-17 所示。

表 2-17 三栏式库存现金日记账 第 页

年		凭证		摘要	对方科目	收入	支出	结余
月	日	收款	付款					

库存现金日记账通常由出纳人员根据审核后的现金收款凭证和现金付款凭证，逐

日逐笔顺序登记。借方一般根据现金收款凭证登记，贷方根据现金付款凭证登记。但由于从银行提取现金的业务，只填制银行存款付款凭证，不再填制现金收款凭证，所以对于从银行提取现金的现金收入数额，应根据银行存款付款凭证登记库存现金日记账的借方栏。每次收付现金后，随时结出账面余额，至少在每日收付款项逐笔登记完毕后，每日结出账面余额，并将库存现金日记账的账面余额同库存现金实存额核对相符。

（2）多栏式库存现金日记账。多栏式库存现金日记账是把三栏式库存现金日记账中的收入栏和支出栏分别按照对应科目设置若干专栏。收入栏按应贷科目设置，支出栏按应借科目设置。其格式如表 2-18 所示。

表 2-18　多栏式库存现金日记账　　　　第　　页

年		凭证编号	摘要	收入					支出				
				应贷科目				合计	应借科目				合计
月	日			银行存款	其他应收款				银行存款	其他应收款			

有的单位现金收付款业务比较多，且比较复杂，这样多栏式库存现金日记账篇幅就会过长，因此，可以分别设置库存现金收入日记账和库存现金支出日记账。其格式如表 2-19、表 2-20 所示。

表 2-19　多栏式库存现金收入日记账　　　　第　　页

年		凭证编号	摘要	贷方科目				支出合计	结余
月	日			银行存款	其他应收款		收入合计		

表 2-20　多栏式库存现金支出日记账　　　　第　　页

年		凭证编号	摘要	借方科目				
月	日			银行存款	其他应收款			支出合计

2）银行存款日记账

银行存款日记账是用来逐日反映银行存款的增减变化和结余情况的特种日记账。通过银行存款日记账的设置和登记，可以加强对银行存款的日常监督和管理，并便于与开户银行进行账项核对。

银行存款日记账是根据银行存款收款凭证、银行存款付款凭证直接进行登记的，其方法与库存现金日记账的登记方法基本相同。

银行存款日记账应采用订本式账簿，其格式也有三栏式和多栏式两种，基本结构与库存现金日记账相同。由于银行存款的收付都是根据特定的银行结算凭证进行的，因此设有“结算凭证、种类、号数”栏。其格式如表 2-21 所示。

表 2-21 银行存款日记账

第 页

年		凭证编号	摘要	结算凭证		对方科目	收入	付出	结余
月	日			种类	编号				

为了避免多栏式银行存款日记账的篇幅过大，在实际工作中，一般也将其划分为银行存款收入日记账和银行存款支出日记账，其格式与库存现金收入日记账和库存现金支出日记账基本相同。

3）多栏式销货日记账

企业在销货业务较多的情况下，可以设置销货日记账进行专门登记。在此类日记账中，可以通过设置专栏，提供企业管理所需的一些信息。其格式如表 2-22 所示。

表 2-22 销货日记账

单位：元

年		业务号	摘要	购货单位名称	应收账款借方	银行存款借方	主营业务收入贷方	应交税费贷方	记账“√”	销货分析		
月	日									第一组	第二组	

（二）分类账的设置和登记

1. 总分类账的设置和登记

总分类账简称总账，是根据总分类科目开设，用以记录全部经济业务总括核算资料的分类账簿。由于总分类账能总括地反映企业经济活动的情况，并为编制财务报表提供资料，所以每一个企业必须设置总分类账簿。

总分类账簿一般采用借方、贷方、余额三栏式的订本账。其格式如表 2-23 所示。

表 2-23 总分类账

会计科目：

第 页

年		凭证编号	摘要	借方	贷方	借或贷	余额
月	日						

总分类账可以直接根据各种记账凭证逐笔登记，也可以通过一定的汇总方法，把各种记账凭证进行汇总，编制汇总记账凭证或科目汇总表，再据以登记。另外，还可以采用科目汇总表代替总账，这种科目汇总表应具有期初余额、本期发生额和期末余额，只有本期发生额的科目汇总表不能用来代替总账。总分类账采用什么格式，根据什么登记，取决于各单位所采取的账务处理程序。

2. 明细分类账的设置和登记

明细分类账简称明细账，是根据总账科目所属的明细科目设置，用以记录某一类经济业务明细核算资料的分类账。明细分类账对于加强监督财产的收发和保管、往来款项的结算、收入的取得以及费用的开支等，都起着重要的作用。因此，每一个企业都必须设置原材料、库存商品、债权及债务、固定资产、收入、费用等明细分类账。

明细分类账一般采用活页式账簿，也有的采用卡片式账簿，如固定资产明细账。明细分类账的格式主要有以下三种。

1）三栏式明细分类账

三栏式明细分类账的格式同三栏式总分类账相同，即账页只设借方、贷方和余额三个金额栏，不设数量栏。这种格式适用于那些只需要进行金额核算而不需要进行数量核算的债权债务结算科目，如“应收账款”“应付账款”等科目的明细分类核算。其格式如表2-24所示。

表2-24 ××明细分类账（三栏式）

二级或明细科目： 第 页

年		凭证编号	摘要	借方	贷方	借或贷	余额
月	日						

2）数量金额式明细分类账

数量金额式明细分类账的账页，分别设有收入、发出和结余的数量栏及金额栏。这种格式适用于既要进行金额核算，又要进行实物数量核算的各种财产物资科目，如“原材料”“库存商品”等科目的明细分类核算。其一般格式如表2-25所示。

表2-25 ××明细分类账（数量金额式） 第 页

类别： 编号：

品名规格： 存放地点：

储备定额： 计量单位：

年		凭证编号	摘要	收入			发出			结存		
月	日			数量	单价	金额	数量	单价	金额	数量	单价	金额

3）多栏式明细分类账

多栏式明细分类账是根据经济业务的特点和经营管理的需要，在一张账页内按有关明细项目分设若干专栏，以在同一张账页上集中反映各有关明细项目的详细资料。这种格式适用于费用、成本和收入、利润等账户的明细分类核算。多栏式明细账可以借方设专栏，贷方为一栏；也可以只设借方专栏不设贷方栏，从贷方转出业务，用红字在借方登记。其一般格式如表 2-26 所示。

表 2-26　××明细分类账（多栏式一）

年		凭证编号	摘要	借方科目				贷方	余额
月	日						合计		

多栏式明细账也可以借方、贷方均设多栏，其一般格式如表 2-27 所示。

表 2-27　××明细分类账（多栏式二）

年		凭证编号	摘要	借方（项目）			贷方（项目）			借或贷	余额
月	日										

四、账簿登记规则

（一）启用账簿的基本要求

账簿是重要的会计档案。为了确保账簿记录的合规和完整，明确记账责任，在启用账簿时，应在账簿封面上写明单位名称和账簿名称；在账簿扉页上应附“账簿使用登记表”或“账簿启用表”，其内容包括：启用日期、账簿页数、记账人员和会计主管人员姓名，并加盖经手人员名章和单位公章。记账人员或会计人员调动工作时，应注明交接日期、接办人员和监交人员姓名，由交接双方人员签名或盖章。

启用订本式账簿，应从第一页到最后一页顺序编写页数，不得跳页、缺号。使用活页式账页，应按账户顺序编号，并须定期装订成册，装订后再按实际使用的账页顺序编写页码，另加目录，记录每个账户的名称和页次。

（二）登记账簿规则

《会计法》规定“会计账簿登记，必须以经过审核的会计凭证为依据，并符合有关法律、行政法规和国家统一的会计制度的规定”。会计人员应当依《会计法》的要求，根据审核无误的会计凭证登记会计账簿。登记账簿的具体要求有以下几方面。

（1）登记会计账簿时，应当将会计凭证日期、编号、业务内容摘要、金额和其他有关资料逐项计入账内，做到数字准确、摘要清楚、登记及时、字迹工整。

（2）登记完毕后，要在记账凭证上签名或者盖章，并注明已经登账的符号，表示已经记账。

（3）账簿中书写的文字和数字上面要留适当空距，不要写满格，一般应占格距的二分之一。

（4）登记账簿要用蓝黑或黑色墨水钢笔书写，不得使用圆珠笔（银行的复写账簿除外）或铅笔书写。但下列情况可以用红色墨水记账：

①应当采用红字冲账的记账凭证，冲销错误记录。

②在不设借贷等栏的多栏式账页中，登记减少数。

③在三栏式账户的余额栏前，如未印明余额的方向，在余额栏内登记负数余额。

④会计制度中规定用红字登记的其他记录。

（5）各种账簿按页次顺序连续登记，不得跳行、隔页。如果发生跳行、隔页，应将空行、空页划线注销，或注明“此行空白”或“此页空白”字样，并由记账人员签名或盖章。

（6）凡需要结出余额的账户，结出余额后，应在“借或贷”等栏内写明“借”或“贷”等字样。没有余额的账户，应在“借或贷”等栏内写“平”字，并在余额栏内用“O”表示。现金日记账和银行存款日记账必须逐日结出余额。

（7）每一账页登记完毕结转下页时，应结出本页合计数及余额，写在本页最后一行和下页第一行有关栏内，并在本页的摘要栏内注明“转次页”字样，在次页的摘要栏内注明“承前页”字样。

对需要结计本月发生额的账户，结计“过次页”的本页合计数应当为自本月初至本页末止的发生额合计数；对需要结计本年累计发生额的账户，结计“过次页”的本页合计数应当为自年初起至本页末止的累计数；对既不需要结计本月发生额，也不需要结计本年累计发生额的账户，可以只将每页末的余额结转次页。

（8）实行会计电算化的单位，总账和明细账应当定期打印。发生收款和付款业务的，在输入收款凭证和付款凭证的当天必须打印出库存现金日记账和银行存款日记账，并与库存现金核对无误。

（9）账簿记录发生错误时，不得刮、擦、挖补、随意涂改或用褪色药水更改字迹，不准重新抄写，应根据错误的情况，按规定的方法进行更正。

（三）对账

为了保证账簿所提供的会计资料正确、真实、可靠，会计人员在登记账簿时，一定要有高度的责任心，切不可马虎。记完账后，还应定期做好对账工作，做到账证相符、账账相符、账实相符。会计对账工作主要有以下内容。

1. 账证核对

账证核对是指将账簿记录与有关会计凭证相互核对。账簿是根据经过审核之后的会计凭证登记的，但实际工作中仍然可能发生账证不符的情况。因此，记完账后，要将账簿记录与会计凭证进行核对，做到账证相符。会计期末，如果发现账证不符，必须重新进行账证核对。

2. 账账核对

账账核对是指将各账簿之间有关数字相互核对。具体包括：总分类账簿记录的核对，总分类账簿与所属明细分类账簿的核对，总分类账簿与序时账簿的核对，会计部门与财产物资保管部门或使用部门的核对。

3. 账实核对

账实核对是指将账簿记录与各项财产物资、货币资金、债权债务等实有数额之间的相互核对。具体包括：库存现金日记账账面余额与库存现金实存数额核对相符，银行存款日记账账面余额与银行对账单的余额核对相符，各项财产物资明细账账面余额与财产物资的实有数额核对相符以及有关债权债务明细账账面余额与对方单位的账面记录核对相符等。

（四）财产清查种类与方法

财产清查是指通过对实物资产和库存现金的实地盘点以及对银行存款和债权债务的询证核对，确定其实存数，查明账存数与实存数是否相符的一种会计核算方法。

1. 财产清查的种类

按财产清查的范围，财产清查可分为全面清查和局部清查。全面清查是指对全部财产进行盘点与核对。全面清查范围大、内容多、时间长、参与人员多。需要进行全面清查的情况通常包括年终决算或单位撤销、合并或改变隶属关系等。局部清查是指根据需要对部分财产物资进行盘点与核对。局部清查范围小、内容少、时间短、参与人员少，但专业性较强。局部清查一般包括库存现金应每日清点一次，银行存款每月至少同银行核对一次，债权债务每年至少核对一至两次，各项存货应有计划、有重点地抽查，贵重物品每月清查一次等。

按财产清查的时间，财产清查可分为定期清查和不定期清查。定期清查是指根据计划安排的时间对财产物资进行的清查。定期清查一般在期末进行，它可以是全面清查，也可以是局部清查。不定期清查是指根据实际需要对财产物资所进行的临时性清查。不定期清查一般是局部清查，如更换物资保管人、发生意外灾害等非常损失时进行的清查。

2. 财产清查的方法

为了实施财产清查工作，应组成由会计部门牵头的清查小组，制订好清查计划，准备好计量器具和各项登记表格等。会计人员要做好账簿登记工作，做到账账相符、账证相符，财产物资保管部门要做好财产物资的入账工作，整理、排放好各项财产物资，准备接受清查。不同的财产物资，其清查方法也有所不同。

1）货币现金的清查方法

库存现金的清查采用实地盘点的方法来确定库存现金的实存数，再与库存现金日记账的账面余额核对，以查明账实是否相符及盈亏情况。库存现金清查后应填写“库存现金盘点报告表”，并据以调整库存现金日记账的账面记录。

银行存款的清查是通过与开户银行转来的对账单进行核对，查明银行存款的实有数额。若银行存款日记账余额与开户银行转来的对账单余额不一致，可能是由于双方或一方记账有错误或者存在未达账项。对于未达账项，应通过编制银行存款余额调节表进行调整。

2）实物资产的清查方法

由于实物资产的形态、体积、重量以及堆放方式等的不同，其采用的清查方法有实地盘点法和技术推算法两种。

（1）实地盘点法。实地盘点法是指在财产物资存放现场逐一清点数量或用计量仪器确定其实存数和质量的一种方法。

（2）技术推算法。技术推算法是指利用技术方法推算财产物资实存数的方法，适用于煤炭、砂石等大宗物资的清查。

对各项财产物资的盘点结果，应逐一填制有关凭证，并同账面余额记录核对，确认盘盈、盘亏数，填制实存账存对比表，作为调整账面记录的原始凭证。盘存单、实存账存对比表的格式分别如表2-28、表2-29所示。

表2-28　盘存单

（企业名称）

财产类别：

存放地点：　　　　　　　　　　年　　月　　日　　　　　　　　　　第　　页

编号	名称	规格型号	计量单位	盘点数量	单价	金额	备注

盘点人签章：　　　　　　　　　　　　　　　　　　保管人签章：

表2-29　实存账存对比表

（企业名称）

年　　月　　日

编号	名称及规格	计量单位	单价	实存		账存		盘盈		盘亏		备注
				数量	金额	数量	金额	数量	金额	数量	金额	

根据清查的结果，调整有关账面记录。盘盈时，批准处理前借记有关盘盈财产科目，贷记“待处理财产损溢”科目；批准处理后借记“待处理财产损溢”科目，贷记“管理费用”“营业外收入”等科目。盘亏时，批准处理前借记“待处理财产损溢”科目，贷记有关盘亏财产科目；批准处理后借记“管理费用”“营业外支出”“其他应收款”等科目，贷记“待处理财产损溢”科目。

3）债权债务的清查方法

各种债权债务等往来款项的清查一般采用发函询证的方法与对方单位或个人核对账目。在保证各种债权债务往来款项记录完整正确的基础上，编制“往来款项对账单”，寄给各有关往来单位。对方单位核对后退回，盖章表示核对相符，如不相符由对方单位另外说明。据此编制“往来款项清查表”，注明核对相符与不相符的款项，对不符款项按有争议、未达账项、无法收回等情况，针对具体情况及时采取措施予以解决。

（五）结账

结账是指将一定会计期间内所发生的经济业务全部登计入账后，对账簿记录所做的结束工作。结账的内容通常包括结清各种损益类账户，并据以计算确定本期利润（或亏损）；结算各资产、负债和所有者权益账户，结出本期发生额合计和余额两方面工作。

1. 结账的程序

结账程序包括以下几方面内容。

（1）将本期发生的经济业务全部登计入账，并保证其正确性。

（2）根据权责发生制的要求，调整有关账项，合理确定本期应计的收入和费用。

（3）将损益类科目转入“本年利润”科目，结平所有损益类科目。

（4）结算出资产、负债和所有者权益科目的本期发生额和余额，并结转下期。

2. 结账的方法

（1）对不需按月结计本期发生额的账户，如各项应收、应付款明细账和各项财产物资明细账等，每次记账以后，都要随时结出余额，每月最后一笔余额即为月末余额。月末结账时，只需要在最后一笔经济业务记录之下通栏画单红线，不需要再结计一次余额。

（2）库存现金日记账、银行存款日记账和需要按月结计发生额的收入、费用等明细账每月结账时，要在最后一笔经济业务记录下面通栏画单红线，结出本月发生额和余额，在摘要栏内注明“本月合计”字样，在下面再通栏画单红线。

（3）需要结计本年累计发生额的某些明细账户，每月结账时，应在“本月合计”行下结出自年初起至本月末止的累计发生额，登记在月份发生额下面，在摘要栏内注明“本年累计”字样，并在下面通栏画单红线。12 月末的“本年累计”就是全年累计发生额，全年累计发生额下通栏画双红线。

（4）总账账户平时只需结出月末余额。年终结账时，为了总括地反映全年各项资金运动情况的全貌，核对账目，要将所有总账账户结出全年发生额和年末余额，在摘要栏内注明“本年合计”字样，并在合计数下通栏画双红线。

（5）年终结转余额。年度终了结账时，有余额的账户，要将其余额结转下年，并在摘要栏注明“结转下年”字样。在下一会计年度新建有关会计账户的第一行余额栏内填写上年结转的余额，并在摘要栏注明“上年结转”字样，即将有余额的账户的余额直接计入新账余额栏内，不需要编制记账凭证，也不必将余额再计入本年账户的借方或贷方，使本年有余额的账户的余额变为零。

五、记账错误的查找与更正方法

（一）记账错误的查找

1. 记账差错的种类

在记账过程中，由于会计人员的主观或客观原因，可能发生各种各样的差错，产生错账，如重记、漏记、数字颠倒、数字错位、数字记错、科目记错、借贷方向记反（反向）等，从而影响会计信息的准确性，应及时找出差错，并予以更正。

2. 错账查找的方法

在对账过程中为了及时地找出错账，合理地核对会计信息，可以采用以下几种方法。

（1）差数法。差数法是指按照错账的差数查找错账的方法。如在记账过程中只登记了会计分录的借方或贷方，漏记了另一方，从而形成试算平衡中借方合计与贷方合计不等。对于这种差错，可由会计人员通过回忆和与相关金额的记账核对来查找。

（2）除 2 法。除 2 法是指以差数除以 2 来查找错账的方法。当某个借方（或贷方）金额错计入贷方（或借方）时，出现错账的差数表现为错误的 2 倍，将此差数用 2 去除，得出的商即方向记反的金额。

（3）除 9 法。除 9 法是指以差数除以 9 来查找错数的方法。当试算不平衡时，将借贷双方合计数相抵后的差数除以 9，若能被 9 整除，则可能是记账过程中出现了数字移位（错位）或数字颠倒的差错。

（二）错账的更正方法

1. 画线更正法

画线更正法是指用红线注销原有的错误记录，然后在画线上面写上正确记录的一种方法。这种方法适用于结账前发现账簿记录有文字或数字错误，而记账凭证没有错误的情况。

更正时，可在错误的文字或数字上画一条红线，在红线的上方填写正确的文字或数字，并由记账人员在更正处盖章，以明确责任。应注意：更正时不得只划销个别数字，错误的数字必须全部划销，并保持原有数字清晰可辨，以便审查。例如，将 368 400 元误记为 638 400 元，应先在 638 400 元上画条红线以示注销，然后在其上方空白处填写正确的数字，而不能只将前两位数字更正为“36”。

2. 红字更正法

红字更正法是指用红字冲销或冲减原有的错误记录，以更正或调整账簿记录的一种方法。这种方法适用于原编制的记账凭证有错误，并且已依据错误的记账凭证登计入账的情况。

红字更正法具体有以下两种情况。

（1）记账后发现记账凭证中的应借、应贷会计科目有错误，从而引起记账错误。更正的方法是：用红字金额填写一张内容与原记账凭证完全相同的记账凭证，以示注销原记账凭证，然后用蓝字填写一张正确的记账凭证并据以记账。

【例 2-13】琛楠公司 A 生产车间生产产品直接耗用材料一批，价值 2 000 元。会计分录误编如下：

借：制造费用　　2 000
　贷：原材料　　　2 000

更正时用红字金额编制一张内容与原记账凭证完全相同的记账凭证，以示注销原记账凭证（在以下分录中，方框表示红字）。

借：制造费用　　[2 000]
　贷：原材料　　　[2 000]

然后用蓝字编制一张正确的记账凭证，会计分录如下：

借：生产成本　　2 000
　贷：原材料　　　2 000

（2）记账后发现记账凭证和账簿记录中应借、应贷会计科目无误，只是所记金额大于应记金额。更正的方法是：按多记的金额用红字编制一张与原记账凭证应借、应贷科目完全相同的记账凭证，以冲销多记的金额，并据以记账。如上例中的金额误记为 20 000 元，所用会计科目正确，则更正的会计分录如下：

借：生产成本　　18 000（红字）

　贷：原材料　　18 000（红字）

3. 补充登记法

补充登记法又称补充更正法，是用一张蓝字记账凭证补充记录原账户记录中少记金额的一种方法。这种方法适用于记账后发现记账凭证和账簿记录中应借、应贷会计科目无误，只是所记金额小于应记金额的情况。更正的方法是：将少记的金额用蓝字编制一张与原记账凭证应借、应贷科目完全相同的记账凭证，只补充少记的金额，并据以记账。

若【例 2-13】中的金额误记为 200 元，所用会计科目正确，则更正的会计分录如下：

借：生产成本　　1 800

　贷：原材料　　1 800

第五节　账务处理程序

一、账务处理程序的意义

账务处理程序也称会计核算组织程序或会计核算形式，是指会计凭证、会计账簿、财务报表相结合的方式，包括会计凭证和账簿的种类、格式，会计凭证与账簿之间的联系方法，由原始凭证到编制记账凭证、登记明细分类账和总分类账、编制财务报表的工作程序和方法等。

会计凭证、会计账簿、财务报表之间的结合方式不同，就形成了不同的账务处理程序，不同的账务处理程序又有不同的方法、特点和适用范围。科学、合理地选择适用于本单位的账务处理程序，对于有效地组织会计核算具有重要意义。

（1）有利于会计工作程序的规范化，保证会计信息加工过程的严密性，提高会计信息的质量。

（2）有利于保证会计记录的完整性、正确性，通过凭证、账簿及报表之间的牵制作用，增强会计信息的可靠性。

（3）有利于减少不必要的会计核算环节，通过井然有序的账务处理程序，提高会计工作效率，保证会计信息的及时性。

二、账务处理程序的种类

在我国，常用的账务处理程序主要有记账凭证账务处理程序、汇总记账凭证账务处理程序和科目汇总表账务处理程序。下面简要介绍这三种账务处理程序。

（一）记账凭证账务处理程序

1. 记账凭证账务处理程序特点

记账凭证账务处理程序的特点是直接根据记账凭证逐笔登记总分类账。它是最基本的一种账务处理程序。采用记账凭证账务处理程序时，记账凭证一般采用收款凭证、付款凭证和转账凭证专用记账凭证格式，也可以采用通用记账凭证格式。需要设置库存现金日记账、银行存款日记账、明细分类账和总分类账，其中库存现金日记账、银行存款日记账和总分类账一般采用三栏式，明细分类账根据需要采用三栏式、多栏式和数量金额式。

2. 记账凭证账务处理程序基本内容

（1）根据原始凭证或汇总原始凭证编制记账凭证。

（2）根据收款凭证、付款凭证逐笔登记库存现金日记账和银行存款日记账。

（3）根据原始凭证、汇总原始凭证和记账凭证登记各种明细分类账。

（4）根据记账凭证逐笔登记总分类账。

（5）期末，将库存现金日记账、银行存款日记账和明细分类账的余额同有关总分类账的余额核对相符。

（6）期末，根据总分类账和明细分类账的记录编制财务报表。

记账凭证账务处理程序如图 2-22 所示。

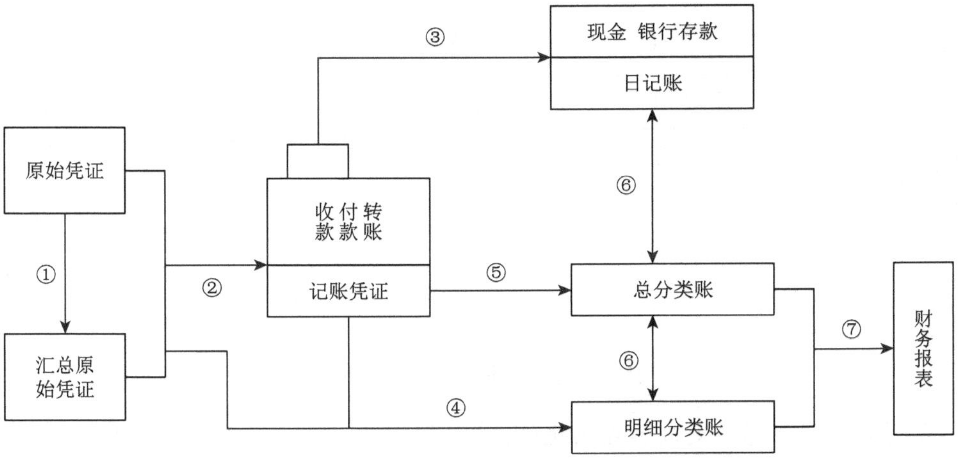

图 2-22　记账凭证账务处理程序

3. 记账凭证账务处理程序的优缺点及适用范围

记账凭证账务处理程序优点是简单明了，易于理解，总分类账可以较详细地反映经济业务的发生情况。缺点是登记总分类账的工作量较大。它适用于规模较小、经济业务量较少的单位。

（二）汇总记账凭证账务处理程序

1. 汇总记账凭证账务处理程序特点

汇总记账凭证账务处理程序的特点是定期根据记账凭证分类编制汇总收款凭证、汇总付款凭证和汇总转账凭证，再根据汇总记账凭证登记总分类账。汇总记账凭证账务处理程序中，除设置收款凭证、付款凭证和转账凭证外，还应设置汇总收款凭证、汇总付款凭证和汇总转账凭证，账簿的设置与记账凭证账务处理程序基本相同。

2. 汇总记账凭证账务处理程序基本内容

（1）根据原始凭证或汇总原始凭证编制收款凭证、付款凭证和转账凭证。

（2）根据收款凭证、付款凭证逐笔登记库存现金日记账和银行存款日记账。

（3）根据原始凭证、汇总原始凭证或记账凭证登记各种明细分类账。

（4）根据各种记账凭证编制有关汇总记账凭证。

（5）根据各种汇总记账凭证登记总分类账。

（6）期末，将库存现金日记账、银行存款日记账和明细分类账的余额同有关总分类账的余额核对相符。

（7）期末，根据总分类账和明细分类账的记录编制财务报表。

汇总记账凭证账务处理程序如图 2-23 所示。

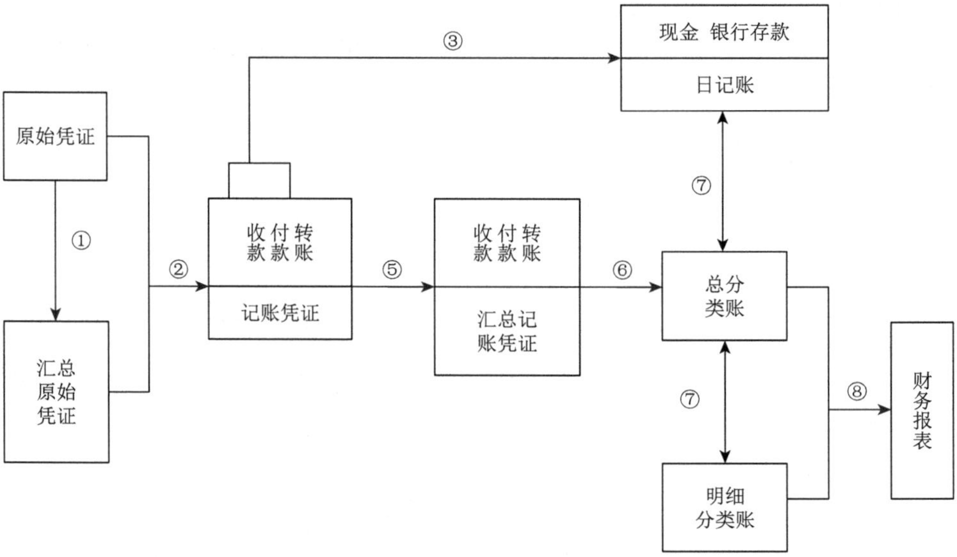

图 2-23 汇总记账凭证账务处理程序

3. 汇总记账凭证账务处理程序的优缺点及适用范围

汇总记账凭证账务处理程序优点是减轻了登记总分类账的工作量，由于按照账户对应关系汇总编制记账凭证，便于了解账户之间的对应关系。缺点是按每一贷方科目编制汇总转账凭证，不利于会计核算的日常分工，并且当转账凭证较多时，编制汇总转账凭证的工作量较大。它适用于规模较大、经济业务较多的单位。

（三）科目汇总表账务处理程序

1. 科目汇总表账务处理程序特点

科目汇总表账务处理程序又称记账凭证汇总表账务处理程序。其特点是根据所有记账凭证定期编制科目汇总表，再根据科目汇总表登记总分类账。科目汇总表账务处理程序的记账凭证、账簿设置与记账凭证账务处理程序基本相同。

2. 科目汇总表账务处理程序基本内容

（1）根据原始凭证或汇总原始凭证，编制收款凭证、付款凭证和转账凭证。

（2）根据收款凭证、付款凭证逐笔登记库存现金日记账和银行存款日记账。

（3）根据原始凭证、汇总原始凭证或记账凭证逐笔登记各种明细分类账。

（4）根据各种记账凭证定期汇总编制科目汇总表。

（5）根据科目汇总表登记总分类账。

（6）期末，将库存现金日记账、银行存款日记账和明细分类账的余额同有关总分类账的余额核对相符。

（7）期末，根据总分类账和明细分类账的记录编制财务报表。

科目汇总表账务处理程序如图 2-24 所示。

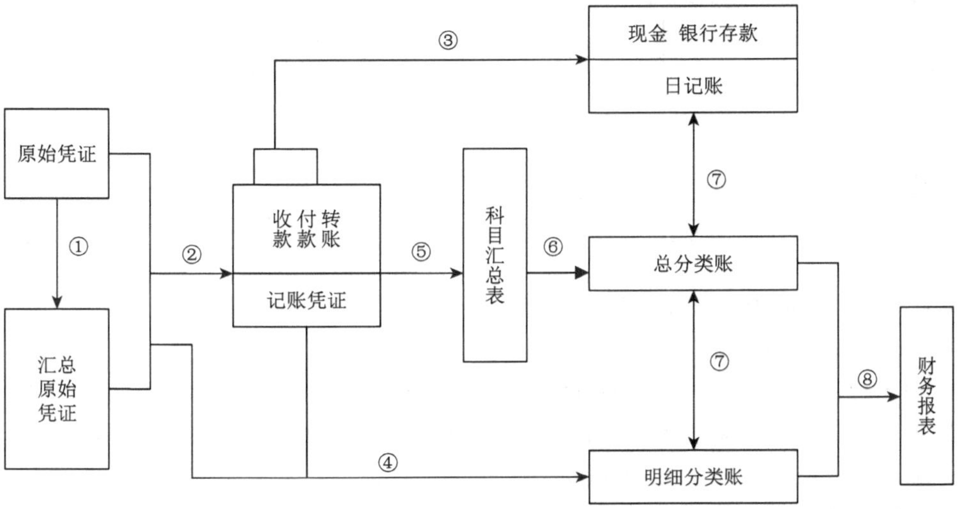

图 2-24　科目汇总表账务处理程序

3. 科目汇总表账务处理程序的优缺点及适用范围

科目汇总表账务处理程序的优点是减轻了登记总分类账的工作量，并可做到试算平衡，简明易懂，方便易学。缺点是科目汇总表不能反映账户对应关系，不便于查对账目。它适用于经济业务较多的单位。

复习思考题

一、概念题

会计科目　账户　会计凭证　会计账簿　账务处理程序　画线更正法　红字更正法　补充登记法　实地盘点法

二、简答题

1. 会计科目设置的意义和原则是什么？

2. 会计科目与账户之间有什么联系与区别？

3. 账户的基本结构是什么？其包括哪些内容？
4. 什么是复式记账法？其特点是什么？
5. 试算平衡能否发现所有的记账错误？为什么？
6. 试述总分类账户与明细分类账户的关系及平行登记的要点。
7. 简述会计凭证的分类体系。
8. 对账与结账的内容有哪些？

三、计算及业务题

1. 红光公司某月末有关账户资料如表 2-30 所示：

表 2-30 红光公司某月末有关账户资料

单位：元

账户名称	期初余额	借方本期发生额	贷方本期发生额	余额方向	期末余额
固定资产		40 000	30 000		60 000
长期借款	500 000		1 000 000		1 200 000
盈余公积	400 000	200 000	300 000		
应交税费	60 000	40 000	80 000		

要求：在上表格所空的金额栏中填入正确的数字，在余额方向栏中标明余额的方向，并判断下列说法正确的有（　　）。

A. 固定资产期初余额借方 50 000
B. 长期借款借方本期发生额 300 000
C. 固定资产期初余额借方 70 000
D. 盈余公积期末余额贷方 300 000
E. 应交税费期末余额贷方 20 000
F. 盈余公积期末余额贷方 500 000
G. 应交税费期末余额贷方 100 000

2. 振华公司某月发生了如下几种情况：

（1）某会计在根据记账凭证记账时，误将 5 000 元记为 500 元，当日由会计主管发现。经查，记账凭证应借应贷科目未错。

（2）从银行提现金 600 元，据此项经济业务填制记账凭证时，将金额误填为 900 元，登计入账后，发现此错误。

（3）向银行支取现金 800 元，填制记账凭证时，误将金额写为 300 元，登计入账后，发现此错误。

（4）公司销售一批未用原材料，收款 1 000 元，此业务应借记“银行存款”，贷记“其他业务收入”，但某会计编制记账凭证时，误编为下列分录，并据以登计入账，结账前发现。

借：银行存款　　1 000
　贷：主营业务收入　　1 000

要求：请更正上述错账。

第三章

货币资金

本章介绍了现金的特征、现金管理规定及现金的会计处理；银行存款的概念、银行存款管理制度以及银行转账结算方式的种类和其他货币资金的性质、范围及会计处理。

【重要概念】库存现金　银行存款　其他货币资金

第一节　现金

一、现金的特征

现金是流动性最强的一种货币性资产。现金有广义和狭义之分。广义的现金是指除了库存现金外，还包括银行存款和其他可以普遍接受的符合现金定义的票证，包括银行本票、银行汇票、邮政汇票、个人支票等。狭义的现金仅指库存现金，即企业金库中存放的现金，包括人民币现金和外币现金。本节现金的概念是指狭义的现金。现金一般具有以下几方面特征。

（1）流动性强。现金是最具流动性的资产，在用其购买非现金性资产和偿还债务时，可直接使用，不像现金以外的其他资产那样需要变现的过程，因而现金是企业购买各种资产、偿还债务的主要资金来源。

（2）易于流通。现金是流通和交换的媒介，具有普遍的可接受性，因而易于流通，具有较强的支付能力，使用范围比较广泛。

（3）流动量大。虽然现金的余额可能很小，只占企业总资产的一小部分，但现金收支次数频繁，流动量较大。

（4）易于散失、挪用和被盗。企业应当按照中国人民银行规定的现金管理办法和财政部关于各单位货币资金管理和控制的规定，办理有关现金收支业务。

二、现金的管理与控制

（一）现金管理内容

1. 现金使用范围

根据国务院颁布的《现金管理暂行条例》的规定，允许企业使用现金结算的范围有以下几方面。

（1）职工工资、津贴。

（2）个人劳务报酬。

（3）根据国家规定颁发给个人的科学技术、文化艺术、体育等各种奖金。

（4）各种劳保、福利费用以及国家规定的对个人的其他支出。

（5）向个人收购农副产品和其他物资的价款。

（6）出差人员必须随身携带的差旅费。

（7）结算起点（1 000 元人民币）以下的零星支出。

（8）中国人民银行确定需要支付现金的其他支出。

除上述第（5）、（6）项外，开户单位支付给个人的款项，超过使用现金限额的部分，应当以支票或者银行本票支付；确需全额支付现金的，经开户银行审核后，予以支付现金。

2. 库存现金的限额

库存现金限额是指企业按照现金管理制度的规定留存现金的最高数额。库存现金限额由开户银行根据开户单位的实际需要和距离银行远近等情况核定。其限额一般按照开户单位 3～5 天的日常零星开支所需的现金确定。边远地区和交通不便地区的开户单位的库存限额，可以多于 5 天但不得超过 15 天的日常零星开支。超过库存限额的现金应及时存入银行。库存限额一经核定，开户单位必须严格遵守。企业需要增加或者减少库存现金限额的，应当向开户银行提出申请，由开户银行核定。

3. 现金收支的规定

按照《现金管理暂行条例》的规定，企业现金收支应当依照下列规定办理。

（1）企业现金收入应当于当日送存开户银行。当日送存确有困难的，由开户银行确定送存时间。

（2）企业支付现金，可以从本单位库存现金限额中支付或者从开户银行提取，不得从本单位的现金收入中直接支付，即不得坐支现金。因特殊情况需要坐支现金的，应当事先报经开户银行审查批准，由开户银行核定坐支范围和限额。坐支单位应当定期向开户银行报送坐支金额和使用情况。

（3）企业根据规定从开户银行提取现金，应当写明用途，由本单位财会部门负责人签字盖章，经开户银行审核后，予以支付现金。

（4）因采购地点不固定、交通不便、生产或者市场急需、抢险救灾以及其他特殊情况必须使用现金的，企业应当向开户银行提出申请，由本单位财会部门负责人签字盖章，经开户银行审核后，予以支付现金。

（5）机关、团体、部队、全民所有制和集体所有制企业事业单位购买国家规定的专项控制商品，一律采用银行转账结算方式，不得使用现金。

企业在组织现金收支工作中，还应做到五不准：不准“白条抵库”，即不能用不符合财务制度的凭证抵顶库存现金；不准“公款私存”，即不准将单位收入的现金以个人名义储蓄；不准设置“小金库”，保留账外公款；不准谎报用途套取现金；不准用银行账户代其他单位和个人存取现金。银行对违反上述规定的单位，将按照违规金额的一定比例予以处罚。

（二）现金管理的内部控制制度

关于现金管理应遵守以下内部控制制度。

（1）钱账分管制度。现金管理集中在企业的财会部门，库存现金的收支与保管应由出纳人员负责。经管现金的出纳人员不得兼管稽核、会计档案保管和收入、费用、债权债务账目的登记工作。

（2）现金开支审批制度。明确企业审批制度，明确各种报销凭证、确定各种现金支出的审批权限。

（3）现金日清月结制度。要求出纳人员对当日的现金收付业务全部登记库存现金日记账，结出账面余额并与库存现金核对相符；按月结账并定期进行现金清查。

（4）现金保管制度。库存现金不得超过库存限额，不得以个人名义存入银行，分类保管纸币和铸币。

三、现金的会计处理

库存现金核算不仅要进行总分类核算，而且要设立日记账进行序时核算，同时还要经常地、定期或不定期核对账面结存现金与实际库存现金进行核对。

为了全面、连续地反映和监督库存现金的收支及结存情况，企业需设置库存现金日记账对库存现金进行序时核算。库存现金的序时核算是指按照库存现金收付业务发生的时间顺序，由出纳人员根据审核并收付款后的记账凭证，逐日逐笔在库存现金日记账上加以登记，按日、按月结算收付合计数和余额的核算方法。有外币现金的企业，应分别人民币和各种外币设置库存现金日记账。

为了总括地反映企业库存现金的收入、支出和结存情况，企业一般设置“库存现金”科目，进行总分类核算。该科目借方登记库存现金的增加数，贷方登记库存现金的减少数，余额在借方，表示企业期末库存现金实际持有的数额。企业在核算库存现金时应注意的是，企业内部各部门、各单位周转使用的备用金，应在“其他应收款”科目核算，或单独设置“备用金”科目核算，不在“库存现金”科目核算。

【例 3-1】琛楠公司开出现金支票一张，提取现金 2 000 元，以备临时支付。琛楠公司的会计分录如下：

借：库存现金　　2 000

　贷：银行存款　　2 000

【例 3-2】琛楠公司销售产品收到现金 850 元。琛楠公司的会计分录如下：

借：库存现金　　850

　贷：主营业务收入　　850

【例 3-3】琛楠公司管理部门报销办公用品费 700 元，以现金支付。琛楠公司的会计分录如下：

借：管理费用　　700

　贷：库存现金　　700

【例 3-4】琛楠公司刘×外出采购，预借差旅费 3 000 元。琛楠公司的会计分录如下：

借：其他应收款——刘×　　3 000

贷：库存现金 3 000

【例 3-5】承【例 3-4】，刘×出差归来，经审核，报销差旅费 2 650 元，借款余额交回现金。琛楠公司的会计分录如下：

借：库存现金 350

管理费用 2 650

贷：其他应收款——刘× 3 000

每日终了结算库存现金收支和库存现金清查后，若发现有待查原因的库存现金溢余或短缺，通过“待处理财产损溢——待处理流动资产损溢”科目进行核算。现金清查中发现短缺现金时，应按短缺的金额，借记“待处理财产损溢——待处理流动资产损溢”科目，贷记“库存现金”科目。现金清查中发现溢余现金时，应按溢余的金额，借记“库存现金”科目，贷记“待处理财产损溢——待处理流动资产损溢”科目，待查明原因后按照以下要求进行处理。

（1）现金短缺，属于责任人赔偿部分，借记“其他应收款”科目，贷记“待处理财产损溢——待处理流动资产损溢”科目；若为保险公司赔偿部分，借记“其他应收款”科目，贷记“待处理财产损溢——待处理流动资产损益”科目；若无法查明原因，根据管理权限，经批准后处理，借记“管理费用”科目，贷记“待处理财产损溢——待处理流动资产损溢”科目。

（2）现金溢余，属于应支付给相关人员或单位的部分，借记“待处理财产损溢——待处理流动资产损溢”科目，贷记“其他应付款”科目；若为无法查明原因的现金溢余，经批准后作为盘盈利得处理，借记“待处理财产损溢——待处理流动资产损溢”科目，贷记“营业外收入”科目。

第二节 银行存款

一、银行存款的管理制度

银行存款是指企业存入银行或其他金融机构账户上的货币资金。我国银行存款包括人民币存款和外币存款两种。企业的银行存款除了包括存在所立账户上的货币外，还包括企业在结算中收到的即期支票、银行本票、银行汇票等。

由于企业收入的现款都要及时存入银行，企业与其他单位之间的一切货币收付业务，除了在规定范围内可以使用现金结算外，都要采用银行转账结算，所以企业暂时闲置的货币资金，除保留一定限额的库存现金外，大都以银行存款的形式存在。银行存款的流动性虽然次于现金，但其结算用途广泛，是货币资金的主要组成部分。

（一）银行存款账户的开设规定

企业根据业务需要，在其所在地银行开设账户，运用所开设的账户，进行存款、取款以及各种收支转账业务的核算。正确开立和使用银行账户是做好资金结算工作的基础，企业只有在银行开立了存款账户，才能通过银行同其他单位进行结算，办理资金的收付。企业应按规定在银行开设和使用存款账户。按照银行账户管理办法规定，企事业单位的存款账户分为四类，即基本存款账户、一般存款账户、临时存款账户和专用存款账户。

基本存款账户是企业办理日常转账结算和现金收付的账户。企业的工资、奖金等现金的支取，只能通过该账户办理。一个企业只能选择一家银行的一个营业机构开立一个基本存款账户。企业可在开设基本存款账户的银行以外的其他银行的一个营业机构开立一个一般存款账户，一般存款账户可办理转账结算和存入现金，但不能支取现金。临时存款账户是存款人因临时经营活动需要开立的账户，如企业异地产品展销、临时性采购资金等。专用存款账户是企事业单位因特定用途需要开立的账户，如基本建设项目专项资金、农副产品资金等，企事业单位的销货款不得转入专用存款账户。

为了加强对基本存款账户的管理，企业开立基本存款账户，实行开户许可证制度，必须凭中国人民银行当地分支机构核发的开户许可证办理，企业不得为还贷、还债和套取现金而多头开立基本存款账户；不得出租、出借账户；不得违反规定为在异地存款和贷款而开立账户。任何单位和个人不得将单位的资金以个人名义开立账户存储。

（二）银行存款内部控制规范

根据《内部会计控制规范——货币资金》的要求，企业应按以下规定管理银行存款。

（1）企业应当严格按照支付结算办法等国家有关规定，加强银行账户的管理，严格按照规定开立账户，办理存款、取款和结算。企业应当定期检查、清理银行账户的开立及使用情况，发现问题及时处理。应当加强对银行结算凭证的填制、传递及保管等环节的管理与控制。

（2）企业应当严格遵守银行结算纪律，不准签发没有资金保证的票据或远期支票，套取银行信用；不准签发、取得和转让没有真实交易和债权债务的票据，套取银行和他人资金；不准无理拒绝付款，任意占用他人资金；不准违反规定开立和使用银行账户。

（3）企业应当指定专人定期核对银行账户，每月至少核对一次，编制银行存款余额调节表，使银行存款账面余额与银行对账单余额调节相符。如调节不符，应查明原因，及时处理。

二、银行转账结算方式

银行结算是收付双方通过银行结算往来款项，也称转账结算。企业收入的一切款项，除国家另有规定的以外，都必须于当日解交银行。一切支出，除规定可以用现金支付的以外，应按银行有关结算制度规定，通过银行转账结算。采用银行转账结算方式有利于加强银行对企业货币资金的监督，促进购销双方认真履行合同，维护购销双方的正当权益，加强结算纪律，及时结算货款，加速资金周转。为了保证银行结算业务的正常开展，中国人民银行总行制定颁发了统一的结算制度。根据中国人民银行有关结算制度规定，企业发生的货币资金收付业务可以采取的结算方式有银行汇票、银行本票、支票、商业汇票、汇兑、委托收款、托收承付、信用卡、信用证。

（一）银行汇票

银行汇票是出票银行签发的，由其在见票时按照实际结算金额无条件支付给收款人或者持票人的票据。银行汇票的出票银行为银行汇票的付款人。单位和个人在异地、同城或统一票据交换区域的各种款项结算，均可使用银行汇票。银行汇票具有使用灵活、票随人到、兑现性强等特点，适用于先收款后发货或钱货两清的商品交易。

银行汇票可以用于转账，填明“现金”字样的银行汇票也可以用于支取现金。银行汇票的付款期限为自出票日起 1 个月内。超过付款期限提示付款不获付款的，持票人须在票据权利时效内向出票银行做出说明，并提供本人身份证件或单位证明，持银行汇票和解讫通知向出票银行请求付款。

企业使用银行汇票时，应向出票银行填写银行汇票申请书，填明申请人名称、申请人账号或住址、用途、汇票金额、收款人名称、代理付款行等项内容，并将款项交存银行。申请人和收款人均为个人，需要使用银行汇票向代理付款人支取现金的，申请人须在银行汇票申请书上填明代理付款人名称，在“汇票金额”栏先填写“现金”字样，后填写汇票金额。申请人或者收款人为单位的，不得在银行汇票申请书上填明“现金”字样。银行受理银行汇票申请书，收妥款项后签发银行汇票，并用压数机压印出票金额，然后将银行汇票和解讫通知一并交给申请人。签发转账银行汇票，不得填写代理付款人名称。签发现金银行汇票，申请人和收款人必须均为个人。申请人或者收款人为单位的，银行不得为其签发现金银行汇票。

申请人取得银行汇票后即可持银行汇票向填明的收款单位办理结算。银行汇票的收款人可以将银行汇票背书转让给他人。背书转让以不超过出票金额的实际结算金额为限，未填写实际结算金额或实际结算金额超过出票金额的银行汇票不得背书转让。

收款企业在收到付款单位送来的银行汇票时，应在出票金额以内，根据实际需要的款项办理，并将实际结算金额和多余金额准确、清晰地填入银行汇票和解讫通知的有关栏内，银行汇票的实际结算金额低于出票金额的，其多余金额由出票银行退交申请人。银行汇票的实际结算金额不得更改，更改实际结算金额的银行汇票无效。收款企业还应填写进账单并在汇票背面“持票人向银行揭示付款签章”处签章，签章应与预留银行的印鉴相同，然后将银行汇票和解讫通知、进账单一并交开户银行办理结算，银行审核无误后，办理转账。

（二）商业汇票

商业汇票是出票人签发的，委托付款人在指定日期无条件支付确定的金额给收款人或者持票人的票据。在银行开立存款账户的法人以及其他经济组织之间须具有真实的交易关系或债权债务关系，才能使用商业汇票。商业汇票在同城、异地都可以使用，而且没有结算起点的限制。商业汇票一律记名并允许背书转让。商业汇票的付款期限由交易双方商定，一般为 3～6 个月，最长不得超过 6 个月。定日付款的汇票付款期限自出票日起计算，并在汇票上记载具体的到期日。出票后定期付款的汇票付款期限自出票日起按月计算，并在汇票上记载。商业汇票的提示付款期限自汇票到期日起 10 日内。

商业汇票可以由付款人签发并承兑，也可以由收款人签发交由付款人承兑。定日付款或者出票后定期付款的商业汇票，持票人应当在汇票到期日前向付款人提示承兑。汇票未按规定期限提示承兑的，持票人丧失对其前手的追索权。付款人应当自收到提示承兑的汇票之日起 3 日内承兑或者拒绝承兑。付款人拒绝承兑的，必须出具拒绝承兑的证明。商业汇票可以背书转让。

符合条件的商业承兑汇票的持票人可持未到期的商业承兑汇票连同贴现凭证，向银行申请贴现。商业承兑汇票按承兑人不同分为银行承兑汇票和商业承兑汇票两种。

1. 银行承兑汇票

银行承兑汇票由银行承兑，由在承兑银行开立存款账户的存款人签发。承兑银行按票面金额向出票人收取万分之五的手续费。

购货企业应于汇票到期前将票款足额交存其开户银行，以备由承兑银行在汇票到期日或到期日后的见票当日支付票款。销货企业应在汇票到期时将汇票连同进账单送交开户银行以便转账收款。承兑银行凭汇票将承兑款项无条件转给销货企业，如果购货企业于汇票到期日未能足额交存票款时，承兑银行除凭票向持票人无条件付款外，对出票人尚未支付的汇票金额按照每天万分之五计收利息。

2. 商业承兑汇票

商业承兑汇票是由银行以外的付款人承兑。商业承兑汇票按交易双方约定，由销货企业或购货企业签发，但由购货企业承兑。承兑时，购货企业应在汇票正面记载“承兑”字样和承兑日期并签章。承兑不得附有条件，否则视为拒绝承兑。汇票到期时，购货企业的开户银行凭票将票款划给销货企业或贴现银行。销货企业应在提示付款期限内通过开户银行委托收款或直接向付款人提示付款。对异地委托收款的，销货企业可匡算邮程，提前通过开户银行委托收款。汇票到期时，如果购货企业的存款不足支付票款，开户银行应将汇票退还销货企业，银行不负责付款，由购销双方自行处理。

（三）银行本票

银行本票是指申请人将款项交存银行，由银行签发的，承诺自己在见票时无条件支付确定的金额给收款人或者持票人的票据。单位和个人在同一票据交换区域需要支付各种款项，均可以使用银行本票。银行本票可以用于转账，注明“现金”字样的银行本票可以用于支取现金。银行本票由银行签发并保证兑付，而且见票即付，具有信誉高、支付功能强等特点。用银行本票购买材料物资，销售方可以见票付货，购货方可以凭票提货；债权债务双方可以凭票清偿；收款人将本票交存银行，银行即可为其入账。银行本票分为不定额本票和定额本票两种。定额银行本票面额为 1 000 元、5 000 元、10 000 元和 50 000 元。

申请人办理银行本票时，应填写“银行本票申请书”，详细填明收款人名称，需要提取现金的并应填明“现金”字样，但申请人或收款人为单位的，不得申请签发现金银行本票。银行受理并收妥款项后，签发银行本票交给申请人，申请人可以持本票向填明的收款单位、个体经济户和个人办理结算。

银行本票的提示付款期限为自出票日起最长不超过 2 个月，可以背书转让。在付款期内银行本票见票付款。持票人超过提示付款期限提示付款的，代理付款人不予受理。持票人可在票据权利时效内向出票银行做出说明，并提供本人身份证或单位证明，持银行本票向银行请求付款。银行本票的代理付款人是代理出票银行审核支付银行本票款项的银行。银行本票丧失，可以凭人民法院出具的其享有票据权利的证明，向出票银行请求付款或退款。

（四）支票

支票是指出票人签发的，委托办理支票存款业务的银行或其他金融机构在见票时无条件支付确定的金额给收款人或者持票人的票据。支票之前适用于同城票据交换地区内的单位和个人之间的一切款项结算，自 2007 年 6 月 25 日起支票实现了全国通用，异城之间也可使用支票进行支付。支票分为现金支票、转账支票、普通支票三种。现金支票只能用于支取现金，它可以由存款人签发用于到银行为本单位提取现金，也可以签发给其他单位和个人用来办理结算或者委托银行代为支付现金给收款人；转账支票只能用于转账，它适用于存款人给收款单位划转款项，以办理商品交易、劳务供应、清偿债务和其他往来款项结算；普通支票可以用于支取现金，也可以用于转账，但在普通支票左上角划两条平行线的，为划线支票，只能用于转账，不能用于支取现金。支票的提示付款期限自出票日起 10 天。支票可以背书转让，但用于支取现金的支票不得背书转让。支票的付款人以经中国人民银行批准的银行和其他金融机构为限。支票一律记名。支票仅限于见票即付。现金支票可挂失，转账支票不能挂失。

企业在使用支票时禁止签发空头支票、与预留银行签章不符的支票以及密码错误的支票，银行应予以退票，并按票面金额处以 5%但不低于 1 000 元的罚款；持票人有权要求出票人赔偿支票金额 2%的赔偿金。对屡次签发的，银行应停止其签发支票。

（五）汇兑

汇兑是指汇款人委托银行将其款项支付给收款人的一种结算方式。企业与异地单位和个人的各种款项的结算，均可使用汇兑结算方式。汇兑分为信汇和电汇两种，由汇款人根据需要选择使用。无论是信汇还是电汇，都没有金额起点的限制。

汇兑结算属于汇款人向异地主动付款的一种结算方式，除适用于单位之间的款项划拨外，也可用于单位对异地的个人支付有关款项，如退休工资、医药费、各种劳务费、稿酬等，还可适用于个人对异地单位所支付的有关款项，如邮购商品、书刊等。汇兑结算方式还广泛地用于先汇款后发货的交易。

（六）委托收款

委托收款是收款人委托银行向付款人收取款项的一种结算方式。无论是单位还是个人都可凭已承兑商业汇票、债券、存单等付款人债务证明办理收取同城或异地款项。委托收款还适用于收取电费、电话费等付款人众多、分散的公用事业等有关款项。委托收款结算款项划回的方式分为邮寄和电报两种。

企业委托开户行收款时，应填写银行印制的委托收款凭证，并提供有关的债务证明。在委托收款凭证中写明付款单位的名称、收款单位名称、账号及开户银行、委托收款金额的大小写、款项内容、委托收款凭据名称及附寄单证张数等。企业的开户银行受理委托收款后，将委托收款凭证寄交付款单位开户银行，由付款单位开户银行审核，并通知付款单位。

付款单位收到开户银行转来的委托收款凭证及债务证明，应签收并审查债务证明是否真实，是否是本单位的债务，确认之后通知银行付款。

付款单位应在收到委托收款的通知次日起 3 日内，主动通知银行是否付款。如果不通知银行，银行视同企业同意付款，并在第 4 日从付款单位账户中付出此笔委托收款款项。

付款人在 3 日内审查有关债务证明后，认为债务证明或与此有关的事项符合拒绝付款的规定，应在承付期内办理拒付手续。

（七）托收承付

托收承付是根据购销合同由收款人发货后，委托银行向异地付款人收取款项，由付款人根据合同核对单证或验货后，向银行承认付款的一种结算方式。采用托收承付结算方式的收款单位和付款单位，必须是国有企业、供销合作社以及经营管理较好，并经开户银行审查同意的城乡集体所有制工业企业。办理托收承付的款项，必须是商品交易以及因商品交易而产生的劳务供应的款项。代销、寄销、赊销商品的款项，不得办理托收承付结算。托收承付结算每笔的金额起点为10 000元，新华书店系统每笔金额起点为1 000元。

收款人办理托收，必须具有商品确已发送的证件（包括铁路、航运、公路等运输部门签发运单、运单副本和邮局包裹回执）或其他符合托收承付结算的有关证明和交易单证送交开户银行办理托收手续。

销货企业开户银行接受委托后，将托收结算凭证回联退给企业，作为企业进行账务处理的依据，并将其他结算凭证寄往购货单位开户银行，由付款人开户银行通知购货单位承认付款。付款人开户银行收到托收凭证及附件后，应及时通知付款人。付款人在承付期内审查核对，安排资金。承付货款分为验单付款和验货付款两种。

1. 验单付款

验单付款的承付期为3天，从付款人开户银行发出承付通知的次日算起（承付期内遇法定节假日顺延）。付款人在承付期内，未向银行表示拒绝付款，银行即视作承付，并在承付期满的次日上午银行开始营业时，将款项主动从付款人的账户内付出，按照收款人指定的划款方式，划给收款人。

2. 验货付款

验货付款的承付期为10天，从运输部门向付款人发出提货通知的次日算起。对收付双方在合同中明确规定，并在托收凭证上注明验货付款期限的，银行从其规定。付款人收到提货通知后，应立即向银行交验提货通知。付款人在银行发出承付通知的次日起10日内，未收到提货通知的，应在第10天将货物尚未到达的情况通知银行。在第10天付款人没有通知银行的，银行即视作已经验货，于10天期满的次日上午开始营业时，将款项划给收款人。采用验货付款的，收款人必须在托收凭证上加盖明显的“验货付款”字样戳记。托收凭证未注明验货付款，经付款人提出合同证明是验货付款的，银行可按验货付款处理。

付款人在承付期满日银行营业终了时，如无足够资金支付，其不足部分，视为逾期未付款项，按逾期付款处理。付款人开户银行对付款人逾期支付的款项，应当根据逾期付款金额和天数，按每天万分之五计算逾期付款赔偿金。

对于下列情况，付款人在承付期内，可向银行提出全部拒绝付款：①没有签订购销合同或购销合同未订明托收承付结算方式的款项；②未经双方事先达成协议，收款人提前交货或因逾期交货付款人不再需要该项货物的款项；③未按合同规定的到货地址发货的款项；④代销、寄销、赊销商品的款项；⑤验单付款，发现所列货物的品种、规格、数量、价格与合同规定不符，或货物已到，经查验货物与合同规定或发货清单不符的款项；⑥验货付款，经查验货物与合同规定或发货清单不符的款项；⑦货款已经支付或计算有错误的款项。

付款人对以上情况提出拒绝付款时，必须填写“拒绝付款理由书”并签章，注明拒绝付款理由，涉及合同的应引证合同上的有关条款。开户银行必须认真审查拒绝付款理由，查验合同。

（八）信用卡

信用卡是指商业银行向个人和单位发行的，凭以向特约单位购物、消费和向银行存取现金，且具有消费信用的特制载体卡片。信用卡按使用对象分为单位卡和个人卡，按信誉等级分为金卡和普通卡。

凡在中国境内金融机构开立基本存款账户的单位可申领单位卡，单位卡可申领若干张，持卡人资格由申领单位法定代表人或其委托的代理人书面指定和注销；凡具有完全民事行为能力的公民可以申领个人卡。单位或个人申领信用卡，应按规定填制申请表，连同有关资料一并送交发卡银行。符合条件并按银行要求交存一定金额的备用金后，银行为申领人开立信用卡存款账户并发给信用卡。

单位卡账户的资金一律从基本存款账户转账存入，不得交存现金，不得将销货收入的款项存入其账户。单位信用卡进行商品交易、劳务供应款项的结算金额不能高于10万元。个人卡账户的资金以其持有的现金存入或以其工资性款项及属于个人的劳务报酬收入转账存入，严禁将单位的款项存入个人卡账户。信用卡在规定的限额和期限内允许透支，但不能恶意透支，透支期限最长为60天。

（九）信用证

信用证结算方式是国际结算的主要方式，是一种由银行按照客户要求和指示承诺付款，向受益人开具的有一定金额并在一定期限内凭规定的单据承诺付款的书面文件。经中国人民银行批准经营结算业务的商业银行总行以及经商业银行总行批准开办信用证结算业务的分支机构可以办理信用证结算业务，也可以办理国内企业之间商品交易的信用证结算业务。

信用证结算方式主要有以下几个特点。

（1）开证银行负第一付款责任。信用证是一种以开证银行自己的信用做出付款保证的结算方式。信用证开出后，开证行负第一付款责任，不同于一般担保业务中银行只负第二付款责任。销货方无须先找购货方，而是通过有关银行向信用证上的开证银行交单取款。

（2）信用证是一项独立文件，不受购销合同的约束。开证银行只对信用证负责，凭信用证所规定的且完全符合条款的单据付款，不管销货方是否履行合同以及履行合同的程度。

（3）信用证业务只处理单据，一切都以单据为准。信用证业务实质上是一种单据的买卖，银行是凭相符单据付款，对货物的真假好坏不负责任，对货物是否已装运、是否中途损失、是否到达目的地等情况都不负责任。

三、银行存款的会计处理

（一）银行存款收付的会计处理

企业每天都可能发生通过银行进行的结算业务。为了如实反映银行存款的收支和结存情况，随时掌握企业可用资金的支付能力，理清同开户银行的往来关系，企业应按开户银行、其他金融机构、存款种类等设置银行存款日记账进行序时核算，用以逐日逐笔检查和监督银行存款的收入、支出和结余情况。有外币存款的企业，应分别人民币和各种外币设置银行存款日记账。银行存款日记账应采用订本式，一般为三栏式账页，其格式内容同库存现金日记账基本相同。

银行存款日记账是由出纳人员根据审核无误的银行存款收付款凭证逐日逐笔序时登记的。每日终了应结出余额，月末结出本月收入、支出的合计数和月末结存余额，将此月末余额同"银行存款"总分类科目的月末余额核对相符，并且还要同银行核对账目。

为了总括地反映企业存入银行或其他金融机构的各种存款的收入、支出和结存情况，企业一般设置"银行存款"科目，进行总分类核算。其借方登记银行存款的增加数，贷方登记银行存款的减少数，借方余额表示银行存款的结余额。

（二）银行存款的清查

企业银行存款的收付发生频繁，为了检查其记录的正确性，保证企业银行存款资金的安全，查明银行存款的实际余额，企业应定期对银行存款进行清查。清查时一般采用核对银行账目的方法，即将企业银行存款日记账的记录与银行签发的对账单进行核对，这种核对至少每月一次。企业的银行存款日记账和银行签发的对账单，虽然均是记载企业同一时期银行存款账户存取金额及结存金额的记录，但二者所列余额却不一定一致，原因主要有三：一是计算错误，二是记账错漏，三是未达账项。计算错误是企业或银行对银行存款结存额的计算发生运算错误；记账错漏是指企业或银行对存款的收入、支出的错记或漏记；未达账项是指票据和结算凭证在银行与企业或收付款银行之间传递时，由于传递上的时间差，使得双方记账时间不一致，一方已登计入账，而另一方尚未入账的款项。未达账项一般有下列四种情况。

（1）企业已经收款入账，银行尚未收款入账的款项。

（2）企业已经付款入账，银行尚未付款入账的款项。

（3）银行已经收款入账，企业尚未收款入账的款项。

（4）银行已经付款入账，企业尚未付款入账的款项。

当发生（1）和（4）两种情况时，企业的银行存款账面余额将大于银行对账单余额；当发生（2）和（3）两种情况时，企业的银行存款账面余额将小于银行对账单余额。

按照现行规定，发生未达账项时，应编制银行存款余额调节表进行调节。调节后，双方余额如果相等，一般表明双方记账没有错误。如果双方余额不相等，一般表明双方记账有错误，需要进一步查对。属于银行方面的原因，应及时通知银行更正；属于本单位原因，应按错账更正办法进行更正。

银行存款余额调节表有多种编制方法，会计实务中一般采用"补记式"余额调节法。其基本原理是：假设未达账项全部入账，银行存款日记账及银行对账单的余额应相等。用公式表示为：

银行存款日记账余额＋银行已收企业未收账项－银行已付企业未付账项＝银行对账单余额＋企业已收银行未收账项－企业已付银行未付账项

【例 3-6】琛楠公司收到开户银行对账单，余额为 180 917 元，银行存款日记账余额为 165 049 元。经逐项核对，发现有以下未达账项：

（1）送存银行的万达公司支票一张，金额为 5 000 元，银行尚未入账。

（2）支付兴业工厂货款的转账支票，金额为 4 000 元，银行尚未入账。

（3）委托银行收取的货款已到账，金额为 16 936 元，企业尚未入账。

（4）银行已支付结算手续费 68 元，企业尚未收到结算凭证。

编制银行存款余额调节表如表 3-1 所示。

表 3-1　银行存款余额调节表

年　　月　　日　　　　　　　　　单位：元

项目	金额	项目	金额
银行存款日记账余额	165 049	银行对账单余额	180 917
加：银行已收入账、企业尚未入账款项（委托收款）	16 936	加：企业已收入账、银行尚未入账项（万达公司支票）	5 000
减：银行已付出账、企业尚未出账款项（银行结算手续费用）	68	减：企业已付出账，银行尚未出账款项（转账支票）	4 000
调节后余额	181 917	调节后余额	181 917

银行存款余额调节表是用来核对企业与银行的记账有无差错，其不能作为记账依据。对于因未达账项而使双方账面余额出现的差异，无须作账面调整，待结算凭证到达后登计入账。

第三节　其他货币资金

一、其他货币资金的性质和范围

在企业的经营资金中，有些货币资金的存款地点和用途与库存现金和银行存款不同，如外埠存款、银行汇票存款、银行本票存款、信用证保证金存款、信用卡存款、存出投资款等，这些资金在会计上统称为其他货币资金。

其他货币资金同库存现金和银行存款一样，是企业可以作为支付手段的货币。同银行存款和库存现金相比，有其特殊的存在形式和支付方式，在管理上有别于库存现金和银行存款，应单独进行会计处理。

二、其他货币资金的会计处理

（一）外埠存款的会计处理

外埠存款是指企业到外地进行零星或临时采购时，汇往采购地银行开立采购专户的款项。

企业将款项委托当地银行汇往采购地开立专户时，根据汇出款项凭证，借记“其他货币资金——外埠存款”科目，贷记“银行存款”科目。

外出采购人员报销用外埠存款支付材料的采购货款等款项时，企业应根据供应单位发票账单等报销凭证，借记“在途物资”“应交税费——应交增值税（进项税额）”等科目，贷记“其他货币资金——外埠存款”科目。采购员完成采购任务，将多余的外埠存款转回当地银行时，应根据银行的收款通知，借记“银行存款”科目，贷记“其他货币资金——外埠存款”科目。企业汇出款项时，须填写汇款委托书，加盖“采购资金”字样。汇入银行对汇入的采购款项，以汇款单位名义开立采购账户。采购资金存款不计利息，除采购员差旅费可以支取少量现金外，一律转账。采购专户只付不收，付完结束账户。

（二）银行汇票存款的会计处理

银行汇票存款是指企业为取得银行汇票，按照规定存入银行的款项。企业向银行提交“银行汇票委托书”并将款项交存开户银行。

取得汇票后，根据银行盖章的委托书存根联，借记“其他货币资金——银行汇票”科目，贷记“银行存款”科目。

企业使用银行汇票支付款项后，应根据发票账单及开户行转来的银行汇票有关副联等凭证，经核对无误后编制会计分录，借记“在途物资”“应交税费——应交增值税（进项税额）”等科目，贷记“其他货币资金——银行汇票”科目。银行汇票使用完毕，应转销“其他货币资金——银行汇票”账户。如实际采购支付后银行汇票有余额，多余部分应借记“银行存款”科目，贷记“其他货币资金——银行汇票”科目。汇票因超过付款期限或其他原因未曾使用而退还款项时，应借记“银行存款”科目，贷记“其他货币资金——银行汇票”科目。

（三）银行本票存款的会计处理

银行本票存款是指企业为取得银行本票按规定存入银行的款项。企业向银行提交“银行本票申请书”并将款项交存银行。取得银行本票后，根据银行盖章退回的申请书存根联，借记“其他货币资金——银行本票”科目，贷记“银行存款”科目。企业使用银行本票后，根据发票账单等有关凭证，借记“材料采购”“原材料”“库存商品”“应交税费——应交增值税（进项税额）”等科目，贷记“其他货币资金——银行本票”科目。因本票超过付款期等原因而要求退款时，应当填制进账单一式两联，连同本票一并送交银行，根据银行盖章退回的进账单第一联，借记“银行存款”科目，贷记“其他货币资金——银行本票”科目。

（四）信用证保证金存款的会计处理

信用证保证金存款是指企业为取得信用证按规定存入银行的保证金。企业向银行申请开立信用证，应按规定向银行提交开证申请书、信用证申请人承诺书和购销合同。企业向银行交纳保证金，根据银行盖章退回的“信用证委托书”回单，借记“其他货币资金——信用证保证金”科目，贷记“银行存款”科目。当企业收到供货单位信用证结算凭证及所附发票账单，经核对无误后，借记“材料采购”“原材料”“库存商品”“应交税费——应交增值税（进项税额）”等科目，贷记“其他货币资金——信用证保证金”科目。

（五）信用卡存款的会计处理

信用卡存款是指企业为取得信用卡按照规定存入银行的款项。企业应按规定填制申请表，连同支票和有关资料一并送交发卡银行，根据银行盖章退回的进账单第一联，借记

“其他货币资金——信用卡”科目，贷记“银行存款”科目。企业用信用卡购物或支付有关费用，借记有关科目，贷记“其他货币资金——信用卡”科目。

企业信用卡在使用过程中，需要向其账户续存资金的，借记“其他货币资金——信用卡”科目，贷记“银行存款”科目。

（六）存出投资款的会计处理

存出投资款是指企业已存入证券公司但尚未进行投资的现金。企业向证券公司划出资金时，应按实际划出的金额，借记“其他货币资金——存出投资款”科目，贷记“银行存款”科目。购买股票、债券等时，按实际发生的金额，借记“交易性金融资产”“可供出售金融资产”“持有至到期投资”科目，贷记“其他货币资金——存出投资款”科目。

复习思考题

1. 现金使用范围有哪些？
2. 现金管理应遵循的内部控制制度有哪些？
3. 银行转账结算方式有哪些种类？各种银行转账结算方式如何进行会计处理？

金融资产

本章首先介绍了金融资产的概念和分类，并按照类别分别介绍了应收款项、交易性金融资产、债权投资以及其他金融工具投资的含义、确认和计量，着重阐述了四类金融资产的会计核算。

【重要概念】交易性金融资产　应收款项　债权投资　其他金融工具投资

第一节　金融资产概述

一、金融资产的概念

金融资产通常是指企业的库存现金、银行存款、应收账款、应收票据、贷款、其他应收款项、股权投资、债券投资和衍生金融工具形成的资产等。在属于金融资产的项目中，库存现金、银行存款等货币资金，已在第三章“货币资金”中做了专门介绍；对子公司、联营企业、合营企业的长期股权投资，将在第六章“长期股权投资”中进行介绍。因此，本章以下所指金融资产不包括货币资金和长期股权投资。

二、金融资产的分类

金融资产的分类是其确认和计量的基础。企业应当根据其管理金融资产的业务模式和金融资产的合同现金流量特征，将取得的金融资产在初始确认时划分为以摊余成本计量的金融资产、以公允价值计量且其变动计入其他综合收益的金融资产和以公允价值计量且其变动计入当期损益的金融资产三类。企业管理金融资产的业务模式是指企业如何管理其金融资产以产生现金流量。业务模式决定企业所管理金融资产现金流量的来源是收取合同现金流量、出售金融资产还是两者兼有。金融资产的合同现金流量特征，是指金融资产合同约定的、反映相关金融资产经济特征的现金流量属性。

（一）以摊余成本计量的金融资产

金融资产同时符合下列条件的，应当分类为以摊余成本计量的金融资产。

（1）企业管理该金融资产的业务模式是以收取合同现金流量为目标。

（2）该金融资产的合同条款规定，在特定日期产生的现金流量，仅为对本金和以未偿付本金金额为基础的利息的支付。

例如，企业持有的公司债券、政府债券等金融资产，其合同现金流量特征仅为对本金和以未偿付本金金额为基础的利息的支付。如果企业管理这些金融资产的业务模式是以收取合同现金流量为目标，则应分类为以摊余成本计量的金融资产。此外，企业日常业务中形成的应收账款、应收票据等金融资产，通常也都能够同时满足分类为以摊余成本计量的金融资产的条件。

在会计处理上，以摊余成本计量的金融资产具体可以划分为债权投资和应收款项两部分。其中，债权投资应当通过“债权投资”科目进行核算，应收款项应当分别通过“应收账款”“应收票据”等科目核算。

（二）以公允价值计量且其变动计入其他综合收益的金融资产

金融资产同时符合下列条件的，应当分类为以公允价值计量且其变动计入其他综合收益的金融资产。

（1）企业管理该金融资产的业务模式既以收取合同现金流量为目标，又以出售该金融资产为目标。

（2）该金融资产的合同条款规定，在特定日期产生的现金流量，仅为对本金和以未偿付本金金额为基础的利息的支付。

企业分类为以公允价值计量且其变动计入其他综合收益的金融资产和分类为以摊余成本计量的金融资产所要求的合同现金流量特征是相同的，即相关金融资产在特定日期产生的合同现金流量仅为对本金和以未偿付本金金额为基础的利息的支付。二者的区别仅在于企业管理金融资产的业务模式不尽相同。例如，企业持有的公司债券、政府债券等金融资产，如果企业管理这些金融资产的业务模式既以收取合同现金流量为目标，又以出售该金融资产为目标，则应分类为以公允价值计量且其变动计入其他综合收益的金融资产。

企业持有的权益工具投资，因其合同现金流量特征不是对本金和以未偿付本金金额为基础的利息的支付，因而既不能分类为以摊余成本计量的金融资产，也不能分类为以公允价值计量且其变动计入其他综合收益的金融资产，只能分类为以公允价值计量且其变动计入当期损益的金融资产。但是企业持有的非交易性权益工具投资，在初始确认时可以指定为以公允价值计量且其变动计入其他综合收益的金融资产。该指定一经做出，不得撤销。

在会计处理上，以公允价值计量且其变动计入其他综合收益的债权投资，应当通过“其他债权投资”科目进行核算；指定为以公允价值计量且其变动计入其他综合收益的非交易性权益工具投资，应当通过“其他权益工具投资”科目进行核算。

（三）以公允价值计量且其变动计入当期损益的金融资产

企业对以摊余成本计量的金融资产和以公允价值计量且其变动计入其他综合收益的金融资产之外的金融资产，应归类为以公允价值计量且其变动计入当期损益的金融资产，主要包括交易性金融资产和指定为以公允价值计量且其变动计入当期损益的金融资产。

1. 交易性金融资产

金融资产满足下列条件之一的，表明企业持有该金融资产的目的是交易性的。

（1）取得相关金融资产的目的主要是近期出售。例如企业以赚取差价为目的从二级市场购入的股票、债券、基金等。通常情况下，这是企业交易性金融资产的主要组成部分。

（2）相关金融资产在初始确认时属于集中管理的可辨认金融工具组合的一部分，且有客观证据表明近期实际存在短期获利模式。例如企业基于投资策略和风险管理的需要，将某些金融资产进行组合从事短期获利活动，对于组合中的金融资产，采用公允价值计量，并将公允价值变动计入当期损益。在这种情况下，即使组合中有某个组成项目持有的期限稍长也不受影响。

（3）相关金融资产属于衍生工具。衍生金融工具形成的资产通常应划分为交易性金融资产，如企业持有的国债期货、远期合同、股指期货等衍生金融工具，当其公允价值变动大于零时，应将公允价值变动金额确认为交易性金融资产，同时计入当期损益。但符合财务担保合同定义的衍生工具以及被指定为有效套期工具的衍生工具除外。

2. 指定为以公允价值计量且其变动计入当期损益的金融资产

在初始确认时，如果能够消除或显著减少会计错配，企业可以将金融资产指定为以公允价值计量且其变动计入当期损益的金融资产。该指定一经做出，不得撤销。

在会计处理上，交易性金融资产和指定为以公允价值计量且其变动计入当期损益的金融资产，应当通过“交易性金融资产”科目进行核算。

第二节 应收款项

应收款项是指企业在日常生产经营过程中发生的各项债权，包括应收票据、应收账款和其他应收款等。实际上，预付账款不属于金融资产，但为了章节安排，将预付账款列入本章讲解。

一、应收账款的计价

应收账款是指企业因销售商品、产品、提供劳务等业务，应向购货单位或接受劳务单位收取的款项。应收账款的计价，就是确定应收账款的入账金额。应收账款应按实际发生额计价入账。计价时还需要考虑商业折扣和现金折扣等因素。

（一）商业折扣

商业折扣是指企业为了扩大商品的销售量而在商品价目表上规定的价格中扣除的一定数额。商业折扣常常用百分比表示，如5%、10%、15%等。在存在商业折扣的情况下，企业应收账款入账金额应按扣除商业折扣以后的实际售价确认。例如，某公司销售甲商品，价目表上列示的价格为 1 000 元/件，成批购买 100 件，可得 20%的商业折扣，则实际销售价格计算如下：

价目表销售价格（1 000×100）	100 000
减：商业折扣	20 000
实际销售价格	80 000

（二）现金折扣

现金折扣是指企业赊销产品后，为了督促购货方及时付款而给予的一种折扣。企业为了鼓励客户提前偿付货款，通常与债务人达成协议，债务人在不同期限内付款可享受不同比例的折扣。现金折扣一般用符号“折扣/付款期限”表示。例如买方在10天内付款可按售价给予3%的折扣，用符号“3/10”表示；在20天内付款按售价给予2%的折扣，用符号“2/20”表示；在30天内付款，则不给折扣，用符号“*n*/30”表示。

企业会计制度规定，在存在现金折扣的情况下，应收账款应以未减去现金折扣的金额作为入账价值。实际发生的现金折扣，作为一种理财费用，计入发生当期的损益。

二、应收账款的会计处理

企业为了对应收账款进行核算，应当设置“应收账款”科目。“应收账款”账户属于资产类账户，借方登记企业因销售货物或提供劳务而增加的债权，贷方登记回收的应收账款和被确定为坏账的应收账款，余额一般在借方，表示尚未收回的应收账款。“应收账款”账户应当按照不同的购货单位或接受劳务的单位设置明细账。

企业销售商品或提供劳务发生应收账款时，借记“应收账款”科目，按实现的营业收入，贷记“主营业务收入”等科目，按专用发票上注明的增值税额，贷记“应交税费——应交增值税（销项税额）”等科目。企业代购货单位垫付的包装费、运杂费，借记“应收账款”科目，贷记“银行存款”等科目；收回代垫费用时，借记“银行存款”科目，贷记“应收账款”科目。

收回应收账款时，按实收金额，借记“银行存款”等科目，贷记“应收账款”科目。如果应收账款改用商业汇票结算，在收到承兑的商业汇票时，按照票面金额，借记“应收票据”科目，贷记“应收账款”科目。

（一）商业折扣的核算

在存在商业折扣的情况下，企业应收账款入账金额应按扣除商业折扣以后的实际售价确认。

【例4-1】琛楠公司向B公司销售一批产品，售价金额为80 000元，琛楠公司提供10%的商业折扣，适用的增值税税率为13%，以银行存款代B公司垫付运杂费6 400元。琛楠公司的会计分录如下：

借：应收账款——B公司	87 760	
贷：主营业务收入		72 000
应交税费——应交增值税（销项税额）		9 360
银行存款		6 400

（二）现金折扣的核算

企业会计制度规定，在存在现金折扣的情况下，应收账款应以未减去现金折扣的金额作为入账价值。实际发生的现金折扣，作为一种理财费用，计入发生当期的损益。

【例4-2】琛楠公司向B公司销售一批产品，售价金额为100 000元，琛楠公司提供的现金折扣条件为2/10，*n*/30，双方约定，现金折扣仅按售价计算，适用的增值税税率为13%，琛楠公司的会计分录如下：

借：应收账款——B公司	113 000	
贷：主营业务收入		100 000
应交税费——应交增值税（销项税额）		13 000

10 天内收到货款时，琛楠公司的会计分录如下：

借：银行存款　　111 000
　　财务费用　　2 000
　贷：应收账款——B 公司　　113 000

超过 10 天的现金折扣期限收到货款时，琛楠公司的会计分录如下：

借：银行存款　　113 000
　贷：应收账款——B 公司　　113 000

（三）应收账款减值

应收账款减值是指企业无法收回或收回的可能性极小的应收账款。应收账款发生减值而产生的损失，称为应收账款减值损失。

1. 应收账款减值损失的测试

在资产负债表日，企业要对所有的应收账款进行检查，有客观证据表明其发生减值的，应当根据其账面价值与预计未来现金流量现值之间的差额计算确认减值损失。表明应收账款发生减值的客观证据，是指应收账款初始确认后实际发生的、对该应收账款的预计未来现金流量有影响，且企业能够对该影响进行可靠计量的事项。应收账款发生减值的客观证据，包括下列各项：①债务人发生严重财务困难。②债务人违反了合同条款，如偿付利息或本金发生违约或逾期等。③债权人出于经济或法律等方面因素的考虑，对发生财务困难的债务人做出让步。④债务人很可能倒闭或进行其他财务重组。⑤因发行方发生重大财务困难，该金融资产无法在活跃市场继续交易。⑥无法辨认一组金融资产中的某项资产的现金流量是否已经减少，但根据公开的数据对其进行总体评价后发现，该组金融资产自初始确认以来的预计未来现金流量确已减少且可计量。例如该组金融资产的债务人支付能力逐步恶化，或债务人所在国家或地区失业率提高、担保物在其所在地区的价格明显下降、所处行业不景气等。⑦债务人经营所处的技术、市场、经济或法律环境等发生重大不利变化，使债权人可能无法收回全部债权。⑧权益工具投资的公允价值发生严重或非暂时性下跌。⑨其他表明应收账款发生减值的客观证据。

2. 应收账款减值损失的计量

企业对应收账款进行减值测试，应根据本单位的实际情况，遵循重要性原则，将本单位的应收账款分为单项金额重大和非重大的应收账款，分别采用个别认定法和组合测试法对应收账款减值损失进行测试和计量。

（1）个别认定法。对于单项金额重大的应收账款，应当采用个别认定法，单独进行减值测试，有客观证据表明其发生减值的，应根据其未来现金流量现值低于其账面价值的差额确认减值损失，计提坏账准备，并将该应收账款的账面价值减记至预计未来现金流量（不包括尚未发生的未来信用损失）现值，减记的金额确认为资产减值损失，计入当期损益。企业会计准则规定，对于应收账款，在计算未来现金流量现值时可采用合同规定的现行实际利率作为折现率。如果应收账款的预计未来现金流量在短期内可以收到，那么在确定相关减值损失时可以不对其预计未来现金流量进行折现。

（2）组合测试法。对于单项金额非重大的应收账款以及单独测试后未发生减值的单项金额重大的应收账款，应当采用组合测试法对应收账款进行减值测试，分析判断组合后的应收账款是否发生减值。在对应收账款进行组合时，通常以应收账款的信用风险特征是否类似为标准，将信用风险特征类似的应收账款划分为同一组合，然后再按这些应收账款组合在资产负债表日余额的一定比例，计算确定减值损失，计提坏账准备。这里所说的信用风险特征是指应收账款的风险关联程度，如应收账款的账龄、债务人所属的企业集团、债务人所属地区或国家等。类似信用风险特征与这些金融资产组合的未来现金流量估计有关，因为它们可以表明债务人按相关资产的合同条款偿付所有到期金额的能力。确定本期各项组合计提坏账准备的比例时，企业应当根据以前年度与之相同或相类似的、具有类似信用风险特征的应收账款组合的实际损失率为基础，结合现时情况进行确定。例如企业可以根据以往的惯例继续使用应收账款余额百分比法和账龄分析法等。

对于应收账款已确认减值损失的，如有客观证据表明该应收账款价值已恢复，且客观上与确认该损失后发生的事项有关，原确认的减值损失应当予以转回，计入当期损益。但是转回后的账面价值不应当超过假定不计提减值准备情况下该金融资产在转回日的摊余成本。摊余成本是指该应收账款的初始确认金额经扣除已偿还的本金，加上或减去采用实际利率法将该初始确认金额与到期日金额之间的差额进行摊销形成的累计摊销额，扣除已发生的减值损失后的调整结果（专指金融资产）。根据企业会计准则对摊余成本的解释，摊余成本可以理解为账面价值。

3. *应收账款减值损失的核算方法*

估计应收账款减值损失的方法有应收账款余额百分比法、账龄分析法和销货百分比法等，企业可根据实际情况自行确定计提坏账准备的方法。坏账准备计提方法，一经确定，不得随意变更。

1）应收账款余额百分比法

应收账款余额百分比法是根据会计期末应收账款的余额和估计的坏账准备提取比率，首先计算会计期末坏账准备的余额，然后倒挤计算当期应收账款减值损失，计提坏账准备的方法。

【例 4-3】琛楠公司从 2017 年开始计提坏账准备。2017 年年末应收账款余额为 1 000 000 元，该企业坏账准备的提取比例为 10%。则：

坏账准备余额 = 1 000 000×10% = 100 000（元）

坏账准备提取金额 = 100 000 – 0 = 100 000（元）

2018 年 10 月，琛楠公司发现有 5 000 元的应收账款无法收回，按有关规定确认为应收账款减值损失。

2018 年 12 月 31 日，该企业应收账款余额为 1 500 000 元。则：

坏账准备余额 = 1 500 000×10% = 150 000（元）

坏账准备提取金额 = 150 000 –（100 000 – 5 000）= 55 000（元）

2019 年 3 月 2 日，接银行通知，琛楠公司上年度已冲销的 5 000 元坏账又收回，款项已存入银行。

2019 年 12 月 31 日，琛楠公司应收账款余额为 900 000 元。则：

坏账准备余额 = 900 000×10% = 90 000（元）

坏账准备提取金额 = 90 000 –（150 000 + 5 000）= –65 000（元），即为冲减 65 000 元。

2）账龄分析法

账龄分析法是根据应收账款账龄的长短来估计应收账款减值损失的方法。采用这种方法，企业首先利用账龄分析表计算确定坏账准备的会计期末余额，然后，倒挤计算本年应提取的坏账准备金额和本年的应收账款减值损失。

【例 4-4】 H 企业 2019 年 10 月 31 日应收账款账龄及估计坏账损失如表 4-1 所示。

表 4-1 应收账款账龄及估计坏账损失估算表

应收账款账龄	应收账款金额/元	估计损失/%	估计损失金额/元
未到期	100 000	5	5 000
过期 1 个月	150 000	8	12 000
过期 2 个月	180 000	10	18 000
过期 3 个月	200 000	12	24 000
过期 3 个月以上	100 000	16	16 000
合计	730 000		75 000

如表 4-1 所示，该企业 2019 年 10 月 31 日，“坏账准备”科目的账面余额应为 75 000 元。

假设在估计应收账款减值损失前，“坏账准备”科目有贷方余额 20 000 元，则该企业还应计提 55 000（75 000 – 20 000）元。

再假设在估计应收账款减值损失前，“坏账准备”科目有贷方余额 90 000 元，则该企业应冲减 15 000（90 000 – 75 000）元。

3）销货百分比法

销货百分比法是以赊销金额的一定百分比作为估计应收账款减值损失的方法。

【例 4-5】 A 企业 2017 年赊销 1 000 000 元，2018 年赊销 1 500 000 元，2019 年赊销 1 200 000 元，坏账准备的提取比率为 5%。则 A 企业各年的坏账准备提取金额如下：

2017 年坏账准备提取金额 = 1 000 000×5% = 50 000（元）

2018 年坏账准备提取金额 = 1 500 000×5% = 75 000（元）

2019 年坏账准备提取金额 = 1 200 000×5% = 60 000（元）

4. 计提坏账准备的核算

应收账款发生减值时，应当将其账面价值减记至预计未来现金流量的（包括尚未发生的未来信用损失）现值，减记的金额确认为减值损失，计入当期损益。同时还要设置“坏账准备”科目。“坏账准备”科目贷方登记每期提取的坏账准备数额，借方登记实际发生的应收账款减值损失数额和冲减的坏账准备数额，期末余额一般在贷方，反映企业已提取但尚未转销的坏账准备数额。

企业提取坏账准备时，借记“信用减值损失”科目，贷记“坏账准备”科目。本期应提取的坏账准备大于其账面余额的，应按其差额提取；应提数小于账面余额的差额，借记“坏账准备”科目，贷记“信用减值损失”科目。

实际发生应收账款减值损失时，借记“坏账准备”科目，贷记“应收账款”“其他应收款”等科目。如果已确认并转销的应收账款减值以后又收回，则应按收回的金额借记

“应收账款”“其他应收款”等科目，贷记“坏账准备”科目；同时，借记“银行存款”科目，贷记“应收账款”“其他应收款”等科目。

【例 4-6】续【例 4-3】，琛楠公司的有关会计分录如下：

2017 年年末，计提坏账准备的会计分录如下：

借：信用减值损失　　100 000

　贷：坏账准备　　100 000

2018 年 10 月，发现有 5 000 元的应收账款无法收回的会计分录如下：

借：坏账准备　　5 000

　贷：应收账款　　5 000

2018 年 12 月 31 日，会计分录如下：

借：信用减值损失　　55 000

　贷：坏账准备　　55 000

2019 年 3 月 2 日，已冲销的 5 000 元坏账又收回的会计分录如下：

借：应收账款　　5 000

　贷：坏账准备　　5 000

借：银行存款　　5 000

　贷：应收账款　　5 000

2019 年 12 月 31 日，会计分录如下：

借：坏账准备　　65 000

　贷：信用减值损失　　65 000

【例 4-7】续【例 4-4】，H 企业有关会计分录如下：

假设估计坏账损失前，“坏账准备”科目有贷方余额 20 000 元的会计分录如下：

借：信用减值损失　　55 000

　贷：坏账准备　　55 000

假设估计坏账损失前，“坏账准备”科目有贷方余额 90 000 元的会计分录如下：

借：坏账准备　　15 000

　贷：信用减值损失　　15 000

【例 4-8】续【例 4-5】，A 企业有关会计分录如下：

2017 年：

借：信用减值损失　　50 000

　贷：坏账准备　　50 000

2018 年：

借：信用减值损失　　75 000

　贷：坏账准备　　75 000

2019 年：

借：信用减值损失　　60 000

　贷：坏账准备　　60 000

三、应收票据

（一）应收票据概述

应收票据是指企业因销售商品、产品、提供劳务等而收到的商业汇票，商业汇票是出票人签发的，委托付款人在指定日期无条件支付确定的金额给收款人或者持票人的票据。在银行开立存款账户的法人与其他组织之间必须具有真实的交易关系或债权债务关系，才能使用商业汇票。商业汇票的付款期限由交易双方商定，但最长不得超过6个月。

1. 应收票据的分类

按承兑人不同，商业汇票可分为商业承兑汇票和银行承兑汇票两种。

商业汇票按照是否计息分为带息票据和不带息票据。带息票据是指票据到期时，承兑人按票面金额加上票据规定利息率计算的到期利息向收款人或被背书人支付款项的汇票；不带息票据是指票据到期时，承兑人只按票面金额向收款人或被背书人支付款项的汇票。

2. 应收票据的计量

无论是带息票据还是不带息票据，应收票据的入账价值均按取得时的票面价值或票面金额确定。但对于带息的应收票据，应于期末按应收票据的票面价值和确定的利率计提利息，计提的利息应增加应收票据的账面余额。需要指出的是，到期不能收回的应收票据，应按其账面余额转入应收账款，并不再计提利息。

3. 应收票据利息计算

对于带息票据，需要计算其利息，计算票据利息公式为

$$应计利息=票面价值\times利率\times期限$$

式中，票面价值是指商业汇票上注明的价值；利率是指年利率，如需要将年利率换算成月利率或日利率，每月按30天计算，全年按360天计算；期限是指票据持有人从票据生效之日起，至票据到期日所经历的时间。票据的期限，有按月表示和按日表示两种。

（1）票据期限按月表示，计算时应以到期月份中与出票日相同的那一天为到期日。例如3月12日签发的2个月票据，到期日应为5月12日。月末签发的票据，不论月份大小，以到期月份的月末那一天为到期日，如1月31日签发的期限为一个月的票据，到期日为2月28日。与此同时，计算利息使用的利率要换成月利率（年利率÷12）。

（2）票据期限按日表示，计算时应从出票日起按实际经历天数计算。通常出票日和到期日，只能计算其中的一天，即“算头不算尾”或“算尾不算头”。例如5月18日签发的90天票据，其到期日应为8月16日（90－5月份剩余天数－6月份实有天数－7月份实有天数＝90－（31－18）－30－31＝16）。同时，计算利息使用的利率，要换算成日利率（年利率÷360）。

（二）应收票据的会计处理

1. 不带息应收票据的核算

不带息应收票据取得时按面值入账。企业销售商品、产品或提供劳务收到开出、承兑的商业汇票时，按应收票据的面值，借记“应收票据”科目，按实现的营业收入，贷记“主营业务收入”科目，按专用发票上注明的增值税额，贷记“应交税费——应交增值税（销项税额）”科目。不带息应收票据到期收回款项时，应按收到的金额，借记“银行存款”科目，按

账面余额，贷记“应收票据”科目。如果款项未收回，应借记“应收账款”科目。

【例 4-9】琛楠公司销售一批产品给 B 公司，售价 90 000 元，增值税额为 11 700 元。当日取得期限为 1 个月的不带息商业承兑汇票一张，面额 101 700 元。琛楠公司应作会计分录如下：

借：应收票据　　101 700
　贷：主营业务收入　　90 000
　　　应交税费——应交增值税（销项税额）　　11 700

到期收回款项时的会计分录如下：

借：银行存款　　101 700
　贷：应收票据　　101 700

到期未收回款项时的会计分录如下：

借：应收账款　　101 700
　贷：应收票据　　101 700

2. *带息应收票据的核算*

带息应收票据取得时按面值入账。企业销售商品、产品或提供劳务收到开出、承兑的商业汇票时，按应收票据的面值，借记“应收票据”科目，按实现的营业收入，贷记“主营业务收入”科目，按专用发票上注明的增值税额，贷记“应交税费——应交增值税（销项税额）”科目。带息应收票据，企业应当按照国家统一会计制度的规定，在中期期末或年末，按带息应收票据的票面价值和确定的利率计算计提票据利息，并增加应收票据的账面余额，同时，冲减“财务费用”。带息应收票据到期收回款项时，应按收到的本息，借记“银行存款”科目，按账面余额，贷记“应收票据”科目，按其差额（未计提利息部分），贷记“财务费用”科目。如果款项未收回，应借记“应收账款”科目，贷记“应收票据”和“财务费用”科目。

【例 4-10】2019 年 8 月 30 日，琛楠公司销售一批产品给 C 公司，售价 20 000 元。增值税额为 2 600 元。当日取得期限为 3 个月、年利率为 6%、面额为 22 600 元的带息商业承兑汇票一张。琛楠公司的会计分录如下：

借：应收票据　　22 600
　贷：主营业务收入　　20 000
　　　应交税费——应交增值税（销项税额）　　2 600

到期收回时的会计分录如下：

借：银行存款　　22 939
　贷：应收票据　　22 600
　　　财务费用　　339

到期未收回时的会计分录如下：

借：应收账款　　22 939
　贷：应收票据　　22 600
　　　财务费用　　339

3. *应收票据转让的核算*

企业可以将自己持有的商业汇票背书转让。背书是指持票人在票据背面签字，签字人称为背书人，背书人对票据的到期付款负连带责任。

企业将持有的应收票据背书转让，以取得所需物资时，按应计入取得物资成本的价值，借记“材料采购”或“原材料”“库存商品”等科目，按专用发票上注明的增值税额，借记“应交税费——应交增值税（进项税额）”科目，按应收票据的账面余额，贷记“应收票据”科目，如有差额，借记或贷记“银行存款”等科目。

如为带息应收票据，企业将持有的应收票据背书转让，以取得所需物资时，按应计入取得物资成本的价值，借记“材料采购”或“原材料”“库存商品”等科目，按专用发票上注明的增值税额，借记“应交税费——应交增值税（进项税额）”科目，按应收票据的账面余额，贷记“应收票据”科目，按尚未计提的利息，贷记“财务费用”科目，按应收或应付的差额，借记或贷记“银行存款”等科目。

4. *应收票据贴现的核算*

应收票据贴现是指在商业汇票到期前，企业如果发生资金短缺，可以将未到期的商业汇票背书后转让给银行，银行受理后，从票据到期价值中扣除按银行的贴现率计算确定的贴现息后，将余额付给持票人的融资方式。商业汇票持有人在办理贴现时，应当计算贴现利息和贴现净额。其计算公式如下：

$$贴现利息=票据到期值\times贴现率\times贴现期$$

$$贴现净额=票据到期值-贴现利息$$

式中，票据到期值指的是不带息应收票据的面值或带息应收票据的面值加上按票据载明的利率计算的票据全部期间的利息；贴现率指的是贴现时银行收取的利息率；贴现期指的是从贴现日开始至到期日止所经历的天数。应收票据贴现时，应按收到的贴现净额，借记“银行存款”科目，按账面余额，贷记“应收票据”科目或“短期借款”科目，按借方和贷方的差额，借记或贷记“财务费用”科目。

【例 4-11】琛楠公司于 2019 年 7 月 31 日销售一批产品给 M 公司，专用发票上注明的销售收入为 70 000 元，增值税额 9 100 元。当日收到 M 公司交来的商业承兑汇票一张，期限为 60 天，票面利率为 6%。8 月 15 日，琛楠公司将该票据向银行贴现，贴现率为 9%。银行对该票据无追索权。琛楠公司的会计分录如下：

（1）7 月 31 日收到票据时：

借：应收票据	79 100	
贷：主营业务收入		70 000
应交税费——应交增值税（销项税额）		9 100

（2）8 月 15 日，贴现票据时：

到期值 $=79\,100+79\,100\times6\%\div360\times60=79\,891$（元）

贴现息 $=79\,891\times9\%\times45/360=898.77$（元）

贴现净额 $=79\,891-898.77=78\,992.23$（元）

借：银行存款	78 992.23	
财务费用	898.77	
贷：应收票据		79 891

如果银行对该票据有追索权，则琛楠公司的会计分录如下：

借：银行存款 78 992.23
　　财务费用 898.77
　贷：短期借款 79 891

需要注意的是，企业应当设置“应收票据备查簿”，逐笔登记商业汇票的种类、号数、出票日、票面金额、交易合同号和付款人、承兑人、背书人的姓名或单位名称、到期日、背书转让日、贴现日、贴现率、贴现净额以及收款日、收回金额、退票情况等资料。商业汇票到期结清票款或退票后，在备查簿中应予注销。

四、预付账款及其他应收款

（一）预付账款的核算

预付账款是指企业按照购货合同规定，预先支付给供货方的款项。为了反映预付账款的发生及结算情况，企业应当设置“预付账款”科目进行核算，预付账款不多的企业，也可以将预付的货款计入“应付账款”科目的借方。预付账款按实际付出的金额入账。

企业按购货合同的规定预付货款时，按预付金额借记“预付账款”科目，贷记“银行存款”科目。企业收到预定的物资时，根据发票账单等列明的应计入购入物资成本的金额，借记“材料采购”“在途物资”“原材料”“库存商品”等科目，按专用发票上注明的增值税额，借记“应交税费——应交增值税（进项税额）”科目，按应付的金额，贷记“预付账款”科目；补付货款时，借记“预付账款”科目，贷记“银行存款”科目。退回多付的款项，借记“银行存款”科目，贷记“预付账款”科目。

【例 4-12】琛楠公司于 2019 年 5 月 2 日预付货款 90 000 元给美达公司。琛楠公司的会计分录如下：

借：预付账款 90 000
　贷：银行存款 90 000

琛楠公司于 5 月 18 日收到美达公司发来的原材料，专用发票上注明的买价为 60 000 元，增值税额为 7 800 元。琛楠公司的会计分录如下：

借：材料采购 60 000
　　应交税费——应交增值税（进项税额） 7 800
　贷：预付账款 67 800

5 月 20 日，美达公司退回剩余款项 22 200 元，会计分录如下：

借：银行存款 22 200
　贷：预付账款 22 200

需要说明的是，企业的预付账款如有确凿证据表明其不符合预付账款性质，或者因供货单位破产、撤销等原因已无望再收到所购货物的，应将原计入预付账款的金额转入其他应收款。企业应按预计不能收到所购货物的预付账款账面余额，借记“其他应收款——预付账款转入”科目，贷记“预付账款”科目。

（二）其他应收款的核算

其他应收款是指企业除应收票据、应收账款、预付账款、应收股利和应收利息以外的其他各种应收及暂付款项。其主要包括：应收的各种赔款、罚款，如因企业财产等遭受意外损失而应向有关保险公司收取的赔款等；应收的出租包装物租金；应向职工收取的各种垫付款项，如为职工垫付的水电费、应由职工负担的医药费、房租费等；存出保证金，如租入包装物支付的押金；其他各种应收、暂付款项。

为了反映和监督其他应收款的发生和结算情况，企业应设置“其他应收款”科目，并按其他应收款的项目分类，按不同的债务人设置明细账。“其他应收款”科目属于资产类科目，借方登记其他各种应收、暂付款项，表示其他应收款的增加；贷方登记收回的其他各种应收、暂付款项以及发生坏账转销的其他应收款，表示其他应收账款的减少；余额在借方，表示尚未收回的其他各种应收、暂付款项。

企业发生其他应收款时，按应收金额借记“其他应收款”科目，贷记有关科目。收回各种款项时，借记有关科目，贷记“其他应收款”科目。

【例 4-13】琛楠公司 2019 年 6 月发生如下有关其他应收款的交易和事项：

（1）张明预借差旅费 1 000 元，琛楠公司的会计分录如下：

借：其他应收款——张明　　1 000

　贷：库存现金　　1 000

（2）租入包装物，支付押金 500 元，琛楠公司的会计分录如下：

借：其他应收款　　500

　贷：库存现金　　500

（3）张明出差归来，报销差旅费 900 元，多余款项收回，琛楠公司的会计分录如下：

借：库存现金　　100

　　管理费用　　900

　贷：其他应收款——张明　　1000

（4）退回租入的包装物，同时收回押金 500 元，琛楠公司的会计分录如下：

借：库存现金　　500

　贷：其他应收款　　500

企业核算备用金时，按照由企业财务部门单独拨给企业内部各单位周转使用的备用金金额，借记“其他应收款”科目，贷记“库存现金”或“银行存款”科目。自备用金中支付零星支出，应根据有关的支出凭单，定期编制备用金报销清单，财务部门根据内部各单位提供的备用金报销清单，定期补足备用金，借记“管理费用”等科目，贷记“库存现金”或“银行存款”科目。除了增加或减少拨入的备用金外，使用或报销有关备用金支出时不再通过“其他应收款”科目核算。

按照国家统一会计制度的规定，企业应定期或者至少于每年年度终了，对其他应收款进行检查，预计其可能发生的坏账损失，并计提坏账准备。

五、应收债权出售和融资

（一）应收债权出售和融资的核算原则

企业在日常经营活动过程中，不可避免地要面临资金紧张的问题，解决这一问题的途径主要是从银行等金融机构借款，而银行向企业提供借款时，可能要求企业提供必要的资产抵押或质押，此时，企业可用实物资产进行抵押或质押，也可以将其销售商品、提供劳务过程中产生的应收债权出售给银行等金融机构，或者质押给银行取得银行借款。对于企业将其应收债权出售给银行的业务，企业在进行会计核算时，应遵循实质重于形式原则。对于有明确的证据表明该项出售应收债权的业务满足了与应收债权有关的风险和报酬实质上已经发生转移等销售确认条件的，应按照出售业务原则处理，确认相关损益；对于未满足销售确认条件的，应视同以应收债权为质押取得借款业务进行相应的会计处理。

（二）以应收债权为质押取得借款的会计处理

企业将应收债权质押给银行等金融机构时，不应当确认相关的销售损益，其原因是，该项应收债权仅仅是质押给银行等金融机构，并非是出售给银行等金融机构，款项仍由企业负责收回，其相关的风险和报酬并未转移给银行等金融机构，因此企业还应当将该项应收债权作为正常的应收债权进行相应的会计处理，如提取坏账准备、相关的销售折让、退回和折扣业务等。对于从银行等金融机构取得的借款则与正常的借款相同，通过“短期借款”科目进行相应的取得借款、计息和偿付本息的会计核算。

在以应收债权取得质押借款的情况下，企业应按照实际收到的款项，借记“银行存款”科目，按实际支付的手续费，借记“财务费用”科目，按银行贷款本金并考虑借款期限，贷记“短期借款”等科目。

应当说明的是，企业对以应收债权为质押取得借款的业务，应当设置备查簿，详细记录质押的应收债权的账面余额、质押期限及回款情况。

【例 4-14】2019 年 1 月 1 日，琛楠公司以赊销方式销售一批商品给 B 公司，开出的增值税专用发票上注明的销售价款为 1 000 000 元，增值税销项税额为 130 000 元。双方约定，B 公司应于 2019 年 6 月 30 日付款。2019 年 3 月 1 日，琛楠公司因存在资金紧张问题，与招商银行协商，将其应收 B 公司的应收债权作为质押物，从招商银行取得期限 4 个月的流动资金借款 600 000 元，年利率为 6%，每月末偿付利息。琛楠公司与招商银行于当日达成协议，并于当日办理完毕相关的质押借款手续。假定不考虑其他因素，琛楠公司与应收债权质押有关的会计分录如下：

（1）3 月 1 日取得短期借款时：

借：银行存款	600 000	
贷：短期借款		600 000

（2）3 月 31 日偿付利息时：

借：财务费用	3 000	
贷：银行存款		3 000

（3）6 月 30 日偿付短期借款及最后一期利息时：

借：财务费用	3 000	
短期借款	600 000	
贷：银行存款		603 000

（三）应收债权出售的会计处理

企业出售应收债权给银行等金融机构满足资产销售确认条件时，企业应当按照实质重于形式原则将该项出售业务作为销售处理，并确认相关的销售损益。由于银行等金融机构对该项应收债权的追索权有不同的要求，因此出售应收债权给银行等金融机构的业务可以区分为不附追索权的应收债权出售业务和附追索权的应收债权出售业务两种情况。

1. 不附追索权的应收债权出售的核算

企业将其在销售商品、提供劳务过程中产生的应收债权出售给银行等金融机构时，银行等金融机构可能对该项应收债权不附有追索权，即该项应收债权到期时，银行等金融机构承担无法收回该款项的风险，不得向出售该应收债权的企业追偿。因此企业在出售该项应收债权时，按企业与银行之间达成的协议，将其出售给银行等金融机构的应收债权予以转销，并结转为此项应收债权所计提的相关坏账准备，确认按协议约定预计将发生的销售退回、销售折让、现金折扣等，确认出售损益。

企业应按与银行等金融机构达成的协议，按实际收到的款项，借记“银行存款”等科目，按照协议中约定预计将发生的销售退回和销售折让（包括现金折扣，下同）的金额，借记“其他应收款”科目，按售出应收债权已提取的坏账准备金额，借记“坏账准备”科目，按照应支付的相关手续费的金额，借记“财务费用”科目，按售出应收债权的账面余额，贷记“应收账款”科目，差额借记“营业外支出——应收债权融资损失”或贷记“营业外收入——应收债权融资收益”科目。

企业实际发生的与所售应收债权相关的销售退回及销售折让如果等于原已计入“其他应收款”科目的金额，则应按实际发生的销售退回及销售折让的金额，借记“主营业务收入”（如为现金折扣，应借记“财务费用”科目，下同）等科目，按可冲减的增值税销项税额，借记“应交税费——应交增值税（销项税额）”科目，按原计入“其他应收款”科目的预计销售退回和销售折让金额，贷记“其他应收款”科目。企业实际发生的与所售应收债权相关的销售退回及销售折让与原已计入“其他应收款”科目的金额如有差额，除按上述规定进行会计处理外，对应补付给银行等金融机构的销售退回及销售折让款，通过“其他应付款”或“银行存款”科目核算。对应向银行等金融机构收回的销售退回及销售折让款，通过“其他应收款”或“银行存款”科目核算。

【例 4-15】2019 年 1 月 1 日，琛楠公司以赊销方式销售一批商品给 B 公司，开出的增值税专用发票上注明的销售价款为 1 000 000 元，增值税销项税额为 130 000 元。双方约定，B 公司应于 2019 年 6 月 30 日付款。2019 年 1 月 2 日，琛楠公司与中国工商银行协商后约定：琛楠公司将应收 B 公司的货款出售给中国工商银行，银行按应收账款面值的 3%收取手续费，并按应收账款面值的 5%预留暂扣款，以备抵可能发生的现金折扣、折让或退回，到期银行无论能否收回货款，企业不再承担与该项应收账款的责任。企业实得资金 1 039 600（1 130 000×92%）元。琛楠公司根据以往经验，对该批商品已计提的坏账准备金额为 4 000 元。假定不考虑其他因素，琛楠公司与应收债权出售有关的会计分录如下：

（1）2019 年 1 月 2 日出售应收债权时：

借：银行存款	1 039 600
坏账准备	4 000
财务费用（1 130 000×3%）	33 900
其他应收款（1 130 000×5%）	56 500

贷：应收账款 1 130 000

营业外收入——应收债权融资收益 4 000

（2）2019 年 1 月 8 日，发生销售退回，收到退回商品的售价为 40 000 元，增值税销项税额为 5 200 元，退回商品的成本为 30 000 元，发生现金折扣 10 000 元。琛楠公司的会计分录如下：

借：财务费用 10 000

主营业务收入 40 000

应交税费——应交增值税（销项税额） 5 200

贷：其他应收款 55 200

借：库存商品 30 000

贷：主营业务成本 30 000

（3）2019 年 1 月 10 日，琛楠公司与中国工商银行进行最后结算，相应的会计分录如下：

借：银行存款 1 300

贷：其他应收款 1 300

2. 附追索权的应收债权出售的核算

企业在出售应收债权的过程中如附有追索权，即在有关应收债权到期无法从债务人处收回时，银行等金融机构有权向出售应收债权的企业追偿，或按照协议约定，企业有义务按照约定金额自银行等金融机构回购部分应收债权，应收债权的坏账风险由售出应收债权的企业负担，则企业应按照以应收债权为质押取得借款的核算原则进行会计处理。

需要说明的是，虽然附追索权的应收债权出售的会计处理比照以应收债权为质押取得借款的会计处理方法，但不可否认的是，两者之间还存在着细微差别，这一差别体现在由谁负责收回应收债权的款项。以应收债权为质押取得借款业务，应收债权的款项收回由出售应收债权的企业负责，该企业收回后，偿还对银行的借款。而附追索权的应收债权出售是资产出售业务，应收债权出售后，收取货款的权利由购买应收债权的银行等金融机构负责，在银行等金融机构无法收回该项应收债权的情况下，才向出售应收债权的企业实施追偿权。

企业出售应收债权时，按出售所得资金借记“银行存款”科目，按手续费金额借记“财务费用”科目，按银行的贷款本金贷记“短期借款”科目。发生销货退回时，应按退回商品的售价借记“主营业务收入”科目，按相应的增值税销项税额借记“应交税费——应交增值税（销项税额）”科目，如果发生现金折扣，还应按现金折扣借记“财务费用”科目，同时按照销售退回的价税合计数和现金折扣金额贷记“应收账款”科目。对于银行收回的应收账款可能高于、低于或等于原借给企业部分，企业应当按照银行原借给企业的部分借记“短期借款”科目，按应收账款的账面余额贷记“应收账款”科目，差额借记或贷记“银行存款”科目。应收债权到期银行收不回货款时，银行向出售应收债权的企业追偿，或按照协议约定，企业有义务按照约定金额从银行等金融机构回购部分应收债权，企业应当借记“短期借款”科目，贷记“银行存款”科目。

（四）应收债权贴现的会计处理

企业可以将销售商品、提供劳务活动过程中产生的应收债权向银行等金融机构申请贴现，根据企业与银行等金融机构之间的协议，企业对应收债权贴现的会计处理可以采用下面两种不同的方式。

（1）如果企业与银行等金融机构签订的协议中规定，在贴现的应收债权到期，债务人未按期偿还时，申请贴现的企业负有向银行等金融机构还款的责任，此时应收债权的风险和报酬并未发生转移，根据实质重于形式原则的要求，申请贴现的企业应按照以应收债权为质押取得借款的核算原则进行会计处理。在贴现时，按照实际收取的款项借记"银行存款"科目，按银行收取的贴现息或手续费金额借记"财务费用"科目，按对银行的借款本金贷记"短期借款"科目。会计期末，申请贴现的企业还应当根据债务单位的情况，按照规定合理计提与用于贴现的应收债权相关的坏账准备。对于发生的与用于贴现的应收债权相关的销售退回、销售折让及坏账等，应按照企业会计制度和相关会计准则的规定处理。

（2）如果企业与银行等金融机构签订的协议中规定，在贴现的应收债权到期，债务人未按期偿还，申请贴现的企业不负有任何还款责任时，应视同应收债权的出售，并按相关核算规定进行处理。

第三节　交易性金融资产

一、交易性金融资产的初始计量

企业应设置"交易性金融资产"科目，核算为交易目的而持有的债券投资、股票投资、基金投资等交易性金融资产的公允价值，并按照交易性金融资产的类别和品种，分别按"成本"和"公允价值变动"进行明细核算。其中，"成本"明细科目反映交易性金融资产的初始入账金额，"公允价值变动"明细科目反映交易性金融资产在持有期间的公允价值变动金额。需要注意的是，企业持有的指定为以公允价值计量且其变动计入当期损益的金融资产，也通过"交易性金融资产"科目核算，不单独设置会计科目核算；划分为交易性金融资产的衍生金融资产，不通过"交易性金融资产"科目核算，应通过单独设置的"衍生工具"科目核算。因此以下有关交易性金融资产的会计处理，包括指定为以公允价值计量且其变动计入当期损益的金融资产的会计处理，但不包括衍生金融资产的会计处理。

交易性金融资产应当按照取得时的公允价值作为初始入账金额，相关的交易费用在发生时直接计入当期损益。其中，交易费用是指可直接归属于购买、发行或处置金融工具的费用，包括支付给代理机构、咨询公司、券商、证券交易所、政府有关部门等的手续费、佣金、相关税费及其必要支出，但不包括债券溢价或折价、融资费用、内部管理成本和持有成本等与交易不直接相关的费用。

企业取得交易性金融资产所支付的价款中，如果包含已宣告但尚未发放的现金股利或已到付息期但尚未领取的债券利息，性质上属于暂付应收款，应当单独确认为应收项目，不计入交易性金融资产的初始入账金额。

企业取得交易性金融资产时，按其公允价值（不含支付的价款中所包含的已宣告但尚未发放的现金股利或已到付息期但尚未领取的债券利息），借记“交易性金融资产——成本”科目，按发生的交易费用，借记“投资收益”科目，按已宣告但尚未发放的现金股利或已到付息期但尚未领取的债券利息，借记“应收股利”或“应收利息”科目，按实际支付的金额，贷记“银行存款”等科目；收到上列现金股利或债券利息时，借记“银行存款”科目，贷记“应收股利”或“应收利息”科目。

【例 4-16】琛楠公司于 2019 年 3 月 5 日购入 B 公司股票 20 000 股，每股市价 6 元，其中包含已宣告而尚未领取的现金股利为 3 000 元，琛楠公司为此项投资支付的交易费为 400 元。公司将此项投资划分为交易性金融资产。琛楠公司的会计分录如下：

借：交易性金融资产——成本	117 000	
应收股利	3 000	
投资收益	400	
贷：银行存款		120 400

【例 4-17】续【例 4-16】，琛楠公司于 2019 年 4 月 1 日，收到购买价款中包含的现金股利 3 000 元，琛楠公司的会计分录如下：

借：银行存款	3 000	
贷：应收股利		3 000

二、交易性金融资产持有收益的确认

持有以公允价值计量且其变动计入当期损益的金融资产持有期间所获得的现金股利或利息，借记“应收利息”或“应收股利”科目，贷记“投资收益”科目。

【例 4-18】续【例 4-16】，B 公司于 2019 年 5 月 1 日再次宣告发放现金股利，每股 1 元。假定无其他特殊情况，琛楠公司的会计分录如下：

借：应收股利	20 000	
贷：投资收益		20 000

三、交易性金融资产持有收益的期末计量

资产负债表日，交易性金融资产的公允价值高于其账面余额时，应按二者之间的差额，调增交易性金融资产的账面余额，同时确认公允价值上升的收益，借记“交易性金融资产——公允价值变动”科目，贷记“公允价值变动损益”科目；交易性金融资产的公允价值低于其账面价值时，应按二者之间的差额，调减交易性金融资产的账面价值，同时确认公允价值下跌的损失，借记“公允价值变动损益”科目，贷记“交易性金融资产——公允价值变动”科目。

【例 4-19】续【例 4-17】，2019 年 6 月 30 日，B 公司股票市价为每股 7 元。琛楠公司的会计分录如下：

借：交易性金融资产——公允价值变动（140 000 – 117 000）	23 000	
贷：公允价值变动损益		23 000

四、交易性金融资产的处置

处置以公允价值计量且其变动计入当期损益的金融资产，主要指以公允价值计量且其变动计入当期损益的金融资产的出售、转让等情形。处置以公允价值计量且其变动计入当期损益的金融资产时，应将以公允价值计量且其变动计入当期损益的金融资产的账面余额与实际取得价款的差额，作为当期损益。出售以公允价值计量且其变动计入当期损益的金融资产时，应按实际收到的金额，借记“银行存款”科目，按该项以公允价值计量且其变动计入当期损益的金融资产的成本，贷记“交易性金融资产——成本”科目，按该项以公允价值计量且其变动计入当期损益的金融资产的公允价值变动，贷记或借记“交易性金融资产——公允价值变动”科目，按其差额，贷记或借记“投资收益”科目。也就是说处置以公允价值计量且其变动计入当期损益的金融资产的确认取决于实际取得的价款和投资的账面价值。

【例 4-20】续【例 4-19】，琛楠公司于 2020 年 3 月 15 日出售其拥有的 B 公司全部股份，售价每股 8 元。假定无其他因素的影响，琛楠公司会计分录如下：

借：银行存款	160 000	
贷：交易性金融资产——成本		117 000
交易性金融资产——公允价值变动		23 000
投资收益		20 000

第四节 债权投资

一、债权投资及其初始计量

（一）债权投资的概念及核算

1. 债权投资的概念

债权投资是指企业以购买债券等方式投放资本、分期或到期一次向债务人收取利息并收回本金的一种投资方式。

2. 债权投资的核算

企业应当设置“债权投资”科目，核算取得的以摊余成本计量的债权投资。其中“成本”明细科目反映债权投资的面值；“利息调整”明细科目反映债权投资的初始入账金额与面值的差额，以及按照实际利率法分期摊销后该差额的摊余金额；“应计利息”明细科目反映企业计提的到期一次还本付息债权投资应计未付的利息。

债权投资应当按取得时的公允价值与相关交易费用之和作为初始入账金额。如果实际支付的价款中包含已到付息期但尚未领取的债券利息，应单独确认为应收项目，不构成债权投资的初始入账金额。

（二）债权投资的初始计量

企业取得债权投资时，应按该投资的面值，借记“债权投资——成本”科目，按支付的价款中包含的已到付息期但尚未领取的利息，借记“应收利息”科目，按实际支付的金额，贷记“银行存款”等科目，按其差额，借记或贷记“债权投资——利息调整”科目。收到支付的价款中包含的已到付息期但尚未领取的利息，借记“银行存款”科目，贷记“应收利息”科目。

【例 4-21】2019 年 1 月 1 日，琛楠公司从活跃市场上购买甲公司当日发行的面值为 500 000 元，期限为 5 年，票面利率为 5%，每年 12 月 31 日付息，到期还本的债券，并分类为摊余成本计量的金融资产，实际支付购买价款（包括交易费用）500 000 元。琛楠公司的会计分录如下：

借：债权投资——甲公司债券（成本）　　500 000

　贷：银行存款　　500 000

二、债权投资利息收入的确认

债权投资的持有期限一般长于一年，根据权责发生制原则及配比原则，无论是到期还本付息的债权投资还是分期付息、到期还本的债权投资，在持有期间均需按期计提利息。

持有至到期投资的利息应根据以下不同的情况分别处理。

（1）债权投资如为分期付息、一次还本债券投资，应于资产负债表日按票面利率计算确定的应收未收利息，借记“应收利息”科目，按债权投资摊余成本和实际利率计算确定的利息收入，贷记“投资收益”科目，按其差额，借记或贷记“债权投资——利息调整”科目。应当说明的是，债权投资的摊余成本是指该债权投资的初始确认金额经下列调整后的结果：①扣除已收回的本金；②加上或减去采用实际利率法将该初始确认金额与到期日金额之间的差额进行摊销形成的累计摊销额：③扣除已发生的减值损失。

（2）债权投资如为一次还本付息债券投资，应于资产负债表日按票面利率计算确定的应收未收利息，借记“债权投资——应计利息”科目，按债权投资摊余成本和实际利率计算确定的利息收入，贷记“投资收益”科目，按其差额，借记或贷记“债权投资——利息调整”科目。

（3）实际收到分期付息的债权投资利息时，冲减已计算的“应收利息”科目；实际收到到期还本付息的债权投资利息时，则冲减债权投资的账面价值。其中，实际利率是指将金融资产在预期存续期间或适用的更短期间内的未来现金流量，折现为该金融资产当前账面价值所使用的利率。

【例 4-22】琛楠公司于 2016 年 1 月 1 日以 104 000 元购入 M 公司同日发行的 4 年期，年利率为 9%的分期付息、到期还本债券 1 000 张作为长期投资，该债券每张面值为 100 元。假定无其他影响因素。

（1）计算实际利率。

先按 8%的利率测试：

$100\ 000 \times 0.735 + 100\ 000 \times 9\% \times 3.312 = 103\ 308 < 104\ 000$

（0.735 是根据“期终 1 元的现值表”查得的 4 年[期]后收取的 1 元按 8%的利率贴现的贴现值，3.312 是根据“年金 1 元的现值表”查得的 4 年[期]收取的 1 元按 8%的利率贴现的贴现值。）

再按 7%的利率测试：

$100\ 000 \times 0.763 + 100\ 000 \times 9\% \times 3.387 = 106\ 783 > 104\ 000$

（0.763 是根据“期终 1 元的现值表”查得的 4 年［期］后收取的 1 元按 7%的利率贴现的贴现值，3.387 是根据“年金 1 元的现值表”查得的 4 年［期］中每年［期］收取的 1 元按 7%的利率贴现的贴现值。）

最后采用插入法计算实际利率：

$$实际利率 = 7\% + (8\% - 7\%) \times \frac{106\ 783 - 104\ 000}{106\ 783 - 103\ 308} = 7.8\%$$

（2）按实际利率法编制投资收益计算表，如表 4-2 所示。

表 4-2 投资收益计算表 单位：元

计息日期	约定利息收入	投资收益	摊销金额	未摊销金额	摊余成本
	（1）=面值×票面利率	（2）=上期（5）×实际利率	（3）=（1）-（2）	（4）=上期（4）-（3）	（5）=上期（5）-（3）
1/1/2016				4 000	104 000
12/31/2016	9 000	8 112	888	3 112	103 112
12/31/2017	9 000	8 043	957	2 155	102 155
12/31/2018	9 000	7 968	1 032	1 123	101 123
12/31/2019	9 000	7 877*	1 123	0	100 000
合计	36 000	32 000	4 000	—	—

*尾数差 11 元。

根据上述情况，琛楠公司的会计分录如下：

（1）2016 年 1 月 1 日：

借：债权投资——M 公司（成本） 100 000

　　债权投资——M 公司（利息调整） 4 000

　贷：银行存款 104 000

（2）2016 年 12 月 31 日：

借：应收利息——M 公司债券 9 000

　贷：债权投资——M 公司（利息调整） 888

　　　投资收益 8 112

借：银行存款 9 000

　贷：应收利息——M 公司债券 9 000

（3）2017 年 12 月 31 日：

借：应收利息——M 公司债券 9 000

　贷：债权投资——M 公司（利息调整） 957

　　　投资收益 8 043

借：银行存款 9 000

　贷：应收利息——M 公司债券 9 000

（4）2018 年 12 月 31 日：

借：应收利息——M 公司债券　　9 000

　贷：债权投资——M 公司（利息调整）　　1 032

　　　投资收益　　7 968

借：银行存款　　9 000

　贷：应收利息——M 公司债券　　9 000

（5）2019 年 12 月 31 日：

借：应收利息——M 公司债券　　9 000

　贷：债权投资——M 公司（利息调整）　　1 123

　　　投资收益　　7 877

借：银行存款　　9 000

　贷：应收利息——M 公司债券　　9 000

（6）2020 年 1 月 1 日：

借：银行存款　　100 000

　贷：债权投资——M 公司（成本）　　100 000

三、债权投资的处置

企业处置以摊余成本计量的债权投资时，应将所取得的价款与该债权投资账面价值之间的差额计入投资收益。其中，债权投资的账面价值是指债权投资的账面余额减除已计提的减值准备后的差额，即摊余成本。如果在处置债权投资时，已计提应收项目的债券利息尚未收回，还应从处置价款中扣除该部分债券利息之后，确认处置损益。

企业处置债权投资时，应按实际收到的处置价款，借记“银行存款”科目，按债权投资的面值，贷记“债权投资——成本”科目，按应计未收的利息，贷记“应收利息”科目或“债权投资——应计利息”科目，按利息调整摊余金额，贷记或借记“债权投资——利息调整”科目，按上列差额，贷记或借记“投资收益”科目。

第五节　其他金融工具投资

一、其他债权投资

（一）其他债权投资的取得

企业应当设置“其他债权投资”科目，核算持有的以公允价值计量且其变动计入其他综合收益的债权投资，按照其他债权投资的类别和品种，分别“成本”“利息调整”“应计利息”和“公允价值变动”等进行明细核算。其中，“成本”明细科目反映其他债权投资的面值；“利息调整”明细科目反映其他债权投资的初始入账金额与其面值的差额，以及按照实际利率法分期摊销后该差额的摊余金额；“应计利息”明细科目反映企业计提的到期一次还本付息的其他债权投资应计未付的利息；“公允价值变动”明细科目反映其他债权投资的公允价值变动金额。

其他债权投资应当按取得该金融资产的公允价值和相关交易费用之和作为初始入账金额。如果支付的价款中包含已到付息期但尚未领取的利息，应单独确认为应收项目，不构成其他债权投资的初始入账金额。

企业取得其他债权投资时，应按其面值，借记“其他债权投资——成本”科目，按支付的价款中包含的已到付息期但尚未领取的利息，借记“应收利息”科目，按实际支付的金额，贷记“银行存款”等科目，按上列差额，借记或贷记“其他债权投资——利息调整”科目。

收到支付的价款中包含的已到付息期但尚未领取的利息，借记“银行存款”科目，贷记“应收利息”科目。

【例 4-23】2017 年 1 月 1 日，琛楠公司购入昕睿公司当日发行的面值为 100 000 元期限为 3 年，票面利率为 6%，每年 12 月 31 日付息，到期还本的债券，并分类为以公允价值计量且其变动计入其他综合收益的金融资产。实际支付购买价款（包括交易费用））105 000 元。琛楠公司的会计分录如下：

借：其他债权投资——昕睿公司债券（成本） 100 000

——昕睿公司债券（利息调整） 5 000

贷：银行存款 105 000

（二）其他债权投资持有收益的确认

其他债权投资在持有期间确认利息收入的方法与按摊余成本计量的债券投资相同，即采用实际利率法确认当期利息收入，计入投资收益。需要注意的是，在采用实际利率法确认其他债权投资的利息收入时，应当以不包括“公允价值变动”明细科目余额的其他债权投资账面余额和实际利率计算确定利息收入。

【例 4-24】接【例 4-23】资料，2017 年 1 月 1 日，琛楠公司购入昕睿公司当日发行的面值为 100 000 元，期限为 3 年，票面利率为 6%的债券，每年 12 月 31 日付息，实际支付购买价款（包括交易费用））105 000 元。在持有期间采用实际利率法确认利息收入，假定无其他影响因素。

（1）计算实际利率。

由于昕睿公司债券的初始入账金额高于面值，因此票面利率一定高于实际利率，先按 4%作为折现率进行测算。查年金现值系数表和复利现值系数表可知，3 期，4%的年金现值系数和复利现值系数分别为 2.7751 和 0.8890。昕睿公司债券的利息和本金按 4%作为折现率计算的现值如下：

债券每年应收利息 = 100 000×6% = 6 000（元）

利息和本金的现值 = 100 000×0.8890 + 6 000×2.7751≈105 550（元）

上式计算结果大于昕睿公司债券的初始入账金额，说明实际利率高于 4%。再按 5%作为折现率进行测算。查年金现值系数表和复利现值系数表可知，3 期，5%的年金现值系数和复利现值系数分别为 2.7232 和 0.8638。昕睿公司债券的利息和本金按 5%作为折现率计算的现值如下：

债券每年应收利息 = 100 000×6% = 6 000（元）

利息和本金的现值 = 100 000×0.8638 + 6 000×2.7232≈102 719（元）

采用插值法估算实际利率：

$$实际利率 = 4\% + (5\% - 4\%) \times \frac{105\,550 - 105\,000}{105\,550 - 102\,719} = 4.19\%$$

（2）采用实际利率法编制利息收入与账面余额（不包括“公允价值变动”明细科目的余额）计算表，如表 4-3 所示。

表 4-3 利息收入与账面余额计算表（实际利率法）

日期	应收利息/元	实际利率/%	利息收入/元	利息调整摊销/元	账面余额/元
2017.1.1					105 000
2017.12.31	6 000	4.19%	4 400	1 600	103 400
2018.12.31	6 000	4.19%	4 332	1 668	101 732
2019.12.31	6 000	4.19%	4 268	1 732	100 000
合计	18 000	—	13 000	5 000	

（3）琛楠公司编制各年确认利息收入并摊销利息调整的会计分录（各年收到债券利息的会计处理略）

①2017 年 12 月 31 日：

借：应收利息　　6 000

　贷：投资收益　　4 400

　　其他债权投资——昕睿公司（利息调整）　　1 600

②2018 年 12 月 31 日：

借：应收利息　　6 000

　贷：投资收益　　4 332

　　其他债权投资——昕睿公司（利息调整）　　1 668

③2019 年 12 月 31 日：

借：应收利息　　6 000

　贷：投资收益　　4 268

　　其他债权投资——昕睿公司（利息调整）　　1 732

（三）其他债权投资持有收益的期末计量

其他债权投资的价值应按资产负债表日的公允价值反映，公允价值的变动计入其他综合收益。资产负债表日其他债权投资的公允价值高于其账面余额时，应按二者之间的差额调增其他债权投资的账面余额，同时将公允价值变动计入其他综合收益；其他债权投资的公允价值低于其账面余额时，应按二者之间的差额调减其他债权投资的账面余额，同时按公允价值变动减记其他综合收益。

【例 4-25】接**【例 4-23】**和**【例 4-24】**资料，琛楠公司持有昕睿公司面值为 100 000 元，期限为 3 年，票面利率为 6%，每年 12 月 31 日付息的债券，2017 年 12 月 31 日的市价（不包括应计利息）为 135 000 元，2018 年 12 月 31 日的市价（不包括应计利息）为 122 000 元。琛楠公司的会计分录如下：

（1）2017 年 12 月 31 日，确认公允价值变动。

公允价值变动 = 135 000 – 103 400 = 31 600（元）

借：其他债权投资——昕睿公司债券（公允价值变动）　　31 600

　贷：其他综合收益——其他债权投资公允价值变动　　31 600

调整后琛楠公司债券账面价值 = 103 400 + 31 600 = 135 000（元）

（2）2018 年 12 月 31 日，确认公允价值变动。

调整前琛楠公司债券账面价值 = 135 000 – 1 668 = 133 332（元）

公允价值变动 = 122 000 – 133 332 = – 11 332（元）

借：其他综合收益——其他债权投资公允价值变动　　11 332

　贷：其他债权投资——昕睿公司债券（公允价值变动）　　11 332

调整后琛楠公司债券账面价值 = 133 332 – 11 332 = 122 000（元）

（四）其他债权投资的处置

处置其他债权投资时，应将取得的处置价款与该金融资产账面余额之间的差额，计入投资收益。

【例 4-26】接【例 4-25】、【例 4-23】和【例 4-24】资料，2019 年 4 月 1 日，琛楠公司将持有昕睿公司面值为 100 000 元，期限为 3 年，票面利率为 6%，每年 12 月 31 日付息，到期还本的债券出售，实际收到出售价款 128 000 元。出售日，昕睿公司债券账面余额为 122 000 元，其中，成本 100 000 元，利息调整（借方）1 732 元，公允价值变动（借方）20 268（31 600 – 11 332）元。

借：银行存款　　128 000

　贷：其他债权投资——昕睿公司债券（成本）　　100 000

　　　　　　　　——昕睿公司债券（利息调整）　　1 732

　　　　　　　　——昕睿公司债券（公允价值变动）　　20 268

　　　投资收益　　6 000

二、其他权益工具投资

（一）其他权益工具的取得

对变动计入其他综合收益的非交易性权益工具投资，企业应当设置“其他权益工具投资”科目，核算持有并按照非交易性权益工具投资的类别和品种，分别“成本”和“公允价值变动”进行明细核算。其中，“成本”明细科目反映非交易性权益工具投资的初始入账金额，“公允价值变动”明细科目反映非交易性权益工具投资在持有期间的公允价值变动金额。

其他权益工具投资应当按取得时的公允价值和相关交易费用之和作为初始入账金额。如果支付的价款中包含已宣告但尚未发放的现金股利，则应单独确认为应收项目，不构成其他权益工具投资的初始入账金额。

【例 4-27】2019 年 5 月 10 日，琛楠公司按每股 7.60 元的价格从二级市场购入 A 公司每股面值 1 元的股票 80 000 股，并指定为以公允价值计量且其变动计入其他综合收益的非交易性权益工具投资，支付交易费用 1 800 元。股票购买价格中包含每股 0.20 元已宣告但尚未领取的现金股利，该现金股利于 2019 年 6 月 12 日发放。琛楠公司的会计分录如下：

（1）2019 年 5 月 10 日，购入 A 公司股票时：

初始入账金额 =（7.60 – 0.20）×80 000 + 1 800 = 593 800（元）

应收现金股利 = 0.20×80 000 = 16 000（元）

借：其他权益工具投资——A 公司股票（成本）	593 800	
应收股利	16 000	
贷：银行存款		609 800

（2）2019 年 6 月 12 日，收到 A 公司发放的现金股利时：

借：银行存款	16 000	
贷：应收股利		16 000

（二）其他权益工具投资持有收益的确认

其他权益工具投资在持有期间，只有在同时满足股利收入的确认条件（见交易性金融资产持有收益的确认），才能确认为股利收入并计入当期投资收益。

【例 4-28】接【例 4-27】，琛楠公司持有 A 公司股票 80 000 股。2020 年 4 月 15 日，A 公司宣告每股分派现金股利 0.25 元（该现金股利已同时满足股利收入的确认条件），并于 2020 年 5 月 15 日发放。琛楠公司的会计分录如下：

（1）2020 年 4 月 15 日，A 公司宣告分派现金股利时：

应收现金股利 = 0.25×80 000 = 20 000（元）

借：应收股利	20 000	
贷：投资收益		20 000

（2）2020 年 5 月 15 日，收到 A 公司发放的现金股利时：

借：银行存款	20 000	
贷：应收股利		20 000

（三）其他权益工具投资的期末计量

其他权益工具投资的价值应按资产负债表日的公允价值反映，公允价值的变动计入其他综合收益。

【例 4-29】接【例 4-27】资料。琛楠公司持有的 80 000 股 A 公司股票，2019 年 12 月 31 日的每股市价为 8.20 元，2020 年 6 月 30 日的每股市价为 7.50 元。2019 年 12 月 31 日，A 公司股票按公允价值调整前的账面余额（初始入账金额）为 593 800 元。琛楠公司的会计分录如下：

（1）2019 年 12 月 31 日，调整其他权益工具投资账面余额：

公允价值变动 = 8.20×80 000 – 593 800 = 62 200（元）

借：其他权益工具投资——A 公司股票（公允价值变动）	62 200	
贷：其他综合收益——其他权益工具投资公允价值变动		62 200

调整后 A 公司股票账面余额 = 593 800 + 62 200 = 8.20×80 000

= 656 000（元）

（2）2020 年 6 月 30 日，调整其他权益工具投资账面余额：

公允价值变动 = 7.50×80 000 – 656 000 = – 56 000（元）

借：其他综合收益——其他权益工具投资公允价值变动　　56 000

　贷：其他权益工具投资——A 公司股票（公允价值变动）　　56 000

调整后 A 公司股票账面余额 = 656 000 – 56 000 = 7.50×80 000 = 600 000（元）

（四）其他权益工具投资的处置

处置其他权益工具投资时，应将取得的处置价款与该金融资产账面余额之间的差额，计入留存收益；同时，该金融资产原计入其他综合收益的累计利得或损失对应处置部分的金额应当从其他综合收益中转出，计入留存收益。其中，其他权益工具投资的账面余额是指其他权益工具投资的初始入账金额加上或减去累计公允价值变动后的金额，即出售前最后一个计量日其他权益工具投资的公允价值。如果在处置其他权益工具投资时，已计入应收项目的现金股利尚未收回，还应从处置价款中扣除该部分现金股利之后，确认处置损益。

复习思考题

一、概念题

金融资产　应收款项　交易性金融资产　债权投资　其他债权投资　实际利率　摊余成本　其他权益工具投资

二、简答题

1. 简要说明金融资产的类型。

2. 交易性金融资产和债权投资有何区别？

3. 什么是应收账款减值损失？简要回答应收账款减值的客观证据以及应收账款减值损失的核算方法。

4. 什么是债权投资？如何确认债权投资的利息收益？

5. 简要说明应收债权出售与融资的核算原则。

6. 什么是其他债权投资？资产负债表日，其他债权投资的价值应如何反映？

7. 比较分析应收账款余额百分比法、账龄分析法和销货百分比法三种核算方法在确定应收账款减值损失上有何差别。

8. 简述商业折扣和现金折扣的含义与区别。

三、计算题

1. 华冠公司为股份有限公司 2019 年发生如下业务：

（1）2019 年 3 月 9 日，购入华宝公司股票 30 000 股，当日股票价格为每股市价 8 元，已宣告而尚未领取的现金股利为 3 000 元，华冠公司为此项投资交纳的税费为 700 元，款项以银行存款支付，华冠公司将该项投资划分为交易性金融资产。

（2）2019 年 3 月 18 日，收到购买价款中包含的现金股利 3 000 元。

（3）2019 年 6 月 30 日，华宝公司的股票价格为每股 9 元。

（4）2019 年 7 月 15 日，华宝公司再次宣告发放现金股利，每股 1 元。该股利于 7 月 31 日收到。

（5）2019 年 12 月 31 日，华宝公司股票市价为每股 8.6 元。

（6）2020 年 1 月 19 日，出售其拥有的华宝公司全部股份，售价每股 10.2 元。

要求：假定无其他因素影响，编制相关会计分录。

2. 沿用上题的资料，假定华冠公司将该项投资划分为以公允价值计量且其变动计入其他综合收益的非交易性权益工具投资，其他资料不变。

要求：根据上述业务编制华冠公司的相关会计分录。

3. 爱华公司于 2019 年 1 月 1 日以 103 000 元购入巨源公司同日发行的 4 年期，年利率为 6%的分期付息、到期还本债券 1 000 张，该债券每张面值为 100 元，爱华公司将其划分为以公允价值计量且其变动计入其他综合收益的金融资产。

要求：编制相关会计分录。

第五章

存　　货

本章介绍了存货的概念、确认条件以及存货的分类，在阐述存货的收入发出计价和期末计价的基础上，着重介绍了原材料的含义、计价与相应的会计核算，并对周转材料和委托加工物资等其他存货做了较为系统的阐释。

【重要概念】存货　成本与可变现净值孰低法　原材料　周转材料　委托加工物资

第一节　存货概述

一、存货的概念与确认条件

（一）存货的概念

存货是指企业在日常活动中持有以备出售的产成品或商品、处在生产过程中的在产品、在生产过程或提供劳务过程中耗用的材料、物料等。存货区别于固定资产等非流动资产的最基本的特征是企业持有存货的最终目的是出售，包括可供直接销售的产成品、商品，以及需经过进一步加工后出售的原材料等。

（二）存货的确认条件

按照《企业会计准则——存货》的规定，企业应当在同时满足以下两个条件时，才能加以确认。

1. 该存货包含的经济利益很可能流入企业

作为企业存货予以确认的项目，必须具备产生的经济利益很可能流入企业这项基本条件。实务中，要确定存货创造的经济利益是否很可能流入企业，需要进行职业判断。在进行职业判断时，需要考虑相关因素的影响，如是否存在相关的新型可替代的存货的冲击、消费者的消费倾向发生何种变化、该存货是否违反国家法律法规的规定而被禁止使用等，企业的管理部门应对存货在预计持有年限内存在的各种因素做出尽可能稳健的估计。

2. 该存货的成本能够可靠地计量

成本能够可靠地计量是资产确认的一项基本条件。对于存货来说，这个条件也十分重要。如果企业存货的取得成本无法计量，则该存货不能作为企业的资产予以确认。

二、存货的分类

（一）按经济内容分类

（1）原材料。原材料是指企业在生产过程中经加工改变其形态或性质并构成产品主要实体的各种原料及主要材料、辅助材料、外购半成品（外购件）、修理用备件（备品备件）、包装材料、燃料等。为建造固定资产等各项工程而储备的各种材料，虽然同属于材料，但是由于其用于建造固定资产等各项工程，不符合存货的定义，因此不能作为企业存货。

（2）在产品。在产品是指企业正在制造尚未完工的产品，包括正在各个生产工序加工的产品和已加工完毕但尚未检验或已检验但尚未办理入库手续的产品。

（3）半成品。半成品是指经过一定生产过程并已检验合格交付半成品仓库保管，但尚未制造完工成为产成品，仍需进一步加工的中间产品。

（4）产成品。产成品是指工业企业已经完成全部生产过程并验收入库，可以按照合同规定的条件送交订货单位，或者可以作为商品对外销售的产品。企业接受外来原材料加工制造的代制品和为外单位加工修理的代修品，制造和修理完成验收入库后应视同企业的产成品。

（5）商品。商品是指商品流通企业外购或委托加工完成验收入库用于销售的各种商品。

（6）周转材料。周转材料是指企业能够多次使用、但不符合固定资产定义的材料，如为了包装本企业商品而储备的各种包装物，各种工具、管理用具、玻璃器皿、劳动保护用品以及在经营过程中周转使用的容器等低值易耗品和建造承包商的钢模板、木模板、脚手架等其他周转材料。但周转材料符合固定资产定义的，应当作为固定资产处理。

（二）按来源分类

（1）外购存货。外购存货是指企业从其他单位购入的存货，如外购商品、外购材料等。

（2）自制存货。自制存货是指企业自行生产加工形成的存货，如自制材料、自制半成品、在产品和产成品等。

（3）投资者投入存货。投资者投入存货是指投资者依照投资协议投入到企业的存货，如投入的材料和商品等。

（4）委托加工存货。委托加工存货是指企业委托外单位代为加工制造的材料和商品等。

（5）非货币性资产交换换入的存货。非货币性资产交换换入的存货是指企业在与其他企业进行非货币性资产交换过程中，以非货币性资产换入的存货。

（6）债务重组取得的存货。债务重组取得的存货是指企业在债务重组活动中，从债务单位取得的存货。

（7）盘盈的存货。盘盈的存货是指企业在财产清查过程中，实际盘点数额超过账面记录数额的存货。

（三）按存放地点分类

（1）在途存货。在途存货是指已经购入、正在途中运输的存货以及虽然已经收到但尚未验收入库的存货。

（2）库存存货。库存存货是指已验收合格并入库的存货。

（3）加工中存货。加工中存货是指本企业尚未加工完成的存货和委托其他单位进行加工的存货。

（4）委托代销存货。委托代销存货是指本企业委托其他单位代销的存货。

第二节　存货的计价

一、按实际成本计价

（一）收入存货的计价

企业取得存货的途径不同，存货的成本构成也有所不同，主要包括外购成本、加工成本和其他成本，具体表现为以下几种。

1. 外购存货的成本

外购存货的成本是指企业物资从采购到入库前所发生的全部支出，包括购买价款、相关税费、运输费、装卸费、保险费以及其他可归属于存货采购成本的费用。

（1）存货的购买价款。存货的购买价款是指企业购入的材料或商品的发票账单上列明的价款，但不包括按规定可以抵扣的增值税额。

（2）存货的相关税费。存货的相关税费是指企业购买、自制或委托加工存货发生的进口关税、消费税、资源税和不能抵扣的增值税进项税额等应计入存货采购成本的税费。

（3）其他可归属于存货采购成本的费用。其他可归属于存货采购成本的费用是指采购成本中除上述各项以外的可归属于存货采购成本的费用，如在存货采购过程中发生的仓储费、包装费、运输途中的合理损耗、入库前的挑选整理费用等。这些费用能分清负担对象的，应直接计入存货的采购成本；不能分清负担对象的，应选择合理的分配方法，分配计入有关存货的采购成本，可按所购存货的数量或采购价格比例进行分配。

对于采购过程中发生的物资毁损、短缺等，除运输途中的合理损耗应当作为存货的其他可归属于存货采购成本的费用计入采购成本外，应区别以下不同情况进行会计处理。

①从供货单位、外部运输机构等收回的物资短缺或其他赔款，应冲减所购物资的采购成本。

②因遭受意外灾害发生的损失和尚待查明原因的途中损耗，暂作为待处理财产损溢进行核算，查明原因后再作处理。

商品流通企业在采购商品过程中发生的运输费、装卸费、保险费以及其他可归属于存货采购成本的费用等进货费用，应计入所购商品成本。在实务中，企业也可以将发生的运输费、装卸费、保险费以及其他可归属于存货采购成本的费用等进货费用先进行归集，期末按照所购商品的存销情况进行分摊。对于已销售商品的进货费用，计入主营业务成本；对于未销售商品的进货费用，计入期末存货成本。商品流通企业采购商品的进货费用金额较小的，可以在发生时直接计入当期销售费用。

应当说明的是，下列费用不应当计入存货成本，而应当在其发生时计入当期损益。

（1）非正常消耗的直接材料、直接人工及制造费用应计入当期损益，如因自然灾害而发生的直接材料、直接人工及制造费用。

（2）仓储费用。仓储费用指企业在采购入库后发生的储存费用。但在生产过程中为达到下一个生产阶段所必需的仓储费用则应计入存货成本。

（3）不能归属于使存货达到目前场所和状态的其他支出。

2. 自制存货的成本

企业自制的存货主要包括产成品、在产品、半成品、委托加工物资等，其成本由采购成本和加工成本构成。

采购成本是由所使用或消耗的原材料采购成本转移而来的，即通常所说的直接人工。由于该成本在外购时已按外购存货成本计量的方式予以计量，因此计量加工取得的存货的成本，重点是要确定存货的加工成本。存货的加工成本，由直接人工和制造费用构成。其中，直接人工是指企业在生产产品过程中直接从事产品生产的工人的职工薪酬；制造费用是指企业为生产产品和提供劳务而发生的各项间接费用，包括企业生产部门（如生产车间）管理人员的职工薪酬、折旧费、办公费、水电费、机物料消耗、劳动保护费、季节性和修理期间的停工损失等。

企业在加工存货过程中发生的直接人工和制造费用，如果能够直接计入有关成本核算对象，则应直接计入该成本核算对象。否则应按照合理方法分配计入有关成本核算对象。分配方法一经确定，不得随意变更。

3. 委托外单位加工完成的存货的成本

委托外单位加工完成的存货，以实际耗用的原材料或者半成品、加工费、运输费、装卸费、保险费等费用以及按规定应计入成本的税费作为实际成本。

4. 投资者投入的存货的成本

投资者投入存货的成本应当按照投资合同或协议约定的价值确定，但合同或协议约定价值不公允的除外。在投资合同或协议约定价值不公允的情况下，按照该项存货的公允价值作为其入账价值。

5. 通过非货币性资产交换、债务重组、企业合并等方式取得的存货的成本

企业通过非货币性资产交换、债务重组、企业合并等方式取得的存货，其成本应分别按照《企业会计准则第 7 号——非货币性资产交换》《企业会计准则第 12 号——债务重组》《企业会计准则第 20 号——企业合并》等的规定确定。但是该项存货的后续计量和披露应当执行存货准则的规定。

6. 盘盈存货的成本

盘盈的存货应按其重置成本作为入账价值，并通过“待处理财产损溢”科目进行会计处理，按管理权限报经批准后冲减当期管理费用。

（二）发出存货的计价

在企业生产经营过程中，存货始终处于流动状态，原有的存货不断发出，新的存货又不断取得。随着时间的推移，企业存储的种类、规格相同，但是取得时间不同的存货，其购入价格或单位生产成本可能会有明显的差异。在发出存货时就产生了按什么价格计价的问题。在能够具体辨认实际货物流动的情况下，成本流动与货物流动相一致，发出存货可

按购入价格或生产成本计价。在大多数情况下，成本流动与货物流动不尽一致，我们只能将存货的成本流动建立在一定的假设基础上，据以计算发出存货与库存商品成本。企业在确定发出存货成本时，可以采用先进先出法、移动加权平均法、月末一次加权平均法和个别计价法四种方法。企业不得采用后进先出法确定发出存货的成本。

1. 先进先出法

先进先出法是指在假定先收到的存货先发出或先收到的存货先耗用的实物流转方式的基础上，对发出存货和期末存货进行计价的方法。事实上，企业购进商品储存在仓库形成存货，销售时从仓库中提出，堆放在一起的商品并不一定是最早购进就最早销售，也就是说商品实物流动和成本流动不完全吻合。先进先出只是假定的成本流转顺序，当然实际中也确实有一些商品必须是先进先出的，如有保质期的食品和药品等，这种情况下商品实物流动和成本流动高度一致。采用先进先出法，收到存货时要逐笔登记每一批存货的数量、单价和金额；发出存货时，按照先进先出原则确定发出存货单价，逐笔登记发出存货和结存存货的数量、单价和金额。

【例 5-1】琛楠公司 2019 年 7 月存货资料如表 5-1 所示。

表 5-1 材料收发资料表

计量单位：千克 金额单位：元

2019 年		摘要	入库		发出数量	结存数量
月	日		数量	单位成本		
7	1	期初结存	500	10		500
7	5	购入	1 100	12		1 600
7	11	领用			1 200	400
7	20	购入	600	14		1 000
7	25	领用			500	500

根据表 5-1，采用先进先出法确定发出存货和期末结存存货的成本，登记“材料明细账”，如表 5-2 所示。

表 5-2 材料明细账（先进先出法）

类别：原材料 最高储备量：2 000

名称：甲材料 规格：×× 计量单位：千克 最低储备量：100 金额单位：元

2019		凭证编号	摘要	收入			发出			结存		
月	日			数量	单价	金额	数量	单价	金额	数量	单价	金额
7	1		月初余额							500	10	5 000
7	5		购入	1 100	12	13 200				500 1 100	10 12	5 000 13 200
7	11		领用				500 700	10 12	5 000 8 400	400	12	4 800
7	20		购入	600	14	8 400				400 600	12 14	4 800 8 400
7	25		领用				400 100	12 14	4 800 1 400	500	14	7 000
7	31		本月合计	1 700		21 600	1 700		19 600	500	14	7 000

先进先出法的优点是：

（1）存货成本流动比较接近实际的货物流动，这一点近似于个别计价法。

（2）期末存货按最近的购进价格计价，使期末存货价值接近于当时价格，资产负债表所列示的期末存货价值能够反映目前的价格水平。

先进先出法的缺点是：与当期销售收入相配比的是早期购货成本，在物价变动的期间，影响利润确定的正确性，而且在计算每批发出存货的过程中，有时需按多个单位成本计算，计价工作较为烦琐。

2. *移动加权平均法*

移动加权平均法是指利用本次购入存货的成本加原有库存存货的成本，除以本次购入存货数量与原有库存存货数量之和计算得出的平均单位成本，然后计算确定发出存货成本和期末结存存货成本的一种方法。

移动加权平均法要求在每次（批）购入存货时重新计算加权平均单价。有关计算公式如下：

$$移动加权平均单位成本=\frac{以前结存存货成本+本次购入存货成本}{以前结存存货数量+本次购入存货数量}$$

$$本次发出存货成本=本次发出存货数量\times本次发货前的存货单位成本$$

$$期末结存存货成本=期末结存存货数量\times期末存货单位成本$$

沿用【例 5-1】的资料，采用移动加权平均法确定发出存货和期末存货的成本，登记“材料明细账”，如表 5-3 所示。

表 5-3 材料明细账（移动加权平均法）

类别：原材料 最高储备量：2 000

名称：甲材料 规格：×× 计量单位：千克 最低储备量：100 金额单位：元

2019		凭证编号	摘要	收入			发出			结存		
月	日			数量	单价	金额	数量	单价	金额	数量	单价	金额
7	1		月初余额							500	10	5 000
7	5		购入	1 100	12	13 200				1 600	11.375	18 200
7	11		领用				1 200	11.375	13 650	400	11.375	4 550
7	20		购入	600	14	8 400				1 000	12.95	12 950
7	25		领用				500	12.95	6 475	500	12.95	6 475
7	31		本月合计	1 700		21 600	1 700		20 125	500	12.95	6 475

$$7月5日平均成本=\frac{500\times10+1100\times12}{500+1100}=11.375（元）$$

$$7月20日平均成本=\frac{400\times11.375+600\times14}{400+600}=12.95（元）$$

采用移动加权平均法计算出的商品销售成本较为均衡和准确，但是计算起来工作量大，在企业货物品种多、收发业务频繁的情况下，会加重存货计价工作。移动加权平均法一般适用于经营品种不多，或者前后购进商品单价相差幅度大，并逐日结转商品销售成本的企业。

移动加权平均法的缺点是期末存货成本与现行成本相比，仍有一定的差距，但这种差距不如月末一次加权平均法下的差距那么显著。

3. 月末一次加权平均法

月末一次加权平均法是指在每月月末，企业把同一类存货的各种单位成本以数量为权数加以平均，计算出存货的本月加权平均单位成本，然后计算确定本期发出存货成本和期末结存存货成本的一种方法。

有关计算公式如下：

$$月末一次加权平均单位成本=\frac{期初结存存货成本+本期收入存货成本}{期初结存存货数量+本期收入存货数量}$$

$$期末结存存货成本=期末结存存货数量\times 月末一次加权平均单位成本$$

沿用【例 5-1】的资料，采用月末一次加权平均法确定发出存货和期末存货的成本，登记“材料明细账”，如表 5-4 所示。

表 5-4 材料明细账（月末一次加权平均法）

类别：原材料 最高储备量：2 000

名称：甲材料 规格：×× 计量单位：千克 最低储备量：100 金额单位：元

2019		凭证编号	摘要	收入			发出			结存		
月	日			数量	单价	金额	数量	单价	金额	数量	单价	金额
7	1		月初余额							500	10	5 000
7	5		购入	1 100	12	13 200				1 600		
7	11		领用				1 200			400		
7	20		购入	600	14	8 400				1 000		
7	25		领用				500			500		
7	31		本月合计	1 700		21 600	1 700	12.09	20 553	500	12.09	6 047

$$月末一次加权平均单位成本=\frac{500\times10+1100\times12+600\times14}{500+1100+600}$$

$$=12.09（元）$$

发出存货成本＝（1200＋500）×12.09＝20 553（元）

期末存货成本＝500×10＋1100×12＋600×14－20 553＝6 047（元）

月末一次加权平均法所确定的存货成本，考虑了各批进货数量的影响，加权平均单位成本比较正确，从而弥补了简单平均法的不足，但计算量较大。该方法一般适用于经营品种较少，或者前后购进商品单价相差幅度不大，并定期结转商品销售成本的企业。

月末一次加权平均法的缺点是加权平均单位成本与市价仍有一定的距离。当物价上升时，加权平均单位成本必然比市价低；当物价下降时，加权平均单位成本必然比市价高，其期末存货不能表示当时的价格。对于储存在同一地点、性能形态相同的大量商品，采用该方法比较适宜。

4. 个别计价法

个别计价法，亦称个别认定法、具体辨认法、分批实际法，其特征是注重所发出存货具体项目的实物流转与成本流转之间的联系，每批购进商品应分别存放，分户登记库存商品明细账，在专用发票上注明进货批别和批次，并逐一辨认各批发出存货和期末存货所属的购进批别或生产批别，分别按其购入或生产时所确定的单位成本计算各批发出存货和期末存货的成本。即把每一种存货的实际成本作为计算发出存货成本和期末存货成本的基础。对于不能替代使用的存货、为特定项目专门购入或制造的存货以及提供的劳务，通常采用个别计价法确定发出存货的成本。

个别计价法核算工作量繁重，适用于能分清货物批别或批次的库存商品、直运商品、委托代销商品和分期收款发出商品等。在实际工作中，越来越多的企业采用计算机信息系统进行会计处理，个别计价法可以广泛应用于发出存货的计价，并且个别计价法确定的存货成本最为准确。

二、按计划成本计价

存货按计划成本核算，要求存货的日常总分类核算和明细分类核算均按计划成本计价，月末计算发出存货应分摊的成本差异，将发出存货和结存存货的计划成本调整为实际成本。相关的计算公式如下：

$$存货成本差异率=\frac{月初结存存货成本差异+本月收入存货成本差异}{月初结存存货计划成本+本月收入存货计划成本}$$

$$发出存货应负担的成本差异=发出存货的计划成本\times存货成本差异率$$

$$发出存货的实际成本=发出存货的计划成本+发出存货应负担的成本差异$$

$$结存存货应负担的成本差异=结存存货的计划成本\times存货成本差异率$$

$$结存存货的实际成本=结存存货的计划成本+结存存货应负担的成本差异$$

按计划成本对存货计价的方法一般适用于存货品种繁多、收发频繁的企业。

【例 5-2】琛楠公司 2019 年 5 月初结存原材料的计划成本为 80 000 元，本月收入原材料的计划成本为 320 000 元，本月发出原材料的计划成本为 280 000 元，原材料成本差异的月初数为 5000 元（超支），本月收入原材料成本差异为 12 000 元（节约）。材料成本差异率及发出材料应负担的成本差异计算如下：

存货成本差异率 =（5 000 − 12 000）/（80 000 + 320 000）

= −1.75%

发出存货应负担的成本差异 = 280 000×（−1.75%）= −4 900（元）

发出材料的实际成本 = 280 000 +（−4 900）= 275 100（元）

结存材料的实际成本 =（80 000 + 320 000 − 280 000）+［5000 +（−12 000）−（−4 900）］

= 117 900（元）

三、存货的期末计价

（一）成本与可变现净值孰低法的含义

成本与可变现净值孰低法是指如果成本低于可变现净值，存货的期末账面价值按成本计价；如果可变现净值低于成本时，存货的期末账面价值按可变现净值计价的方法。这里的成本指的是按照前述存货计价方法确定的取得时的实际成本或历史成本，这里的可变现净值指的是企业日常活动中，存货的正常估计售价减去估计的完工处置成本和估计的销售费用后的余额。

企业在确定存货的可变现净值时，应当以取得的确凿证据为基础，并且考虑持有存货的目的、资产负债表日后事项的影响等因素。这里所讲的"确凿证据"是指对确定存货的可变现净值和成本有直接影响的客观证明。确定存货成本的确凿证据是指取得的外来原始凭证、生产成本账簿记录等。确定存货可变现净值的确凿证据是指对确定存货的可变现净值有直接影响的确凿证明，如产成品或商品的市场销售价格等。企业持有存货的目的通常可以分为两类，其一是持有以备出售，如商品等，其中又分为有合同约定的存货和没有合同约定的存货，这类存货可以简称为"待售存货"；其二是将在生产过程中或提供劳务过程中耗用的存货，如材料等，这类存货可以简称为"待耗存货"。在确定资产负债表日存货的可变现净值时，不仅限于财务报告批准报出日之前发生的相关价格与成本波动，还应考虑以后期间发生的相关事项。

（二）成本与可变现净值孰低法下存货价值的确定

成本与可变现净值孰低法下存货价值确定的关键在于可变现净值的确定，而可变现净值确定的最关键的问题则是确定估计售价。企业应当区别如下情况确定存货的估计售价，并在此基础上确定存货价值。

（1）为执行销售合同或劳务合同而持有的存货，且销售合同订购数量等于企业持有存货的数量，通常应以产成品或商品的合同价格作为其可变现净值的计算基础。

【例 5-3】2019 年 5 月 1 日，琛楠公司与 B 公司签订了一份不可撤销的销售合同，双方约定，2020 年 1 月 31 日，琛楠公司应按每台 50 万元的价格向 B 公司提供 NK-1 型机器 10 台，同时可能发生的销售费用和税费为 1 万元/台。

2019 年 12 月 31 日，琛楠公司 NK-1 型机器的账面成本为 400 万元，数量为 10 台，单位成本为 40 万元/台。

2019 年 12 月 31 日，NK-1 型机器的市场销售价格为 45 万元/台。假定不考虑相关税费和销售费用。

根据琛楠公司与 B 公司签订的销售合同规定，该批 NK-1 型机器的销售价格已由销售合同约定，并且其库存数量等于销售合同约定的数量，在这种情况下，计算 NK-1 型机器的可变现净值应以销售合同约定的价格 500 万元（50×10）作为计算基础。即：

NK-1 型机器的可变现净值 = 50×10 − 1×10 = 490（万元）

NK-1 型机器的成本 = 40×10 = 400（万元）

成本与可变现净值孰低法下的 NK-1 型机器的价值为 400 万元。

（2）如果企业持有存货的数量多于销售合同订购数量，超出部分的存货的可变现净值应以产成品或商品的一般销售价格作为计算基础。

【例 5-4】2019 年 12 月 1 日，琛楠公司与 B 公司签订了一份不可撤销的销售合同，双方约定，2020 年 5 月 1 日，琛楠公司应按每台 40 万元的价格向 B 公司提供 NK-2 型机器 20 台。

2019 年 12 月 31 日，琛楠公司 NK-2 型机器的成本为 1 260 万元，数量为 30 台，单位成本为 42 万元/台。根据琛楠公司销售部门提供的资料表明，向 B 公司销售的 NK-2 型机器的平均运杂费等销售费用为 1 万元/台；向其他客户销售 NK-2 型机器的平均运杂费等销售费用为 0.8 万元/台。2019 年 12 月 31 日，NK-2 型机器的市场销售价格为 41 万元/台。

在本例中，能够证明 NK-2 型机器的可变现净值的确凿证据是琛楠公司与 B 公司签订的有关 NK-2 型机器的销售合同、市场销售价格资料、账簿记录和公司销售部门提供的有关销售费用的资料等。

根据该销售合同规定，库存的 NK-2 型机器中的 20 台的销售价格已由销售合同约定，其余 10 台并没有由销售合同约定。在这种情况下，对于销售合同约定的数量（20 台）的 NK-2 型机器的可变现净值应以销售合同约定的价格 40 万元/台作为计算基础，而对于超出部分（10 台）的 NK-2 型机器的可变现净值应以市场销售价格 41 万元/台作为计算基础。

NK-2 型机器的可变现净值 =（40×20 − 1×20）+（41×10 − 0.8×10）

=（800 − 20）+（410 − 8）= 1 182（万元）

NK-2 型机器的成本 = 42×30 = 1 260（万元）

成本与可变现净值孰低法下的 NK-2 型机器的价值为 1 182 万元。

（3）如果企业持有存货的数量少于销售合同订购数量，实际持有与该销售合同相关的存货应以销售合同所规定的价格作为可变现净值的计算基础。

（4）没有销售合同约定的存货（不包括用于出售的材料），其可变现净值应当以产成品或商品的一般销售价格作为计算基础。

【例 5-5】2019 年 12 月 31 日，琛楠公司 NK-3 型机器的账面成本为 500 万元，数量为 20 台，单位成本为 25 万元/台。

2019 年 12 月 31 日，NK-3 型机器的市场销售价格为 30 万元/台。预计发生的相关税费和销售费用合计为 1 万元/台。

琛楠公司没有签订有关 NK-3 型机器的销售合同。由于琛楠公司没有就 NK-3 型机器签订销售合同，在这种情况下，计算 NK-3 型机器的可变现净值应以一般销售价格总额 600 万元（30×20）作为计算基础。即：

NK-3 型机器的可变现净值 = 30×20 − 1×20 = 580（万元）

NK-3 型机器的成本 = 25×20 = 500（万元）

成本与可变现净值孰低法下的 NK-3 型机器的价值为 500 万元。

（5）用于出售的材料等通常以市场价格作为其可变现净值的计算基础。这里的市场价格是指材料等的市场销售价格。如果用于出售的材料存在销售合同约定，应按合同价格作为其可变现净值的计算基础。

【例 5-6】2019 年 11 月 15 日，琛楠公司根据市场需求的变化，决定停止生产 NK-4 型机器。为减少不必要的损失，决定将原材料中专门用于生产 NK-4 型机器的外购原材料 F 材料全部出售，2019 年 12 月 31 日其账面成本为 300 万元，数量为 20 吨。

据市场调查，F 材料的市场销售价格为 14 万元/吨，同时可能发生销售费用及相关税费共计为 1 万元。

在本例中，由于企业已决定不再生产 NK-4 型机器，因此该批 F 材料的可变现净值不能再以 NK-4 型机器的销售价格作为其计算基础，而应按其本身的市场销售价格作为计算基础。即：

该批 F 材料的可变现净值 = 14×20 − 1 = 279（万元）

F 材料的成本为 300 万元。

成本与可变现净值孰低法下的 F 材料的价值为 279 万元。

（6）对于用于生产而持有的材料等（如原材料、在产品、委托加工材料等），如果用其生产的产成品的可变现净值预计高于成本，则该材料应按照材料成本计量。其中，“可变现净值预计高于成本”中的“可变现净值”和“成本”是指产成品的可变现净值和成本，而不是材料的可变现净值和成本。如果是材料价格的下降等原因表明产成品的可变现净值低于产成品的成本，则该材料应按产成品的估计售价扣除产成品的估计销售费用和至完工尚需发生的成本后计算得出的材料可变现净值与材料的成本中的较低者计量。

【例 5-7】琛楠公司期末 G 材料的账面余额为 100 万元，数量为 10 吨。该 G 材料专门用于生产与 B 公司所签合同约定的 20 台 NK-5 型产品。该合同约定：琛楠公司为 B 公司提供 NK-5 型产品 20 台，每台售价 10 万元（不含增值税，下同）。将 G 材料加工成 20 台 NK-5 型产品尚需加工成本总额为 95 万元。估计销售每台 NK-5 型产品尚需发生相关税费 1 万元（不含增值税，下同）。本期期末市场上该 G 材料每吨售价为 9 万元，估计销售每吨 G 材料尚需发生相关税费 0.1 万元。

NK-5 型产成品的成本 = 100 + 95 = 195（万元）

NK-5 型产成品的可变现净值 = 20×10 − 20×1 = 180（万元）

NK-5 型产成品的可变现净值小于其成本，其原因可能是 G 材料的可变现净值 90 万元（9×10）小于 G 材料的成本造成的。

因此，期末 G 材料的可变现净值 = 20×10 − 95 − 20×1 = 85（万元），而成本为 100 万元，G 材料的账面价值则为较低的可变现净值 85 万元。

（三）成本与可变现净值比较的方法

采用成本与可变现净值孰低法对存货进行期末计价时，期末结存存货的价值通常可以采用以下三种方法确定。

（1）单项比较法。单项比较法也称逐项比较法或个别比较法，是指将存货中每一项存货的成本和可变现净值进行比较，每项存货均取其较低者来确定期末结存存货的价值。

（2）分类比较法。分类比较法是指将存货中每一类存货的成本与可变现净值进行比较，每类存货取其较低者来确定期末结存存货的价值。

（3）总额比较法。总额比较法也称综合比较法，是指将全部存货的总成本与可变现净值总额进行比较，以较低者作为期末结存存货的价值。

【例 5-8】琛楠公司的有关资料及存货期末计量如表 5-5 所示，假设琛楠公司在此之前没有对存货计提跌价准备。假定不考虑相关税费和销售费用。

表 5-5 期末存货成本与可变现净值比较表

2019 年 12 月 31 日　　　　金额单位：元

商品	数量/千克	成本		可变现净值		成本与可变现净值比较方法		
		单价	金额	单价	金额	单项比较	分类比较	总额比较
第一组								
A 商品	400	10	4 000	9	3 600	3 600		
B 商品	500	7	3 500	8	4 000	3 500		
合计			7 500		7 600	7 100	7 500	
第二组								
C 商品	200	50	10 000	48	9 600	9 600		
D 商品	100	45	4 500	44	4 400	4 400		
合计			14 500		14 000	14 000	14 000	
第三组								
E 商品	700	100	70 000	80	56 000	56 000		
合计			70 000		56 000	56 000	56 000	
总计			92 000		77 600	77 100	77 500	77 600

（四）成本与可变现净值孰低法的账务处理

采用成本与可变现净值孰低法对期末存货进行计价，应当设置“存货跌价准备”科目。该科目贷方登记当期提取的存货跌价准备，借方登记当期冲减的存货跌价准备，期末余额在贷方，反映可变现净值低于成本的差额，当可变现净值等于或大于成本时，该科目的余额不存在。

如果期末存货的可变现净值低于成本，则必须在当期确认存货跌价损失，并进行有关账务处理。具体做法是：期末，比较成本与可变现净值以计算出应计提的准备，然后与“存货跌价准备”科目的余额已提数进行比较，若应提数大于已提数，应补提；反之，应冲销部分已提数。提取和补提存货跌价准备时，借记“资产减值损失——存货减值损失”科目，贷记“存货跌价准备”科目；如已计提跌价准备的存货的价值以后又得以恢复时，应按恢复增加的数额，借记“存货跌价准备”科目，贷记“资产减值损失——存货减值损失”科目。但当已计提跌价准备的存货的价值以后又得以恢复，其冲减的跌价准备金额，应以“存货跌价准备”科目的余额冲减至零为限。

【例 5-9】T 公司采用“成本与可变现净值孰低法”进行期末存货计价。假定 2015 年初“存货跌价准备”科目无期初余额。T 公司 2015～2019 年末存货成本与可变现净值如表 5-6 所示。

表 5-6 T 公司 2015～2019 年末存货成本与可变现净值表

金额单位：元

项目	2015 年	2016 年	2017 年	2018 年	2019 年
可变现净值	50 000	65 000	79 000	58 000	71 000
成本	48 000	70 000	80 000	62 000	68 000

2015 年末，成本低于可变现净值，由于 2015 年“存货跌价准备”账户没有期初数，因此不做处理。

2016 年末，成本高于可变现净值 5 000 元，由于“存货跌价准备”账户没有期初数，当期应计提存货跌价准备 5 000 元。则：

借：资产减值损失——存货减值损失　　5 000

　贷：存货跌价准备　　5 000

2017 年末，成本高于可变现净值 1000 元，当年应冲减已计提的存货跌价准备 4000（5000－1000）元。则：

借：存货跌价准备　　4 000

　贷：资产减值损失——存货减值损失　　4 000

2018 年末，成本高于可变现净值 4 000 元，当年应计提存货跌价准备 3 000（4000－1000）元。则：

借：资产减值损失——存货减值损失　　3 000

　贷：存货跌价准备　　3 000

2019 年末，成本低于可变现净值，则当年应冲减已计提的存货跌价准备 4 000 元（以“存货跌价准备”科目余额冲减至零为限）。则：

借：存货跌价准备　　4 000

　贷：资产减值损失——存货减值损失　　4 000

第三节　原材料核算

一、原材料按实际成本计价的会计处理

在实际成本法下，取得原材料通过“原材料”和“在途物资”科目核算。“原材料”科目用于核算库存各种材料的收发与结存情况，在采用实际成本核算时，本科目的借方登计入库材料的实际成本，贷方登记发出材料的实际成本，期末余额在借方，反映企业库存材料的实际成本。“在途物资”科目，核算企业购入尚未到达或尚未验收入库的各种物资的实际成本，本科目可以按照供应单位和物资种类设置明细账，本科目的借方余额，反映企业已付款或已开出承兑商业汇票但尚未到达或尚未验收入库的各种物资的实际成本。

（一）原材料收入的核算

1. 外购原材料

企业外购材料时，由于结算方式和采购地点的不同，材料入库和货款的支付在时间上不一定完全同步，其账务处理也有所不同。

（1）对于发票账单与材料同时到达的采购业务，企业在支付货款或开出承兑商业汇票，材料验收入库后，应根据发票账单等结算凭证确定的材料成本，借记“原材料”科目，根据取得的增值税专用发票上注明的（不计入材料采购成本的）税额，借记“应交税费——应交增值税（进项税额）”科目，按照实际支付的款项或应付票据面值，贷记“银行存款”或“应付票据”等科目。

（2）对于已经付款或已开出承兑商业汇票，但材料尚未到达或尚未验收入库的采购业务，应根据发票账单等结算凭证，借记“在途物资”“应交税费——应交增值税（进项税额）”科目，贷记“银行存款”或“应付票据”等科目。待材料到达、验收入库后，再根据收料单，借记“原材料”科目，贷记“在途物资”科目。

（3）对于材料已到达并已验收入库，但发票账单等结算凭证未到，货款尚未支付的采购业务，应于月末按材料的暂估价值，借记“原材料”科目，贷记“应付账款——暂估应付账款”科目。下月初用红字作同样的记账凭证予以冲回，以便下月付款或开出承兑商业汇票后，按正常程序，借记“原材料”“应交税费——应交增值税（进项税额）”科目，贷记“银行存款”或“应付票据”等科目。

（4）采用预付货款的方式采购材料，应在预付材料价款时，按照实际预付金额，借记“预付账款”科目，贷记“银行存款”科目；已经预付货款的材料验收入库，根据发票账单等所列的价款、税额等，借记“原材料”“应交税费——应交增值税（进项税额）”科目，贷记“预付账款”科目；预付款项不足，补付上项货款，按补付金额，借记“预付账款”科目，贷记“银行存款”科目；退回上项多付的款项，借记“银行存款”科目，贷记“预付账款”科目。

【例 5-10】琛楠公司 2019 年 5 月 1 日购入原材料一批，取得的增值税专用发票上注明的原材料价款为 100 000 元，增值税税额为 13 000 元，发票等结算凭证已经收到，货款已通过银行转账支付。琛楠公司的会计分录如下：

借：原材料	100 000	
应交税费——应交增值税（进项税额）	13 000	
贷：银行存款		113 000

【例 5-11】沿用【例 5-10】的资料，假设购入材料业务的发票等结算凭证已到，货款已经支付，但材料尚未运到。琛楠公司应于收到发票等结算凭证时，编制会计分录如下：

借：在途物资	100 000	
应交税费——应交增值税（进项税额）	13 000	
贷：银行存款		113 000

上述材料到达入库时：

借：原材料	100 000	
贷：在途物资		100 000

【例 5-12】假设【例 5-10】中购入材料已经运到，并验收入库，但发票等结算凭证尚未收到，货款尚未支付。月末，按照暂估价入账，假设其暂估价为 110 000 元。琛楠公司的会计分录如下：

月末时：

借：原材料	110 000	
贷：应付账款——暂估应付账款		110 000

下月初用红字将上述分录原账冲回：

借：原材料	110 000	
贷：应付账款——暂估应付账款		110 000

收到有关结算凭证，并支付货款时：

借：原材料 100 000

应交税费——应交增值税（进项税额） 13 000

贷：银行存款 113 000

2. 自制原材料

自制并已验收入库的原材料，按实际成本，借记“原材料”科目，贷记“生产成本”科目。

【例 5-13】琛楠公司 2019 年 5 月生产完工原材料一批，实际生产成本 70 000 元，琛楠公司的会计分录如下：

借：原材料 70 000

贷：生产成本 70 000

3. 投资者投入原材料

投资者投入原材料的成本，按照投资合同或协议约定的价值确定，但合同或协议约定价值不公允的除外。在投资合同或协议约定价值不公允的情况下，按照该项原材料的公允价值作为其入账价值。原材料的入账价值按前述方法确定的金额，借记“原材料”科目，按专用发票上注明的增值税额，借记“应交税费——应交增值税（进项税额）”科目，按以上两项金额合计数，贷记“实收资本”（或“股本”）等科目。

【例 5-14】琛楠公司接受 B 企业投入的原材料一批，投资合同的公允价值为 80 000 元，专用发票上注明的增值税税额为 10 400 元，则琛楠公司的会计分录如下：

借：原材料 80 000

应交税费——应交增值税（进项税额） 10 400

贷：实收资本 90 400

4. 盘盈原材料

盘盈的原材料应按其重置成本作为入账价值，并通过“待处理财产损溢”科目进行会计处理，按管理权限报经批准后冲减当期管理费用。

【例 5-15】琛楠公司在财产清查过程中盘盈甲材料 500 千克，重置成本 10 元/千克，经查属于材料收发计量方面的错误。

批准处理前：

借：原材料——甲材料 5 000

贷：待处理财产损溢——待处理流动资产损溢 5 000

批准处理后：

借：待处理财产损溢——待处理流动资产损溢 5 000

贷：管理费用 5 000

（二）原材料发出的核算

由于企业材料的日常领发业务频繁，为了简化日常核算工作，平时一般只登记材料明细分类账，反映各种材料的收发和结存金额，月末根据按实际成本计价的发料凭证，按领用部门和用途，汇总编制“发料凭证汇总表”，据以登记总分类账，进行材料发出的总分类核算。

根据“发料凭证汇总表”，借记“生产成本”“销售费用”“管理费用”“在建工程”等科目，贷记“原材料”科目。

如果企业将材料用于不得抵扣增值税进项税额的在建工程、福利部门等，应将购入材料交纳的增值税转入在建工程等，借记“在建工程”“应付职工薪酬”等科目，贷记“应交税费——应交增值税（进项税额转出）”科目。

【例 5-16】琛楠公司采用实际成本进行材料的核算，某月甲材料“发料凭证汇总表”列明：基本生产车间领用 50 000 元；辅助生产车间领用 20 000 元；车间管理部门领用 8 000 元；厂部管理部门领用 3 000 元；销售部门领用 2 000 元；不得抵扣增值税进项税额的在建工程领用 5 000 元，该材料购入时支付的增值税税额为 650 元。琛楠公司的会计分录如下：

借：生产成本——基本生产成本	50 000	
——辅助生产成本	20 000	
制造费用	8 000	
管理费用	3 000	
销售费用	2 000	
在建工程	5 650	
贷：原材料		88 000
应交税费——应交增值税（进项税额转出）		650

二、原材料按计划成本计价的会计处理

存货按计划成本核算，要求存货的总分类核算和明细分类核算均按计划成本计价，一般适用于存货品种繁多、收发频繁的企业。

采用计划成本进行日常核算的企业，应当设置“材料采购”和“材料成本差异”科目。“材料采购”科目借方登记采购物资的实际成本，贷方登计入库材料的实际成本。期末余额在借方，表示未入库的物资的实际成本。“材料成本差异”科目反映物资实际成本和计划成本之间的差异，借方登记超支差异，贷方登记节约差异以及发出物资应负担的成本差异（超支用蓝字，节约用红字）。期末如为借方余额，反映企业库存物资的超支差异；如为贷方余额，反映企业库存物资的节约差异。

（一）原材料收入的核算

1. 外购原材料

（1）发票账单与材料同时到达，且已经付款或已开出承兑商业汇票。

【例 5-17】琛楠公司于 2019 年 5 月 4 日购入材料一批，取得的增值税专用发票上注明的价款为 120 000 元，增值税税额为 15 600 元，发票等结算凭证已经收到，货款已通过银行转账支付。材料已验收入库。该批材料的计划成本为 110 000 元。琛楠公司的会计分录如下：

借：材料采购	120 000	
应交税费——应交增值税（进项税额）	15 600	
贷：银行存款		135 600

【例 5-18】5 月 6 日，琛楠公司购进材料一批，取得的增值税专用发票上注明的价款为 200 000 元，增值税税额为 26 000 元。双方商定采用商业承兑汇票结算方式支付货款，付款期限为 2 个月。材料已经到达并验收入库，已开出承兑商业汇票。该批材料的计划成本为 190 000 元。琛楠公司的会计分录如下：

借：材料采购　　200 000
　　应交税费——应交增值税（进项税额）　　26 000
　贷：应付票据　　226 000

（2）已经付款或已开出承兑商业汇票，但材料尚未到达或尚未验收入库。

【例 5-19】琛楠公司 5 月 7 日购入材料一批，取得的增值税专用发票上注明的价款为 90 000 元，增值税税额为 11 700 元，发票等结算凭证已经收到，货款已通过银行转账支付，但到月末材料尚未运到。该批材料的计划成本为 85 000 元。琛楠公司的会计分录如下：

借：材料采购　　90 000
　　应交税费——应交增值税（进项税额）　　11 700
　贷：银行存款　　101 700

（3）材料已到达并已验收入库，但发票账单等结算凭证未到，货款尚未支付。

【例 5-20】5 月 25 日，琛楠公司购入材料一批，材料已经运到，并已验收入库，但发票等结算凭证尚未收到，货款尚未支付。该批材料的计划成本为 100 000 元。企业应于月末按计划成本估价入账。琛楠公司的会计分录如下：

借：原材料　　100 000
　贷：应付账款——暂估应付账款　　100 000

下月初用红字将上述分录予以冲回：

借：原材料　　100 000
　贷：应付账款——暂估应付账款　　100 000

收到有关发票等结算凭证并支付货款时，按取得的增值税专用发票上注明的价款 95 000 元，增值税税额 12 350 元，琛楠公司的会计分录如下：

借：材料采购　　95 000
　　应交税费——应交增值税（进项税额）　　12 350
　贷：银行存款　　107 350

【例 5-21】5 月末，琛楠公司汇总本月已经付款或已开出承兑商业汇票的入库材料的计划成本为 300 000 元，实际成本为 320 000 元，材料成本差异额为 20 000（320 000 – 300 000）元（超支额），琛楠公司的会计分录如下：

借：原材料　　300 000
　　材料成本差异　　20 000
　贷：材料采购　　320 000

2. 自制原材料

自制并已验收入库的原材料，按计划成本借记“原材料”科目，按实际成本贷记“生产成本”科目，按计划成本与实际成本之间的差额借记或贷记“材料成本差异”科目。

3. 投资者投入原材料

投资者投入的原材料的成本，按照计划成本借记“原材料”科目，按专用发票上注明的增值税额，借记“应交税费——应交增值税（进项税额）”科目，按照投资合同或协议约定的价值（合同或协议约定价值不公允的除外）或公允价值（在投资合同或协议约定价值不公允的情况下）和增值税额的合计数，贷记“实收资本”（或“股本”）等科目，计划成本与投资合同或协议约定的价值或公允价值之间的差额借记或贷记“材料成本差异”科目。

4. 其他方式收入原材料的核算

企业以委托加工、非货币性资产交换、债务重组、盘盈等方式收入的原材料的核算，除取得时按照计划成本借记“原材料”科目，同时按计划成本与各自方式确定的实际成本之间的差额，借记或贷记“材料成本差异”科目，其他与按照实际成本计价的核算相同。

（二）原材料发出的核算

在计划成本法下，领用材料时应按计划成本结转发出材料的成本，月末计算出材料成本差异率后，再计算出领用材料应分摊的成本差异，将材料由计划成本调整为实际成本。

【例 5-22】琛楠公司 2019 年 8 月初结存原材料的计划成本为 75 000 元，本月收入原材料的计划成本为 425 000 元，本月发出原材料的计划成本为 390 000 元，原材料成本差异的月初数为 400 元（超支），本月收入原材料成本差异为 5 000 元（超支）。材料成本差异率及发出材料应负担的成本差异计算如下：

$$材料成本差异率=\frac{月初结存材料成本差异+本月收入材料成本差异}{月初结存材料计划成本+本月收入材料计划成本}$$

$$=（400+5\,000）/（75\,000+425\,000）$$

$$=1.08\%$$

发出材料应负担的成本差异 = 发出材料的计划成本×材料成本差异率

= 390 000×1.08% = 4 212（元）

发出材料的实际成本 = 发出材料的计划成本 + 发出材料应负担的成本差异

= 390 000 + 4 212 = 394 212（元）

结存材料的实际成本 = 结存材料的计划成本 + 结存材料的成本差异

=（75 000 + 425 000 − 390 000）+（400 + 5 000 − 4 212）

= 111 188（元）

【例 5-23】琛楠公司采用计划成本进行材料核算，某月份 A 材料“发料凭证汇总表”列明：基本生产车间领用 300 000 元，辅助生产车间领用 100 000 元，车间管理部门领用 50 000 元，厂部管理部门领用 40 000 元，销售部门领用 5 000 元。该月该材料的成本差异率为 1%。根据上述资料，琛楠公司的会计分录如下：

（1）发出材料时：

借：生产成本——基本生产成本　　300 000

　　　　　　——辅助生产成本　　100 000

制造费用	50 000	
管理费用	40 000	
销售费用	5 000	
贷：原材料		495 000

（2）月末，结转材料成本差异时：

借：生产成本——基本生产成本	3 000	
——辅助生产成本	1 000	
制造费用	500	
管理费用	400	
销售费用	50	
贷：材料成本差异		4 950

第四节 其他存货

一、周转材料

（一）周转材料的概念

周转材料是指企业能够多次使用、但不符合固定资产定义的材料，如为了包装本企业商品而储备的各种包装物、各种工具、管理用具、玻璃器皿、劳动保护用品以及在经营过程中周转使用的容器等低值易耗品和建造承包商的钢模板、木模板、脚手架等其他周转材料。但周转材料符合固定资产定义的，应当作为固定资产处理。

（二）周转材料的会计处理

1. 周转材料收入的核算

企业购入、自制、委托外单位加工完成验收入库的包装物和低值易耗品等周转材料，通过“周转材料”科目核算，也可以单独设置“包装物”和“低值易耗品”科目进行核算，核算方法比照“原材料”科目的相关规定进行。

2. 周转材料领用和摊销的核算

1）周转材料生产领用、摊销的核算

企业的周转材料在使用过程中，应当将其价值计入相关的成本费用，计入成本费用的方法通常有一次摊销法和五五摊销法等。

（1）一次摊销法。一次摊销法是指在领用周转材料时，就将其全部价值一次计入成本、费用的摊销方法。采用一次摊销法的，在领用周转材料时应按周转材料的账面价值，借记“管理费用”“生产成本”“销售费用”“在建工程”等科目，贷记“周转材料”科目或“包装物”“低值易耗品”科目。

（2）五五摊销法。五五摊销法是指低值易耗品在领用或出租、出借包装物时先摊销其成本的一半，在报废时再摊销其成本的另一半。即低值易耗品或包装物分两次各按 50% 进行摊销。

采用五五摊销法的，“周转材料”科目可按周转材料的种类，分别“在库”“在用”和

“摊销”进行明细核算。领用时应按其账面价值，借记“周转材料（在用）”科目，贷记“周转材料（在库）”科目；摊销时应按摊销额，借记“管理费用”“生产成本”“销售费用”“在建工程”等科目，贷记“周转材料（摊销）”科目。

2）领用随同商品出售不单独计价的包装物

随同商品出售不单独计价的包装物，应于包装物发出时，按其实际成本，借记“销售费用”科目，贷记“周转材料”或“包装物”科目。

3）领用随同商品出售并单独计价的包装物

随同商品出售单独计价的包装物，在随同商品出售时要单独反映其销售收入，相应也应单独反映其销售成本，因此应于商品出售时，借记“其他业务成本”科目，贷记“周转材料”或“包装物”科目。

3. 包装物出租和出借的核算

企业将包装物出租给外单位使用时，借记“其他业务成本”科目，贷记“周转材料”或“包装物”科目；企业将包装物出借给外单位使用时，借记“销售费用”科目，贷记“周转材料”或“包装物”科目。

收到出租包装物的租金，借记“库存现金”“银行存款”等科目，贷记“其他业务收入”等科目。

收到出租、出借包装物的押金，借记“库存现金”“银行存款”等科目，贷记“其他应付款”科目，退回押金做相反会计分录。对于逾期未退包装物，按没收的押金，借记“其他应付款”科目，按应交的增值税，贷记“应交税费——应交增值税（销项税额）”科目，按其差额，贷记“其他业务收入”科目。这部分没收的押金收入应交的消费税等税费，计入其他业务成本，借记“其他业务成本”科目，贷记“应交税费——应交消费税”等科目；对于逾期未退包装物没收的加收的押金，应转作营业外收入处理，企业应按加收的押金，借记“其他应付款”科目，按应交的增值税、消费税等税费，贷记“应交税费”等科目，按其差额，贷记“营业外收入——逾期包装物押金没收收入”科目。

出租、出借包装物频繁、数量多、金额大的企业，出租、出借包装物的成本也可以采用五五摊销法、净值摊销法等方法计算出租、出借包装物的摊销价值。

4. 周转材料维修和报废的核算

1）周转材料的维修

周转材料维修有两种情况，一种是处于在用状态时的维修，另一种是处于在库状态下的维修。不论哪种情况，维修费都不应当计入周转材料的原值。周转材料处于在用状态时的维修，维修费应计入使用周转材料部门的成本费用中；周转材料处于在库状态下的维修，维修费也应计入使用周转材料部门的成本费用中，因为退回周转材料管理部门的周转材料要保证完好率，而周转材料使用部门没有在现场维修好就退库，所以维修费也应计入使用周转材料部门的成本费用中。

2）周转材料的报废

周转材料的报废分为两种情况，一种是周转材料的摊销采用一次摊销法时报废的核算，另一种是周转材料的摊销采用五五摊销法时报废的核算。

周转材料报废时，如果周转材料的摊销采用的是一次摊销法，应按报废周转材料的残料价值，借记“原材料”等科目，贷记“管理费用”“生产成本”“销售费用”“在建工程”等科目。

如果周转材料的摊销采用的是五五摊销法，周转材料报废时应补提摊销额，借记“管理费用”“生产成本”“销售费用”“在建工程”等科目，贷记“周转材料（摊销）”科目。同时，按报废周转材料的残料价值，借记“原材料”等科目，贷记“管理费用”“生产成本”“销售费用”“在建工程”等科目；并转销全部已提摊销额，借记“周转材料（摊销）”科目，贷记“周转材料（在用）”科目。

【例 5-24】琛楠公司发出包装物采用一次摊销法进行核算，该公司有关包装物收发的经济业务及应编制会计分录如下：

（1）生产领用包装物一批，成本 4 000 元：

借：生产成本　　4 000
　贷：周转材料——包装物　　4 000

（2）随同产品销售不单独计价的包装物一批，其成本为 3 000 元：

借：销售费用　　3 000
　贷：周转材料——包装物　　3 000

（3）随同产品销售单独计价的包装物一批，其成本为 1 000 元：

借：其他业务成本　　1 000
　贷：周转材料——包装物　　1 000

（4）仓库发出新包装物一批，出租给购货单位，成本为 800 元，收到租金 900 元，存入银行：

借：银行存款　　900
　贷：其他业务收入　　796.46（900/1.13）
　　应交税费——应交增值税（销项税额）　　103.54
借：其他业务成本　　800
　贷：周转材料——包装物　　800

（5）出借新包装物一批，成本为 2 000 元，收到押金 1 000 元，存入银行：

借：销售费用　　2 000
　贷：周转材料——包装物　　2 000

同时，收到押金：

借：银行存款　　1 000
　贷：其他应付款　　1 000

（6）出借包装物逾期未退，按规定没收其押金 1 000 元：

借：其他应付款　　1 000
　贷：其他业务收入　　884.96
　　应交税费——应交增值税（销项税额）　　115.04

（7）出租包装物收回后，不能继续使用而报废，收回残料入库，价值 600 元：

借：原材料　　600
　贷：其他业务成本　　600

【例 5-25】琛楠公司低值易耗品采用五五摊销法进行摊销。该企业生产车间 2019 年 5 月 1 日从仓库领用工具一批，实际成本 30 000 元。6 月 30 日该批工具全部报废，报废时的残料价值为 2 000 元，作为原材料入库。琛楠公司的会计分录如下：

（1）2019 年 5 月 1 日领用时：

借：周转材料——低值易耗品（在用）	30 000	
贷：周转材料——低值易耗品（在库）		30 000
借：制造费用	15 000	
贷：周转材料——低值易耗品（摊销）		15 000

（2）2019 年 6 月 30 日报废时：

借：制造费用	15 000	
贷：周转材料——低值易耗品（摊销）		15 000
借：原材料	2 000	
贷：制造费用		2 000
借：周转材料——低值易耗品（摊销）	30 000	
贷：周转材料——低值易耗品（在用）		30 000

二、委托加工物资

委托加工物资是指企业委托其他单位进行加工的物资。

（一）委托加工物资的计价

委托外单位加工完成的存货，以实际耗用的原材料或者半成品、加工费、运输费、装卸费、保险费等费用以及按规定应计入成本的税金，作为实际成本。

企业委托外单位加工完成的存货承担的增值税，凡属于加工物资用于应交增值税项目并取得了增值税专用发票的一般纳税企业，其加工物资所负担的增值税可作为进项税额处理，不计入加工物资成本；凡属于加工物资用于非应交增值税项目或免税项目，以及未取得增值税专用发票的一般纳税企业和小规模纳税企业，其加工物资所负担的增值税，计入加工物资成本。

需要交纳消费税的委托加工物资，其由受托方代收代缴的消费税，凡属于委托加工的物资收回后直接用于销售的，委托方应将受托方代收代缴的消费税计入委托加工物资的成本；凡属于委托加工的物资收回后用于连续生产应税消费品的，委托方应按准予抵扣的受托方代收代缴的消费税额，借记“应交税费——应交消费税”科目，作为连续生产应税消费品销售后应交的消费税的抵减项目。

（二）委托加工物资的核算

委托加工业务在会计处理上主要包括拨付加工物资、支付加工费用和税金、收回加工物资和剩余物资等几个环节。委托加工物资通过设置“委托加工物资”科目核算。

1. 拨付委托加工物资

企业发给外单位加工的物资，应将物资的实际成本由“原材料”“库存商品”等科目转入“委托加工物资”科目，借记“委托加工物资”科目，贷记“原材料”或“库存商品”科目。

2. 支付加工费、增值税等

企业支付的加工费、应负担的运杂费，借记“委托加工物资”，贷记“银行存款”等科目。

企业支付的增值税应分别以下情况处理。

（1）属于加工物资用于应交增值税项目并取得了增值税专用发票的一般纳税企业，其加工物资所负担的增值税可作为进项税额处理，不计入加工物资成本，借记“应交税费——应交增值税（进项税额）”科目，贷记“银行存款”等科目。

（2）属于加工物资用于非应交增值税项目或免税项目，以及未取得增值税专用发票的一般纳税企业和小规模纳税企业，其加工物资所负担的增值税，计入加工物资成本，借记“委托加工物资”科目，贷记“银行存款”等科目。

3. 交纳的消费税

需要交纳消费税的委托加工物资，其由受托方代收代缴的消费税，应分别以下几种情况处理。

（1）委托加工的物资收回后直接用于销售的，委托方应将受托方代收代缴的消费税计入委托加工物资的成本，借记“委托加工物资”科目，贷记“应付账款”“银行存款”等科目。

（2）委托加工的物资收回后用于连续生产应税消费品，而且按规定允许从连续生产应税消费品的消费税额中抵扣的，委托方应按准予抵扣的受托方代收代缴的消费税额，借记“应交税费——应交消费税”科目，贷记“应付账款”“银行存款”等科目。

4. 加工完成收回加工物资

加工完成验收入库的物资和剩余物资，按加工收回物资的实际成本和剩余物资的实际成本，借记“原材料”“库存商品”等科目，贷记“委托加工物资”科目。

【例 5-26】 琛楠公司为增值税一般纳税人，委托 B 企业加工一批应税消费品。原材料成本为 200 000 元，支付的加工费为 70 000 元（不含增值税），消费税税率为 10%，材料加工完成验收入库，加工费用等已经支付。B 企业交货时代收代缴了消费税。琛楠公司按实际成本对原材料进行日常核算，有关的会计分录如下：

（1）发出委托加工材料时：

借：委托加工物资	200 000	
贷：原材料		200 000

（2）支付加工费用时：

$$消费税组成计税价格 =（200\ 000 + 70\ 000）/（1 - 10\%）= 300\ 000（元）$$

$$受托方代收代缴的消费税 = 300\ 000 \times 10\% = 30\ 000（元）$$

$$应交增值税 = 70\ 000 \times 13\% = 9\ 100（元）$$

①琛楠公司收回加工后的材料用于连续生产应税消费品时：

借：委托加工物资	70 000	
应交税费——应交增值税（进项税额）	9 100	
——应交消费税	30 000	
贷：银行存款		109 100

②琛楠公司收回加工后的材料直接用于销售时：

借：委托加工物资　　100 000

　　应交税费——应交增值税（进项税额）　　9 100

　贷：银行存款　　109 100

（3）加工完成收回委托加工材料时：

①收回加工后的材料用于连续生产应税消费品时：

借：原材料　　270 000

　贷：委托加工物资　　270 000

②收回加工后的材料直接用于销售时：

借：原材料　　300 000

　贷：委托加工物资　　300 000

第五节　存货清查

企业存货品种繁多、规格复杂、收发频繁，在收发、计量和核算过程中容易出现差错，而且有些存货还会出现自然损耗和被偷盗、挪用等现象，所有这些情况的存在都会造成账实不符。此外，如果仓储管理工作不完善，还可能发生材料、商品因变质、失效、过期等原因导致的价值减损问题。因此企业必须定期或不定期地进行存货清查。

一、存货清查的方法

存货的清查，首先要做好各项准备工作。存货保管部门的工作人员，需要将截止到清查日期的全部存货收发领退凭证登计入账，同时对所保管的各种存货分头整理、排列，以便盘点核对。财会部门工作人员，应该将截止到清查日期的各种存货收发账目全部结算清楚，并将账面结存数量填入存货盘存表中。

存货清查通常采用实地盘点的方法，即通过盘点确定各种存货的实际库存数，并与账面结存数相核对。盘点结果如与账面记录不符，应于期末前查明原因，并根据企业的管理权限，经股东大会或董事会、经理办公会议或类似机构批准后，在期末结账前处理完毕。

存货盘点中确定的实存数量需要填入存货盘存表，以便和已经登记在存货盘存表中的账面结存数额进行核对。存货盘存表既是存货清查结果的报告表，也是存货清查结果核算的依据和原始凭证。其格式如表 5-7 所示。

表 5-7　存货盘存表　　金额单位：元

存货类别	存货名称与规格	计量单位	结存数量		单价	盘盈		盘亏		原因
			账存	实存		数量	金额	数量	金额	
原材料	甲材料	吨	7.5	7.2	500			0.3	150	自然损耗
周转材料	低值易耗品	件	150	130	70			20	1 400	职工失职
	包装物	个	230	240	10	10	100			计量不准
在产品	A 产品	千克	700	650	60			50	3 000	生产报废
产成品	B 产品	千克	600	530	50			70	3 500	销售时多发
合计							100		8 050	

二、存货盘盈、盘亏和毁损的核算

存货清查结果无外有三种情况：一是账实相符，二是实存数量小于账存数量，即盘亏，三是实存数量大于账存数量，即盘盈。对于第一种情况，在会计上不需要进行任何处理。对于后两种情况则需要通过“待处理财产损溢——待处理流动资产损溢”科目按批准前和批准后分别不同原因进行会计处理。

（一）存货盘盈的核算

盘盈的存货应按其重置成本作为入账价值，并通过“待处理财产损溢”科目进行会计处理，按管理权限报经批准后冲减当期管理费用。

【例 5-27】琛楠公司在财产清查过程中盘盈甲材料 700 千克，单位成本 5 元，经查属于材料收发计量方面的错误。

（1）批准处理前：

借：原材料——甲材料	3 500	
贷：待处理财产损溢——待处理流动资产损溢		3 500

（2）批准处理后：

借：待处理财产损溢——待处理流动资产损溢	3 500	
贷：管理费用		3 500

（二）存货盘亏、毁损的核算

存货发生的盘亏或毁损，应作为待处理财产损溢进行核算。按管理权限报经批准后，根据造成存货盘亏或毁损的原因，分别以下情况进行处理：

（1）属于计量收发差错和管理不善等原因造成的存货短缺，应先扣除残料价值、可以收回的保险赔偿和过失人赔偿，将净损失计入管理费用。

（2）属于自然灾害等非常原因造成的存货毁损，应先扣除处置收入（如残料价值）、可以收回的保险赔偿和过失人赔偿，将净损失计入营业外支出。

【例 5-28】琛楠公司在财产清查过程中盘亏甲材料 1 500 千克，单位成本 20 元，经查属于材料收发计量方面的错误为 600 千克；属于正常损失的材料 900 千克，该材料购入时支付增值税 3 900 元，保险公司赔偿 10 000 元。

①批准处理前：

借：待处理财产损溢——待处理流动资产损溢	30 000	
贷：原材料		30 000

②批准处理后：

借：管理费用	12 000	
其他应收款	10 000	
营业外支出	11 900	
贷：待处理财产损溢——待处理流动资产损溢		30 000
应交税费——应交增值税（进项税额转出）		3 900

复习思考题

一、概念题

存货　成本与可变现净值孰低法　周转材料

二、简答题

1. 什么是存货？存货有哪些分类？

2. 取得存货如何计价？发出存货有哪些计价方法？

3. 简述存货期末计价的成本与可变现净值孰低法的含义。在成本与可变现净值孰低法下，期末存货价值如何确定？

4. 简述存货的实际成本核算法。

5. 什么是周转材料？简述周转材料的摊销方法及其会计处理。

6. 简述委托加工物资的成本构成。

7. 简述存货清查的会计处理原则。

三、业务练习题

习题一

（一）目的：练习实际成本法下存货发出的计价方法。

（二）资料：大宇批发公司 6 月某型号电子词典进货情况如表 5-8 所示。

表 5-8　大宇批发公司 6 月某型号电子词典进货情况

日期	数量/本	单价/元	总成本/元
6 月 1 日（存货）	100	148	14 800
3 日购进	40	150	6 000
8 日购进	200	152	30 400
10 日购进	300	153	45 900
17 日购进	200	156	31 200
可销售量	840		128 300

（三）要求：按下列方法计算 6 月某型号电子词典销售成本和期末结存货成本：

1. 先进先出法。

2. 月末一次加权平均法。

3. 移动加权平均法。

习题二

（一）目的：练习计划成本计价方法的材料收发核算。

（二）资料：庆丰公司为增值税一般纳税企业，材料按计划成本计价核算。“原材料”账户月初余额 20 000 元，“材料成本差异”账户月初贷方余额 150 元。2019 年 5 月发生下列经济业务：

（1）5 月 6 日，购入材料一批，取得的增值税专用发票上注明的价款为 60 000 元，增值税额为 7 800 元，发票等结算凭证已经收到，贷款已通过银行转账支付。材料已验收入库。该批材料的计划成本为 55 000 元。

（2）5 月 10 日，购进材料—批，取得的增值税专用发票上注明的价款为 100 000 元，增值税额为 13 000 元。双方商定采用商业承兑汇票结算方式支付货款，付款期限为 2 个月。材料已经到达并验收入库，已开出承兑商业汇票。该批材料的计划成本为 95 000 元。

（3）5 月 14 日，购入材料一批，取得的增值税专用发票上注明的价款为 45 000 元，增值税额为 5 850 元，发票等结算凭证已经收到，贷款已通过银行转账支付，但到月末材料尚未运到。该批材料的计划成本为 42 500 元。

（4）5 月 20 日，购入材料一批，材料已经运到，并已验收入库，但发票等结算凭证尚未收到，贷款尚未支付。该批材料的计划成本为 50 000 元。企业应于月末按计划成本估价入账。

（5）5 月末，汇总本月已经付款或已开出承兑商业汇票的入库材料的计划成本为 150 000 元。

（6）5 月末，汇总本月发出材料汇总表，本月累计发出材料的计划成本为 50 000 元，全部用于生产产品。

（三）要求：根据上述业务编制相关的会计分录，并计算本月材料成本差异率、本月发出材料应负担的成本差异及月末库存材料的实际成本。

习题三

（一）目的：练习存货期末计价的核算。

（二）资料：平乐屋公司采用成本与可变现净值孰低法对期末存货进行计价，财务报告每季度公布一次。2019 年 A 存货相关数据如表 5-9 所示。

表 5-9 2019 年 A 存货相关数据 单位：元

时间	账户余额	可变现净值
2019 年 3 月 31 日	500 000	480 000
2019 年 6 月 30 日	400 000	375 000
2019 年 9 月 30 日	465 000	455 000

（三）要求：

1. 按个别存货项目比较结果，进行会计处理。

2. 假定 10 月 5 日生产领用 A 存货一批，实际成本 9 300 元，且假设该公司要求发出存货时同时结转存货跌价准备，试编制相应会计分录。

长期股权投资

本章在阐释长期股权投资的概念、特点和内容的基础上，对长期股权投资的初始计量、后续计量及其相应的会计处理进行了较为详细和系统的介绍。

【重要概念】长期股权投资　控制　共同控制　重大影响　成本法　权益法

第一节　长期股权投资概述

一、长期股权投资的概念及特点

（一）长期股权投资的概念

长期股权投资是指持有时间准备超过一年的权益性投资，企业通过持有其他单位的股权，可以实现其控制被投资单位，或共同控制被投资单位，或对被投资单位施加重大影响，或为了与被投资单位建立密切关系以分散经营风险的目的。

（二）长期股权投资的特点

长期股权投资具有以下特点：①准备长期持有。长期股权投资通过长期持有，达到控制、共同控制或重大影响被投资单位、改善与被投资单位的贸易关系等目的，而且股票投资和其他长期股权投资一般不能随意抽回。②获得经济利益。通过长期股权投资，可以获得两方面的经济利益，一方面是通过分得利润或股利获得被投资单位的经济利益流入；另一方面通过对被投资单位施加影响，来改善本单位的生产经营环境，从而使本企业获得经济利益。③按比例承担风险。通过股权投资成为被投资单位的股东应承担相应的风险，不仅可以获得经济利益，而且需要承担投资损失。

二、长期股权投资的内容

根据长期股权投资准则规定，长期股权投资包括以下几方面内容。

（一）控制

控制是指有权决定一个企业的财务和经营政策，并能据以从该企业的经营活动中获取可变回报，并有能力影响其可变回报的金额。控制包括：①投资企业直接、间接或直接和间接共同拥有被投资单位50%以上的表决权资本；②投资企业虽然直接拥有被投资单位50%或以下的表决权资本，但具有实质控制权。实质控制权的表现形式通常为：通过与其他投资者的协议，投资企业拥有被投资单位50%以上表决权资本的控制权；根据章程或协议，投资企业有权控制被投资单位的财务和经营政策，有权任免被投资单位董事会等类似权力机构的多数成员，在董事会或类似权力机构会议上有半数以上投票权；其他有证据证明能够对被投资企业实施控制的实质性权利。

（二）共同控制

共同控制是指按合同约定对共同控制实体所共有的控制。共同控制实体是指由两个或多个企业共同投资建立的实体，该被投资单位的财务和经营政策必须由投资双方或若干方共同决定。实务中，在确定是否构成共同控制时，一般可以考虑以下情况作为确定基础：①任何一个合营方均不能单独控制合营企业的生产经营活动。②涉及合营企业基本经营活动的决策需要各合营方一致同意。③各合营方可能通过合同或协议的形式任命其中的一个合营方对合营企业的日常活动进行管理，但其必须在各合营方已经一致同意的财务和经营政策范围内行使管理权。当被投资单位处于法定重组或破产中，或者在向投资方转移资金的能力受到严格的长期限制情况下经营时，通常投资方对被投资单位可能无法实施共同控制。但如果能够证明存在共同控制，合营各方仍应当按照长期股权投资准则的规定采用权益法核算。

（三）重大影响

重大影响是指对一个企业的财务和经营政策有参与决策的权利，但并不决定这些政策。当投资企业直接拥有被投资单位20%或以上至50%表决权资本时，一般认为对被投资单位具有重大影响，除非有明确的证据表明该种情况下不能参与被投资单位的生产经营决策，不形成重大影响。如果投资企业直接拥有被投资单位20%以下的表决权资本，但符合下列情况之一的，也应确认为对被投资单位具有重大影响：①在被投资单位的董事会或类似权力机构中派有代表；②参与被投资单位的政策制定过程；③向被投资单位派出管理人员；④依赖投资企业的技术资料；⑤与被投资单位之间发生重要交易；⑥其他能足以证明投资企业对被投资单位具有重大影响的情形。在确定能否对被投资单位施加重大影响时，一方面应考虑投资企业是否直接或间接持有被投资单位的表决权股份，同时要考虑企业及其他方持有的现行可执行潜在表决权是否在假定转换为对被投资单位的股权后产生影响，如被投资单位发行的现行可转换的认股权证、股份期权及可转换公司债券等的影响。

（四）无控制、无共同控制且无重大影响，并且在活跃市场中没有报价、公允价值不能可靠计量的权益性投资

无控制、无共同控制且无重大影响是指除上述三种类型以外的情况，具体表现为：①投资企业直接拥有被投资单位20%以下的表决权资本，同时不存在其他实施重大影响的途径；②投资企业直接拥有被投资单位20%或以上的表决权资本，但实质上对被投资单位不具有控制、共同控制和重大影响。

第二节　长期股权投资的会计处理

一、长期股权投资初始计量及取得的会计处理

长期股权投资在取得时应当按照初始投资成本入账。初始投资成本的确定应当视合并

方式和非合并方式分别处理。

（一）企业合并形成的长期股权投资初始计量及取得的会计处理

企业合并方式取得长期股权投资又视投资方与被投资方是否属于同一控制分别确认其初始投资成本。

1. 同一控制下的企业合并形成的长期股权投资初始计量及取得的核算

同一控制下的企业合并是指参与合并的企业在合并前后均受同一方或相同的多方最终控制且该控制并非暂时性的合并。对于同一控制下的企业合并，在合并日取得对其他参与合并企业控制权的一方为合并方，参与合并的其他企业为被合并方，合并日是指合并方实际取得对被合并方控制权的日期。

同一控制下的企业合并，合并方以支付现金、转让非现金资产或承担债务方式作为合并对价的，应当在合并日按照取得被合并方所有者权益账面价值的份额作为长期股权投资的初始投资成本。长期股权投资初始投资成本与支付的现金、转让的非现金资产以及所承担债务账面价值之间的差额，应当调整资本公积（资本溢价或股本溢价）；资本公积（资本溢价或股本溢价）不足冲减的，调整留存收益。合并方以发行权益性证券作为合并对价的，应当在合并日按照取得被合并方所有者权益账面价值的份额作为长期股权投资的初始投资成本。按照发行股份的面值总额作为股本，长期股权投资初始投资成本与所发行股份面值总额之间的差额，应当调整资本公积（资本溢价或股本溢价）；资本公积（资本溢价或股本溢价）不足冲减的，调整留存收益。

【例 6-1】 B 与 C 两家公司同为琛楠公司的子公司。B 公司于 2019 年 4 月 1 日以存款 2 000 万元取得 C 公司 70%的股份，并于当日起能够对 C 公司实施控制。C 公司 2019 年 4 月 1 日所有者权益账面价值为 3 000 万元。假定无其他因素影响。B 公司的会计分录如下：

长期股权投资的初始投资成本 = 3 000×70% = 2 100（万元）。

借：长期股权投资——C 公司	21 000 000	
贷：银行存款		20 000 000
资本公积——股本溢价		1 000 000

【例 6-2】 续【例 6-1】，假定 B 公司于 2019 年 4 月 1 日以发行股票的方式从 C 公司的股东手中取得 C 公司 70%的股份，并于当日起能够对 C 公司实施控制。B 公司发行 2 300 万股普通股股票，每股面值 1 元。B 公司在 2019 年 4 月 1 日的资本公积——股本溢价为 110 万元，盈余公积为 80 万元，未分配利润为 10 万元。假定无其他因素的影响。B 公司的会计分录如下：

长期股权投资的初始投资成本 = 3 000×70% = 2 100（万元）。

借：长期股权投资——C 公司	21 000 000	
资本公积——股本溢价	1 100 000	
盈余公积	800 000	
未分配利润	100 000	
贷：股本		23 000 000

同一控制下企业合并形成的长期股权投资，如子公司按照改制时的资产、负债评估价值调整账面价值的，母公司应当按照取得子公司经评估确认净资产的份额作为长期股权投资的成本，该成本与支付对价的差额调整所有者权益。

2. 非同一控制下的企业合并形成的长期股权投资初始计量及取得的核算

非同一控制下的企业合并是指参与合并的各方在合并前后不受同一方或相同的多方最终控制的合并。非同一控制下的企业合并在购买日取得对其他参与合并企业控制权的一方为购买方，参与合并的其他企业为被购买方，购买日是指购买方实际取得对被购买方控制权的日期。

非同一控制下企业合并形成的长期股权投资，应在购买日按企业合并成本（不含应自被投资单位收取的现金股利或利润），借记“长期股权投资”科目，按享有被投资单位已宣告但尚未发放的现金股利或利润，借记“应收股利”科目，按支付合并对价的账面价值，贷记有关资产或借记有关负债科目，两者差额，作为资产转让损益，通过“资产处置损益”、“主营业务收入”、“主营业务成本”和“投资收益”等科目，计入当期损益。涉及增值税的，还应进行相应的处理。其中，合并成本是指：①一次交换交易实现的企业合并，合并成本为购买方在购买日为取得对被购买方的控制权而付出的资产、发生或承担的负债以及发行的权益性证券的公允价值；②通过多次交换交易分步实现的企业合并，合并成本为原持有的股权投资账面价值与新增投资成本之和；③在合并合同或协议中对可能影响合并成本的未来事项做出约定的，购买日如果估计未来事项很可能发生并且对合并成本的影响金额能够可靠计量的，购买方应当将其计入合并成本。购买方为进行长期股权投资发生的各项直接相关费用，在发生时通过“管理费用”科目，计入当期损益。

【例 6-3】续【例 6-1】，假定 B 与 C 两家公司属非同一控制下的独立公司。B 公司以固定资产取得 C 公司 70%的股份。固定资产原值 2 400 万元，已提折旧 900 万元，在投资当日该设备的公允价值为 2 000 万元。假定其他条件不变，也无其他因素影响。B 公司的会计分录如下：

借：长期股权投资——C 公司	20 000 000	
贷：固定资产清理		20 000 000
借：固定资产清理	15 000 000	
累计折旧	9 000 000	
贷：固定资产		24 000 000
借：固定资产清理	5 000 000	
贷：资产处置损益		5 000 000

【例 6-4】琛楠公司于 2019 年 5 月以 10 000 万元取得 B 公司 40%的股权，因能够对 B 公司施加重大影响，对所取得的长期股权投资采用权益法核算，于 2019 年确认对 B 公司的投资收益 500 万元。2020 年 4 月，琛楠公司又斥资 13 000 万元自 C 公司取得 B 公司另外 30%的股权。本例中假定琛楠公司在取得对 B 公司的长期股权投资以后，B 公司并未宣告发放现金股利或利润。琛楠公司按净利润的 10%提取盈余公积。琛楠公司对该项长期股权投资未计提任何减值准备。琛楠公司与 C 公司不存在任何关联关系。

本例中琛楠公司是通过分步购买最终达到对 B 公司实施控制，形成企业合并。在购买日，琛楠公司的会计分录如下（假定不考虑所得税影响）：

借：长期股权投资——B 公司	235 000 000	

贷：长期股权投资——投资成本　　100 000 000

——损益调整　　5 000 000

银行存款　　130 000 000

购买日对 B 公司长期股权投资的账面余额 =（105 000 000 – 130 000 000）

= 23 500（万元）

（二）以企业合并以外的方式取得的长期股权投资初始计量及取得的会计处理

以企业合并以外的其他方式取得的长期股权投资，应当按照以下要求确定初始投资成本。

1. 以支付现金取得的长期股权投资初始计量及取得的核算

以支付现金取得的长期股权投资，应当按照实际支付的购买价款作为初始投资成本。初始投资成本包括与取得长期股权投资直接相关的费用、税金及其他必要支出，但所支付价款中包含的被投资单位已宣告但尚未发放的现金股利或利润应作为应收项目核算，不构成取得长期股权投资的成本。

【例 6-5】2019 年 5 月 1 日，琛楠公司从证券市场上购入 B 公司发行在外 2 000 万股股票作为长期股权投资，每股 6 元（含已宣告但尚未发放的现金股利 1 元），实际支付价款 12 000 万元，另支付相关税费 30 万元。琛楠公司的会计分录如下：

借：长期股权投资　　100 300 000

应收股利　　20 000 000

贷：银行存款　　120 300 000

2. 以发行权益性证券取得的长期股权投资初始计量及取得的核算

以发行权益性证券取得的长期股权投资，应当按照发行权益性证券的公允价值作为初始投资成本，其中不包括应自被投资单位收取的已宣告但尚未发放的现金股利或利润。为发行权益性证券支付的手续费、佣金等应自权益性证券的溢价发行收入中扣除，溢价收入不足的，应冲减盈余公积和未分配利润。

【例 6-6】2019 年 6 月 1 日，琛楠公司发行股票 300 万股作为对价向 C 公司投资，每股面值为 1 元，实际发行价为每股 3 元。为增发该部分股份，琛楠公司向证券承销机构等支付了 10 万元的佣金和手续费。假定琛楠公司取得该部分股权后能够对 C 公司的生产经营决策施加重大影响。琛楠公司的会计分录如下：

借：长期股权投资　　9 000 000

贷：股本　　3 000 000

资本公积——股本溢价　　6 000 000

发行权益性证券过程中支付的佣金和手续费，应冲减权益性证券的溢价发行收入：

借：资本公积——股本溢价　　100 000

贷：银行存款　　100 000

3. 投资者投入取得的长期股权投资初始计量及取得的核算

投资者投入的长期股权投资，应当按照投资合同或协议约定的价值作为初始投资成本，但合同或协议约定价值不公允的除外。

在确定投资者投入的长期股权投资的公允价值时，有关权益性投资存在活跃市场的，应当参照活跃市场中的市价确定其公允价值；不存在活跃市场，无法按照市场信息确定其公允价值的情况下，应当将按照一定的估值技术等合理的方法确定的价值作为其公允价值。

【例 6-7】琛楠公司设立时，其主要出资方之一甲公司以其持有的对 B 公司的长期股权投资作为出资投入琛楠公司。投资各方在投资合同中约定，作为出资的该项长期股权投资作价 5 000 万元。该作价是按照 B 公司股票的市价经考虑相关调整因素后确定的。琛楠公司注册资本为 20 000 万元。甲公司出资占琛楠公司注册资本的 20%。取得该项投资后，琛楠公司根据其持股比例，能够派人参与 B 公司的财务和生产经营决策。

琛楠公司对于投资者投入的该项长期股权投资，其会计分录如下：

借：长期股权投资	50 000 000	
贷：实收资本		40 000 000
资本公积——资本溢价		10 000 000

二、长期股权投资的成本法核算

企业的长期股权投资，应当根据不同情况，分别采用成本法或权益法核算。

（一）成本法的概念及适用范围

1. 成本法的概念

成本法是指长期股权投资按投资成本计价的方法。采用成本法核算时，除追加投资、将应分得的现金股利或利润转为投资或收回投资外，长期股权投资的账面价值一般应保持不变。被投资单位宣告分派的利润或现金股利，确认为当期投资收益。投资企业确认的投资收益，不仅包含对取得投资后被投资单位实现净利润的分配，也包含对取得投资前被投资单位实现净利润的分配。

2. 成本法的适用范围

投资企业能够对被投资单位实施控制的长期股权投资应当采取成本法核算。

（二）成本法的核算

1. 初始投资或追加投资

初始投资或追加投资时，按照初始投资或追加投资时的投资成本增加长期股权投资的账面价值。

2. 被投资单位宣告分派的利润或现金股利

被投资单位宣告分派的利润或现金股利，投资企业按应享有的部分，确认为当期投资收益。

【例 6-8】琛楠公司 2019 年 1 月 1 日购入 B 公司股票 10 000 股，每股价格 11 元，支付手续费 5 000 元，经纪人佣金 2 000 元，上述款项均以存款支付，占 B 公司表决权资本的 60%，形成对 B 公司的非同一控制。假设 B 公司 2019 年 1 月 1 日股东权益合计为 1 200 000 元，其中股本为 1 000 000 元，未分配利润为 200 000 元。假定无其他因素的影响。琛楠公司的会计分录如下：

（1）2019 年 1 月 1 日购入 B 公司股票时：

借：长期股权投资——B 公司	110 000	

管理费用　　7 000

贷：银行存款　　117 000

（2）2019 年 3 月 3 日宣告分派 2018 年度的现金股利时：

借：应收股利　　10 000

贷：投资收益　　10 000

（3）2019 年 3 月 18 日，收到 B 公司现金股利时：

借：银行存款　　10 000

贷：应收股利　　10 000

（4）2019 年 B 公司实现净利润 200 000 元；2019 年 5 月 1 日 B 公司宣告分派现金股利 250 000 元时：

当年度实际分得现金股利 = 250 000×60% = 150 000（万元）

借：应收股利　　150 000

贷：投资收益——股利收入　　150 000

成本法的优点在于：①投资账户能够反映投资的成本；②核算简便；③能反映企业实际获得的利润或现金股利的情况，而且获得的利润或现金股利与其流入的现金在时间上基本吻合；④与法律上企业法人的概念相符，即投资企业与被投资单位是两个法人实体，被投资单位实现的净利润或发生的净亏损，不会自动成为投资企业的利润或亏损；⑤成本法所确认的投资收益，与我国税法上确认应纳税所得额时对投资收益的确认时间和标准是一致的，不存在会计核算时间上与税法不一致的问题；⑥成本法的核算比较稳健，即投资账户只反映投资成本，投资收益只反映实际获得的利润或现金股利。

但成本法也有其局限性，表现为：①成本法下，长期股权投资账户停留在初始或追加投资时的投资成本上，不能反映投资企业在被投资单位中的权益；②当投资企业能够控制被投资单位，投资企业可以凭借其控制力和影响力，操纵被投资单位的利润或股利的分配，在这种情况下，其投资收益不能真正反映应当获得的投资利益。

三、长期股权投资的权益法核算

（一）权益法的概念及适用范围

1. 权益法的概念

权益法是指投资最初以规定方式确认的投资成本计价，以后根据投资企业应享有被投资单位所有者权益份额的变动对投资的账面价值进行调整的方法。

2. 权益法的适用范围

企业对被投资单位具有共同控制或重大影响的，长期股权投资应当采用权益法核算。

（二）权益法的核算

权益法的核算，应当注意下列问题：①初始投资成本与投资时应享有被投资单位可辨认净资产公允价值份额的差额的处理；②投资企业在被投资单位实现净损益和宣告分派现金股利或利润时的处理；③投资企业在被投资单位实现净损益和宣告分派现金股利或利润以外的其他所有者权益变动时的处理。

1. 初始投资成本与投资时应享有被投资单位可辨认净资产公允价值份额的差额的处理

长期股权投资的初始投资成本大于投资时应享有被投资单位可辨认净资产公允价值份额的，不调整长期股权投资的初始投资成本；长期股权投资的初始投资成本小于投资时应享有被投资单位可辨认净资产公允价值份额的，其差额应当计入当期损益，同时调整长期股权投资的成本。

【例 6-9】琛楠公司于 2017 年 1 月 1 日以 80 万元投资 B 企业普通股，占 B 公司普通股的 30%，B 公司 2017 年 1 月 1 日的所有者权益账面价值为 200 万元，公允价值为 230 万元。假定无其他因素的影响。琛楠公司在取得 B 公司的股权后，能够对 B 公司施加重大影响，对该投资采用权益法核算。琛楠公司的会计分录如下：

长期股权投资的初始投资成本 800 000＞应享有 B 公司当日的所有者权益公允价值份额 690 000（2 300 000×30%），该差额不调整长期股权投资的账面价值。

借：长期股权投资——B 公司（投资成本） 800 000

　贷：银行存款 800 000

【例 6-10】沿用【例 6-9】的资料，假定琛楠公司支付的价款是 60 万元，不是 80 万元，其他情况不变。此时琛楠公司的会计分录如下：

长期股权投资的初始投资成本 600 000＜应享有 B 公司当日的所有者权益公允价值份额 690 000（2 300 000×30%），则初始投资成本与应享有被投资单位可辨认净资产公允价值份额之间的差额 9 万元应计入取得投资当期的营业外收入。

借：长期股权投资——B 公司（投资成本） 600 000

　贷：银行存款 600 000

借：长期股权投资——B 公司（投资成本） 90 000

　贷：营业外收入 90 000

2. 投资企业在被投资单位实现净损益和宣告分派现金股利或利润的处理

采用权益法核算时，企业应在取得股权投资后，按应享有或应分担的被投资单位当年实现的净利润或发生的净亏损的份额，调整投资的账面价值，并作为当期投资损益，此时，应借记“长期股权投资——损益调整”科目，贷记“投资收益”科目，被投资单位发生净亏损做相反的会计分录，但以本科目的账面价值减记至零为限，投资企业负有承担额外损失义务的除外。还应当注意的是，投资企业在确认应享有被投资单位净损益的份额时，应当以取得投资时被投资单位各项可辨认资产的公允价值为基础，对被投资单位的净利润进行调整后确认。基于重要性原则，通常应考虑的调整因素为：以取得投资时被投资单位固定资产、无形资产的公允价值为基础计提的折旧额或摊销额以及减值准备的金额对被投资单位净利润的影响。其他项目如为重要的，也应进行调整。无法合理确定取得投资时被投资单位各项可辨认资产公允价值的，或者投资时被投资单位可辨认资产的公允价值与其账面价值相比，两者之间的差额不具有重要性的，可以按照被投资单位的账面净利润，经调整未实现内部交易损益后，计算确认投资收益，但应在附注中说明这一事实，以及无法合理确定被投资单位各项可辨认资产公允价值等原因。期末，企业按被投资单位实现的净利润计算的应分享的份额，借记“长期股权投资——损益调整”科目，贷记“投资收益”科目。

【例 6-11】沿用【例 6-10】的资料，假定琛楠公司 2017 年 1 月 1 日取得投资时 B 公司的固定资产公允价值为 70 万元，账面价值为 40 万元，B 公司其他资产的账面价值与公允价值相同。固定资产的预计使用年限为 10 年，净残值为零，按照直线法计提折旧。B 公司 2017 年度利润表中净利润为 50 万元，已按其账面价值计算扣除的固定资产折旧费用为 4（40 万元/10 年）万元，按照取得投资时固定资产的公允价值计算确定的折旧费用为 7（70 万元/10 年）万元，不考虑所得税影响，按照被投资单位的账面净利润计算确定的投资收益应为 15（50×30%）万元。按该固定资产的公允价值计算的净利润为 47［50 –（7 – 4）］万元，投资企业按照持股比例计算确认的当期投资收益应为 14.1（47×30%）万元。琛楠公司的会计分录如下：

借：长期股权投资——B 公司（损益调整） 141 000

贷：投资收益 141 000

企业确认被投资单位发生的净亏损，应当以长期股权投资的账面价值以及其他实质上构成对被投资单位净投资的长期权益减记至零为限，投资企业负有承担额外损失义务的除外。期末，企业按被投资单位发生的净亏损计算的应分担的份额，借记“投资收益”科目，贷记“长期股权投资——损益调整”科目。如果被投资单位以后各期实现净利润，企业应在计算的收益分享额超过未确认的亏损分担额以后，按超过未确认的亏损分担额的金额，恢复投资的账面价值。

【例 6-12】沿用【例 6-11】的资料，假定 B 公司 2018 年度利润表中净亏损为 400 万元，2019 年度利润表中净利润为 300 万元。假定无其他因素的影响。琛楠公司的会计分录如下：

（1）2018 年 12 月 31 日：

基于投资时固定资产公允价值调整的净利润 = –400 –（7 – 4）= –403（万元）

琛楠公司应承担的损失 =（– 403）×30% = –120.9（万元）

长期股权投资的账面价值 = 69 + 14.1 = 83.1（万元）

借：投资收益 831 000

贷：长期股权投资——B 公司（损益调整） 831 000

未确认的亏损 = 120.9 – 83.1 = 37.8 万元计入备查簿。

（2）2019 年 12 月 31 日：

基于投资时固定资产公允价值调整的净利润 = 300 –（7 – 4）= 297（万元）

琛楠公司应享有收益 =（300 – 3）×30% = 89.1（万元）

琛楠公司应确认的净收益 = 89.1 – 37.8 = 51.3（万元）

借：长期股权投资——B 公司（损益调整） 513 000

贷：投资收益——股权投资收益 513 000

被投资单位宣告分派现金股利或利润，企业按持股比例计算应享有的份额，借记“应收股利”科目，贷记“长期股权投资——损益调整”科目。收到被投资单位分来的现金股利或利润，不进行账务处理，但应在备查簿中登记。

【例 6-13】沿用【例 6-12】的资料，B 公司在 2020 年 3 月 20 日宣告分派现金股利 10 万元，此时琛楠公司的会计分录如下：

借：应收股利 30 000

　贷：长期股权投资——B 公司（损益调整） 30 000

在确认投资收益时，除考虑公允价值的调整外，对于投资企业与其联营企业及合营企业之间发生的未实现内部交易损益（有关资产未对外部独立第三方出售）应予抵销。即，投资企业与联营企业及合营企业之间发生的未实现内部交易损益按照持股比例计算归属于投资企业的部分，应当予以抵销，在此基础上确认投资损益。

与母子公司之间的未实现内部交易损益在合并财务报表中的抵销不同的是，投资企业与其联营企业及合营企业之间的未实现内部交易损益抵销，无论是顺流交易的抵销还是逆流交易的抵销，都仅仅是投资企业或是纳入投资企业合并财务报表范围的子公司享有联营企业或合营企业的权益份额，而非全额。其中，顺流交易是指投资企业向其联营企业或合营企业出售资产，逆流交易是指联营企业或合营企业向投资企业出售资产。

【例 6-14】琛楠公司持有 B 公司有表决权股份的 30%，能够对 B 公司生产经营施加重大影响。2019 年 8 月，琛楠公司将其账面价值为 700 万元的商品以 1 000 万元的价格出售给 B 公司，B 公司将取得的商品作为管理用固定资产核算，预计使用寿命为 10 年，净残值为 0。假定琛楠公司取得该项投资时，B 公司各项可辨认资产、负债的公允价值与其账面价值相同，两者在以前期间未发生过内部交易。B 公司 2019 年实现净利润为 2 000 万元。假定不考虑所得税影响。

琛楠公司在该项交易中实现利润 300 万元，由于 B 公司对该项固定资产采用直线法按 10 年提取折旧，每年对损益的影响金额为 30（300/10）万元。B 公司取得该项固定资产的时间为 2019 年 8 月，因此 2019 年该项固定资产折旧影响 4 个月的损益金额为 10（4/12）万元。在采用权益法计算确认投资损益时应予抵销。

折旧对损益的影响金额 = 300/10×4/12 = 10（万元）

应抵销的未实现内部交易损益 =（2 000 – 300 + 10）×30% = 513（万元）

琛楠公司的会计分录如下：

借：长期股权投资——损益调整 5 130 000

　贷：投资收益 5 130 000

琛楠公司如存在子公司需要编制合并财务报表，在合并财务报表中对该未实现内部交易损益应在个别报表已确认投资收益的基础上进行以下调整：

借：营业收入（1 000×30%） 3 000 000

　贷：营业成本（700×30%） 2 100 000

　　　投资收益 900 000

【例 6-15】琛楠公司持有 B 公司有表决权股份的 30%，能够对 B 公司生产经营施加重大影响。2019 年 8 月，B 公司将其账面价值为 700 万元的商品以 1 000 万元的价格出售给琛楠公司，琛楠公司将取得的商品作为管理用固定资产核算，预计使用寿命为 10 年，净残值为 0。假定琛楠公司取得该项投资时，B 公司各项可辨认资产、负债的公允价值与其账面价值相同，两者在以前期间未发生过内部交易。B 公司 2019 年实现净利润为 2 000 万元。假定不考虑所得税影响。

琛楠公司在按照权益法确认应享有 B 公司 2019 年净损益时，同时应考虑相关固定资产折旧对损益的影响。

折旧对损益的影响金额 = 300/10×4/12 = 10（万元）

应抵销的未实现内部交易损益 =（2 000 – 300 + 10）×30% = 513（万元）

琛楠公司的会计分录如下：

借：长期股权投资——损益调整　　5 130 000

　贷：投资收益　　5 130 000

或者：

借：长期股权投资——损益调整　　6 000 000

　贷：投资收益（2 000×30%）　　6 000 000

借：投资收益［（300 – 10）×30%］　　870 000

　贷：长期股权投资——损益调整　　870 000

琛楠公司如存在子公司需要编制合并财务报表，在合并财务报表中，因该未实现内部交易损益体现在投资企业持有固定资产的账面价值当中，对该未实现内部交易损益应在个别报表已确认投资收益的基础上进行以下调整：

借：长期股权投资——损益调整　　2 900 000

　　累计折旧　　100 000

　贷：固定资产　　3 000 000

权益法的优点：①投资账户能够反映投资企业在被投资单位中的权益，反映了投资企业拥有被投资单位所有者权益份额的经济现实；②投资收益反映了投资企业经济意义上的投资利益。

权益法的局限性：①与法律上的企业法人的概念相悖；②在权益法下，投资收益的实现与现金流入的时间不相吻合；③会计核算比较复杂。

四、确认其他综合收益的会计处理

被投资方因确认其他综合收益而导致其所有者权益发生变动时，投资方应按照持股比例计算应享有或承担的份额，一方面调整长期股权投资的账面价值，同时计入其他综合收益。

【例 6-16】琛楠公司持有 G 公司 25%的股份，能够对 G 公司施加重大影响，采用权益法核算。2019 年 12 月 31 日，G 公司持有的一项成本为 1 500 万元的以公允价值计量且其变动计入其他综合收益的金融资产，公允价值升至 2 000 万元，G 公司按公允价值超过成本的差额 500 万元调增该项金融资产的账面价值，并计入其他综合收益，导致其所有者权益发生变动。琛楠公司的会计处理如下：

应享有其他综合收益份额 = 500×25% = 125（万元）

借：长期股权投资——G 公司（其他综合收益）　　1 250 000

　贷：其他综合收益　　1 250 000

五、确认其他权益变动的会计处理

其他权益变动是指被投资方除实现净损益及进行利润分配，确认其他综合收益以外的其他原因导致的所有者权益变动，如被投资方接受股东资本性投入、确认以权益结算的股份支付等导致的所有者权益变动。投资方对于按照持股比例计算的应享有或承担的被投资方其他权益变动份额，应调整长期股权投资的账面价值，同时计入资本公积（其他资本公积）。

【例 6-17】琛楠公司持有 Y 公司 30%的股份，能够对 Y 公司施加重大影响，采用权益法核算。2019 年度，Y 公司接受其母公司实质上属于资本性投入的现金捐赠，金额为 100 万元，Y 公司将其计入资本公积，导致所有者权益发生变动。琛楠公司的会计处理如下：

应享有其他权益变动份额 = 100×30% = 30（万元）

借：长期股权投资——Y 公司（其他权益变动）	300 000	
贷：资本公积——其他资本公积		300 000

六、长期股权投资的处置

企业处置长期股权投资时，应当按取得的处置收入扣除长期股权投资账面价值和已确认但尚未收到的现金股利之后的差额确认处置损益。采用权益法核算的长期股权投资，处置时还应将与所处置的长期股权投资相对应的原计入其他综合收益（不能结转损益的除外）或资本公积项目的金额转出，计入处置当期投资损益。

【例 6-18】琛楠公司对持有的 Y 公司股份采用权益法核算。2019 年 4 月 5 日，琛楠公司将持有的 Y 公司股份全部转让，收到转让价款 3 500 万元。转让日，该项长期股权投资的账面余额为 3 300 万元，其中，投资成本 2 500 万元，损益调整（借方）500 万元，其他综合收益（借方）200 万元，其他权益变动（借方）100 万元。

转让损益 = 3 500 − 3 300 = 200（万元）

借：银行存款	35 000 000	
贷：长期股权投资——Y 公司（投资成本）		25 000 000
——Y 公司（损益调整）		5 000 000
——Y 公司（其他综合收益）		2 000 000
——Y 公司（其他权益变动）		1 000 000
投资收益		2 000 000

结转原计入其他综合收益或资本公积项目的金额至当期损益：

借：其他综合收益	2 000 000	
资本公积——其他资本公积	1 000 000	
贷：投资收益		3 000 000

复习思考题

一、概念题

同一控制下企业合并　非同一控制下企业合并　成本法　权益法

二、简答题

1. 简述长期股权投资的含义及特征。

2. 简要说明长期股权投资包含的内容。

3. 简述长期股权投资的初始计量原则。

4. 阐述长期股权投资成本法和权益法的适用范围及核算原则，并试对这两种方法进行简要评价。

三、计算题

1. 华冠公司为股份有限公司，2019 年发生如下业务：

（1）2019 年 3 月 9 日购入非同一控制的华宝公司股票 3 000 万股，占华宝公司对外有表决权资本的 55%，因此采用成本法核算。当日华宝公司的股票价格为每股市价 8 元，已宣告而尚未领取的现金股利为 30 万元，华冠公司为此项投资交纳的税费为 7 万元，款项以银行存款支付。

（2）2019 年 3 月 18 日，收到购买价款中包含的现金股利 30 万元。

（3）2019 年 6 月 30 日，华宝公司的股票价格为每股 9 元。

（4）2019 年 7 月 15 日，华宝公司再次宣告现金股利，每股 1 元。该股利于 7 月 31 日收到。

（5）2019 年 12 月 31 日，华宝公司股票市价为每股 8.6 元。

（6）2020 年 1 月 19 日，华冠公司因资金紧张，出售其拥有的华宝公司全部股份，售价每股 10.2 元。

要求：假定无其他因素影响，编制相关会计分录。

2. 华丰公司与运华公司为非同一控制下的两个分别独立的公司，2019 年华丰公司与运华公司合并，有关业务如下：

（1）2019 年 1 月 1 日，华丰公司以固定资产和库存商品取得运华公司 80%的股份。固定资产原值 3 000 万元，已提折旧 1 100 万元，当日的公允价值为 2 200 万元。库存商品的账户余额为 800 万元，当日的公允价值为 900 万元，增值税专用发票上注明的税款为 117 万元。

（2）2019 年 3 月 1 日，运华公司宣告发放股利 500 万元。

（3）2019 年 3 月 15 日，华丰公司收到 3 月 1 日运华公司宣告的股利。

（4）2019 年运华公司全年实现净利润 1 200 万元。

要求：根据上述业务编制华丰公司的相关会计分录。

3. 新华公司 2018 年有关业务如下：

（1）2018 年 1 月 1 日以 1 000 万元投资宏峰公司普通股，占宏峰公司普通股的 40%。宏峰公司 2018 年 1 月 1 日的所有者权益账面价值 2 000 万元，公允价值为 2 200 万元。其中固定资产公允价值为 800 万元，账面价值为 600 万元，其他资产的账面价值与公允价值相同。固定资产的预计使用年限为 10 年，净残值为零，按照直线法计提折旧。不考虑所得税影响。

（2）2018 年宏峰公司实现净利润 400 万元。

（3）2019 年 3 月 1 日，宏峰公司宣告发放股利 100 万元。

（4）2019 年 4 月 1 日，宏峰公司发放股利 100 万元。

（5）2019 年宏峰公司亏损 90 万元。

（6）2020 年 3 月 2 日，宏峰公司宣告发放股利 60 万元。该股利于 4 月 1 日发放。

（7）2020 年，宏峰公司发生巨额亏损 2 500 万元。

要求：根据上述业务编制相关会计分录。

固 定 资 产

本章介绍了固定资产的概念、特征、确认条件以及分类，较为详细地介绍了固定资产的初始计量、固定资产的后续计量、固定资产的后续支出以及固定资产处置的会计核算。

【重要概念】固定资产　累计折旧　双倍余额递减法　年数总和法

第一节　固定资产概述

一、固定资产的概念和特征

固定资产是指为生产商品、提供劳务、出租或经营管理而持有的，使用寿命超过一个会计年度的有形资产。固定资产具有以下几方面主要特征。

1. 为生产商品、提供劳务、出租或经营管理而持有

企业持有固定资产的目的是生产商品、提供劳务、出租或经营管理，即企业持有的固定资产是企业的劳动工具或手段，而不是用于出售的产品。其中，“出租”的固定资产，是指企业以经营租赁方式出租的机器设备类固定资产，不包括以经营租赁方式出租的建筑物，后者属于企业的投资性房地产，不属于固定资产。

2. 使用寿命超过一个会计年度

固定资产的使用寿命是指企业使用固定资产的预计期间，或者固定资产所能生产产品或提供劳务的数量。通常情况下，固定资产的使用寿命是指使用固定资产的预计期间，如自用房屋建筑物的使用寿命表现为企业对该建筑物的预计使用年限。对于某些机械设备或运输设备等固定资产，其使用寿命表现为该固定资产所能生产产品或提供劳务的数量，如汽车或飞机等，按其预计行驶或飞行里程估计使用寿命。

固定资产的使用寿命超过一个会计年度，意味着固定资产属于非流动资产，随着使用和磨损，通过计提折旧的方式逐渐减少账面价值，这是对固定资产进行后续计量的重要内容。

3. 固定资产是有形资产

固定资产具有实物特征，这一特征将固定资产与无形资产区别开来。有些无形资产可能同时符合固定资产的其他特征，如无形资产为生产商品、提供劳务而持有，使用寿命超

过一个会计年度，但是由于其没有实物形态，所以不属于固定资产。

二、固定资产的分类

固定资产的种类繁多、构成复杂，为了便于对固定资产的管理，需要对其进行科学的分类。固定资产可以按不同的标志进行分类。

（一）按经济用途分类

按经济用途，固定资产可分为生产经营用固定资产和非生产经营用固定资产。

生产经营用固定资产是指直接参加生产经营过程或直接服务于生产经营过程的各种固定资产，如生产经营用的房屋、建筑物、厂房、机器设备、工具仪表等；非生产经营用固定资产是指不参加或不直接服务于生产经营过程的各种固定资产，如职工食堂、卫生保健等方面的房屋、设备等。

（二）按使用情况分类

按使用情况，固定资产可分为使用中的、未使用的、不需用的和租出的固定资产。

使用中的固定资产是指正在使用中的生产经营用与非生产经营用固定资产。企业的房屋及建筑物无论是否在实际使用，都应视为使用中固定资产。经营用固定资产，由于季节性生产和大修理等原因暂时停止使用以及存在车间备用的机器设备等，也应作为使用中的固定资产。

未使用的固定资产是指尚未投入使用的新增固定资产，购入尚待安装的固定资产以及进行改建、扩建的固定资产和经批准暂时停止使用的固定资产等。

不需用的固定资产是指本企业因生产条件变化等原因而出现多余或不适用，需要处置的固定资产。

租出的固定资产，是指经营性租赁租出的固定资产，企业将闲置的固定资产暂时出让其使用权，根据合同获得租金收入，并计提折旧。

（三）按所有权关系分类

按其所有权关系，固定资产可分为自有固定资产和租入固定资产。

自有固定资产，是指企业拥有的可供企业自由支配使用的固定资产。

租入固定资产，是指企业采用租赁方式从其他企业租入的固定资产。

租入的固定资产需要区别对待，采用经营租赁方式租入的固定资产不作为本企业固定资产的核算范围，应另设备查簿进行登记。采用融资租赁方式长期租入的固定资产视同本企业的固定资产进行核算，但在未完全取得所有权之前，应在企业固定资产科目下单独设置明细分类账进行核算。

（四）按经济用途和使用情况综合分类

按经济用途和使用情况综合分类，固定资产可分为以下七大类。

（1）生产经营用固定资产。

（2）非生产经营用固定资产。

（3）经营性租出固定资产，指企业采用经营租赁方式出租给外单位使用的固定资产。

（4）未使用固定资产。

（5）不需用固定资产。

（6）融资租入固定资产。

（7）土地。土地是指单独作价入账的土地，而不是指土地使用权。因征用土地而支付的土地补偿费等，应计入与土地有关的房屋、建筑物的价值，不再单独计算土地的价值。

第二节 固定资产的确认与初始计量

一、固定资产的确认

固定资产在符合定义的前提下，应当同时满足以下两个条件，才能加以确认。

（一）与该固定资产有关的经济利益很可能流入企业

资产最重要的特征是预期会给企业带来经济利益。企业在确认固定资产时，需要判断与该项固定资产有关的经济利益是否很可能流入企业。如果与该项固定资产有关的经济利益很可能流入企业，并同时满足固定资产确认的其他条件，那么企业应将其确认为固定资产；否则不应将其确认为固定资产。

在会计实务中，主要通过判断与该固定资产所有权相关的风险和报酬是否转移到了企业来确定。其中，与固定资产所有权相关的风险是指由于经营情况变化造成的相关收益的变动，以及由于资产闲置、技术陈旧等原因造成的损失；与固定资产所有权相关的报酬是指在固定资产使用寿命内使用该资产而获得的收入，以及处置该资产所实现的利得等。

取得固定资产的所有权是判断与固定资产所有权相关的风险和报酬转移到企业的一个重要标志。但所有权是否转移并不是唯一标志，在有些情况下，某项固定资产的所有权虽然不属于企业，但企业能够控制与该项固定资产有关的经济利益流入企业，这就意味着与该固定资产所有权相关的风险和报酬实质上已转移到企业，在这种情况下，企业应对该项固定资产予以确认。例如融资租入的固定资产，企业虽然不拥有固定资产的所有权，但与固定资产所有权相关的风险和报酬实质上已转移到了承租人，因此，符合固定资产确认的第一个条件。

（二）该固定资产的成本能够可靠地计量

成本能够可靠地计量是资产确认的一项基本条件。企业在确定固定资产成本时必须取得确凿证据，但有时需要根据所获得的最新资料，对固定资产的成本进行合理估计。例如企业对于已达到预定可使用状态但尚未办理竣工决算的固定资产，需要根据工程预算、工程造价或者工程实际发生的成本等资料，按估计价值确定其成本，办理竣工决算后，再按照实际成本调整原来的暂估价值。

二、固定资产的初始计量

固定资产的初始计量是指确定固定资产的取得成本。取得成本包括企业为购建某项固定资产达到预定可使用状态前所发生的一切合理的、必要的支出。在实务中，企业取得固定资产的方式是多种多样的，包括外购、自行建造、投资者投入以及非货币性资产交换、债务重组、企业合并和融资租赁等，取得的方式不同，其成本的具体构成内容及确定方法也不同。

（一）外购的固定资产

企业外购固定资产的成本，包括购买价格、相关税费、使固定资产达到预定可使用状态前所发生的可归属于该项资产的运输费、装卸费、安装费和专业人员服务费等。企业外购设备的增值税，可根据合规扣税凭证作为进项税额核算，不计入固定资产成本。

外购固定资产是否达到预定可使用状态，需要根据具体情况进行分析判断。如果购入不需安装的固定资产，购入后即可发挥作用，那么，购入后即可达到预定可使用状态。如果购入需安装的固定资产，只有安装调试后，达到设计要求或合同规定的标准，该项固定资产才可发挥作用，才意味着达到预定可使用状态。

在实务中，如果以一笔款项购入多项没有单独标价的固定资产，则应按各项固定资产公允价值的比例对总成本进行分配，分别确定各项固定资产的成本。

企业购入的固定资产分为不需要安装的固定资产和需要安装的固定资产两种情形。购入不需要安装的固定资产按照实际成本入账；购入需要安装的固定资产的取得成本是在企业实际支付的购买价款、包装费、运杂费、保险费、专业人员服务费和相关税费（不含可抵扣的增值税进项税额）等的基础上，加上安装调试成本等。

企业购买固定资产通常在正常信用条件期限内付款，但也会发生超过正常信用条件购买固定资产的经济业务，如采用分期付款方式购买资产，且在合同中规定的付款期限比较长，超过了正常信用条件。在这种情况下，该项购货合同实质上具有融资性质，购入固定资产的成本不能以各期付款额之和确定，而应以各期付款额的现值之和确定。固定资产购买价款的现值，应当按照各期支付的价款选择恰当的折现率进行折现后的金额加以确定。折现率是反映当前市场货币时间价值和延期付款债务特定风险的利率。该折现率实质上是购货企业的必要报酬率。各期实际支付的价款之和与其现值之间的差额，在达到预定可使用状态之前符合《企业会计准则第 17 号——借款费用》中规定的资本化条件的，应当通过在建工程计入固定资产成本，其余部分应当在信用期间内确认为财务费用，计入当期损益。

（二）自行建造的固定资产

企业自行建造的固定资产，应按建造该项资产达到预定可使用状态前所发生的必要支出，作为入账价值。包括工程物资成本、人工成本、交纳的相关税费、应予资本化的借款费用以及应分摊的间接费用等。

企业自行建造固定资产包括自营建造和出包建造两种方式。无论采用何种方式，所建工程都应当按照实际发生的支出确定其工程成本并单独核算。

1. *自营方式建造固定资产*

企业以自营方式建造固定资产，意味着企业自行组织工程物资采购、自行组织施工人员从事工程施工。实务中，企业较少采用自营方式建造固定资产，多数情况下采用出包方式。企业如有以自营方式建造固定资产，其成本应当按照直接材料、直接人工、直接机械施工费等计量。

企业为建造固定资产准备的各种物资应当按照实际支付的买价、运输费、保险费等相关税费作为实际成本，并按照各种专项物资的种类进行明细核算。工程完工后，剩余的工程物资转为本企业存货的，按其实际成本或计划成本进行结转。建设期间发生的工程物资的盘亏、报废及毁损，减去残料价值以及保险公司、过失人赔偿部分后的净损失，计入所建工程项目的成本；盘盈的工程物资或处置净收益，冲减所建工程项目的成本。工程完工后的发生的工程物资盘盈、盘亏、报废、毁损，计入当期损益。

建造固定资产领用工程物资、原材料或库存商品，应按其实际成本转入所建工程成本。自营方式建造固定资产应负担的职工薪酬、辅助生产部门为之提供的水、电、运输等劳务，以及其他必要支出等也应计入所建工程项目的成本。符合资本化条件，应计入所建造固定资产成本的借款费用按照《企业会计准则第 17 号——借款费用》的有关规定处理。

所建造的固定资产已达到预定可使用状态，但尚未办理竣工结算的，应当自达到预定可使用状态之日起，根据工程计算、造价或者工程实际成本等，按暂估价值转入固定资产，并按有关计提固定资产折旧的规定计提固定资产折旧。待办理竣工结算手续后再调整原来的暂估价值，但不需要调整原已计提的折旧额。

企业以自营方式建造固定资产发生的工程成本应通过“在建工程”科目核算，工程完工达到预定可使用状态时，从“在建工程”科目转入“固定资产”科目。

高危行业企业按照国家规定提取的安全生产费，应当计入相关产品的成本或当期损益，同时计入“专项储备”科目。企业使用提取的安全生产费形成固定资产的，应当通过“在建工程”科目归集所发生的支出，待安全项目完工达到预定可使用状态时确认为固定资产。同时，按照形成固定资产的成本冲减专项储备，并确认相同金额的累计折旧。该固定资产在以后期间不再计提折旧。

2. 出包方式建造固定资产

在出包方式下，企业通过招标方式将工程项目发包给建造承包商，由建造承包商（施工企业）组织工程项目施工。企业要与建造承包商签订建造合同，企业是建造合同的甲方，负责筹集资金和组织管理工程建设，通常称为建设单位，建造承包商是建造合同的乙方，负责建筑安装工程施工任务。

企业以出包方式建造固定资产，其成本由建造该项固定资产达到预定可使用状态前所发生的必要支出构成，包括发生的建筑工程支出、安装工程支出以及需分摊计入各固定资产价值的待摊支出。建筑工程支出、安装工程支出，如人工费、材料费、机械使用费等由建造承包商核算。对于发包企业而言，建筑工程支出、安装工程支出是构成在建工程成本的重要内容，发包企业按照合同规定的结算方式和工程进度定期与建造承包商办理工程价款结算，结算的工程价款计入在建工程成本。待摊支出是指在建设期间发生的，不能直接计入某项固定资产价值，而应由所建造固定资产共同负担的相关费用，包括为建造工程发生的管理费、可行性研究费、临时设施费、公证费、监理费、应负担的税金、符合资本化条件的借款费用、建设期间发生的工程物资盘亏、报销及毁损净损失（自然灾害原因导致除外）以及负荷联合试车费等。企业为建造固定资产通过出让方式取得土地使用权而支付的土地出让金不计入在建工程成本，应确认为无形资产（土地使用权）。

在出包方式下，“在建工程”科目主要是企业与建造承包商办理工程价款的结算科目，企业支付给建造承包商的工程价款，作为工程成本通过“在建工程”科目核算。企业应按合理估计的工程进度和合同规定结算的进度款，借记“在建工程——建筑工程——××工程”“在建工程——安装工程——××工程”科目，贷记“银行存款”“预付账款”等科目。工程完成时，按合同规定补付的工程款，借记“在建工程”科目，贷记“银行存款”等科目。企业将需安装设备运抵现场安装时，借记“在建工程——在安设备——××设备”科目，贷记“工程物资——××设备”科目。企业为建造固定资产发生的待摊支出，借记“在建工程——待摊支出”科目，贷记“银行存款”“应付职工薪酬”等科目。在建工程达到预定可使用状态时，有关会计核算应按以下三个步骤进行。

首先，计算分配待摊支出，待摊支出的分配率可按工时计算。

$$\text{待摊支出分配率}=\frac{\text{累计发生的待摊支出}}{\text{建筑工程支出}+\text{安装工程支出}+\text{在安装设备支出}}\times 100\%$$

××工程应分配的待摊支出 =（××工程的建筑工程支出 + ××工程的安装工程支出 + ××工程的在安设备支出）×待摊支出分配率

其次，计算确定已完工的固定资产成本。

房屋、建筑物等固定资产成本 = 建筑工程支出 + 应分摊的待摊支出

需要安装设备的成本 = 设备成本 + 为设备安装发生的基础、支座等建筑工程支出 + 安装工程支出 + 应分摊的待摊支出

最后，进行相应的账务处理，借记“固定资产”科目，贷记“在建工程——建筑工程”“在建工程——安装工程”“在建工程——待摊支出”等科目。

（三）其他方式取得固定资产

企业通过其他方式取得的固定资产主要包括：接受投资者投资、接受捐赠、非货币性资产交换、债务重组、融资租入、盘盈、企业合并等。

1. 投资者投入固定资产的成本

投资者投入固定资产的成本，应当按照投资合同或协议约定的价值作为入账价值，但合同或协议约定价值不公允的除外。在投资合同或协议约定价值不公允的情况下，按照该项固定资产的公允价值作为入账价值。

2. 接受捐赠固定资产的成本

接受捐赠固定资产的成本，对捐赠方提供了有关凭据的，按凭据上标明的金额加上应支付的相关税费，作为入账价值。捐赠方没有提供有关凭据的，按如下顺序确定其入账价值：①同类或类似固定资产存在活跃市场的，按同类或类似固定资产的市场价格估计的金额，加上应支付的相关税费，作为入账价值；②同类或类似固定资产不存在活跃市场的，按该接受捐赠的固定资产的预计未来现金流量现值，作为入账价值。

若接受捐赠的是旧的固定资产，按照上述方法确认的价值，减去按该项资产的新旧程度估计的价值损耗后的余额，作为入账价值。

3. 融资租入取得的固定资产的成本

由于在租赁期里承租企业实质上获得了该固定资产所提供的主要经济利益，同时承担了与该固定资产有关的风险，因此承租企业应将融资租入固定资产作为一项固定资产计价入账，同时确认相应的负债，并且要计提固定资产折旧。

为了区别融资租入固定资产和企业其他自有固定资产，企业应对融资租入固定资产

单独设立“融资租入固定资产”明细科目核算,《企业会计准则第 21 号——租赁》中规定：在租赁开始日，承租人应当将租赁开始日租赁资产公允价值与最低租赁付款额现值两者较低者作为租入资产的入账价值，将最低租赁付款额作为长期应付款的入账价值，其差额作为未确认融资费用。承租人在租赁谈判和签订租赁合同过程中发生的，可归属于租赁项目的手续费、律师费、印花税等初始直接费用，应当计入租入资产价值，而不是确认为当期费用。《企业会计准则第 4 号——固定资产》中规定：购买固定资产的价格超过正常信用条件延期支付，实质上具有融资性质的，固定资产的成本以购买价格的现值为基础确定。实际支付的价格与购买价格之间的差额，除应予资本化的以外，应当在信用期间内计入当期损益。

4. 盘盈固定资产的成本

盘盈的固定资产，作为前期差错处理，在按管理权限报经批准处理前，应先通过“以前年度损益调整”科目核算。

5. 通过非货币性资产交换、债务重组、企业合并等方式取得固定资产的成本

通过非货币性资产交换、债务重组、企业合并等方式取得的固定资产，其成本应当分别按照《企业会计准则第 7 号——非货币性资产交换》《企业会计准则第 12 号——债务重组》《企业会计准则第 20 号——企业合并》等的规定确定。但其后续计量和披露应当执行固定资产准则的规定。

（四）存在弃置义务的固定资产成本

对于特殊行业的特定固定资产，确定其初始成本时还要考虑弃置费用。弃置费用通常是指根据国家法律或行政法规、国际公约的规定，企业承担的环境保护和生态恢复等义务所确定的支出，如核电站、核设施等的弃置和恢复环境义务。

弃置费用的金额与其现值比较通常较大，需要考虑货币时间价值，对于这些特殊行业的特定固定资产，企业应当根据《企业会计准则第 13 号——或有事项》中的规定，按照现值计算确定应计入固定资产成本的金额和相应的预计负债。在固定资产的使用寿命内按照预计负债的摊余成本和实际利率计算确定的利息费用应当在发生时计入财务费用。一般工商企业的固定资产发生的报废清理费用不属于弃置费用，应当在发生时作为固定资产处置费用处理。

三、固定资产取得的会计处理

为了总括反映固定资产的增减变动及其结存情况，企业应设置“固定资产”科目。该科目属于资产类科目，用来核算企业持有的固定资产原始价值。其借方反映增加的固定资产的原始价值，贷方反映减少的固定资产的原始价值，余额在借方，反映现有固定资产原始价值总额。该科目可按固定资产类别和使用部门等进行明细核算。

为了对固定资产基本建设工程进行全面核算，包括新建、改建和扩建工程以及购入需要安装的固定资产，企业应设置“在建工程”科目。该科目属于资产类科目，其借方反映工程发生的实际支出，贷方反映验收交付使用固定资产的实际成本，余额在借方，反映未完工工程支出或尚未交付使用的已完工工程的实际成本。

为了反映工程准备的各种物资的实际成本，包括工程用材料、尚未安装的设备以及为

生产准备的工具器具等，企业应设置“工程物资”科目。该科目属于资产类科目，其借方反映增加的工程物资的实际成本，贷方反映减少的工程物资的实际成本，余额在借方，反映企业为在建工程准备的各种物资的成本。

下面举例说明企业以不同方式增加固定资产的会计处理。

【例 7-1】2019 年 6 月 1 日，琛楠公司购入一台不需要安装的生产设备，取得的增值税专用发票上注明的设备价款为 50 000 元，增值税进项税额为 6 500 元，发生的运费 6 500 元，款项全部付清。琛楠公司的会计分录如下：

借：固定资产	56 500	
应交税费——应交增值税（进项税额）	6 500	
贷：银行存款		63 000

【例 7-2】2019 年 7 月 1 日，琛楠公司购入工程用材料，取得增值税专用发票，记明价款 80 000 元，增值税额为 10 400 元。购入工程用材料时发生运费和装卸费，取得运输机构的运费发票，运费共计 6 000 元，装卸费 400 元，货款及运杂费均已通过银行结算，该材料购入后全部用于工程建设（非增值税应税项目）。该工程领用自产商品一批，实际成本 50 000 元，计税价格 60 000 元，增值税税率 13%。该工程领用 2 个月前外购的原材料一批，该批材料购进时取得增值税专用发票，记明价款 70 000 元，增值税为 9 100 元。工程人员工资 30 000 元，支付其他费用 27 900 元。琛楠公司的会计分录如下：

（1）购买工程用材料时：

借：工程物资	96 800	
贷：银行存款		96 800

（2）工程领用工程物资时：

借：在建工程	96 800	
贷：工程物资		96 800

（3）工程领用自产商品时：

借：在建工程	57 800	
贷：库存商品		50 000
应交税费——应交增值税（销项税额）		7 800

（4）工程领用原材料时：

借：在建工程	79 100	
贷：原材料		70 000
应交税费——应交增值税（进项税额转出）		9 100

（5）支付工程人员工资、其他费用时：

借：在建工程	57 900	
贷：应付职工薪酬		30 000
银行存款		27 900

（6）完工投入使用，结转成本时：

借：固定资产	291 600	
贷：在建工程		291 600

【例 7-3】琛楠公司接受 B 企业以一厂房进行的投资，经双方确认，厂房作价 250 000 元，琛楠公司的会计分录如下：

借：固定资产　250 000

　贷：股本——B 企业　250 000

【例 7-4】琛楠公司采用融资租赁方式租入生产设备一台，有关资料如下：

（1）按照租赁合同的规定双方确定的租赁资产公允价值为 2 000 万元，租赁期限为 5 年，最低租赁付款额为 2 400 万元；

（2）琛楠公司以银行存款支付生产设备的运输费、保险费、安装调试费等计 30 万元；

（3）琛楠公司在采用融资租赁方式租入生产设备时，支付手续费、公证费、印花税等各项费用为 50 万元；

（4）融资租入固定资产安装调试完工后投入使用；

（5）根据规定，未确认的融资费用应当在租赁期内各个期间进行合理分摊，每年分摊的金额为 80 万（一般未确认融资费用的分摊应采用实际利率法，按照每期期初应付本金的金额和确定的实际利率来计算，这里为简化核算，采用了直线法来计算）；

（6）按租赁合同规定，租金应于每年初支付，每年支付租金 480 万元；

（7）假定该设备预计使用年限为 10 年，在不考虑净残值的情况下，采用直线法计提折旧，每年计提的固定资产折旧为 208 万元；

（8）5 年融资租赁期限届满后，琛楠公司应将融资租入固定资产转为自有固定资产。

琛楠公司的会计分录如下：

（1）借：在建工程　20 000 000

　　　　未确认融资费用　4 000 000

　　　贷：长期应付款——应付融资租赁款　24 000 000

（2）借：在建工程　300 000

　　　贷：银行存款　300 000

（3）借：在建工程　500 000

　　　贷：银行存款　500 000

（4）借：固定资产——融资租入固定资产　20 800 000

　　　贷：在建工程　20 800 000

（5）借：财务费用　800 000

　　　贷：未确认融资费用　800 000

（6）借：长期应付款——应付融资租赁款　4 800 000

　　　贷：银行存款　4 800 000

（7）借：制造费用　2 080 000

　　　贷：累计折旧　2 080 000

（8）借：固定资产　20 800 000

　　　贷：固定资产——融资租入固定资产　20 800 000

【例 7-5】琛楠公司年末对资产进行清查时，发现未入账的设备一台，当时类似商品市场价值为 100 000 元，估计折旧 20 000 元，琛楠公司的所得税税率 25%，按净利润的 10%

计提法定盈余公积。琛楠公司的会计分录如下：

（1）盘盈时：

借：固定资产　　80 000

　贷：以前年度损益调整　　80 000

（2）确定应交所得税时：

借：以前年度损益调整　　20 000

　贷：应交税费——应交所得税　　20 000

（3）结转为留存收益时：

借：以前年度损益调整　　60 000

　贷：盈余公积——法定盈余公积　　6 000

　　　利润分配——未分配利润　　54 000

四、固定资产的后续计量

固定资产的后续计量主要包括固定资产折旧的计提、减值损失的确定以及后续支出的计量。其中，固定资产的减值应当按照《企业会计准则第 8 号——资产减值》中的相关规定计量。

（一）固定资产折旧

1. 固定资产折旧概念

折旧是指在固定资产的使用寿命内，按照确定的方法对应计折旧额进行的系统分摊。其中，应计折旧额是指应当计提折旧的固定资产的原价扣除其预计净残值后的余额，如果已对固定资产计提减值准备，还应当扣除已计提的固定资产减值准备累计金额。

固定资产在长期的使用过程中，其实物形态保持不变，但其价值则随着固定资产的使用逐渐发生损耗，这种因损耗而减少的价值就体现为固定资产折旧。

2. 影响固定资产折旧的因素

影响固定资产折旧的因素主要有以下几个方面。

（1）固定资产原价，指固定资产的成本。

（2）固定资产的使用寿命，指企业使用固定资产的预计期限，或者该固定资产所能生产产品或提供劳务的数量。企业确定固定资产使用寿命时，应当考虑下列因素。

①该项资产预计生产能力或实物产量。

②该项资产预计有形损耗，指固定资产在使用过程中，由于正常使用和自然力的作用而引起的使用价值和价值的损失，如设备使用中发生磨损、房屋建筑受到自然腐蚀等。

③该项资产预计无形损耗，指由于科学技术的进步和劳动生产力的提高而带来的固定资产价值上的损失，如因新技术的出现而使现有的资产技术水平相对陈旧、市场需求变化使其所产生的产品过时等。

④法律或者类似规定对该项资产使用的限制。某些固定资产的使用寿命可能受法律或类似规定的约束。对于融资租赁的固定资产，根据《企业会计准则第 21 号——租赁》规定，能够合理确定租赁期届满时将会取得租赁资产所有权的，应当在租赁资产使用寿命内计提折旧；如果无法合理确定租赁期届满时能够取得租赁资产所有权的，应当在租赁期与

租赁资产使用寿命两者中较短的期间内计提折旧。

（3）预计净残值，指假定固定资产预计使用寿命已满并处于使用寿命终了时的预期状态，企业目前从该项资产处置中获得的扣除预计处置费用后的金额。

（4）固定资产减值准备，指固定资产已计提的固定资产减值准备累计金额。固定资产计提减值准备后，应当在剩余使用寿命内根据调整后的固定资产账面价值（固定资产账面余额扣减累计折旧和累计减值准备后的金额）和预计净残值重新计算确定折旧率和折旧额。

3. 固定资产折旧的范围

企业应当对所有的固定资产计提折旧，但已提足折旧继续使用的固定资产和单独入账的土地除外。在确定计提固定资产折旧范围时，还应注意以下几点：

（1）固定资产应当按月计提折旧，并根据用途计入相关资产的成本或者当期损益。固定资产应自达到预定可使用状态时开始计提折旧，终止确认时或划分为持有待售非流动资产时停止计提折旧。为了简化核算，当月增加的固定资产，当月不计提折旧，从下月起计提折旧；当月减少的固定资产，当月照提折旧，从下月起不提折旧。

（2）固定资产提足折旧后，不管能否继续使用，均不再提取折旧；提前报废的固定资产也不再补提折旧。所谓提足折旧是指已经提足该项固定资产应计的折旧总额。

（3）已达到预定可使用状态但尚未办理竣工决算的固定资产，应当按照估计价值确定其成本，并计提折旧。待办理竣工决算后，再按实际成本调整原来的暂估价值，但不需要调整原已计提的折旧额。

（4）处于更新改造过程中的固定资产，应将其账面价值转入在建工程，不再计提折旧。更新改造项目达到预定可使用状态转为固定资产后，再按重新规定的折旧方法、预计净残值和尚可使用寿命计提折旧。

（5）固定资产在定期大修理期间，照提折旧。

4. 固定资产折旧方法

企业应当根据与固定资产有关的经济利益的预期消耗方式，合理选择折旧方法，可选用的折旧方法包括年限平均法、工作量法、双倍余额递减法、年数总和法等。企业选用不同的固定资产折旧方法，将影响固定资产使用寿命期间内不同时期的折旧费用，因此，固定资产的折旧方法一经确定，不得随意变更。如需变更应当符合固定资产准则的规定，至少于每年年度终了对固定资产的使用寿命、预计净残值和折旧方法进行复核时，按复核的结果进行处理。

1）年限平均法

年限平均法又称直线法，是指将固定资产的应计提折旧总额均衡地分摊到固定资产预计使用寿命内的一种方法。其计算公式为

年折旧率 =（1 – 预计净残值率）÷预计使用寿命（年）×100%

年折旧额 = 固定资产原值×年折旧率

月折旧率 = 年折旧率÷12

月折旧额 = 固定资产原值×月折旧率

或：每期折旧额 = 固定资产原值×（1 – 预计净残值率）÷预计使用期数

【例 7-6】 琛楠公司某项固定资产原值为 100 万元，预计使用 20 年，预计净残值率为 4%。琛楠公司固定资产按年限平均法计提折旧。则：

年折旧率 =（1–4%）÷20×100% = 4.8%

年折旧额 = 100×4.8% = 4.8（万元）

月折旧率 = 4.8%÷12 = 0.4%

月折旧额 = 100×0.4% = 0.4（万元）

固定资产折旧率可以分为个别折旧率、分类折旧率和综合折旧率。个别折旧率是单项固定资产计算的折旧率；分类折旧率是按各类固定资产分别计算的折旧率；综合折旧率则是指按全部固定资产计算的折旧率。企业可以根据其固定资产的使用情况选择不同的折旧率计算方法。例如对固定资产数量繁多且基本上为同一类别的企业，应选择综合折旧率；固定资产数量不多的企业，可选择个别折旧率或分类折旧率。

采用年限平均法计算的折旧额，在各个使用年份或月份中都是相等的，这种方法计算简便，应用范围比较广泛。但该方法也存在一些局限性。首先，固定资产在不同使用年限提供的经济效益是不同的。一般来讲，固定资产在其使用前期工作效率较高，所带来的经济利益也较多，而在其使用后期，工作效率一般呈下降趋势，所带来的经济利益也就逐渐减少。年限平均法没有考虑到这一因素，明显是不合理的。其次，固定资产在不同的使用年限发生的维修费用也不一样。固定资产的维修费用将随其使用时间的延长而不断增加，而年限平均法没有考虑这一因素。

当固定资产各期负荷程度相同时，各期应分摊相同的折旧费，这时采用年限平均法计算折旧是合理的。但如果固定资产各期负荷程度不同，采用年限平均法计算折旧时，则不能反映固定资产的实际使用情况，计提的折旧额与固定资产的损耗程度也不相符。

2）工作量法

工作量法是将固定资产的应计折旧额在固定资产预计总工作量中平均分摊的一种折旧计提方法。其计算公式如下：

单位工作量的折旧额 = 固定资产原值×（1 – 预计净残值率）÷预计总工作量

某项固定资产月折旧额 = 该固定资产当月工作量×单位工作量折旧额

【例 7-7】 琛楠公司有载货汽车一辆，原值 100 000 元，规定的预计净残值率为 4%，预计总行驶里程为 100 万千米，10 月行驶 10 000 千米，该辆载货汽车的单位折旧额和本月的折旧额为：

单位折旧额 = 100 000×（1 – 4%）÷1 000 000 = 0.096（元/千米）

10 月折旧额 = 10 000×0.096 = 960（元）

工作量法假定固定资产价值的降低不是由于时间的推移，而是由于使用。对于在使用期内工作量负担程度差异大，提供的经济效益不均衡的固定资产而言，特别是在有形磨损比经济折旧更为重要的情况下，工作量法的这一假定是合理的。

工作量法把有形损耗看作是引起固定资产折旧的唯一因素，由于无形损耗的客观存在，固定资产即使不使用也会发生折旧，使用工作量法难以在账面上对这种情况做出反映。

3）双倍余额递减法

双倍余额递减法是指在不考虑固定资产预计净残值的情况下，根据每期期初固定资产原价减去累计折旧后的余额（固定资产净值）和双倍的直线法折旧率计算固定资产折旧的一种方法。其计算公式如下：

年折旧率 = 2÷预计使用寿命（年）×100%

年折旧额 = 年初固定资产账面净值×年折旧率

月折旧额 = 年折旧额÷12

由于每年年初固定资产净值没有扣除预计净残值，因此为了避免固定资产的账面净值降低到它的预计净残值以下，实行双倍余额递减法计提折旧的固定资产，应当在其固定资产折旧年限到期以前两年内，将固定资产净值扣除预计净残值后的余额平均摊销。

【例 7-8】 琛楠公司一项固定资产原始价值 200 000 元，预计使用年限为 5 年，预计残值为 8 000 元，该项固定资产按双倍余额递减法计算各年的折旧额如下：

折旧率 = 2÷5×100% = 40%

第一年应提折旧额 = 200 000×40% = 80 000（元）

第二年应提折旧额 =（200 000 – 80 000）×40% = 48 000（元）

第三年应提折旧额 =（200 000 – 80 000 – 48 000）×40% = 28 800（元）

第四年应提折旧额 =（200 000 – 80 000 – 48 000 – 28 800 – 8 000）÷2 = 17 600（元）

第五年应提折旧额 = 第四年应提折旧额 = 17 600（元）

根据年折旧率计算的各年折旧额如表 7-1 所示。

表 7-1 折旧计算表（双倍余额递减法）

年份	期初账面价值/元	折旧率/%	当年折旧额/元	累计折旧额/元	期末账面价值/元
1	200 000	40	80 000	80 000	120 000
2	120 000	40	48 000	128 000	72 000
3	72 000	40	28 800	156 800	43 200
4	192 000		17 600	174 400	25 600
5	192 000		17 600	192 000	8 000

4）年数总和法

年数总和法又称年限合计法，是将固定资产的原值减去预计净残值后的余额乘以一个以固定资产尚可使用寿命为分子、以预计使用寿命逐年数字之和为分母的逐年递减的分数计算每年的折旧额。其计算公式如下：

$$年折旧率 = \frac{尚可使用寿命}{预计使用寿命的年数总和} \times 100\%$$

月折旧率 = 年折旧率÷12

月折旧额 =（固定资产原值 – 预计净残值）×月折旧率

【例 7-9】 琛楠公司某项固定资产原始价值 200 000 元，预计使用年限为 5 年，预计残值为 8 000 元，该项固定资产按年数总和法计算的各年折旧额，如表 7-2 所示。

表 7-2 折旧计算表（年数总和法）

年份	应计折旧总额/元	剩余折旧年限/年	折旧率/%	折旧额/元	累计折旧/元
1	192 000	5	5/15	64 000	64 000
2	192 000	4	4/15	51 200	115 200
3	192 000	3	3/15	38 400	153 600
4	192 000	2	2/15	25 600	179 200
5	192 000	1	1/15	12 800	192 000

双倍余额递减法和年数总和法都属于加速折旧法，其特点是在固定资产使用的早期多提折旧，后期少提折旧，其递减的速度逐年加快，从而相对加快折旧的速度，目的是使固定资产成本在估计使用寿命期内加快得到补偿。

5. 固定资产折旧的会计处理

企业应当按月计提固定资产折旧，提取时一般以月初可提取折旧的固定资产原值为依据，遵循当月增加的固定资产当月不提折旧，当月减少的固定资产当月照提折旧的原则，在上月折旧额的基础上，对上月固定资产的增减情况进行调整后计算当月折旧额。其计算公式为

当月应提折旧额 = 上月计提折旧额 + 上月增加固定资产应计提的折旧额 −
上月减少固定资产应计提的折旧额

为了核算固定资产的折旧，企业应设置“累计折旧”科目。该科目为“固定资产”科目的备抵科目，其贷方反映计提的固定资产折旧额和增加固定资产时相应增加的折旧额，借方反映因出售、报废清理、盘亏等原因减少固定资产所转销的已提折旧额，余额在贷方，表示企业现有固定资产的累计折旧额。可按固定资产的类别或项目进行明细核算。按月计提固定资产的折旧，借记“制造费用”“销售费用”“管理费用”“研发成本”“其他业务成本”等科目，贷记“累计折旧”科目。处置固定资产还应同时结转累计折旧。

【例 7-10】琛楠公司 2019 年 6 月固定资产计提折旧情况如下：甲车间厂房计提折旧 45 000 元，机器设备计提折旧 38 000 元；管理部门房屋建筑物计提折旧 56 000 元，运输设备计提折旧 42 000 元；销售部门房屋计提折旧 23 000 元。本月新购置一台机器设备，价值 450 000 元，预计使用寿命为 10 年。琛楠公司的会计分录如下：

借：制造费用——甲车间	83 000	
管理费用	98 000	
销售费用	23 000	
贷：累计折旧		204 000

6. 固定资产使用寿命、预计净残值和折旧方法的复核

由于固定资产的使用寿命长于一年，属于企业的非流动资产，企业至少应当于每年年度终了，对固定资产的使用寿命、预计净残值和折旧方法进行复核。

在固定资产使用过程中，其所处的经济环境、技术环境以及其他环境有可能对固定资产使用寿命和预计净残值产生较大影响，如固定资产使用强度比正常情况大大加强，致使固定资产实际使用寿命大大缩短；替代该项固定资产的新产品的出现致使其实际使

用寿命缩短，预计净残值减少等。为真实反映固定资产为企业提供经济利益的期间及每期实际的资产消耗，企业至少应当于每年年度终了，对固定资产使用寿命和预计净残值进行复核。如有确凿证据表明固定资产使用寿命预计数与原先估计数有差异，应当调整固定资产使用寿命；如果固定资产预计净残值数与原先估计数有差异，应当调整预计净残值。

如果固定资产给企业带来经济利益的方式发生重大变化，企业也应相应改变固定资产折旧方法。如某企业以年前度采用年限平均法计提固定资产折旧，在次年度复核中发现，与该固定资产相关的技术发生很大变化，年限平均法已很难反映该项固定资产给企业带来经济利益的方式，因此决定变年限平均法为加速折旧法。

企业应当结合实际情况，制定固定资产目录、分类方法、每类或每项固定资产的使用寿命、预计净残值、折旧方法等。固定资产使用寿命、预计净残值和折旧方法的改变应作为会计估计变更，按照《企业会计准则第 28 号——会计政策、会计估计变更和差错更正》的规定处理。

（二）固定资产的后续支出

固定资产的后续支出是指固定资产在使用过程中出现的更新改造支出、修理费用等。

后续支出的处理原则为：符合资本化条件的，应当计入固定资产成本或其他相关资产的成本（如与生产产品相关的固定资产的后续支出计入相关产成品的成本），同时将被替换部分的账面价值扣除；不符合资本化条件的，应当计入当期损益。

1. 资本化后续支出

固定资产发生可资本化的后续支出时，企业一般应将该固定资产的原价、已计提的累计折旧和减值准备转销，将固定资产的账面价值转入在建工程，并在此基础上重新确定固定资产原价。当固定资产转入在建工程，应停止计提折旧。在固定资产发生的后续支出完工并达到预定可使用状态时，再从在建工程转为固定资产，并按重新确定的固定资产原价、使用寿命、预计净残值和折旧方法计提折旧。固定资产发生的可资本化的后续支出，通过“在建工程”科目核算。

2. 费用化后续支出

与固定资产有关的修理费用等后续支出，不符合资本化条件的，应当根据不同情况分别在发生时计入当期管理费用或销售费用。

一般情况下，固定资产投入使用后，由于固定资产磨损、各组成部分耐用程度不同，可能导致固定资产的局部损坏，为了维护固定资产的正常运转和使用，充分发挥其使用效能，企业将对固定资产进行必要的维护。除与存货的生产和加工相关的固定资产的修理费用按照存货成本确定原则处理外，行政管理部门、企业专设的销售机构等发生的固定资产修理费用等后续支出计入管理费用或销售费用。企业固定资产更新改造支出不满足资本化条件的，在发生时应直接计入当期损益。

【例 7-11】2019 年 6 月，琛楠公司对某办公楼进行修理，修理过程中领用原材料一批，价值 100 000 元，为购买该批原材料支付的增值税进项税额为 13 000 元；应支付维修人员工资为 34 000 元。琛楠公司的会计分录如下：

借：管理费用　　　　147 000

贷：原材料	100 000
应交税费——应交增值税（进项税额转出）	13 000
应付职工薪酬	34 000

第三节 固定资产的处置

一、固定资产终止确认的条件

固定资产满足下列条件之一的，应当予以终止确认。

1. 该固定资产处于处置状态

固定资产处置包括固定资产的出售、转让、报废或毁损、对外投资、非货币性资产交换、债务重组等。处于处置状态的固定资产不再用于生产商品、提供劳务、出租或经营管理，因此不再符合固定资产的定义，应予以终止确认。

2. 该固定资产预期通过使用或处置不能产生经济利益

固定资产的确认条件之一是“与该固定资产有关的经济利益很可能流入企业”，如果一项固定资产预期通过使用或处置不能产生经济利益，那么它就不再符合固定资产的定义和确认条件，应予以终止确认。

二、固定资产处置的会计处理

（一）出售、报废和毁损的固定资产

企业出售、转让、报废固定资产或发生固定资产毁损，应当将处置收入扣除账面价值和相关税费后的金额计入当期损益。固定资产处置一般通过“固定资产清理”科目进行核算。

固定资产出售、报废和毁损虽属不同性质的经济行为，但在会计处理上基本相同。其会计处理一般经过如下几个步骤。

（1）将固定资产转入清理。固定资产转入清理时，按固定资产账面价值，借记“固定资产清理”科目，按已计提的累计折旧，借记“累计折旧”科目，按已计提的减值准备，借记“固定资产减值准备”科目，按固定资产账面余额，贷记“固定资产”科目。

（2）发生的清理费用的处理。固定资产清理过程中发生的有关费用以及应支付的相关税费，借记“固定资产清理”科目，贷记“银行存款”“应交税费”等科目。

（3）出售收入和残料等的处理。企业收回出售固定资产的价款、残料价值和变价收入等，应冲减清理支出。按实际收到的出售价款以及残料变价收入等，借记“银行存款”“原材料”等科目，贷记“固定资产清理”“应交税费——应交增值税”等科目。

（4）保险赔偿的处理。企业计算或收到的应由保险公司或过失人赔偿的损失，应冲减清理支出，借记“其他应收款”“银行存款”等科目，贷记“固定资产清理”科目。

（5）清理净损益的处理。固定资产清理完成后的净损失，属于生产经营期间，因出售、转让等原因产生的固定资产处置利得或损失，借记或贷记“资产处置损益——处置非流动资产损失”科目，贷记或借记“固定资产清理”科目；属于生产经营期间，因已丧失

使用功能、自然灾害等非正常原因造成的，借记“营业外支出——非常损失”科目，或贷记“营业外收入”科目，贷记或借记“固定资产清理”科目。

【例 7-12】2019 年琛楠公司一台设备使用期满经批准报废。该设备原价为 400 000 元，累计已提折旧 350 000 元，已提减值准备 40 000 元。在清理过程中以银行存款支付清理费用 1 500 元，收到残料变价收入 5 600 元。琛楠公司的会计分录如下：

①固定资产转入清理时：

借：固定资产清理	10 000	
累计折旧	350 000	
固定资产减值准备	40 000	
贷：固定资产		400 000

②发生清理费用时：

借：固定资产清理	1 500	
贷：银行存款		1 500

③收到残料变价收入时：

借：银行存款	5 600	
贷：固定资产清理		5 600

④结转固定资产净损益时：

借：资产处置损益——处置非流动资产损失	5 900	
贷：固定资产清理		5 900

（二）对外投资转出固定资产

按照投资准则的规定，以非现金资产对外投资应按非货币性交易准则进行会计处理，账务处理如下：

（1）该项固定资产转入清理时：

借：固定资产清理

　　累计折旧

　贷：固定资产

（2）计算应交增值税时：

借：固定资产清理

　贷：应交税费——应交增值税（销项税额）

（3）借：长期股权投资

　　　贷：固定资产清理

（三）捐赠转出固定资产

捐赠转出固定资产，按规定应将该固定资产净值减去已计提的减值准备和应支付的相关税费后的余额计入“营业外支出”。一般账务处理为：

（1）转入清理时：

借：固定资产清理（固定资产净值）

　　累计折旧（该项固定资产已提的折旧）

　　固定资产减值准备（该项固定资产已计提的减值准备）

贷：固定资产（固定资产的账面原价）

（2）支付清理费用及相关税费时：

借：固定资产清理（捐赠转出的固定资产应支付的相关税费）

贷：银行存款等

（3）结转固定资产清理时：

借：营业外支出——捐赠支出（“固定资产清理”账户的余额）

贷：固定资产清理

（四）盘亏的固定资产

固定资产盘亏造成的损失，应当计入当期损益。企业在财产清查中盘亏的固定资产，按盘亏固定资产的账面价值借记“待处理财产损溢——待处理固定资产损溢”科目，按已计提的累计折旧，借记“累计折旧”科目，按已计提的减值准备，借记“固定资产减值准备”科目，按固定资产原价，贷记“固定资产”科目。按管理权限报经批准后处理时，按可收回的保险赔偿或过失人赔偿，借记“其他应收款”科目，按应计入营业外支出的金额，借记“营业外支出——盘亏损失”科目，贷记“待处理财产损溢”科目。因非常损失造成的货物类固定资产盘亏，应转出相应进项税额。

【例 7-13】琛楠公司 2019 年年末对固定资产进行清查，发现丢失一台小货车，小货车 2019 年 4 月购入，购入时已抵扣增值税 10 400 元。该货车原价 80 000 元，已提折旧 20 000 元，已提减值准备 5 000 元。经查，货车丢失的原因是司机停放不当。经批准，由司机赔偿 5 000 元。琛楠公司的会计分录如下：

（1）发现货车丢失时：

借：待处理财产损溢——待处理固定资产损溢	55 000	
累计折旧	20 000	
固定资产减值准备	5 000	
贷：固定资产		80 000

（2）报经批准后处理时：

借：其他应收款	5 000	
营业外支出——盘亏损失	60 400	
贷：待处理财产损溢——待处理固定资产损溢		55 000
应交税费——应交增值税（进项税额转出）		10 400

三、持有待售的固定资产

持有待售的固定资产是指在当前状况下仅根据出售同类固定资产的惯例就可以直接出售且极可能出售的固定资产，如已经与买主签订不可撤销的销售协议等。同时满足下列条件的非流动资产（含固定资产）应当划分为持有待售：一是企业已经就处置该非流动资产做出决议，二是企业已经与受让方签订不可撤销的转让协议，三是该项转让将在一年内完成。企业对于持有待售的固定资产，应当调整该项固定资产的预计净残值，使该项固定资产的预计净残值能够反映其公允价值减去处置费用后的金额，但不得超过符合持有待售条件时该项固定资产的原账面价值，原账面价值高于预计净残值的差额，应作为资产价值损失计入当期损益。

持有待售的固定资产从划归为持有待售之日起停止计提折旧和减值测试。在编制资产负债表时，企业可将持有待售的固定资产与其他固定资产一起合并列示在“固定资产”项目中，但需在报表附注中披露持有待售的固定资产名称、账面价值、公允价值、预计处置费用和预计处置时间等。

第四节 固定资产的期末计价

一、固定资产期末计价原则

固定资产的期末计价，是指企业根据固定资产账面价值与可收回金额孰低的原则，在会计期末判断固定资产是否存在可能发生减值的迹象。固定资产账面价值是指固定资产原值减去累计折旧后的金额，可收回金额应当根据资产的公允价值减去处置费用后的净额与资产预计未来现金流量的现值两者之间较高者确定。

二、固定资产减值准备计提步骤

计提固定资产期末减值准备的步骤可概括如下几方面。

（1）判断是否存在减值的迹象。根据《企业会计准则第 8 号——资产减值》的规定，出现以下迹象就表明资产可能发生了减值：

①固定资产的市价当期大幅度下跌，其跌幅明显高于因时间的推移或者正常使用而预计的下跌。

②企业经营所处的经济、技术或法律等环境以及资产所处的市场在当期或将在近期发生重大变化，从而对企业产生不利影响。

③市场利率或者其他市场投资回报率在当期已经提高，从而影响企业计算资产预计未来现金流量现值的折现率，导致固定资产可收回金额大幅度降低。

④有证据表明固定资产已经陈旧过时或其实体已经损坏。

⑤固定资产已经或者将被闲置、终止使用或者计划提前处置。

⑥企业内部报告的证据表明固定资产的经济绩效已经低于或者将低于预期，如资产所创造的净现金流量或者实现的营业利润（或者损失）远远低于预计金额等。

⑦其他表明固定资产可能已经发生减值的迹象。

（2）确定固定资产存在减值迹象后，估计其可收回金额。即需分别估计资产的公允价值减去处置费用后的净额以及资产预计未来现金流量的现值，根据两者之间较高者确定。《企业会计准则第 8 号——资产减值》明确规定了如何确定资产的公允价值减去处置费用后的净额和资产未来现金流量的现值。

①资产的公允价值减去处置费用后的净额，应当根据公平交易中有法律约束力的销售协议价格减去直接归属于该资产处置费用的金额确定，资产的市场价格通常应当根据资产的买方出价确定。在既没有法律约束力的销售协议又不存在活跃市场的情况下，应当以可获取的最佳信息为基础，估计资产的公允价值减去处置费用后的净额、同行业类似资产的最近交易价格或者结果可以作为估计资产公允价值减去处置费用后的净额为参考。

②资产的现值应当按照资产在持续使用过程中和最终处置时所产生的预计未来现金流量选择恰当的折现率对其进行折现后的金额加以确定。预计资产未来现金流量的现值应当综合考虑资产的预计未来现金流量、使用寿命和折现率等因素。

（3）比较固定资产的可收回金额和其账面价值，如果前者高于后者，则表明资产没有发生减值，反之，则表明发生了减值。应当将资产的账面价值减记至可收回金额，减记的金额确认为资产减值损失，计入当期损益，同时计提相应的资产减值准备，借记“资产减值损失”科目，贷记“固定资产减值准备”科目。

（4）资产减值损失确认后，减值资产的折旧或者摊销费用应当在未来期间做相应调整，以使该资产在剩余使用寿命内，系统地分摊调整后的资产账面价值（扣除预计净残值）。资产减值损失一经确认，在以后会计期间不得转回。

复习思考题

一、概念题

固定资产　在建工程　固定资产折旧　固定资产清理　固定资产减值　年限平均法　双倍余额递减法

二、简答题

1. 简述固定资产确认的条件。
2. 说明影响固定资产折旧的因素。
3. 阐述固定资产折旧的方法。
4. 说明固定资产终止确认的条件。
5. 与经营租赁固定资产相比，融资租赁固定资产有何不同？

三、业务计算题

1. A 企业车间用的设备原价为 200 000 元，预计使用年限为 5 年，预计净残值 8 000 元。要求：

（1）采用双倍余额递减法计算各年的折旧额。

（2）采用年数总和法计算各年的折旧额。

（3）编制相应的会计分录。

2. 广地公司有关设备的经济业务如下：

（1）购买生产用设备一台，价款 80 万元，运杂费 8 万元，以银行存款支付，直接进行安装。

（2）购买工程物资 15 万元，以银行存款支付，直接用于安装工程。

（3）应付安装工程人员工资 7 万元。

（4）安装工程完工，交付使用。

（5）该设备预计使用 10 年，净残值率 5%，采用直线法计提年折旧。

（6）该设备于交付使用后第 5 年初出售，售价 70 万元，现金支付清理费 1 000 元。

要求：编制有关会计分录。

无形资产

本章介绍了无形资产的概念、特征、分类、确认与内容，着重阐述了无形资产的初始计量、内部研究与开发费用的计量、无形资产的后续计量、无形资产的处置与报废等内容。

【重要概念】无形资产　累计摊销

第一节　无形资产概述

一、无形资产的概念与特征

无形资产，是指企业拥有或者控制的没有实物形态的可辨认非货币性资产。相对于其他资产，无形资产具有以下特征。

（一）由企业所拥有或控制的并能为企业带来经济利益的资源

预期能为企业带来经济利益是作为一项资产的本质特征，无形资产也不例外。通常情况下，企业拥有或控制的无形资产，是指企业拥有该项无形资产的所有权，且该项无形资产预期能为企业带来经济利益。但在某些情况下，如果企业有权获得某项无形资产产生的经济利益，并能约束其他方获得这些经济利益，即使企业没有拥有其所有权，也可认为企业控制了该项无形资产，并受法律的保护。例如企业自行研制的技术通过申请依法取得专利权后，在一定期限内拥有该专利技术的法定所有权。

（二）无形资产不具有实物形态

无形资产通常表现为某种权利、某项技术或是某种获取超额利润的综合能力，它们不具有实物形态，如土地使用权、非专利技术等。需要指出的是，某些无形资产的存在依赖于实物载体。例如某种专有技术必须通过一定配方、一定设备或工艺流程来体现。无形资产失去依托，将无法发挥作用。

（三）无形资产具有可辨认性

判断无形资产具有可辨认性可以采用下列标准：一是能够从企业中分离或者划分出来，并能够单独或者与相关合同、资产或负债一起，用于出售、转移、授予许可、租赁或者交换；二是源自合同性权利或其他法定权利，无论这些权利是否可以从企业或其他权利和义务中转移或者分离。商誉的存在无法与企业自身分离，不具有可辨认性，不属于本章所指无形资产。

（四）无形资产属于非货币性资产

非货币性资产是指企业持有的货币资金和将以固定或可确定的金额收取的资产以外的其他资产。无形资产在持有过程中为企业带来未来经济利益的情况不确定，不属于以固定或可确定的金额收取的资产，属于非货币性资产。

二、无形资产的分类

（一）按其使用寿命分类

按其使用寿命分类，无形资产可分为使用寿命有限的无形资产和使用寿命不确定的无形资产。使用寿命有限的无形资产是指有法律或合同规定的具有有效期限的无形资产，如专利权、特许权、商标权等。使用寿命有限的无形资产应进行摊销。使用寿命不确定的无形资产是指法律或合同等没有规定也不能确定其有效期限的无形资产。使用寿命不确定的无形资产不应进行摊销。这种分类主要是为了正确地将无形资产的应摊销金额在无形资产的使用寿命内系统而合理地进行摊销。

（二）按其取得来源不同分类

按其取得来源不同，无形资产可分为外部取得的无形资产和内部自创的无形资产。外部取得的无形资产是指企业购入的无形资产、投资者投入的无形资产、通过非货币性资产交换取得的无形资产、企业合并取得的无形资产、债务重组取得的无形资产及接受捐赠取得的无形资产等，如专利权、商标权、土地使用权等。内部自创的无形资产是指企业自行研究与开发而取得的无形资产，如企业自行研究与开发的专利权、商标权等。由于无形资产的来源不同，其初始成本的确定方法不同，所以这种分类是为了使无形资产的初始计量更加准确合理。

三、无形资产的确认

由于无形资产是一种没有实物形态的资产，应同时满足下列条件，才能予以确认。

（一）与该无形资产有关的经济利益很可能流入企业

作为无形资产确认的项目，必须具备其所产生的经济利益很可能流入企业这一条件。会计实务中，要确定无形资产所创造的经济利益是否很可能流入企业，需要进行职业判断。在进行这种判断时，需要考虑相关的因素，且应当有确凿的证据支持。例如企业是否有足够的人力资源、高素质的管理队伍、相关的硬件设备、相关的原材料等来配合无形资产为企业创造经济利益。同时，更为重要的是关注一些外界因素的影响，如是否存在与该无形资产相关的新技术、新产品相冲击的因素，或产品是否存在市场等。在实施判断时，企业的管理当局应对在无形资产的预计使用寿命内存在的各种因素做出最稳健的估计。

（二）该无形资产的成本能够可靠地计量

成本能够可靠计量是确认为资产的一项基本条件，对于无形资产而言，这个条件相对更为重要。例如一些高科技领域的高科技人才，假定其与企业签订了服务合同，且合同规定其在一定期限内不能为其他企业提供服务。虽然他们的知识在规定的期限内预期能够为企业创造经济利益，但由于这些人才的知识难以准确或合理辨认，且为形成这些知识所发生的支出难以计量，从而不能作为企业的无形资产加以确认。

四、无形资产的内容

无形资产主要包括专利权、非专利技术、商标权、著作权、特许权、土地使用权等。

（一）专利权

专利权是指国家专利主管机关对发明创造专利申请人在某一产品的造型、配方、结构、制造工艺或程序的发明创造，依法给予其在法定期限内享有的制造、使用和出售等方面的专门权利。拥有专利权可使企业取得在这些方面的垄断地位和优势。专利权只在其适用的专利法规的管辖区域内，在一定期限内有效。

（二）非专利技术

非专利技术也称专有技术，是指企业在其生产经营活动中采用的未经公开也未申请过专利的先进技术、资料、技能、知识等，它不受法律保护，并且只有经济上的有效期限。企业的大多数专有技术是企业自创的，通过外购取得的情况一般较少，原因在于专有技术的垄断性没有法律手段的保障，买方与卖方均不愿冒泄密的风险。

（三）商标权

商标是用来辨认特定的商品或劳务的标记。名牌商标能为企业带来超额经济利益，甚至其经济价值可超过企业的有形资产。商标权包括独占使用权和禁止权两个方面。《中华人民共和国商标法》明确规定，商标权的有效期限为10年，期满前可申请延长注册期。

（四）著作权

著作权也称版权，是指作者对其创作的文学、科学和艺术作品依法享有的某些特殊权利。著作权包括两方面的权利，即精神权利（人身权利）和经济权利（财产权利）。前者指作品署名、发表作品、确认作者身份、保护作品的完整性、修改已经发表的作品等项权利，包括发表权、署名权、修改权和保护作品完整权；后者指以出版、表演、广播、展览、录制唱片、摄制影片等方式使用作品以及因授权他人使用作品而获得经济利益的权利。

（五）特许权

特许权也称经营特许权、专营权，是指企业在某一地区经营或销售某种特定商品的权利或是一家企业接受另一家企业使用其商标、商号、技术秘密等的权利。前者一般是由政府机构授权，准许企业使用或在一定地区享有经营某种业务的特权；后者是指企业间依照签订的合同，有限期或无限期使用另一家企业的某些权利。

（六）土地使用权

土地使用权是指国家准许某企业在一定期间内对国有土地享有开发、利用、经营的权利。根据我国《土地管理法》的规定，我国土地实行公有制，任何单位和个人不得侵占、买卖或者以其他形式非法转让。企业可以通过向政府机关支付土地使用权出让金和使用金，从政府处取得土地使用权，也可以向拥有土地使用权的企业支付转让金从其他企业取得土地使用权。

第二节　无形资产的初始计量

无形资产通常是按实际成本计量，即以取得无形资产并使之达到预定用途而发生的全部支出作为无形资产的成本。对于不同来源取得的无形资产，其成本构成不尽相同。

一、外购的无形资产

企业从外单位购入的无形资产，其成本包括购买价款、相关税费以及直接归属于使该项资产达到预定用途所发生的其他支出。

企业购入的无形资产，应按实际支付的价款，计入“无形资产”科目，“无形资产”科目是用来核算企业持有的无形资产成本的变动情况。其借方记录企业购入、自创或其他企业投入的无形资产的实际支出数，贷方记录各期的无形资产的转出额或摊销额，账户借方余额表示无形资产净值或尚未摊销值。

【例 8-1】 2019 年 8 月 6 日，琛楠公司支付价款 380 000 元从 A 公司购入一项专利技术，另支付相关税费 7 000 元，款项已通过银行转账付讫。琛楠公司的会计分录如下：

借：无形资产	387 000	
贷：银行存款		387 000

二、自行开发的无形资产

自行开发的无形资产成本包括自满足《企业会计准则第 6 号——无形资产》确认条件至达到预定用途所发生的支出总额，但是对于以前期间已经费用化的支出不再调整。

（一）研究阶段与开发阶段

企业自行开发无形资产的支出，包括研究阶段支出和开发阶段支出。

1. 研究阶段

研究阶段是指为获取并理解新的科学或技术知识而进行的独创性的有计划的调查。如意在获取知识而进行的活动；研究成果或其他知识的应用研究、评价和最终选择；材料、设备、产品、工序、系统或服务替代品的研究，以及新的或经改进的材料、设备、产品、工序、系统或服务的可替代品的配置、设计、评价和最终选择。

研究阶段是探索性的，其研究是否能在未来形成成果，即已进行的研究活动将来是否会转入开发，通过开发后是否会形成无形资产均具有很大的不确定性，因此研究阶段的有关支出，应当在发生时予以费用化计入当期损益。

2. 开发阶段

开发阶段是指在进行商业性生产或使用前，将研究成果或其他知识应用于某项计划或设计，以生产出新的或具有实质性改进的材料、装置、产品等。例如生产前或使用前的原型和模型的设计、建造和测试；含新技术的工具、夹具、模具和冲模的设计；不具有商业性生产经济规模的试生产设施的设计、建造和运营；新的或经改造的材料、设备、产品、工序、系统或服务所选定的替代品的设计、建造和测试等。

相对于研究阶段而言，开发阶段应当是已完成研究阶段的工作，在很大程度上具备了形成一项新产品或新技术的基本条件。此时如果企业能够证明开发支出符合无形资产的定义及相关确认条件，则可将其确认为无形资产。

（二）开发阶段相关支出资本化条件

无形资产准则规定，企业内部研发项目开发阶段的支出，同时满足下列条件的才能资本化，计入无形资产价值。

（1）完成该无形资产以使其能够使用或出售在技术上具有可行性。

（2）具有完成该无形资产使用或出售的意图。

（3）无形资产产生经济利益的方式，包括能够证明运用该无形资产生产的产品存在市场或无形资产自身存在市场；无形资产将在内部使用的，应当证明其有用性。

（4）有足够的技术、财务资源和其他资源支持，以完成该无形资产的开发，并有能力使用或出售该无形资产。包括为完成该项无形资产的开发具有技术上的可靠性；财务和其他资源支持；能够证明企业可以取得无形资产开发所必需的技术、财务和其他资源，以及获得这些资源的相关计划。

（5）归属于该无形资产开发阶段的支出能够可靠地计量。

无法区分研究阶段的支出和开发阶段的支出，应将其所发生的研发支出全部费用化，计入当期损益。

（三）内部开发无形资产成本的计量

内部开发形成的无形资产的成本，由可直接归属于该资产的创造、生产并使该资产能够以管理层预定的方式运作的所有必要支出组成。可直接归属成本包括开发该无形资产时耗费的材料、劳务成本、注册费、在开发该无形资产过程中使用的其他专利权和特许权的摊销以及按照借款费用的处理原则可以资本化的利息支出。在开发无形资产过程中发生的，除上述可直接归属于无形资产开发活动之外的其他销售费用、管理费用等间接费用，无形资产达到预定用途前发生的可辨认的无效和初始运作损失，为运行该无形资产发生的培训支出等不构成无形资产的开发成本。

内部开发无形资产的成本仅包括在满足资本化条件的时点至无形资产达到预定用途前发生的支出总和，对于同一项无形资产在开发过程中达到资本化条件之前已经费用化计入当期损益的支出不再进行调整。

企业自行开发无形资产发生的研发支出，无论是否满足资本化条件，均应先在“研发支出”科目中归集，期末对于不符合资本化条件的研发支出，转入当期管理费用；符合资本化条件但尚未完成的开发费用，继续保留在“研发支出”科目中，待开发项目完成达到预定用途形成无形资产时，再将其发生的实际成本转入无形资产。

【例 8-2】2019 年 1 月 1 日，琛楠公司董事会批准研发某项新型技术，该研发项目具有可靠的技术和财务等资源的支持，且一旦研发成功将降低该公司的生产成本。该公司在研究开发过程中发生材料费用 1 500 000 元、人工费用 750 000 元、使用其他无形资产的摊销费用 125 000 元以及其他费用 500 000 元，总计 2 875 000 元，其中，符合资本化条件的支出为 1 250 000 元。2019 年 12 月 31 日，该项新型技术已经达到预定用途。琛楠公司的会计分录如下：

（1）发生研发支出时：

借：研发支出——费用化支出	1 625 000	
——资本化支出	1 250 000	
贷：原材料		1 500 000
应付职工薪酬		750 000

银行存款 500 000
累计摊销 125 000

（2）2019 年 12 月 31 日，该项新型技术已经达到预定用途时：

借：管理费用 1 625 000
无形资产 1250 000
贷：研发支出——费用化支出 1 625 000
——资本化支出 1 250 000

三、投资者投入的无形资产

投资者投入无形资产的成本，应当按照投资合同或协议约定的价值确定，但合同或协议约定价值不公允的情况下，应按无形资产的公允价值入账。

投资者投入的无形资产，应按投资各方确认的价值，借记“无形资产”科目，贷记“实收资本”或“股本”等科目。为首次发行股票而接受投资者投入的无形资产，应按该项无形资产在投资方的账面价值作为实际成本，借记“无形资产”科目，贷记“实收资本”或“股本”等科目。

四、其他方式取得的无形资产

企业以非货币性资产交换取得的无形资产、债务重组取得的无形资产、政府补助取得的无形资产等应当按照相关规定处理。

第三节 无形资产的后续计量

一、无形资产后续计量的原则

无形资产初始确认和计量后，在其后使用该项无形资产期间内应以成本减去累计摊销额和累计减值损失后的余额计量。要确定无形资产在使用过程中的累计摊销额基础是估计其使用寿命，而使用寿命有限的无形资产才需要在估计使用寿命内采用系统合理的方法进行摊销，对于使用寿命不确定的无形资产则不需要摊销。

（一）估计无形资产的使用寿命

无形资产准则规定，企业应当于取得无形资产时分析判断其使用寿命。无形资产的使用寿命如为有限的，应当估计该使用寿命的年限或者构成使用寿命的产量等类似计量单位数量；无法预见无形资产为企业带来未来经济利益期限的，应当视为使用寿命不确定的无形资产。

1. 估计无形资产使用寿命应考虑的主要因素

无形资产的使用寿命包括法定寿命和经济寿命两个方面，有些无形资产的使用寿命受法律、规章或合同的限制，称为法定寿命。例如我国法律规定发明专利权有效期为 20 年，商标权的有效期为 10 年。有些无形资产如永久性特许经营权、非专利技术等的寿命则不受法律或合同的限制。经济寿命是指无形资产可以为企业带来经济利益的年限。由于受技术进步、市场竞争等因素的影响，无形资产的经济寿命往往短于法定寿命，因此在估计无形资产的使用寿命时，应当综合考虑各方面相关因素的影响，合理确定无形资产的使用寿命。

估计无形资产使用寿命应考虑的主要因素有以下几方面。

（1）该资产通常的产品寿命周期，以及可获得的类似资产使用寿命的信息。

（2）技术、工艺等方面的现实情况及对未来发展的估计。

（3）以该资产生产的产品或服务的市场需求情况。

（4）现在或潜在的竞争者预期采取的行动。

（5）为维持该资产产生未来经济利益的能力预期的维护支出及企业预计支付有关支出的能力。

（6）对该资产的控制期限，对该资产使用的法律或类似限制，如特许使用期间、租赁期间等。

（7）与企业持有的其他资产使用寿命的关联性等。

2. 无形资产使用寿命的确定

源自合同性权利或其他法定权利取得的无形资产，其使用寿命不应超过合同性权利或其他法定权利的期限。如果合同性权利或其他法定权利能够在到期时因续约等延续，当有证据表明企业续约不需要付出重大成本时，续约期才能够包括在使用寿命的估计中。

没有明确的合同或法律规定的无形资产，企业应当综合各方面情况，如聘请相关专家进行论证或与同行业的情况进行比较以及企业的历史经验等，来确定无形资产为企业带来未来经济利益的期限，如果经过这些努力确实无法合理确定无形资产为企业带来经济利益的期限，再将其作为使用寿命不确定的无形资产。

（二）无形资产使用寿命的复核

企业至少应当于每年年度终了，对无形资产的使用寿命进行复核，如果有证据表明无形资产的使用寿命不同于以前的估计，由于合同的续约或无形资产应用条件的改善，延长了无形资产的使用寿命，对于使用寿命有限的无形资产应改变其摊销年限，并按照《企业会计准则第 28 号——会计政策、会计估计变更和差错更正》进行处理。

对于使用寿命不确定的无形资产，如果有证据表明其使用寿命是有限的，应当按照会计估计变更处理，并按照无形资产准则中关于使用寿命有限的无形资产的处理原则进行处理。

二、使用寿命有限的无形资产

无形资产没有实物形态，也就没有新旧程度的差别。因此无形资产的成本分配被称为摊销。

（一）摊销期和摊销方法

无形资产的摊销期自其可供使用（达到预定用途）时起至终止确认时止。可供企业选择的无形资产摊销方法有直线法、生产总量法等。我国目前普遍采用的是直线法。企业选择的无形资产摊销方法，应当能够反映与该项无形资产有关的经济利益的预期消耗方式，并一致地运用于不同会计期间。无法可靠确定其预期消耗方式的，应当采用直线法进行摊销。

无形资产的摊销一般应计入当期损益，但如果某项无形资产是专门用于生产某种产品，其所包含的经济利益是通过转入到所生产的产品中实现的，则无形资产的摊销费用应当计入相关资产的成本中。

（二）残值的确定

无形资产的残值一般为零，除非有第三方承诺在无形资产使用寿命结束时愿意以一定的价格购买该项无形资产，或者可以根据活跃市场得到预计残值信息，并且该市场在无形资产使用寿命结束时很可能存在。

无形资产残值应以资产处置时的可收回金额（扣除相关税费后的处置价值）为基础，残值确定后，在持有无形资产的期间，至少应于每年年末进行复核。预计其残值与原估计金额不同的，应按照会计估计变更进行处理。如果无形资产的残值重新估计高于其账面价值，无形资产不再摊销，直至残值降至低于账面价值时再恢复摊销。

企业按月计提无形资产摊销额时，借记“管理费用”“其他业务成本”等科目，贷记“累计摊销”科目。“累计摊销”科目期末贷方余额反映企业无形资产累计摊销额。

【例 8-3】琛楠公司向 N 公司支付价款 500 000 元购入一项专利权。根据相关法律的规定，购买该项专利权的使用寿命为 10 年，企业采用直线法按 10 年期限进行摊销。琛楠公司的会计分录如下：

（1）购入无形资产时：

借：无形资产——专利权　　500 000

　贷：银行存款　　500 000

（2）每月摊销时：

借：管理费用　　4 167

　贷：累计摊销　　4 167

三、使用寿命不确定的无形资产

根据可获得的情况判断，有确凿证据表明无法合理估计其使用寿命的无形资产，才能作为使用寿命不确定的无形资产，不能随意判断使用寿命不确定的无形资产。按照无形资产准则规定，对于使用寿命不确定的无形资产，在持有期间内不需要摊销，如果期末重新复核后仍为不确定的，则应当在每个会计期间进行减值测试。按照《企业会计准则第 8 号——资产减值》的规定，需要计提减值准备的，相应计提有关的减值准备。其相关的会计处理为：借记“资产减值损失”科目，贷记“无形资产减值准备”科目。

第四节　无形资产的处置

无形资产的处置主要是指无形资产出售、对外出租、对外捐赠，或者是无法为企业带来未来经济利益时，应予转销并终止确认。

一、无形资产的出售

企业出售某项无形资产，表明企业放弃无形资产的所有权，应将所取得的价款与该无形资产账面价值的差额计入当期损益。

企业出售无形资产，应当将取得的价款与该无形资产账面价值（成本减去累计摊销和已计提的减值准备）的差额，计入资产处置损益。

【例 8-4】 琛楠公司将拥有的成本为 1 250 000 元，已摊销金额为 750 000 元，已计提减值准备为 125 000 元的某项商标权出售，取得出售收入 1 000 000 元。琛楠公司的会计分录如下：

借：银行存款	1 000 000	
累计摊销	750 000	
无形资产减值准备	125 000	
贷：无形资产——商标权		1 250 000
资产处置损益		625 000

二、无形资产的出租

企业将所拥有的无形资产的使用权让渡给他人，并收取租金，在满足收入准则规定的确认标准的情况下，应确认相关的收入及成本。

【例 8-5】 琛楠公司向 F 公司出租一项专利权，该专利权账面余值为 300 000 元，摊销期限为 10 年，出租合同规定，承租方每销售一件用该专利生产的产品，必须付给出租方 5 元专利权使用费。F 公司当年销售该产品 20 000 件，不考虑其他相关税费。琛楠公司的会计分录如下：

（1）确认专利权使用费收入时：

借：银行存款	100 000	
贷：其他业务收入		100 000

（2）每年摊销时：

借：其他业务成本	30 000	
贷：累计摊销		30 000

三、无形资产的报废

无形资产预期不能为企业带来经济效益的，应当将无形资产的账面价值予以转销，其账面价值转作当期损益。

【例 8-6】 2019 年 12 月 31 日，琛楠公司某项专利权的账面余额为 2 000 000 元。该专利权的摊销期限为 10 年，采用直线法进行摊销，已摊销 5 年。该专利权的残值为零，已累计计提减值准备 600 000 元。假定以该专利权生产的产品已没有市场，预期不能再为企业带来经济利益。不考虑其他相关因素，琛楠公司的会计分录如下：

借：累计摊销	1 000 000	
无形资产减值准备	600 000	

营业外支出——处理非流动资产损失 400 000
贷：无形资产——专利权 2 000 000

复习思考题

1. 无形资产包括的项目有哪些?
2. 说明企业将某个项目确认为无形资产应当满足的条件。
3. 企业自行开发无形资产的成本如何计量?
4. 预计无形资产的使用寿命应当考虑哪些因素?
5. 说明使用寿命有限的无形资产摊销的会计处理。
6. 使用寿命不确定的无形资产，应如何对其进行后续计量?
7. 说明无形资产出售与报废的会计处理。

第九章 负　债

本章介绍了负债的概念、特征，负债的分类、确认和计量，着重阐述了应付账款、以公允价值计量且其变动计入当期损益的金融负债、应付票据、应交税费等的会计核算。

【重要概念】流动负债　非流动负债　应付债券　长期应付款

第一节　负债及其分类

一、负债的概念及特征

企业全部资产中体现出的权益，按要求权不同可以分为所有者权益和债权人权益两部分，其中债权人权益又称为负债。

《企业会计准则——基本准则》将负债定义为：“负债是指企业过去的交易或事项形成的、预期会导致经济利益流出企业的现时义务。”从定义可以得出，负债至少具有以下几个基本特征。

（1）负债是由过去的交易或事项而产生的，导致形成负债的交易或者事项已经发生。即负债只与已经发生的交易或事项相关，如企业采购材料后的未付款，企业销售商品后应缴而未缴的税金，利润分配形成的应付而未付的利润，服务行业根据合同预收服务费后在规定的未来期限内提供服务的责任等。负债与尚未发生或是将来可能发生的交易或事项无关，如购货预约，它只是买卖双方就将来要进行的商品交易达成的协议，交易业务目前尚未实际发生，并不构成当前债务义务。

（2）负债是企业承担的现时义务。它意味着负债是企业必须履行的经济责任，因为过去的交易或事项一般是以合同、协议或有关法律作为约束条件，一旦形成负债的交易或事项已经发生，企业就不得不承担由此而带来的经济责任，即负债已经成为事实，并且它将伴随企业直到履行该项经济义务为止。

（3）负债的清偿会导致企业未来经济利益的流出。企业负债的清偿可以有多种方式，大多数负债是通过支付现金的方式清偿的，如应付账款、应付票据及应付债券等。少数负债可以通过提供产品或劳务来进行偿还，如预收货款销售、销售产品时做出的售后服务承诺等。有些负债到期后，还可以用借新债来偿还旧债，如以短期应付票据替代应付账款，向银行借入新债偿还旧债等。不管用哪种方式进行偿还，最终会导致经济利益流出企业。

负债按其偿还时间长短可以分为流动负债和非流动负债两种。

二、流动负债的分类与计价

（一）流动负债的分类

流动负债是指将在一年或者超过一年的一个营业周期之内进行偿还的债务合计。企业举借短期债务的目的在于缓解临时性、经营过程中形成的资金短缺问题，企业一般用流动资产进行债务偿还。因此，将企业的流动资产与流动负债进行比较，是判断企业短期偿债能力的重要指标。流动负债主要包括短期借款、应付票据、应付账款、预收账款、应付职工薪酬、应交税费、应付利息、其他应付款等。

由于流动负债是在企业生产经营过程中产生的负债，因此，根据其形成的原因不同，可以将其分为很多种类，如筹资过程中形成的负债、结算过程中形成的负债、权责发生制下调整费用形成的负债及利润分配过程中形成的负债等。

1. 按应付金额是否确定分类

按应付金额是否确定，流动负债可分为应付金额确定的流动负债、应付金额视经营情况而定的流动负债和应付金额需要预先估计的流动负债三类。

（1）应付金额确定的流动负债。这类流动负债根据合同、契约或法律的规定具有确切的金额、债权人，且有确切的偿还到期日。例如应付账款、应付票据、短期借款、应付职工薪酬、预收账款、其他应付款等。

（2）应付金额视经营情况而定的流动负债。这类流动负债只有到会计期末计算出一定期间的经营成果后才能确定负债金额。例如应交所得税以及应分配给投资者的利润。

（3）应付金额需要预先估计的流动负债。这类流动负债虽确已存在，但其金额需要根据以往的经验或依据有关资料加以合理预计。例如产品质量担保债务、未决诉讼等。

2. 按产生的原因分类

按产生的原因，流动负债可分为经营活动形成的流动负债、融资活动形成的流动负债和收益分配形成的流动负债三类。

（1）经营活动形成的流动负债。是指企业在正常生产经营过程中形成的流动负债，具体包括两个方面：一是外部业务结算过程中形成的流动负债，如应付账款、应付票据、应交税费、预收账款等；二是企业内部结算形成的流动负债，如应付职工薪酬等。

（2）融资活动形成的流动负债。是指企业为筹集生产经营周转用的资金而向银行及非银行金融机构筹措资金而形成的流动负债。这类流动负债需有确切的预定到期日，供企业有偿使用，如短期借款、一年内到期的长期负债等。

（3）收益分配形成的流动负债。是指企业根据所实现的利润进行分配所形成的各种应付款项，如应交税费、应付股利等。

3. 按偿还的方式分类

按偿还的方式，流动负债可分为货币性流动负债和非货币性流动负债。

（1）货币性流动负债。货币性流动负债是指需要以货币性资产偿还的流动负债，如短期借款、应付账款、应付票据、应付职工薪酬、应付股利、应交税费及其他应付款等。

（2）非货币性流动负债。非货币性流动负债是指不需要以货币性资产偿还的流动负债，如预收账款等。

（二）流动负债的计价

为了客观公正地反映企业所承担的债务，为会计报表使用者预测企业未来现金流量和财务风险等提供有关的会计信息，必须对负债进行正确合理的计价。从理论上说，负债应按偿还的现金流出量的现值计价，即考虑货币的时间价值，而不管负债偿还期限的长短，一律在负债发生时按未来偿付金额的贴现值入账。但是，由于流动负债偿还期限短，其现值与流出量的差异很小，因此，流动负债一般不要求以现值来计价，而直接以其到期值计价。

三、非流动负债的种类与计价

（一）非流动负债的种类

非流动负债是指流动负债以外的负债。企业举借长期债务，主要用于添置大型机器、购置地产、增建或扩充厂房等，是为了扩展经营规模。这种负债具有数额大、偿还期限长的特点。

我国的非流动负债主要包括企业向银行或其他金融机构借入的长期借款、发行的公司债券即应付债券、应付融资租入固定资产的租赁费及以分期付款方式购入固定资产发生的长期应付款等。

（二）非流动负债的计价

由于非流动负债涉及的期间一般较长，其到期价值与现值往往差别较大，应当考虑货币的时间价值，在其发生时按照未来应偿付金额的现值计价入账。

第二节　流动负债

一、短期借款

短期借款是企业向银行或其他金融机构等借入的期限在一年以下（含一年）的各种款项。短期借款一般是企业为维持正常的生产经营所需的资金或者抵偿某项债务而借入的。

为了核算和监督企业向银行或其他金融机构等借入的期限在一年以内（含一年）的各种借款，企业应设置“短期借款”科目进行核算。该科目属于负债类科目，其贷方登记企业取得的各种短期借款，借方登记企业归还的各种短期借款，期末贷方余额表示企业尚未偿还的各种短期借款的本金。企业的短期借款应当按照不同的债权人分别设置明细账，并且按照借款种类进行明细核算。

企业借入的各种短期借款，应按实际借入金额，借记“银行存款”科目，贷记“短期借款”科目。归还借款时，借记“短期借款”科目，贷记“银行存款”科目。

短期借款的核算除了借款本金的取得和偿还外，还包括借款利息的结算。短期借款的利息，作为一项筹资费用，应计入“财务费用”。在会计核算上要分别以下几种情况进行处理。

（1）如果短期借款的利息是按季度或半年度支付的，或者利息是在借款到期时连同本金一并归还，并且数额较大的，为了正确计算各期的损益，可以采用预提的办法，按月预提计入财务费用。预提时，按预计应计入财务费用的借款利息，借记“财务费用”科目，贷记“应付利息”科目；实际支付利息的月份，按照已经预提的利息金额，借记“应付利息”科目，按实际支付的利息金额与预提数的差额，借记“财务费用”科目，按实际支付的利息金额，贷记“银行存款”科目。

（2）如果短期借款的利息是按月支付的，或者利息是在借款到期时连同本金一并归还，但是数额不大的，可以在实际支付或收到银行的利息通知时，直接计入当期损益，借记“财务费用”科目，贷记“银行存款”科目。

【例 9-1】琛楠公司因生产经营的临时需要，于 2019 年 7 月 1 日向其开户银行借入款项 3 000 000 元，年利率 5%，期限 3 个月，利息到期一次支付，企业按月计提利息费用。琛楠公司的会计分录如下：

（1）7 月 1 日借入款项时：

借：银行存款	3 000 000	
贷：短期借款		3 000 000

（2）7、8、9 月末分别计提当月利息费用时：

借：财务费用	12 500	
贷：应付利息		12 500

（3）10 月 1 日还本付息时：

借：短期借款	3 000 000	
应付利息	37 500	
贷：银行存款		3 037 500

二、应付票据

应付票据是指由出票人出票、付款人在指定日期无条件支付特定的金额给收款人或持票人的票据。

在我国会计实务中一般采用按票据的面值记账的方法，按是否带息，应付票据可分为带息应付票据和不带息应付票据两种。

（1）应付票据如为带息票据，其票据的面值一般情况下就是票据的现值。由于我国商业汇票期限较短，在期末，通常对尚未支付的应付票据计提利息，计入当期财务费用；票据到期支付票款时，尚未计提的利息部分直接计入当期财务费用。

（2）应付票据如为不带息应付票据，其票据的面值就是票据到期时的应付金额。如果应付票据到期企业不能如数偿还这项负债，应在票据到期内，将“应付票据”账面余额转入“应付账款”科目，待协商后再行处理，如果以签发新的票据清偿原应付票据的，应从“应付账款”科目转入“应付票据”科目。

“应付票据”科目用于核算应付票据的发生、偿付等情况。该科目属于负债类科目，其贷方登记开出、承兑汇票的面值及带息票据的预提利息，借方登记支付票据的金额，余额在贷方，表示企业尚未到期的商业汇票的票面金额和应计未付的利息。

【例 9-2】琛楠公司于 2019 年 10 月 1 日购入一批价值为 60 000 元的商品，同时签发了一张期限为 4 个月的带息商业汇票，年利率 5%，增值税税率为 13%。假如企业按商品价款的1%支付银行承兑汇票的手续费。琛楠公司的会计分录如下：

①2019年10月1日购入商品时：

借：库存商品　60 000

　　应交税费——应交增值税（进项税额）　7 800

　贷：应付票据　67 800

②支付银行承兑汇票手续费时：

借：财务费用　600

　贷：银行存款　600

③2019年12月31日，计提3个月的应付利息为847.50（67 800×5%÷12×3）元时：

借：财务费用　847.50

　贷：应付票据　847.50

④2020年2月1日到期付款时：

借：应付票据　68 647.50

　　财务费用　282.50

　贷：银行存款　68 930

⑤2020年2月1日到期未付款时：

借：财务费用　282.50

　贷：应付票据　282.50

借：应付票据　68 930

　贷：应付账款　68 930

三、应付账款及预收账款

（一）应付账款

应付账款指企业因购买材料、商品或接受劳务供应等而发生的债务。这是买卖双方由于取得物资或服务与支付货款在时间上不一致而产生的负债。应付账款与应付票据不同，两者虽然都是由于交易行为而引起的负债，都属于流动负债性质，但应付账款是尚未结清的债务，而应付票据是延期付款的证明，有承兑付款的票据为依据。

应付账款入账时间的确定，一般应以与所购买物资所有权有关的风险和报酬已经转移或劳务已经接受为标志。但在实际工作中，一般是区别以下两种情况进行处理。

（1）在物资和发票账单同时到达的情况下，应付账款一般待物资验收入库后，才按发票账单登计入账。

（2）在物资和发票账单未同时到达的情况下，由于应付账款需根据发票账单登计入账，有时货物已到，发票账单要间隔较长时间才能到达，但这笔负债已经成立，因此应作为一项负债反映。为在资产负债表上客观反映企业所拥有的资产和承担的债务，在实际工作中采用在月份终了将所购物资和应付债务估计入账，待下月初再用红字予以冲回的办法。因购买商品等而产生的应付账款，应设置“应付账款”科目进行核算，用以反映这部分负债的价值。

应付账款一般按应付金额入账，而不按到期应付金额的现值入账。如果购入的资产在形成一笔应付账款时是带有现金折扣的，应付账款入账金额的确定按发票上记载的应付金额的总值（不扣除折扣）记账。在这种方法下，应按发票上记载的全部应付金额，借记有关科目，贷记“应付账款”科目；获得的现金折扣冲减财务费用。

“应付账款”科目用于核算应付账款的发生、偿还、转销等情况。该科目属于负债类科目，其贷方登记企业购买材料、商品和接受劳务等而发生的应付账款，借方登记偿还的应付账款，或开出商业汇票抵付应付账款的款项，或已冲销的无法支付的应付账款。余额一般在贷方，表示企业尚未支付的应付账款余额。本科目一般应按照债权人设置明细科目进行明细核算。

【例 9-3】琛楠公司于 2019 年 9 月 1 日购入材料一批并已验收入库。增值税专用发票上列明，该材料价款为 800 000 元，增值税税额为 104 000 元。按合同规定，琛楠公司如在 10 天内付清货款，将获得 2%的现金折扣（假定计算现金折扣时考虑增值税）。琛楠公司会计分录如下：

借：库存商品　　800 000
　　应交税费——应交增值税（进项税额）　　104 000
　贷：应付账款——××公司　　904 000

若琛楠公司于 2019 年 9 月 8 以银行存款付清了所欠材料款，则取得现金折扣为 18 080（904 000×2%）元，实际支付的货款 885 920（904 000–904 000×2%）元。按扣除现金折扣后的金额，琛楠公司会计分录如下：

借：应付账款——××公司　　904 000
　贷：银行存款　　885 920
　　　财务费用　　18 080

（二）预收账款

预收账款是买卖双方协议商定，由购货方预先支付一部分货款给供应方而发生的一项负债。预收账款的核算应视企业的具体情况而定。如果预收账款比较多的，可以设置“预收账款”科目；预收账款不多的，也可以不设置“预收账款”科目，直接计入“应收账款”科目的贷方。“预收账款”科目贷方反映预收的货款和补付的货款；借方反映应收的货款和退回多收的货款；期末，贷方余额反映尚未结清的预收款项，借方余额反映应收的款项。

四、职工薪酬

（一）职工薪酬及其内容

职工薪酬是指企业为获得职工提供的服务或终止劳动合同关系而给予的各种形式的报酬或补偿。

企业职工的范围指：①与企业订立劳动合同的所有人员，含全职、兼职和临时职工；②虽未与企业订立劳动合同但由企业正式任命的人员，如董事会成员、监事会成员等；③在企业的计划和控制下，虽未与企业订立劳动合同或未由其正式任命，但向企业所提供服务与职工所提供服务类似的人员，如通过中介机构签订用工合同，为企业提供与本企业职工类似服务的人员。

职工薪酬核算企业因职工提供服务而支付的或放弃的对价，企业需要全面综合考虑职工薪酬的内容，以确保其准确性。企业职工薪酬主要包括以下几方面内容。

1. 短期薪酬

短期薪酬是指企业预期在职工提供相关服务的年度报告期间结束后 12 个月内需要全部予以支付的职工薪酬，因解除与职工的劳动关系给予的补偿除外。

短期薪酬具体包括以下几方面内容。

1）职工工资、奖金、津贴和补贴

职工工资、奖金、津贴和补贴是指企业按照构成工资总额的计时工资、计件工资、支付给职工的超额劳动报酬等的劳动报酬，为了补偿职工特殊或额外的劳动消耗和因其他特殊原因支付给职工的津贴，以及为了保证职工工资水平不受物价影响支付给职工的物价补贴等。

2）职工福利费

职工福利费是指企业为职工提供的除职工工资、奖金、津贴和补贴、职工教育经费、社会保险费及住房公积金等以外的福利待遇支出，主要是职工的医疗费用、职工因公负伤赴外地就医路费、职工生活困难补助、丧葬补助费、抚恤费、职工异地安家费、防暑降温费以及按照国家规定开支的其他职工福利支出。

3）医疗保险费、养老保险费、失业保险费、工伤保险费和生育保险费等社会保险费

医疗保险费、养老保险费、失业保险费、工伤保险费和生育保险费等社会保险费是指企业按照国务院、各地方政府规定的基准和比例计算，向社会保险经办机构缴纳的医疗保险费、养老保险费、失业保险费、工伤保险费和生育保险费。企业按照年金计划规定的基准和比例计算，向企业年金管理人缴纳的补充养老保险，以及企业以购买商业保险形式提供给职工的各种保险。

4）住房公积金

住房公积金是指企业按照国家规定的基准和比例计算，向住房公积金管理机构缴存的住房公积金。

5）工会经费和职工教育经费

工会经费和职工教育经费是指企业为了改善职工文化生活、为职工学习先进技术、提高文化水平和业务素质，用于开展工会活动和职工教育及职业技能培训等相关支出。

6）短期带薪缺勤

短期带薪缺勤是指职工虽然缺勤但企业仍向其支付报酬的安排，包括年假、病假、短期伤残、婚假、产假、丧假、探亲假等。

7）非货币性福利

非货币性福利是指企业以自己的产品或外购商品发放给职工作为福利，企业提供给职工无偿使用自己拥有的资产或租赁资产供职工无偿使用等，如提供给企业高级管理人员使用的住房等，免费为职工提供诸如医疗保健的服务或向职工提供企业支付了一定补贴的商品或服务等，如以低于成本的价格向职工出售住房等。

8）短期利润分享计划

短期利润分享计划是指因职工提供服务而与职工达成的基于利润或其他经营成果提供薪酬的协议。长期利润分享计划属于其他长期职工福利。

9）其他短期薪酬

其他短期薪酬是指除上述薪酬以外的其他为获得职工提供的服务而给予的短期薪酬。

2. 其他短期薪酬离职后福利

离职后福利是指企业为获得职工提供的服务而在职工退休或与企业解除劳动关系后，提供的各种形式的报酬和福利，属于短期薪酬和辞退福利除外。

离职后福利计划是指企业与职工就离职后福利达成的协议，或者企业为向职工提供离职后福利制定的规章或方法等。离职后福利计划按照企业承担的风险和义务情况，可以分为设定提存计划和设定受益计划。其中，设定提存计划，是指企业向独立的基金缴存固定费用后，不再承担进一步支付义务的离职后福利计划。设定受益计划，是指除设定提存计划以外的离职后福利计划。

3. 辞退福利

辞退福利是指企业在职工劳动合同到期之前解除与职工的劳动合同关系，或者为鼓励职工自愿接受裁减而给予职工的补偿。辞退福利主要包括以下两方面内容。

（1）在职工劳动合同尚未到期前，不论职工本人是否愿意，企业决定解除与职工的劳动关系而给予的补偿。

（2）在职工劳动合同到期前，为鼓励职工自愿接受裁减而给予的补偿，职工有权利选择继续在职或接受补偿离职。

4. 其他长期职工福利

其他长期职工福利是指除短期薪酬、离职后福利、辞退福利之外所有的职工薪酬，包括长期带薪缺勤、长期残疾福利、长期利润分享计划等。

（二）短期职工薪酬的确认和计量

根据我国企业会计准则的规定，企业应设置“应付职工薪酬”账户，并按职工薪酬的构成内容开设明细科目进行相关核算。在职工为其提供服务的会计期间，将实际发生的短期薪酬确认为负债计入该账户的贷方，并计入当期损益或相关资产成本。

1. 货币性职工薪酬

企业发生的职工工资、津贴和补贴等短期薪酬，应当根据职工提供服务情况和工资标准等计算计入职工薪酬的工资总额，并按受益对象计入当期损益或相关资产成本。企业为职工缴纳的医疗保险费、工伤保险费、生育保险费等社会保险费和住房公积金，以及按规定提取的工会经费和职工教育经费，应当在职工为其提供服务的会计期间，根据规定的计提基础和计提比例计算确定相应的职工薪酬金额，并确认相关负债，按照受益对象借记相关损益或相关资产成本科目，贷记“应付职工薪酬”科目。企业发生的职工福利费，应当在实际发生时根据实际发生额计入当期损益或相关资产成本。

企业应根据职工提供服务情况和工资标准计算计入职工薪酬的工资总额，按照受益对象计入当期损益或相关资产成本，借记“生产成本”“制造费用”“管理费用”等科目，贷记“应付职工薪酬”科目。发放时，借记“应付职工薪酬”科目，贷记“银行存款”等科目。企业发生的职工福利费，应当在实际发生时根据实际发生额计入当期损益或相关资产成本。

企业应根据考勤记录、工时记录、产量记录、工资标准、工资等级等，编制工资单，计算各种工资。会计部门应将“工资单”进行汇总，编制“工资汇总表”，按照规定手续从银行提取现金，借记“库存现金”科目，贷记“银行存款”科目。支付工资时，借记“应付职工薪酬——工资”科目，贷记“库存现金”科目。若实行银行代转工资的，则根据实际发放的工资数借记“应付职工薪酬——工资”科目，贷记“银行存款”科目。

在发放职工工资时，会发生一些从工资总额中代扣的款项，如为职工代扣的房租、代扣的应由职工个人缴纳的医疗保险费、养老保险费、失业保险费、住房公积金、个人所得税等。企业应借记“应付职工薪酬——工资”科目，贷记“其他应付款”“应付职工薪酬——养老保险费”“应交税费——应交个人所得税”等科目。

对于国务院有关部门、省、自治区、直辖市人民政府或经批准的企业年金计划规定了计提基础和计提比例的职工薪酬项目，企业应按照规定的计提标准，计量企业承担的职工薪酬义务和计入成本费用的职工薪酬。其中：

（1）对于医疗保险费、工伤保险费、生育保险费和住房公积金，企业应按照国务院、所在地政府或企业年金计划规定的标准，计量应付职工薪酬义务和应相应计入成本费用的薪酬金额。

（2）工会经费和职工教育经费。企业应按照国家相关规定，分别按照职工工资总额的2%和 1.5%计提标准，计量应付职工薪酬（工会经费、职工教育经费）金额和应相应计入成本费用的薪酬金额；从业人员技术要求高、培训任务重、经济效益好的企业，可根据国家相关规定，按照职工工资总额的 2.5%计量应计入成本费用的职工教育经费。按照明确标准计算确定应承担的职工薪酬义务后，再根据受益对象计入相关资产成本或当期损益。

【例 9-4】2019 年 6 月，琛楠公司当月应发工资 10 000 000 元，实发工资 6 672 000 元，相关代扣款情况见表 9-1，公司以银行存款支付职工工资，并分配当期职工薪酬费用，当月应发工资中：生产部门直接生产人员工资 5 000 000 元；生产部门管理人员工资 1 000 000 元；公司管理部门人员工资 1 800 000 元；公司专设产品销售机构人员工资 500 000 元；建造厂房人员工资 1 100 000 元；内部开发新产品生产工艺人员工资 600 000 元。琛楠公司 2019 年 6 月按工资总额的 5%发放职工福利共计 500 000 元，职工福利的受益对象为上述所有人员。假定公司产品生产工艺已处于开发阶段，并符合资本化为无形资产的条件。

表 9-1 工资汇总表

编制单位：琛楠公司　　2019 年 6 月　　单位：元

人员	基本工资等	应发工资	代扣款					实发工资
			医疗保险费 2%	养老保险费 11%	失业保险费 1%	住房公积金 15%	个人所得税	
产品生产工人	略	5 000 000	100 000	550 000	50 000	750 000	200 000	3 350 000
车间管理人员		1 000 000	20 000	110 000	10 000	150 000	50 000	660 000
行政管理人员		1 800 000	36 000	198 000	18 000	270 000	90 000	1 188 000
销售机构人员		500 000	10 000	55 000	5 000	75 000	25 000	330 000
建造厂房人员		1 100 000	22 000	121 000	11 000	165 000	33 000	748 000
产品开发人员		600 000	12 000	66 000	6 000	90 000	30 000	396 000
合计		10 000 000	200 000	1 100 000	100 000	1 500 000	428 000	6 672 000

综上，琛楠公司会计分录如下：

（1）发放工资并结转代扣款时：

借：应付职工薪酬——工资 10 000 000

　贷：银行存款 6 672 000

　　应付职工薪酬——医疗保险费 200 000

　　　　　　　——养老保险费 1 100 000

　　　　　　　——失业保险费 100 000

　　　　　　　——住房公积金 1 500 000

　　应交税费——应交个人所得税 428 000

（2）发放职工福利费时：

借：应付职工薪酬——职工福利费 500 000

　贷：银行存款 500 000

2. 带薪缺勤

带薪缺勤应当根据其性质及其职工享有的权利，分为累积带薪缺勤和非累积带薪缺勤两类。

（1）累积带薪缺勤。累积带薪缺勤是指带薪权利可以结转下期的带薪缺勤，本期尚未用完的带薪缺勤权利可以在未来期间使用。企业应当在职工提供了服务从而增加了其未来享有的带薪缺勤权利时，确认与累积带薪缺勤相关的职工薪酬，并以累积未行使权利而增加的预期支付金额计量。确认累积带薪缺勤时，借记“管理费用”等科目，贷记“应付职工薪酬——累积带薪缺勤”科目。

【例 9-5】琛楠公司共有职工 1 000 名，从 2019 年 1 月 1 日起实行累积带薪缺勤制度。规定职工每年可享受 5 个工作日带薪年休假，未使用的年休假只能向后结转一个日历年度，超过 1 年未使用的权利作废；职工休年假时，首先使用当年可享受的权利，不足部分再从上年结转的带薪年休假中扣除；职工离开公司时，对未使用的累积带薪年休假无权获得现金支付。至 2019 年 12 月 31 日，每个职工当年平均未使用带薪年休假为 2 天。琛楠公司预计 2020 年有 950 名职工将享受不超过 5 天的带薪年休假，剩余 50 名职工每人将平均享受 6.5 天年休假，假定这 50 名职工全部为总部管理人员，该公司平均每名职工日工资标准为 500 元。

上述资料中，琛楠公司 2019 年职工已休年假期间应发的工资已计入每月确认的薪酬金额中。公司还需要预计职工 2019 年享有但尚未使用的、预期在 2020 年使用的累积带薪缺勤，并计入当期损益或者相关资产成本。会计分录如下：

借：管理费用（50×1.5×500） 37 500

　贷：应付职工薪酬——累积带薪缺勤 37 500

（2）非累积带薪缺勤。非累积带薪缺勤是指带薪权利不能结转到下期的带薪缺勤，本期尚未用完的带薪缺勤权利将予以取消，并且在职工离开企业时也无权获得现金支付。我国企业职工休婚假、产假、丧假、探亲假、病假期间的工资属于非累积带薪缺勤。由于职工提供服务本身不能增加其能够享受的福利金额，企业在职工未缺勤时不应当计提相关费用和负债。为此，企业应当在职工实际发生缺勤的会计期间确认与非累积带薪缺勤相关的职工薪酬。通常情况下，此职工薪酬已经包括在企业每期向职工发放的工资等薪酬当中，因此，不必额外做相应的账务处理。

3. 短期利润分享计划

短期利润分享计划同时满足下列条件的，企业应当确认相关的应付职工薪酬，并计入当期损益或相关资产成本：其一，企业因过去事项导致现在具有支付职工薪酬的法定义务；其二，因利润分享计划所产生的应付职工薪酬义务金额能够可靠估计。

属于下列三种情形之一的，视为应付职工薪酬义务金额能够可靠估计。

（1）在财务报告批准报出之前企业已确定应支付的薪酬金额。

（2）该利润分享计划的正式条款中包括确定薪酬金额的方式。

（3）过去的惯例为企业确定推定义务金额提供了明显证据。

企业在计量利润分享计划产生的应付职工薪酬时，应当反映职工因离职而没有得到利润分享计划支付的可能性。企业根据经营业绩或职工贡献等情况提取的奖金，属于奖金计划，应当比照短期利润分享计划进行处理。

【例 9-6】琛楠公司于 2019 年初制订和实施了一项短期利润分享计划，以对公司管理层进行激励。该计划规定，公司全年的净利润指标为 10 000 000 元，如果在公司管理层的努力下完成的净利润超过 10 000 000 元，公司管理层将可以分享超过 10 000 000 元净利润部分的 10%作为额外报酬。至 2019 年 12 月 31 日，琛楠公司全年实际完成净利润 15 000 000 元，假定不考虑离职等其他因素，则琛楠公司管理层按照利润分享计划可以分享利润 50 000 元［（15 000 000 – 10 000 000）×10%］作为其额外的薪酬。琛楠公司的会计分录如下：

借：管理费用　　500 000

　贷：应付职工薪酬——利润分享计划　　500 000

4. 非货币性职工薪酬

非货币性职工薪酬主要有以企业自产产品或外购商品作为非货币性福利发放给职工、将企业拥有的房屋等资产无偿提供给职工使用或租赁住房等资产供职工无偿使用、向职工提供企业支付了补贴的商品或服务等情况。

企业以其自产产品作为非货币性福利发放给职工的，应当根据受益对象，按照该产品的公允价值和相关税费，计量应计入成本费用的职工薪酬金额，相关收入的确认、销售成本的结转和相关税费的处理，与正常商品销售相同。以外购商品作为非货币性福利提供给职工的，应该按照该商品的公允价值和相关税费计入成本费用。

需要注意的是，在以自产产品或外购商品发放给职工作为福利的情况下，企业在进行账务处理时，应当先通过“应付职工薪酬”科目归集当期应计入成本费用的非货币性职工薪酬金额。

将企业拥有的房屋等资产无偿提供给职工使用的，应当根据受益对象，将该住房每期的公允价值计入相关资产成本或当期损益，同时确认应付职工薪酬。公允价值无法可靠取得的，可以按照成本计量。

租赁住房等资产供职工无偿使用的，应当根据受益对象，将每期应付的租金计入相关资产成本或当期损益，并确认应付职工薪酬。难以认定受益对象的非货币性福利，直接计入当期损益和应付职工薪酬。

企业发生非货币性职工薪酬时，按以下几种情况处理。

（1）企业决定以其自产产品发放给职工作为职工薪酬的，借记“生产成本”“制造费用”“管理费用”等科目，贷记“应付职工薪酬——非货币性福利”科目。企业实际以其自产产品发放给职工的，借记“应付职工薪酬——非货币性福利”科目，贷记“主营业务收入”科目。同时，还应结转产成品的成本。涉及增值税销项税额的，还应进行相应的处理。

（2）无偿向职工提供住房等固定资产使用的，按应计提的折旧额，借记“管理费用”“生产成本”“制造费用”等科目，贷记“应付职工薪酬——非货币性福利”科目。同时，借记“应付职工薪酬——非货币性福利”科目，贷记“累计折旧”科目。

（3）租赁住房等资产供职工无偿使用的，按每期应支付的租金，借记“生产成本”“制造费用”“管理费用”等科目，贷记“应付职工薪酬——非货币性福利”科目。支付租赁住房等资产供职工无偿使用所发生的租金，借记“应付职工薪酬——非货币性福利”科目，贷记“银行存款”等科目。

【例 9-7】甲公司共有职工 400 名，2019 年 1 月，公司以其生产的成本为 1 000 元的冰箱作为福利发放给公司每名职工。该冰箱的售价为每台 1 400 元，公司适用的增值税税率为 13%。假定 400 名职工中有 370 名为直接参加生产的职工，有 30 名为公司管理人员。该公司会计分录如下：

借：生产成本（1 400×370×1.13）	585 340	
管理费用（1 400×30×1.13）	47 460	
贷：应付职工薪酬——非货币性福利		632 800
借：应付职工薪酬——非货币性福利	632 800	
贷：主营业务收入		560 000
应交税费——应交增值税（销项税额）		72 800
借：主营业务成本	400 000	
贷：库存商品		400 000

【例 9-8】琛楠公司为部门经理级别以上职工每人提供一辆汽车免费使用，该公司共有部门经理以上职工 10 名，假定每辆汽车每月计提折旧 800 元，公司还为 3 名副总裁以上高级管理人员每人租赁一套公寓免费使用，月租金为每套 3 000 元。琛楠公司会计分录如下：

（1）提供汽车免费使用时：

借：管理费用	8 000	
贷：应付职工薪酬——非货币性福利		8 000
借：应付职工薪酬——非货币性福利	8 000	
贷：累计折旧		8 000

（2）提供公寓免费使用时：

借：管理费用	9 000	
贷：应付职工薪酬——非货币性福利		9 000
借：应付职工薪酬——非货币性福利	9 000	
贷：银行存款		9 000

（三）离职后福利的确认与计量

离职后福利包括退休福利（如养老金和一次性的退休支付）及其离职后福利（如离职后人寿保险和离职后医疗保障）。企业应当在职工提供服务的会计期间对离职后福利进行确认与计量，并按照企业承担的风险和义务情况，将离职后福利计划分为设定提存计划和设定受益计划两种类型。

1. 设定提存计划

设定提存计划是指向独立的基金缴存固定费用后，企业不再承担进一步支付义务的离职后福利计划。在设定提存计划下，企业根据事先确定的缴费水平向一个独立实体（养老基金）支付确定数额的提存金，职工退休时所能获得的养老金数额取决于所缴提存金及其投资收益在职工退休时的累积额，与基金资产相关的风险完全由职工个人承担。根据我国养老保险制度相关文件的规定，职工的基本养老保险待遇即收益水平与企业在职工提供服务各期的缴费水平不直接挂钩，企业承担的义务仅限于按照规定标准提存的金额，属于设定提存计划。由于提存额一般都是在职工提供服务期末 12 个月以内到期支付，计量该类义务一般不需要折现。失业保险也同样属于设定提存计划。

设定提存计划的会计处理比较简单，企业在每一期间的义务是提存规定的金额。因此在计量义务或费用时不需要精算假设，也没有精算利得和损失产生的可能性。对于设定提存计划，企业应当根据在资产负债表日为换取职工在会计期间提供的服务而应向单独主体缴存的提存金，确认为职工薪酬负债，并计入当期损益或相关资产成本。

2. 设定受益计划

设定受益计划是指除设定提存计划以外的离职后福利计划。设定提存计划和设定受益计划的区分，取决于离职后福利计划的主要条款和条件所包含的经济实质。在设定提存计划下，企业的法定义务以企业应向独立主体缴存的提存金金额为限，职工未来所能取得的离职后福利金额取决于向独立主体支付的提存金金额，以及提存金所产生的投资回报，从而精算风险（福利将少于预期）和投资风险（投资的资产将不足以支付预期的福利）实质上由职工来承担。与设定提存计划不同，设定受益计划下企业的义务是为现在及以前的职工提供约定的福利，企业根据一定的标准（职工服务年限、工资水平等）确定每个职工离职后每期的年金收益水平，由此倒算出企业每期应为职工缴费的金额。在这种情况下，与基金资产相关的精算风险和投资风险实质上全部由企业承担。

当企业负有下列义务时，该计划就是一项设定受益计划：一是计划福利公式不仅仅与提存金额相关，且要求企业在资产不足以满足该公式的福利时提供进一步的提存金；二是通过计划间接地或直接地对提存金的特定回报做出担保。

设定受益计划可能是不注入资金的，或者可能全部或部分地由企业（有时由其职工）向独立主体以缴纳提存金形式注入资金，并由该独立主体向职工支付福利。到期时已注资福利的支付不仅取决于独立主体的财务状况或投资业绩，而且取决于企业补偿独立主体资产不足的意愿和能力。企业实质上承担着与计划相关的精算风险和投资风险。因此设定受益计划所确认的费用并不一定是本期应付的提存金额。企业如存在一项或多项设定受益计划的，对于每一项计划应当分别进行会计处理。

企业应当采用预期累计福利单位法，采用无偏且相互一致的精算假设对有关人口统计变量（如职工离职率和死亡率）和财务变量（如未来薪金和医疗费用的增加）等做出估计，计量设定受益计划所产生的义务，并明确相关业务的归属期间。依据资产负债表日与设定受益计划期限和币种相匹配的国债或活跃市场上的高质量公司债券的市场收益率确定贴现率，将设定受益计划所产生的义务予以贴现，以确定设定受益计划义务的现值和当期服务成本。

企业应当根据预期累计福利单位法确定其设定受益义务的现值、相关的当期服务成本和过去服务成本。依据预期累计福利单位法，每一服务期间会增加一个单位的福利权利，并对每一单位单独计量，所有单位累计形成最终义务。预期累计福利单位法要求企业将福利归属于当期（以确定当期服务成本）和当期及以前期间（以确定设定受益义务的现值）。企业应当将福利归属于提供离职后福利的义务发生的期间。这一义务随着职工提供服务以换取企业在未来报告期间支付的离职后福利而产生。

在确定设定受益义务的现值、当期服务成本以及过去服务成本时，企业应当根据预期累计福利单位法确定的公式将设定受益计划产生的福利义务归属于职工提供服务的期间，并计入当期损益或相关资产成本。

报告期末，企业应当将设定受益计划产生的职工薪酬成本确认为下列组成部分。

（1）服务成本，包括当期服务成本、过去服务成本和结算利得或损失。其中，当期服务成本，是指职工当期提供服务所导致的设定受益计划义务现值的增加额；过去服务成本，是指设定受益计划修改所导致的与以前期间职工服务相关的设定受益计划义务现值的增加或减少。设定受益计划结算利得或损失是以下两项的差额：①在结算日确定的设定受益计划义务现值。②结算价格，包括转移的计划资产的公允价值和企业直接发生的与结算相关的支付。

（2）设定受益计划净负债或净资产的利息净额，包括计划资产的利息收益、设定受益计划义务的利息费用等。

（3）重新计量设定受益计划净负债或净资产所产生的变动。

除非按照相关会计准则要求或允许职工福利成本计入资产成本，上述第（1）项和第（2）项应计入当期损益；第（3）项应计入其他综合收益，并且在后续会计期间不允许转回至损益，但企业可以在权益范围内转移这些在其他综合收益中确认的金额。

（四）辞退福利的确认与计量

1. 辞退福利的确认

职工薪酬准则规定，企业在职工合同到期之前解除与职工的劳动关系，或者为鼓励职工自愿接受裁减而提出给予补偿的建议，同时满足下列条件的，应当确认因解除与职工的劳动关系给予补偿而产生的预计负债，同时计入当期管理费用。

（1）企业已经制订正式的解除劳动关系计划或提出自愿裁减建议，并即将实施。该计划或建议应当包括拟解除劳动关系或裁减的职工所在部门、职位及数量；根据有关规定按工作类别或职位确定的解除劳动关系或裁减补偿金额；拟解除劳动关系或裁减的时间。

正式的辞退计划或建议应当经过董事会或类似权力机构的批准。辞退工作一般应当在一年内实施完毕，但因付款程序等原因使部分款项推迟至一年后支付的，视为符合应付职工薪酬的确认条件。

（2）企业不能单方面撤回解除劳动关系计划或裁减建议。如果企业能够单方面撤回解除劳动关系计划或裁减建议，则表明未来经济利益流出不是很可能，因而不符合负债的确认条件。

由于被辞退的职工不再为企业带来未来经济利益，因此，对于所有辞退福利均应当于辞退计划满足职工薪酬准则预计负债确认条件的当期计入费用，不计入资产成本。在确认辞退福利时，需要注意两个方面问题：①对于分期或分阶段实施的解除劳动关系计划或自愿裁减建议，企业应当将整个计划看作由一个个单项解除劳动关系计划或自愿裁减建议组成，在每期或每阶段计划符合预计负债确认条件时，将该期或该阶段计划中由提供辞退福利产生的预计负债予以确认，计入该部分计划满足预计负债确认条件的当期管理费用，不能等全部计划都符合确认条件时再予以确认。②对于企业实施的职工内部退休计划，由于这部分职工不再为企业带来经济利益，企业应当比照辞退福利处理。

2. 辞退福利的计量

企业应当根据职工薪酬准则和或有事项准则，严格按照辞退计划条款的规定，合理预计并确认辞退福利产生的负债。辞退福利的计量因辞退计划中职工有无选择权而有所不同。

（1）对于职工没有选择权的辞退计划，应当根据计划条款规定拟解除劳动关系的职工数量、每一职位的辞退补偿等计提应付职工薪酬（预计负债）。

（2）对于自愿接受裁减的建议，因接受裁减的职工数量不确定，企业应当根据《企业会计准则第 13 号——或有事项》规定，预计将会接受裁减建议的职工数量，根据预计的职工数量和每一职位的辞退补偿等计提应付职工薪酬（预计负债）。

（3）企业应当按照辞退计划条款的规定，合理预计并确认辞退福利产生的应付职工薪酬。辞退福利预期在其确认的年度报告期间期末后 12 个月内完全支付的，应当适用短期薪酬的相关规定。

（4）对于辞退福利预期在年度报告期间期末后 12 个月内不能完全支付的，企业应当适用本准则关于其他长期职工福利的相关规定，即实质性辞退工作在一年内实施完毕但补偿款项超过一年支付的辞退计划，企业应当选择恰当的折现率，以折现后的金额计量应计入当期损益的辞退福利金额。

发生因解除与职工的劳动关系而给予的补偿，借记“管理费用”科目，贷记“应付职工薪酬——辞退福利”科目。企业支付因解除与职工的劳动关系而给予职工的补偿，借记“应付职工薪酬——辞退福利”科目，贷记“银行存款”“库存现金”等科目。

【例 9-9】琛楠公司 2018 年 9 月制订了一项辞退计划，计划规定从 2019 年 1 月 1 日起，公司将以职工自愿方式，辞退其甲车间的职工。辞退计划的详细内容均已与职工沟通，并达成一致意见，辞退计划已于 2018 年 12 月 8 日经董事会正式批准，辞退计划将于下一个年度内实施完毕。2019 年辞退计划一览表如表 9-2 所示。

表 9-2 2019 年辞退计划一览表

单位名称：琛楠公司

所属部门	职位	辞退数量/人	工龄/年	每人补助/万元
甲生产车间	车间副主任以上	8	1～10	10
			10～20	20
			20～30	30
	高级技工	40	1～10	8
			10～20	18
			20～30	28
	一般技工	90	1～10	5
			10～20	15
			20～30	25
合计		138		

2018 年 12 月 31 日，琛楠公司预计 2019 年辞退职工数量及支付补偿估计数如表 9-3 所示。

表 9-3 2019 年辞退职工数量及支付补偿估计数

单位名称：琛楠公司　　　　金额单位：万元

所属部门	职位	辞退数量/人	工龄/年	接受数量/人	每人补助	补偿金额
甲生产车间	车间副主任以上	8	1～10	4	10	40
			10～20	2	20	40
			20～30	1	30	30
	高级技工	40	1～10	20	8	160
			10～20	10	18	180
			20～30	5	28	140
	一般技工	90	1～10	45	5	225
			10～20	20	15	300
			20～30	10	25	250
合计		138		117		1 365

按照或有事项准则有关计算最佳估计数的方法，预计接受辞退的职工数量可以根据最可能发生的数量确定，也可以采用按照各种发生数量及其发生概率计算确定。根据表 9-3，愿意接受辞退职工的最可能数量为 117 名，预计补偿总额为 1 365 万元，则企业在 2019 年（辞退计划是 2018 年 12 月 8 日由董事会批准）做如下会计分录：

借：管理费用　　13 650 000

　贷：应付职工薪酬——辞退福利　　13 650 000

（五）其他长期职工福利的确认与计量

其他长期职工福利是指除短期薪酬、离职后福利、辞退福利之外所有的职工薪酬，包括长期带薪缺勤、长期残疾福利、长期利润分享计划、长期奖金计划，以及递延酬劳等。

企业向职工提供的其他长期职工福利，符合设定提存计划条件的，应当按照设定提存计划的有关规定进行会计处理。符合设定受益计划条件的，应当按照设定受益计划的有关规定，确认和计量其他长期职工福利净负债或净资产。在报告期末，企业应当将其他长期职工福利产生的职工薪酬成本确认为下列组成部分：①服务成本。②其他长期职工福利净负债或净资产的利息净额。③重新计量其他长期职工福利净负债或净资产所产生的变动。

为简化相关会计处理，上述项目的总净额应计入当期损益或相关资产成本。

长期残疾福利水平取决于职工提供服务期间长短的，企业应当在职工提供服务的期间确认应付长期残疾福利义务，计量时应当考虑长期残疾福利支付的可能性和预期支付的期限；长期残疾福利与职工提供服务期间长短无关的，企业应当在导致职工长期残疾的事件发生的当期确认应付长期残疾福利义务。

五、应交税费

企业根据税法规定应缴纳的各种税费包括：增值税、消费税、城市维护建设税、资源税、企业所得税、土地增值税、房产税、车船税、土地使用税、教育费附加、矿产资源补偿费、印花税、耕地占用税等。

企业应通过"应交税费"科目，总括反映各种税费的应交、交纳等情况。该科目贷方登记应交纳的各种税费等，借方登记实际交纳的税费，期末余额一般在贷方，反映企业尚未交纳的税费，期末余额如在借方，反映企业多交或尚未抵扣的税费。本科目按应交的税费项目设置明细科目进行明细核算。

企业代扣代交的个人所得税等，也通过"应交税费"科目核算，而企业交纳的印花税、耕地占用税等不需要预计应交数的税金，不通过"应交税费"科目核算。

（一）增值税

1. 增值税概述

1）征税对象及纳税人

按照我国增值税暂行条例的规定，增值税是对在我国境内销售货物或者加工、修理修配劳务（以下简称劳务），销售服务、无形资产、不动产以及进口货物的单位和个人，就其销售货物、劳务、服务、无形资产、不动产（以下统称应税销售行为）的增值额和货物进口金额为计税依据而课征的一种流转税。其中"应税服务"包括交通运输服务、邮政服务、电信服务、建筑服务、金融服务、现代服务、生活服务。

增值税实行凭专用发票抵扣税款的制度，客观上要求纳税人具备健全的会计核算制度和能力。在实际经济生活中我国增值税纳税人众多，会计核算水平参差不齐，大量的小企业和个人还不具备用专用发票抵扣税款的条件，为了既简化增值税的计算和征收，又有利于减少税收征管漏洞，增值税法将增值税纳税人按会计核算水平和经营规模分为一般纳税人和小规模纳税人两类纳税人，分别采取不同的登记管理办法。计算增值税的方法分为一般计税方法和简易计税方法。

2）增值税税率

（1）一般纳税人采用的税率分为基本税率、低税率和零税率三种。

一般纳税人销售或者进口货物，提供加工修理或修配劳务、销售应税劳务、无形资产和不动产，除低税率适用范围外，税率一律为13%，即基本税率。

一般纳税人销售或者进口农产品、食用植物油、自来水、暖气、冷气、热水、煤气、石油液化气、天然气、沼气、居民用煤炭制品、图书、报纸、杂志、饲料、化肥、农药、农膜、饲料、音像制品、电子出版物、二甲醚、食盐、提供交通运输、邮政、基础电信、建筑、不动产租赁服务、销售不动产、转让土地使用权，适用9%的低税率。

提供增值电信服务、金融服务（包括贷款服务、直接收费金融服务、保险服务和金融商品转让）、现代服务（包括研发和技术服务、信息技术服务、文化创意服务、物流辅助服务、鉴证咨询服务、广播影视服务、商务辅助服务和其他现代服务）、生活服务（文化体育服务、教育医疗服务、旅游娱乐服务、餐饮住宿服务、居民日常服务和其他生活服务）、销售无形资产（转让技术、商标、著作权、商誉、自然资源和其他权益性无形资产使用权或所有权），适用6%的低税率。

一般纳税人出口货物，境内单位或个人发生的跨境应税行为（如转让无形资产）符合条件的，税率为零。

（2）小规模纳税人的征收率为3%；应税行为中按照简易计税方法计税的销售不动产，不动产经营租赁服务的征收率为5%，其他情况征收率为3%。

3）增值税的计税方法

（1）一般计税方法。增值税的一般计税方法，是先按当期销售额和适用的税率计算出销项税额，然后以该销项税额对当期购进项目支付的税款（进项税额）进行抵扣，从而间接算出当期的应纳税额。当期应纳税额的计算公式为

$$当期应纳税额 = 当期销项税额 - 当期进项税额$$

公式中的“当期销项税额”是指纳税人当期销售货物、提供应税劳务、发生应税行为时按照销售额和增值税税率计算并收取的增值税税额。销项税额的计算公式为

$$销项税额 = 销售额 \times 增值税税率$$

公式中的“当期进项税额”是指纳税人当期购进货物、接受加工修理或修配劳务、应税服务、无形资产和不动产所支付或承担的允许抵扣的增值税税额。通常包括：①从销售方取得的增值税专用发票上注明的增值税税额；②从海关取得的完税凭证上注明的增值税税额；③购进农产品，按照农产品收购发票或者销售发票上注明的农产品买价计算的进项税额；④接受境外单位或者个人提供的应税服务，从税务机关或者境内代理人取得的解缴税款的中华人民共和国税收缴款凭证（以下称税收缴款凭证）上注明的增值税税额。

当期销项税额小于当期进项税额不足抵扣时，其不足部分可以结转下期继续抵扣。

（2）简易计税方法。增值税的简易计税方法是按照销售额与征税率的乘积计算应纳税额。应纳税额的计算公式为

$$应纳税额 = 销售额 \times 征收率$$

增值税一般纳税人计算增值税大多采用一般计税方法；小规模纳税人一般采用简易计税方法；一般纳税人销售服务、无形资产或者不动产，符合规定的，可以采用简易计税方法。

2. 一般纳税人的会计处理

1）增值税核算应设置的会计科目

为了核算企业应交增值税的发生、抵扣、交纳、退税及转出等情况，增值税一般纳税人应当在“应交税费”科目下设置“应交增值税”“未交增值税”“预交增值税”“待抵扣进项税额”等明细科目。

（1）“应交增值税”明细账内设置“进项税额”“销项税额抵减”“已交税金”“转出未交增值税”“减免税款”“销项税额”“出口退税”“进项税额转出”“转出多交增值税”“简易计税”等专栏。其中：

“进项税额”专栏，记录一般纳税人购进货物、加工修理修配劳务、服务、无形资产或不动产而支付的或者负担的、准予从销项税额中抵扣的增值税额。

“销项税额抵减”专栏，记录一般纳税人按照现行增值税制度规定因扣减销售额而减少的销项税额。

“已交税金”专栏，记录一般纳税人已交纳的当月应交增值税额。

“转出未交增值税”和“转出多交增值税”专栏，分别记录一般纳税人月度终了转出当月应交未交或多交的增值税额。

“减免税款”专栏，记录一般纳税人按现行增值税制度规定准予减免的增值税额。

“销项税额”专栏，记录一般纳税人销售货物、加工修理修配劳务、服务、无形资产或不动产应收取的增值税额，以及从境外单位或个人购进服务、无形资产或不动产应扣缴的增值税额。

“出口退税”专栏，记录一般纳税人出口产品按规定退回的增值税额。

“进项税额转出”专栏，记录一般纳税人购进货物、加工修理修配劳务、服务、无形资产或不动产等发生非正常损失以及其他原因而不应从销项税额中抵扣，按规定转出的进项税额。

“简易计税”专栏，记录一般纳税人采用简易计税方法应交纳的增值税额。

（2）“未交增值税”明细科目，核算一般纳税人月度终了从“应交增值税”或“预交增值税”明细科目转入当月应交未交、多交或者预交的增值税额，以及当月交纳以前期间未交的增值税额。

（3）“预交增值税”明细科目，核算一般纳税人转让不动产、提供不动产经营租赁服务、提供建筑服务，采用预收款方式销售自行开发的房地产项目等，按现行增值税制度规定应预交的增值税额。

（4）“待抵扣进项税额”明细科目，核算一般纳税人已取得增值税扣税凭证并经税务机关认证，按照现行增值税制度规定准予以后期间从销项税额中抵扣的进项税额。

2）取得资产、接受应税劳务或应税行为

（1）一般纳税人购进货物、接受加工修理修配劳务或者劳务、取得无形资产或者不动产，按应计入相关成本费用的金额，借记“在途物资”或“原材料”“库存商品”“生产成本”“无形资产”“固定资产”“管理费用”等科目，按可抵扣的增值税额，借记“应交税费——应交增值税（进项税额）”科目，按应付或实际支付的金额，贷记“应付账款”“应付票据”“银行存款”等科目。购进货物等发生的退货，应根据税务机关开具的红字增值税专用发票编制相反的会计分录。

其中需要注意，纳税人购进农产品，取得一般纳税人开具的增值税专用发票或海关进口增值税专用缴款书的，以增值税专用发票或海关进口增值税专用缴款书上注明的增值税额为进项税额；从按照简易计税方法依照 3%征收率计算缴纳增值税的小规模纳税人取得增值税专用发票的，以增值税专用发票上注明的金额和 9%的扣除率计算进项税额；取得（开具）农产品销售发票或收购发票的，以农产品销售发票或收购发票上注明的农产品买价和 9%的扣除率计算进项税额。按计算得出的允许抵扣的进项税额，借记“应交税费——应交增值税（进项税额）”科目，按以上三种情况分别确定农产品的金额，借记“材料采购”“在途物资”“原材料”“库存商品”等科目，按照应付或者实际支付的价款，贷记“应付账款”“应付票据”“银行存款”等科目。

【例 9-10】琛楠公司为增值税一般纳税人，使用的增值税税率为 13%，原材料按实际成本计算，销售商品价格为不含增值税的公允价格。2019 年 6 月发生交易或事项以及相关的会计分录如下：

5 日，购入原材料一批，增值税专用发票上注明的价款为 120 000 元，增值税税额为 15 600 元，材料尚未到达，全部款项以银行存款支付时：

借：在途物资	120 000	
应交税费——应交增值税（进项税额）	15 600	
贷：银行存款		135 600

10 日，收到 5 日购入的原材料并验收入库，实际成本总额为 120 000 元，同日，与运输公司结清运输费用，增值税专用发票注明的运输费用为 5 000 元，增值税税额为 450 元，运输费用和增值税税额以转账支票付讫时：

借：原材料	125 000	
应交税费——应交增值税（进项税额）	450	
贷：银行存款		5 450
在途物资		120 000

15 日，购入不需要安装的生产设备一台，增值税专用发票上注明的价款为 180 000 元，增值税税额为 23 400 元，款项尚未支付时：

借：固定资产	180 000	
应交税费——应交增值税（进项税额）	23 400	
贷：应付账款		203 400

20 日，购入农产品一批，农产品收购发票上注明的收购价为 200 000 元，规定的扣除率为 9%，货物尚未到达，价款以银行存款支付时：

借：在途物资	182 000	
应交税费——应交增值税（进项税额）	18 000	
贷：银行存款		200 000

25 日，生产车间委托外单位修理机器设备，对方开具的增值税专用发票上注明的修理费用为 20 000 元，增值税税额为 2 600 元，款项以银行存款支付时：

借：管理费用　　20 000

　　应交税费——应交增值税（进项税额）　　2 600

　贷：银行存款　　22 600

（2）自2019年4月1日起，纳税人取得不动产或者不动产在建工程的进项税额不再分2年抵扣。自2018年1月1日起，纳税人租入固定资产、不动产，既用于一般计税方法计税项目，又用于简易计税方法计税项目、免征增值税项目、集体福利或者个人消费的，其进项税额准予从销项税额中全额抵扣。

企业购进不动产或不动产在建工程，应当按取得资产的成本，借记“固定资产”“在建工程”等科目，按可抵扣的增值税额，借记“应交税费——应交增值税（进项税额）”科目，按应付或实际支付的金额，贷记“应付账款”“应付票据”“银行存款”等科目。

【例9-11】承【例9-10】，2019年6月10日，该公司购进一幢简易办公楼，并于当月投入使用，6月25日，纳税人取得该大楼的增值税专用发票并认证相符，专用发票注明的价款为480 000元，增值税进项税额为43 200元，款项已用银行存款支付。不考虑其他相关因素。做如下会计分录：

借：固定资产　　480 000

　　应交税费——应交增值税（进项税额）　　43 200

　贷：银行存款　　523 200

（3）货物等已验收入库但尚未取得增值税扣税凭证的账务处理。一般纳税人购进的货物等已到达并验收入库，但尚未收到增值税扣税凭证并未付款的，应在月末按货物清单或相关合同协议上的价格暂估入账，不需要将增值税的进项税额暂估入账。下月初，用红字冲销原暂估入账金额，待取得相关增值税扣税凭证并经认证后，按应计入相关成本费用或资产的金额，借记“原材料”“库存商品”“固定资产”“无形资产”等科目，按可抵扣的增值税额，借记“应交税费——应交增值税（进项税额）”科目，按应付金额，贷记“应付账款”“银行存款”等科目。

【例9-12】承【例9-10】2019年6月25日，该公司购进原材料一批已验收入库，但尚未收到增值税扣税凭证，款项也未支付。随货同行的材料清单列明的原材料销售价格为260 000元，估计未来可抵扣的增值税额为33 800元。该企业应编制如下会计分录：

借：原材料　　260 000

　贷：应付账款　　260 000

下月初，取得相关增值税专用发票上注明的价款为260 000元，增值税税额为33 800元，增值税专用发票已认证，全部款项已用银行存款支付。该公司应编制如下会计分录：

借：原材料　　260 000（红字）

　贷：应付账款　　260 000（红字）

借：原材料　　260 000

　　应交税费——应交增值税（进项税额）　　33 800

　贷：银行存款　　293 800

（4）进项税额转出。企业已单独确认进项税额的购进货物、加工修理修配劳务或者服务、无形资产或者不动产但其事后改变用途（用于简易计税方法计税项目、免征增值税项目、非增值税应税项目等），或发生非正常损失，企业应将已计入“应交税费——应交增值税（进项税额）”科目的金额转入“应交税费——应交增值税（进项税额转出）”科目。这里所说的“非正常损失”，是指因管理不善造成被盗、丢失、腐烂变质的损失，以及被执法部门依法没收或者强令自行销毁的货物。进项税额转出的会计处理为，借记“待处理财产损溢”“应付职工薪酬”等科目，贷记“应交税费——应交增值税（进项税额转出）”科目。属于转作待处理财产损失的进项税额，应与非正常损失的购进货物、在产品或库存商品、固定资产和无形资产的成本一并处理。

【例 9-13】承【例 9-10】，2019 年 6 月，该公司发生进项税额转出事项，相关会计分录如下：

10 日，库存材料因管理不善发生意外火灾损失，有关增值税专用发票注明的材料成本为 20 000 元，增值税税额为 2 600 元。该公司将毁损库存材料作为待处理财产损溢入账时：

借：待处理财产损溢——待处理流动资产损溢	22 600	
贷：原材料		20 000
应交税费——应交增值税（进项税额转出）		2 600

18 日，领用一批外购原材料用于集体福利消费，该批原材料的成本为 60 000 元，购入时支付的增值税进项税额为 7 800 元。

借：应付职工薪酬——职工福利费	67 800	
贷：原材料		60 000
应交税费——应交增值税（进项税额转出）		7 800

3）销售货物、提供应税劳务、发生应税行为

（1）企业销售货物，提供加工修理修配劳务、销售服务、无形资产或者不动产、应当按已收或应收的金额，借记“应收账款”“应收票据”“银行存款”等科目，按取得的收入金额，贷记“主营业务收入”“其他业务收入”“固定资产清理”等科目，按现行增值税规定计算的销项税额（或采用简易计税方法计算的应纳增值税额），贷记“应交税费——应交增值税（销项税额或简易计税）”科目。

【例 9-14】承【例 9-10】，2019 年 6 月，该公司发生与销售相关的交易，相关会计分录如下：

15 日，销售产品一批，开具增值税专用发票注明的价款为 500 000 元，增值税税额为 65 000 元，提货单和增值税专用发票已交给买方，款项尚未收到时：

借：应收账款	565 000	
贷：主营业务收入		500 000
应交税费——应交增值税（销项税额）		65 000

28 日，为外单位代加工电脑桌 500 个，每个收取加工费 80 元，已加工完成，开具增值税专用发票注明的价款为 40 000 元，增值税税额为 5 200 元，款项已收到并存入银行时：

借：银行存款	45 200	
贷：主营业务收入		40 000
应交税费——应交增值税（销项税额）		5 200

（2）视同销售。企业有些交易或事项从会计角度看不属于销售行为，不能确认销售收

入，但按照税法规定，应视同对外销售处理，计算应交增值税。视同销售需要交纳增值税的事项有：企业将自产或委托加工的货物用于集体福利或个人消费；将自产、委托加工或购买的货物作为投资，提供给其他单位或个体工商户、分配给股东或投资者、对外捐赠等。在这些情况下，企业应当根据视同销售的具体内容，按照现行增值税制度规定计算的销项税额（或采用简易计税方法计算的应纳增值税额），借记“在建工程”“长期股权投资”“应付职工薪酬”“营业外支出”等科目，贷记“应交税费——应交增值税（销项税额或简易计税）”科目等。

【例 9-15】 承【例 9-10】，2019 年 6 月，该公司发生的视同销售交易或事项，相关的会计分录如下：

10 日，将本企业生产的产品用于自营工程。该批产品的成本为 180 000 元，计税价格为 250 000 元时：

借：在建工程	212 500	
贷：库存商品		180 000
应交税费——应交增值税（销项税额）		32 500

25 日，用一批原材料对外进行长期股权投资。该批原材料实际成本为 600 000 元，双方协商不含税价格为 750 000 元时：

借：长期股权投资	847 500	
贷：其他业务收入		750 000
应交税费——应交增值税（销项税额）		97 500
借：其他业务成本	600 000	
贷：原材料		600 000

4）交纳增值税

企业交纳当月应交的增值税，借记“应交税费——应交增值税（已交税金）”科目，贷记“银行存款”科目；企业交纳以前期间未交的增值税，借记“应交税费——未交增值税”科目，贷记“银行存款”科目。

【例 9-16】 承【例 9-10】至【例 9-15】，2019 年 6 月，琛楠公司发生销项税额合计为 200 200 元，进项税额转出合计为 10 400 元，进项税额合计为 103 250 元，琛楠公司当月应交增值税计算结果如下：

应交增值税 = 200 200 + 10 400 − 103 250 = 107 350（元）

当月，该公司用银行存款交纳增值税 100 000 元，应做如下会计分录：

借：应交税费——应交增值税（已交税金）	100 000	
贷：银行存款		100 000

5）月末转出多交增值税和未交增值税

月度终了，企业应当将当月应交未交或多交的增值税自“应交增值税”明细科目转入“未交增值税”明细科目。对于当月应交未交的增值税，借记“应交税费——应交增值税（转出未交增值税）”科目，贷记“应交税费——未交增值税”科目；对于当月多交的增值税，借记“应交税费——未交增值税”科目，贷记“应交税费——应交增值税（转出多交增值税）”科目。

【例 9-17】承【例 9-16】，月末，该公司将尚未交纳的其余增值税税款 7 350 元转入“未交增值税”明细科目。应编制如下会计分录：

借：应交税费——应交增值税（转出未交增值税） 7 350

贷：应交税费——未交增值税 7 350

次月初，该公司交纳上月未交增值税 7 350 元，应编制如下会计分录：

借：应交税费——未交增值税 7 350

贷：银行存款 7 350

需要说明的是，企业购入材料等不能取得增值税专用发票的，发生的增值税应计入材料采购成本，借记“材料采购”“在途物资”“原材料”等科目，贷记“银行存款”等科目。

3. 小规模纳税人的会计处理

小规模纳税人核算增值税采用简化的方法，即购进货物、接受应税劳务和应税行为支付的增值税，一律不予抵扣，直接计入有关货物或劳务的成本。销售货物、提供应税劳务和应税行为时，按照不含税的销售额和规定的增值税征收率计算应交增值税，但不得开具增值税专用发票。

一般来说，小规模纳税人采用销售额和应纳税额合并定价的方法并向客户结算款项，销售货物或提供应税劳务后，应进行价税分离，确定不含税的销售额。不含税的销售额计算公式为

$$不含税销售额=含税销售额\div（1+征收率）$$

$$应纳税额=不含税销售额\times 征收率$$

小规模纳税人进行账务处理时，只需在“应交税费”科目下设置“应交增值税”明细科目，该明细科目下不再设置专栏。“应交税费——应交增值税”科目贷方登记应交纳的增值税，借方登记已交纳的增值税，期末贷方余额反映尚未交纳的增值税，借方余额反映多交纳的增值税。

小规模纳税人购进货物或接受应税劳务、应税行为，按照应付或实际支付的金额款项，借记“材料采购”“在途物资”“原材料”等科目，贷记“应付账款”“应付票据”“银行存款”等科目；销售货物、提供应税劳务和应税行为，应按全部价款借记“银行存款”等科目，按不含税的销售额贷记“主营业务收入”等科目，按应征收增值税额贷记“应交税费——应交增值税”科目。

【例 9-18】申华公司为增值税小规模纳税人，适用增值税税率为 3%，原材料按实际成本核算。该企业发生经济交易如下：购入原材料一批，取得增值税专用发票注明的价款为 30 000 元，增值税税额为 3 900 元，款项以银行存款支付，材料验收入库。销售产品一批，开具的普通发票中注明的货款（含税）为 51 500 元，款项已存入银行。用银行存款交纳增值税 1 500 元。该企业应编制如下会计分录：

（1）购入原材料时：

借：原材料 33 900

贷：银行存款 33 900

（2）销售产品时：

借：银行存款 51 500

贷：主营业务收入　　50 000

应交税费——应交增值税　　1 500

不含税销售额 = 含税销售额÷（1 + 征收率）

= 51 500÷（1 + 3%） = 50 000（元）

应纳增值税 = 不含税销售额×征收率 = 50 000×3% = 1 500（元）

（3）交纳增值税时：

借：应交税费——应交增值税　　1 500

贷：银行存款　　1 500

（二）消费税

1. *消费税概述*

消费税是指在我国境内生产、委托加工和进口应税消费品的单位和个人，按其流转额交纳的一种税。消费税有从价定率和从量定额两种征收方法。采取从价定率方法征收的消费税，以不含增值税的销售额为税基，按照税法规定的税率计算。企业的销售收入包含增值税的，应将其换算为不含增值税的销售额。采取从量定额计征的消费税，根据按税法确定的企业应税消费品的数量和单位应税消费品应缴纳的消费税计算确定。

2. *应交消费税的会计处理*

企业应在“应交税费”科目下设置“应交消费税”明细科目，核算应交消费税的发生、交纳情况。该科目贷方登记应交纳的消费税，借方登记已交纳的消费税，期末贷方余额反映企业尚未交纳的消费税，借方余额反映企业多交纳的消费税。

1）销售应税消费品

企业销售应税消费品应交的消费税，应借记“税金及附加”科目，贷记“应交税费——应交消费税”科目。

【例 9-19】琛楠公司销售应税消费品一批，不含增值税价款为 50 000 元，增值税销项税额为 6 500 元，共计 56 500 元，款项收到，存入银行。适用的消费税税率为 10%，不考虑其他相关税费。琛楠公司应编制如下会计分录：

借：银行存款　　56 500

贷：主营业务收入　　50 000

应交税费——应交增值税（销项税额）　　6 500

借：税金及附加　　5 000

贷：应交税费——应交消费税　　5 000

2）视同销售应交消费税

企业将自产的应税消费品用于本企业生产非应税消费品、在建工程、管理部门、非生产机构、集体福利、个人消费，或用于对外投资、分配给股东或投资者或无偿捐赠给他人，均应视作销售，计算缴纳消费税。

【例 9-20】琛楠公司在建工程领用自产柴油，成本为 25 000 元，应纳消费税 3 000 元。不考虑其他相关税费。琛楠公司应编制如下会计分录：

借：在建工程　　28 000

贷：库存商品　　25 000

　　应交税费——应交消费税　　3 000

【例 9-21】琛楠公司下设的职工食堂享受企业提供的补贴，本月领用自产产品一批，该产品的账面成本 40 000 元，市场价格 60 000 元（不含增值税），适用的消费税税率为 10%。不考虑其他相关税费。琛楠公司应编制如下会计分录：

借：应付职工薪酬——职工福利　　60 000

　　税金及附加　　6 000

　贷：主营业务收入　　60 000

　　　应交税费——应交消费税　　6 000

借：主营业务成本　　40 000

　贷：库存商品　　40 000

3）委托加工应税消费品

企业如有应交消费税的委托加工物资，一般应由受托方代收代缴税款。委托加工物资收回后，直接用于销售的，应将受托方代收代缴的消费税计入委托加工物资的成本，借记“委托加工物资”等科目，贷记“应付账款”“银行存款”等科目；委托加工物资收回后用于连续生产应税消费品的，按规定准予抵扣的，应按已由受托方代收代缴的消费税，借记“应交税费——应交消费税”科目，贷记“应付账款”“银行存款”等科目，待用委托加工的应税消费品生产出应纳消费税的产品销售时，再交纳消费税。

【例 9-22】琛楠公司委托乙企业代为加工一批应交消费税的材料（非金银首饰）。

琛楠公司发出材料，实际成本为 100 000 元。

借：委托加工物资　　100 000

　贷：原材料　　100 000

收回加工完成的应税消费品，作为原材料入库，用银行存款实际支付不含税的加工费 20 000 元，增值税 2 600 元，采用从价定率办法计算缴纳消费税，消费税税率为 20%，支付消费税 30 000 元，共计 52 600 元。

$$其中消费税=\frac{100\,000+20\,000}{1-20\%}\times 20\%=30\,000（元）$$

（1）如果委托加工物资收回后继续用于生产应税消费品时：

借：委托加工物资　　20 000

　　应交税费——应交增值税（进项税额）　　2 600

　　　　　　——应交消费税　　30 000

　贷：银行存款　　52 600

借：原材料　　120 000

　贷：委托加工物资　　120 000

（2）如果委托加工物资收回直接对外销售时：

借：委托加工物资　　50 000

　　应交税费——应交增值税（进项税额）　　2 600

贷：银行存款　　52 600

借：原材料　　150 000

贷：委托加工物资　　150 000

4）进口应税消费品

企业进口应税物资在进口环节应交的消费税，计入该项物资的成本，借记“材料采购”“固定资产”等科目，贷记“银行存款”科目。

（三）其他应交税费

1. 资源税

资源税是国家对在我国境内开采矿产品或者生产盐的单位和个人征收的一种税。资源税采取从量定额的办法征收，按照应税产品的课税数量和规定的单位税额计算，开采或生产应税产品销售的，以销售数量为课税数量；开采或生产应税产品自用的，以自用数量为课税数量。

企业按规定应交的资源税，在“应交税费”科目下设置“应交资源税”明细科目核算。

在进行会计处理时，企业按规定计算出销售的应税产品应交纳的资源税，借记“税金及附加”科目，贷记“应交税费——应交资源税”科目；企业计算出自产自用的应税产品应交纳的资源税，借记“生产成本”“制造费用”等科目，贷记“应交税费——应交资源税”科目。

2. 土地增值税

土地增值税是有偿对转让国有土地使用权、地上建筑物及其附着物并取得收入的单位和个人，就其转让房地产所取得的增值额征收的一种税。土地增值税按照转让房地产所取得的增值额和规定的税率计算征收。这里的增值额是指转让房地产所取得的收入减除规定扣除项目金额后的余额。

企业按规定应交的土地增值税，在“应交税费”科目下设置“应交土地增值税”明细科目核算。

转让的国有土地使用权与地上建筑物及其附着物一并在“固定资产”科目核算的，转让时应交纳的土地增值税，借记“固定资产清理”科目，贷记“应交税费——应交土地增值税”科目。

3. 城市维护建设税

为了加强城市的维护建设，扩大和稳定城市维护建设资金的来源，国家开征了城市维护建设税。城市维护建设税是国家对交纳增值税和消费税的单位及个人就其实际缴纳的税额为计税依据而征收的一种税。税率因纳税人所在地不同从1%～7%不等。城市维护建设税计算公式为：

$$应纳税额 =（应交增值税 + 应交消费税）\times 适用税率$$

企业按规定应交的城市维护建设税，在“应交税费”科目下设置“应交城市维护建设税”明细科目核算。

在进行会计处理时，企业按规定计算出的城市维护建设税，借记“税金及附加”“其他业务成本”“固定资产清理”等科目，贷记“应交税费——应交城市维护建设税”科目；实际上交时，借记“应交税费——应交城市维护建设税”科目，贷记“银行存款”科目。

4. 教育费附加

教育费附加是为了发展教育事业而向企业征收的附加费用，企业按应交流转税的一定比例计算交纳。该项附加向缴纳增值税和消费税的单位及个人征收，以其实际缴纳的税额为计征依据，与增值税和消费税同时缴纳。企业应交的教育费附加，借记“税金及附加”科目，贷记“应交税费——应交教育费附加”科目。

5. 房产税、城镇土地使用税、车船税及印花税

房产税是以房产为征税对象，依据房产价格或房产租金收入向房产所有人或经营人征收的一种税。房产税依照房产原值一次减除10%～30%后的余额计算交纳。没有房产原值作为依据的，应由房屋所在地的税务机关参考同类房屋的价值核定；房产出租的，以房产租金收入为房产税的计税依据。

城镇土地使用税是国家为了合理利用城镇土地，调节土地级差收入，提高土地使用效益，加强土地管理而开征的一种税。城镇土地使用税以纳税人实际占用的土地面积，按照规定的税额计算征收。

车船税是指国家对行驶于境内公共道路的车辆和航行于境内河流、湖泊或者领海的船舶，依法征收的一种税。车船税纳税义务人是指在我国境内，车辆、船舶的所有人或者管理人。车船税按照适用税额计算交纳。

印花税是对书立、领受购销合同等凭证行为征收的税款。应纳税凭证包括：购销、加工承揽、建设工程承包、财产租赁、货物运输、仓储保管、借款、财产保险、技术合同或者具有合同性质的凭证、产权转移书据、营业账簿、权利、许可证照等。纳税人根据应纳税凭证的性质，分别按比例税率或按件定额计算应纳税额。

企业交纳的印花税，是由纳税人根据规定自行计算应纳税额以购买并一次贴足印花税票的方法交纳的税款。企业需要预先购买印花税票，发生应税行为时，再根据凭证的性质和规定的比例税率或者按件计算应纳税额，将已购买的印花税票粘贴在应纳税凭证上，并在每枚税票的骑缝处盖戳注销或划销，办理完税手续。企业交纳的印花税，不会发生应付未付税款的情况，不需要预计应纳税金额，因此不存在与税务机关结算或清算的问题。

企业按规定计算应交的房产税、城镇土地使用税、车船税，借记“税金及附加”科目，贷记“应交税费——应交房产税（或土地使用税、车船税）”科目；上交税款时，借记“应交税费——应交房产税（或土地使用税、车船税）”科目，贷记“银行存款”科目。

企业交纳的印花税不需要通过“应交税费”科目核算，于购买印花税票时，直接借记“税金及附加”科目，贷记“银行存款”科目。

6. 所得税

企业的生产、经营所得和其他所得，依照税法规定需要交纳所得税。企业应交纳的所得税，在“应交税费”科目下设置“应交所得税”明细科目核算；当期应计入损益的所得税，作为一项费用，在净收益前扣除。

7. 耕地占用税

耕地占用税是国家为了利用土地资源，加强土地管理，保护农用耕地而征收的一种税。耕地占用税以实际占用的耕地面积计税，按照规定税额一次征收。企业交纳的耕地

占用税，不需要通过“应交税费”科目核算。企业按规定计算交纳耕地占用税时，借记“在建工程”科目，贷记“银行存款”科目。

六、应付股利

应付股利是企业经董事会或股东大会，或类似机构审议批准应分配的现金股利或利润。企业作为独立核算的经济实体，对其实现的经营成果除了按照税法及有关法规规定交相关税费外，还必须对运用投资者投入的资金给予一定的回报，作为投资者应该分享的投资收益。因此，企业分配给投资者的现金股利或利润，在实际支付给投资者之前，形成了一笔负债。

企业通过“应付股利”科目，核算企业确定或宣告支付但尚未实际支付的现金股利或利润。该科目贷方登记应支付的现金股利或利润，借方登记实际支付的现金股利或利润，期末贷方余额反映企业应付未付的现金股利或利润。该科目应按照投资者设置明细科目进行明细核算。

企业根据股东大会或类似机构审议批准的利润分配方案，确认应付给投资者的现金股利或利润时，借记“利润分配——应付现金股利或利润”科目，贷记“应付股利”科目；向投资者实际支付现金股利或利润时，借记“应付股利”科目，贷记“银行存款”等科目。

企业董事会或类似机构通过的利润分配方案中拟分配的现金股利或利润，不做账务处理，不作为应付股利核算，但应在附注中披露。企业分配的股票股利不通过“应付股利”科目核算。

七、其他应付款

其他应付款是指流动负债中除应付票据、应付账款、预收账款、应付职工薪酬、应交税费、应付利息、应付股利、长期应付款等以外与企业的经营活动直接或间接相关的其他各种应付、暂收款项。其主要包括经营租入固定资产或包装物等的应付租金、存入保证金、职工未按时领取的工资、应付赔偿和罚款等。

企业应通过“其他应付款”科目，核算其他应付款的增减变动及其结存情况，并按照其他应付款的项目和对方单位（或个人）设置明细科目进行明细核算。该科目贷方登记发生的各种应付、暂收款项，借方登记偿还或转销的各种应付、暂收款项，该科目期末贷方余额，反映企业应付未付的其他应付款项。发生上述各种应付、暂收款项时，借记“银行存款”科目，贷记“其他应付款”科目；实际偿付时，做与发生时相反的会计分录。

企业采用售后回购方式融入资金、销售商品时按实际收到的金额，借记“银行存款”科目，贷记“其他应付款”“应交税费”科目；回购价与原销售价之差额，应在售后回购期内分期计提利息费用，借记“财务费用”科目，贷记“其他应付款”科目；按照合同约定回购时，应按实际支付金额，借记“其他应付款”科目，贷记“银行存款”科目。

八、预计负债

（一）或有事项的概述

1. 或有事项的概念

企业在经营活动中有时会面临一些具有较大不确定性的经济事项，这些不确定事项对企业的财务状况和经营成果可能会产生较大的影响，其最终结果须由某些未来事项的发生或不发生加以决定。例如企业售出一批商品并对商品提供售后担保，承诺在商品发生质量问题时由企业无偿提供修理服务。销售商品并提供售后担保是企业过去发生的交易，由此形成的未来修理服务构成一项不确定事项，修理服务的费用是否会发生和发生金额是多少将取决于未来是否发生修理请求以及修理工作量、费用等的大小。按照权责发生制原则，企业不能等到客户提出修理请求时，才确认因提供担保而发生的义务，而应当在资产负债表日对这一不确定事项做出判断，以决定是否在当期确认承担的修理义务。这种不确定事项在会计上被称为或有事项。

或有事项是指过去的交易或者事项形成的，其结果须由某些未来事项的发生或不发生才能决定的不确定事项。或有事项主要包括：未决诉讼或未决仲裁、债务担保、产品质量保证（含产品安全保证）、亏损合同、重组义务、承诺、环境污染整治等。

2. 或有事项的特征

（1）由过去的交易或者事项形成的。或有事项作为一种不确定事项，是因企业过去的交易或者事项形成的。因过去的交易或者事项形成，是指或有事项的现存状况是过去交易或者事项引起的客观存在。例如产品质量保证是企业对已售出商品或已经提供的劳务的质量提供的保证，而不是针对尚未出售的商品或尚未提供的劳务。就是说，或有事项是截止到资产负债表日已经存在的客观状况。

（2）结果具有不确定性。结果具有不确定性是指或有事项的结果是否发生具有不确定性或者或有事项的结果预计将会发生，但发生的具体时间或金额具有不确定性。例如产品质量保证是否会带来产品的维修具有不确定性，维修的时间和耗费的金额也具有不确定性。

（3）结果需由未来事项决定。或有事项的结果只能由未来不确定事项的发生或不发生才能决定。或有事项对企业会产生有利影响还是不利影响，或虽已知是有利影响或不利影响，但影响有多大，在或有事项发生时是难以确定的。这种不确定性的消失，只能由未来不确定事项的发生或不发生才能证实。例如企业为其他单位提供债务担保，该担保事项最终是否会要求企业履行偿还债务的连带责任，一般只能看被担保方的未来经营情况和偿债能力。如果被担保方经营情况和财务状况良好且有较好的信用，能按期还款，那么企业将不需要履行该连带责任。只有在被担保方到期无力还款时，担保方才承担偿还债务的连带责任。

3. 或有事项的内容

或有事项的可能结果会产生负债、资产、预计负债、或有负债或者或有资产，本章主要介绍或有负债部分。

1）或有负债

或有负债，是指过去的交易或者事项形成的潜在义务，其存在需通过未来不确定事项的发生或不发生予以证实；或过去的交易或者事项形成的现时义务，履行该义务不是很可能导致经济利益流出企业或该义务的金额不能可靠计量。

由此可以得出，或有负债涉及潜在义务和现时义务两类义务。潜在义务是指结果取决于不确定未来事项的可能义务。也就是说，潜在义务最终是否转变为现时义务，由某些未来不确定事项的发生或不发生才能决定。现时义务是指企业在现行条件下已承担的义务。或有负债作为现时义务，它不同于一般负债之处在于，该现时义务的履行不是很可能（可能性不超过 50%）导致经济利益流出企业，或者该现时义务的金额不能可靠地计量。

2）或有资产

或有资产，是指过去的交易或者事项形成的潜在资产，其存在需通过未来不确定事项的发生或不发生予以证实。它与或有负债一样，必须具备两个特征：或有资产由过去的交易或事项产生，或有资产的结果具有不确定性。

（二）预计负债的确认与计量

或有事项的确认是指与或有事项相关义务的确认。或有事项的确认和计量通常是指预计负债的确认和计量。或有事项符合确认资产条件时，也应对其确认和计量。

1. 预计负债的确认

与或有事项有关的义务应当在同时符合以下三个条件时确认为负债，作为预计负债进行确认。

（1）该义务是企业承担的现时义务。

（2）履行该义务很可能导致经济利益流出企业。

（3）该义务的金额能够可靠地计量。

从上述三个条件可以得出：只有现时义务才能确认为预计负债，潜在义务不能确认为预计负债；履行或有事项产生的现时义务导致经济利益流出企业的可能性超过 50%但尚未达到基本确定程度时，应该确认为预计负债；该义务的金额必须能够可靠计量，不能可靠计量，就难以在财务报表内进行确认，即使满足（1）和（2）两个条件，也只能在报表附注中披露说明。

2. 预计负债的计量

或有事项的计量是指与或有事项相关义务形成的预计负债的计量。包括最佳估计数的确定和预期可获得补偿的处理。

1）最佳估计数的确定

预计负债应当按照履行相关现时义务所需支出的最佳估计数进行初始计量。最佳估计数的确定按照以下两种情况处理。

（1）所需支出存在一个连续范围（或区间），且该范围内各种结果发生的可能性相同时，最佳估计数应当按照该范围内上下限金额的平均值确定。

【例 9-23】2019 年 12 月 9 日，琛楠公司因合同违约而涉及一桩诉讼案。根据企业的法律顾问判断，最终的判决很可能对本企业不利。2019 年 12 月 31 日，公司尚未接到法院的判决，因诉讼须承担的赔偿金额也无法准确地确定。假定预计要支付赔偿金额在 50 万～70 万元之间，而且这个区间内每个金额的可能性都大致相同。则琛楠公司应在 2019 年 12 月 31 日的资产负债表中确认一项预计负债，金额为：（50 + 70）/2 = 60（万元）。琛楠公司的会计分录如下：

借：营业外支出——赔偿支出　　600 000

　贷：预计负债——未决诉讼　　600 000

（2）所需支出不存在一个连续范围，或者虽然存在一个连续范围但该范围内各种结果发生的可能性不相同。则按以下两种方法确认：

第一，或有事项涉及单个项目的，按照最可能发生金额确定。

【例 9-24】 承【例 9-23】，假设根据企业的法律顾问判断，琛楠公司最终诉讼胜利的可能性有 30%，败诉的可能性有 70%。如果败诉，将要赔偿 70 万元。则琛楠公司应在 2019 年 12 月 31 日的资产负债表中确认一项预计负债，金额应为最可能发生的金额，即 700 000 元。琛楠公司的会计分录如下：

借：营业外支出——赔偿支出　　700 000

　贷：预计负债——未决诉讼　　700 000

第二，或有事项涉及多个项目的，按照各种可能结果及相关概率计算确定。

【例 9-25】 2019 年，琛楠公司销售产品 40 000 件，销售额 1.2 亿元。琛楠公司的产品质量保证条款规定：产品售出后一年内，如发生正常质量问题，琛楠公司将免费负责修理。根据以往的经验，如果出现较小的质量问题，则须发生的修理费为销售额的 1%；而如果出现较大的质量问题，则须发生的修理费为销售额的 2%。据预测，本年度已售产品中，有 80%不会发生质量问题，有 15%将发生较小质量问题，有 5%将发生较大质量问题。

2019 年末，琛楠公司应确认的预计负债金额（最佳估计数）=（1.2×1%）×15% +（1.2×2%）×5% = 300 000（元）。琛楠公司的会计分录如下：

借：销售费用——产品质量保证　　300 000

　贷：预计负债——产品质量保证　　300 000

2）预期可获得补偿的处理

在有些情况下，企业承担的一些赔偿支出，可以从第三方取得补偿，从而使得企业承担的赔偿金额实际上有可能减少。我国或有事项会计准则规定，企业清偿预计负债所需支出全部或部分预期由第三方补偿的，补偿金额只有在基本确定能够收到时才能作为资产单独确认。确认的补偿金额不应当超过预计负债的账面价值。所谓的“基本确定”是指经济利益流入的概率达到了 95%以上（不含 95%）。“单独确认”是指确认的补偿金额应该计入资产，不应该作为预计负债的抵减金额。

第三节 非流动负债

一、长期借款

长期借款是指企业向银行或其他金融机构借入的，偿还期在一年以上（不含一年）的借款。

长期借款应按实际的借款本金及借款期内形成的利息之和计价核算。企业借入各种长期借款时，按实际收到的款项，借记“银行存款”科目，贷记“长期借款——本金”；按借贷双方之间的差额，借记“长期借款——利息调整”。

在资产负债表日，企业应按长期借款的摊余成本和实际利率计算确定的长期借款的利息费用，借记“在建工程”“财务费用”“制造费用”等科目，按借款本金和合同利率计算确定的应付未付利息，贷记“应付利息”科目，按其差额，贷记“长期借款——利息调整”科目。

企业归还长期借款，按归还的长期借款本金，借记“长期借款——本金”科目，按转销的利息调整金额，贷记“长期借款——利息调整”科目，按实际归还的款项，贷记“银行存款”科目，按借贷双方之间的差额，借记“在建工程”“财务费用”“制造费用”等科目。

【例 9-26】琛楠公司 2018 年 1 月 1 日借入期限为 2 年的长期借款 2 000 000 元，款项已存入银行。借款利率按市场利率确定为 6%，每年付息一次，期满后一次还清本金。2018 年 1 月 10 日，以银行存款支付工程价款共计 2 000 000 元。该厂房于 2019 年 8 月底完工，达到预定可使用状态。琛楠公司的会计分录如下：

（1）2018 年 1 月 1 日，取得借款时：

借：银行存款	2 000 000	
贷：长期借款		2 000 000

（2）2018 年 1 月 10 日，支付工程款时：

借：在建工程	2 000 000	
贷：银行存款		2 000 000

（3）2018 年 12 月 31 日，计算 2018 年应计入工程成本利息时：

借款利息 = 2 000 000×6% = 120 000（元）

借：在建工程	120 000	
贷：应付利息		120 000

（4）支付借款利息时：

借：应付利息	120 000	
贷：银行存款		120 000

（5）2019 年 8 月底，达到预定可使用状态，对于 2019 年 8 月份前的利息费用予以资本化。

应计入工程成本的利息 =（2 000 000×6%/12）×8 = 80 000（元）

借：在建工程 80 000
　贷：应付利息 80 000

同时：

借：固定资产 2 200 000
　贷：在建工程 2 200 000

（6）2019 年 12 月 31 日，计算 2019 年 9～12 月应计入财务费用的利息时：

应计入财务费用的利息 =（2 000 000×6%/12）×4 = 40 000（元）

借：财务费用 40 000
　贷：应付利息 40 000

（7）2019 年 12 月 31 日支付利息时：

借：应付利息 120 000
　贷：银行存款 120 000

（8）2020 年 1 月 1 日到期还本时：

借：长期借款 2 000 000
　贷：银行存款 2 000 000

二、应付债券

（一）应付债券的概念和分类

应付债券是企业为了筹集长期资金，依照法定程序，面向社会、个人及其他经济组织发售的按约定方式支付本金和利息的一种借款凭证。它是一种书面的债务契约，是企业筹集资金的一种重要形式。

应付债券按照不同的标准进行分类，一般来说，有以下几种分类方式。

1. 按有无抵押担保分类

（1）有担保债券。有担保债券是用一定的财产物资作为公司偿债保证的债券，担保品可以是动产或不动产，也可以用股票、债券、其他有价证券作为担保品。

（2）无担保债券。无担保债券是无担保品作为保证的债券，也称信用债券，是仅凭公司的信用发行的。

2. 按是否记名分类

（1）记名债券。记名公司债券是指债券上注明债权人姓名，同时在公司的发行账簿上作同样记录的债券。记名公司债券一般不自由转让，特殊情况下经发行债券公司登记过户可以进行转让。

（2）无记名债券。无记名公司债券是指债券上未注明债权人姓名，也不在发行公司账簿上作同样登记的债券。无记名公司债券可以自由转让。

3. 按债券的偿还方式分类

（1）一次还本债券。一次还本债券是指在规定期满时，一并偿还本金的债券。

（2）分次还本债券。分次还本债券是指分次分批偿还本金的债券。

4. 按支付利息的方式分类

（1）到期一次付息债券。到期一次付息债券是指在到期日支付全部利息的债券。

（2）分期付息债券。分期付息债券是指每隔一段时间支付一次利息的债券。

5. 按可否转换分类

（1）可转换债券。可转换债券是指债券持有人在持有一定时期后可按照规定的比率转换为公司普通股的债券。

（2）不可转换债券。不可转换债券是指没有上述转换权利的债券。

（二）一般公司债券

1. 公司债券的发行

企业发行的超过一年期的债券（包括企业发行的归类为金融负债的优先股、永续债等），构成了企业的长期负债。债券的发行受同期银行存款利率的影响较大。债券发行时，债券的发行价格可能会出现以下三种情况。

（1）当债券票面利率与同期银行利率一致时，债券的发行价格等于其票面价值，即按面值发行。

（2）如果债券票面利率高于银行存款利率，可按高于其票面价值的价格发行，称为溢价发行。溢价发行表明企业以后各期多付利息而事先得到的补偿。

（3）如果债券票面利率低于银行存款利率，可按低于债券票面价值的价格发行，称为折价发行。折价发行表明企业以后各期少付利息而预先给投资者的补偿。

2. 公司债券的会计处理

为了核算和监督企业债券的发行和本金的偿还情况，应设置“应付债券”科目。该科目属于负债类科目，其贷方登记企业发行债券时收到的款项和应支付的债券利息以及摊销的债券折价，借方登记企业实际支付的债券本息以及摊销的债券溢价，期末贷方余额表示企业尚未偿还的债券本息。该科目下设“面值”“利息调整”和“应计利息”三个明细科目进行明细核算。

企业无论是按面值，还是溢价发行或折价发行债券，均按债券面值计入“应付债券”科目的“面值”明细科目，实际收到的款项与面值的差额，计入“利息调整”明细科目。企业发行债券时，按实际收到的款项，借记“银行存款”等科目，按债券票面价值，贷记“应付债券——面值”科目，按实际收到的款项与票面价值之间的差额，贷记或借记“应付债券——利息调整”科目。

资产负债表日，对于分期付息、一次还本的债券，企业按应付债券的摊余成本和实际利率计算确定的债券利息费用，借记“在建工程”“制造费用”“财务费用”等科目，按票面利率计算确定的应付未付利息，贷记“应付利息”科目，按其差额借记或贷记“应付债券——利息调整”科目。在每期支付利息时，借记“应付利息”科目，贷记“银行存款”科目。债券到期偿还本金并支付最后一期利息时，借记“应付债券——面值”“在建工程”“财务费用”“制造费用”等科目，贷记“银行存款”科目，按借贷双方之间的差额，借记或贷记“应付债券——利息调整”科目。

对于一次还本付息的债券，企业应于资产负债表日按应付债券的摊余成本和实际利率计算确定的债券利息费用，借记“在建工程”“制造费用”“财务费用”等科目；按票面利率计算确定的应付未付利息，贷记“应付债券——应计利息”科目；按其差额借记或贷记“应付债券——利息调整”科目。企业于债券到期支付债券本息时，借记“应付债券——面值”“应付债券——应计利息”科目，贷记“银行存款”科目。

【例 9-27】2015 年 12 月 31 日，琛楠公司经批准发行 5 年期一次还本、分期付息的公司债券 20 000 000 元，债券利息在每年 12 月 31 日支付，票面利率为年利率 6%。假定债券发行时的市场利率为 5%。

琛楠公司该批债券实际发行价格为 = 20 000 000×（P/F，5%，5）+ 20 000 000×6%×（P/A，5%，5）= 20 000 000×0.7835 + 20 000 000×6%×4.3295 = 20 865 400（元）

琛楠公司采用实际利率法和摊余成本计算确定的利息费用，如表 9-4 所示。

表 9-4　利息费用一览表　　单位：元

付息日期	支付利息	利息费用	摊销利息调整	应付债券摊余成本
2015 年 12 月 31 日				20 865 400
2016 年 12 月 31 日	1 200 000	1 043 270	156 730	20 708 670
2017 年 12 月 31 日	1 200 000	1 035 433.5	164 566.5	20 544 103.5
2018 年 12 月 31 日	1 200 000	1 027 205.2	172 794.8	20 371 308.7
2019 年 12 月 31 日	1 200 000	1 018 565.4	181 434.6	20 189 874.1
2020 年 12 月 31 日	1 200 000	1 010 125.9*	189 874.1	20 000 000

*尾数调整。

根据表 9-4 的资料，琛楠公司的会计分录如下：

（1）2015 年 12 月 31 日发行债券时：

借：银行存款　20 865 400
　贷：应付债券——面值　20 000 000
　　　　　　——利息调整　865 400

（2）2016 年 12 月 31 日计算利息费用时：

借：财务费用　1 043 270
　　应付债券——利息调整　156 730
　贷：应付利息　1 200 000

2016 年 12 月 31 日支付利息时：

借：应付利息　1 200 000
　贷：银行存款　1 200 000

2017 年、2018 年、2019 年确认利息费用的会计处理同 2016 年。

（3）2020 年 12 月 31 日归还债券本金及最后一期利息费用时：

借：财务费用　1 010 125.9
　　应付债券——面值　20 000 000
　　　　　——利息调整　189 874.1
　贷：银行存款　21 200 000

（三）可转换公司债券

我国发行可转换公司债券采取记名式无纸化发行方式，债券最短期限为 3 年，最长期限为5年。企业发行的可转换公司债券在“应付债券”科目下设置“可转换公司债券”明细科目核算。

企业发行的可转换公司债券，应当在初始确认时将其包含的负债成分和权益成分进行分拆，将负债成分确认为应付债券，将权益成分确认为资本公积。

在进行分拆时，应当先对负债成分的未来现金流量进行折现确定负债成分的初始确认金额，再按发行价格总额扣除负债成分初始确认金额后的金额确定权益成分的初始确认金额。发行可转换公司债券发生的交易费用，应当在负债成分和权益成分之间按照各自的相对公允价值进行分摊。企业应按实际收到的款项，借记“银行存款”等科目，按可转换公司债券包含的负债成分面值，贷记“应付债券——可转换公司债券（面值）”科目，按权益成分的公允价值，贷记“资本公积——其他资本公积”科目，按借贷双方之间的差额，借记或贷记“应付债券——可转换公司债券（利息调整）”科目。

三、长期应付款

长期应付款是指企业除长期借款和应付债券以外的其他各种长期应付款项，包括应付融资租入固定资产的租赁费、以分期付款方式购入固定资产发生的应付款项等。

为了核算企业以分期付款方式购入固定资产发生的应付款项和应付融资租入固定资产的租赁费，应设置“长期应付款”科目。该科目属于负债类科目，其贷方登记企业应付的各项长期应付款项，借方登记企业实际支付的各项长期应付款项，期末贷方余额表示企业尚未偿还的各项长期应付款项。该科目按长期应付款的种类和债权人设置明细科目，进行明细分类核算。

1. 具有融资性质的延期付款购买资产

企业购入资产超过正常信用条件延期支付价款，实质上具有融资性质，所购资产的成本应当以延期支付购买价款的现值为基础确定。企业应按购买价款的现值借记“固定资产”“在建工程”等科目，按应支付的价款总额贷记“长期应付款”科目，按其差额借记“未确认融资费用”科目。

2. 应付融资租入固定资产的租赁费

企业采用融资租赁方式租入的固定资产，应在租赁期开始日，将租赁开始日租赁资产公允价值与最低租赁付款额现值两者中较低者，加上初始直接费用，作为租入资产的入账价值，借记“固定资产”等科目，按最低租赁付款额，贷记“长期应付款”科目，按发生的初始直接费用，贷记“银行存款”等科目，按其差额，借记“未确认融资费用”科目。

企业在计算最低租赁付款额的现值时，能够取得出租人租赁内含利率的，应当采用租赁内含利率作为折现率；否则，应采用租赁合同规定的利率作为折现率。企业无法取得出租人的租赁内含利率且租赁合同没有规定利率的，应当采用同期银行贷款利率作为折现率。租赁内含利率是指在租赁开始日，使最低租赁收款额的现值与未担保余值的现值之和等于租赁资产公允价值与出租人的初始直接费用之和的折现率。

未确认融资费用应当在租赁期内各个期间进行分摊。企业应当采用实际利率法计算确认当期的融资费用。

四、借款费用

借款费用是指企业因借款而发生的利息及其他相关成本。包括借款利息、折价或溢价的摊销、辅助费用以及因外币借款而发生的汇兑差额等。对于企业发生的权益性融资费用，不应包括在借款费用中。

（一）借款费用资本化的条件

按照《企业会计准则第 17 号——借款费用》的规定，企业发生的借款费用，可直接归属于符合资本化条件的资产的购建或生产的，应当予以资本化，计入相关资产成本；其他借款费用，应当在发生时根据其发生额确认为费用，计入当期损益。符合资本化条件的资产是指需要经过相当长时间的购建或者生产活动才能达到预定可使用或者可销售状态的固定资产、投资性房地产和存货等资产。建造合同成本、确认为无形资产的开发支出等在符合条件的情况下，也可以认定为符合资本化条件的资产。

借款费用同时满足以下三个条件的，应予以资本化计入资产成本。

（1）资产支出已经发生。这里所指的支出包括为购建或生产符合资本化条件的资产而以支付现金、转移非现金资产或者承担带息债务形式发生的支出。

（2）借款费用已经发生。企业因借款已经发生利息、折价或溢价的摊销、辅助费用或汇兑差额。例如企业以发行债券方式筹集资金来建造一项固定资产，此时债券本身可能还没有开始计息，但企业已经为发行债券向承销机构支付了一笔承销费，即发生了专门借款的辅助费用，因此，应当认为借款费用已经发生。

（3）为使资产达到预定可使用或者可销售状态所必要的购建或者生产活动已经开始。这里主要是指资产的实体建造或者生产活动，如主体设备的安装、厂房的实际建造、存货的生产等。但不包括仅仅持有资产，没有发生为改变资产形态而进行的购建或者生产活动的情况，如购置建筑用地而发生的借款费用，在持有土地但还没有发生有关房屋建造活动期间，不能予以资本化。

借款费用资本化的范围不仅包括专门借款，还包括一般借款。专门借款是指为购建或生产符合资本化条件的资产而专门借入的款项。一般借款是指除专门借款之外的借款，一般借款在借入时，其用途通常没有特指用于符合资本化条件的资产的购建或生产。

（二）借款费用资本化的暂停

如果某项符合资本化条件的资产的购建或生产活动发生非正常中断，并且中断时间连续超过 3 个月，则将中断期间所发生的借款利息和外币折合差额直接计入当期费用；如果中断是使购建或生产的资产达到预定可使用或者可销售状态的必要程序，则中断期间所发生的借款利息和外币折合差额仍应计入该项资产的成本。如果非正常中断的过程时断时续，即使中断时间累计超过 3 个月，但每一次中断时间没有连续超过 3 个月，借款利息和外币折合差额也应计入资产成本。

（三）借款费用资本化的停止

购建或者生产符合资本化条件的资产达到预定可使用或者预定可销售状态时，借款费用应当停止资本化。购建或者生产符合资本化条件的资产达到预定可使用或者预定可销售状态后，发生的借款费用，应当在发生时根据其发生额确认为费用，计入当期损益。这里所指的“达到预定可使用或者预定可销售状态”，是指资产已经达到购买方或者建造方预定的可使用或者可销售状态。

购建或者生产符合资本化条件的资产需要试生产或者试运行的，在试生产结果表明可以正常生产出合格产品或者试运行结果表明资产能够正常运转或者营业时，应当认为该资产已经达到预定可使用或者可销售状态，这时借款费用应当停止资本化。

复习思考题

1. 什么是流动负债？其包括哪些内容？
2. 对流动负债如何分类和计价？
3. 一般纳税企业与小规模纳税企业进行增值税核算有哪些不同？
4. 纳税人对委托加工物资应交消费税如何进行核算？
5. 与流动负债相比较，非流动负债有何特点？
6. 公司债券的发行价格如何构成？会受哪些因素影响？
7. 公司债券的溢价和折价产生的原因是什么？
8. 什么是借款费用？借款费用包括哪些具体内容？

第十章

所有者权益

本章介绍了企业的组织形式、所有者权益特征及分类，并按照所有者权益内容分别介绍了实收资本、其他权益工具、资本公积、其他综合收益、盈余公积和未分配利润的概念、确认与计量，着重阐述了所有者权益的会计核算。

【重要概念】所有者权益　实收资本　资本公积　盈余公积

第一节　所有者权益概述

一、企业组织形式

按照企业的组织形式，企业可分为独资企业、合伙企业和公司制企业三种。不同的组织形式具有不同的特征。

（一）独资企业

独资企业是指只有一个业主以营利为目的而设立的企业。《中华人民共和国个人独资企业法》规定：“个人独资企业，是指依照本法在中国境内设立，由一个自然人投资，财产为投资人个人所有，投资人以其个人财产对企业债务承担无限责任的经营实体。”在独资企业里，由于业主对企业债务负无限清偿责任，故所有者权益也称为业主权益。从法律上看，独资企业拥有的财产和对外承担的债务，与业主个人另外所拥有的财产和所负的债务没有什么区别，但在会计核算上，仍把独资企业视为一个独立的会计主体，单独予以处理。独资企业具有以下几方面主要特征。

（1）独资企业是法律上的自然人企业，而不是法人企业。

（2）独资企业只有一个业主，他既是企业的经营者，又是企业的所有者。

（3）独资企业的业主独享企业的经营利润，对企业承担无限责任。

（二）合伙企业

按照《中华人民共和国合伙企业法》的规定，合伙企业是指在中国境内设立的，由2人或2人以上的自然人通过订立合伙协议，共同出资经营、共负盈亏、共担风险的企业组织形式。

合伙企业应当有书面协议。在合伙企业中，所有者权益属合伙人共有，合伙人的出资额可以大小不等，利润按出资多少或合伙协议规定分配。合伙人对企业的债务负连带无限责任，而不受出资额的限制，这点与独资企业类似。合伙经营与独资经营的区别在于：为了明确合伙人的责任和权利，必须订立合伙契约。合伙企业的所有者权益按照合伙人分设科目，分别反映每个合伙人的投资、提款及其权益余额情况。合伙企业具有以下几方面主要特征。

（1）合伙企业是一个会计主体，但不是法人企业。

（2）合伙人共同拥有企业的财产。

（3）合伙人均有相互代理权。

（4）合伙人对合伙企业债务负有全部清偿的责任，而不受其投资额的限制。

（三）公司制企业

《公司法》定义的公司“是指依照本法在中国境内设立的有限责任公司和股份有限公司。有限责任公司和股份有限公司是企业法人，有独立的法人财产，享有法人财产权。公司以其全部财产对公司的债务承担责任。有限责任公司的股东以其认缴的出资额为限对公司承担责任；股份有限公司的股东以其认购的股份为限对公司承担责任”。采用公司组织形式，可以筹集大量社会闲散资金，扩大生产经营规模，增强市场竞争力。在公司组织中，由于所有者权益属于一定数目的股东，故所有者权益也称为股东权益。

按照股东对公司承担的责任，可以把公司分为有限责任公司和股份有限公司两种形式。有限责任公司的全部资本额由股东确定并如数缴足，股东按认购资本或权利证书的比例份额分享收益，分担风险。股份有限公司的全部资本均等划分为若干股份，通过发行股票方式筹集资本，股东以其所持股份为限对公司承担有限责任，公司以其全部资产对公司债务承担责任。

不同的组织形式，对资产和负债的会计处理并无重大影响，但涉及所有者权益方面的会计处理却大不相同。公司组织是当今世界上最广泛采用的企业组织形式，具有独资企业和合伙企业所不具备的生命力和优越性，在资本结构和筹资方式上更具灵活性。

二、所有者权益的特征

（1）所有者权益是一种剩余索取权。企业的债权人和所有者都是企业资产的提供者，他们对企业的资产都有相应的索偿权，但是从法律角度来看，债权人对企业资产的索偿权是优先于所有者对资产的索偿权的。因此，所有者权益是资产总额减去负债总额后的余额，代表的是一种剩余权益。

（2）所有者权益表明了企业可以长期使用资源的数量。任何企业的设立都必须以一定的所有者投入的资本为基础，按照公司法规定，这部分资本在企业终止经营前不得抽回，企业经营就拥有了可供长期使用的资金来源。

三、所有者权益的分类

企业所有者拥有的权益，最初以投入企业资产的形式取得，形成了投入资本。随着企业生产经营活动的开展，企业一方面会从盈利中留存收益，另一方面也会发生一些不应计入当期损益、能够导致所有者权益发生增减变动的、与所有者投入资本或者向所有者分配利润无关的利得或损失，这些资金在最终都归企业所有者所有，与投入资本共同构成企业的所有者权益。

《企业会计准则第 30 号——财务报表列报》规定，“资产负债表中的所有者权益类至少应当单独列示反映下列信息的项目：实收资本（或股本）、资本公积、盈余公积、未分配利润。这种分类的意义在于：首先，能够较清晰地反映企业内部资金的来源及其性质、类型与净资产的结构；其次，有利于评价企业的经营和管理业绩，尤其是从盈余公积金上进行分析；再次，有利于保护所有者的权益和职工的权益；最后，有利于所有者了解企业的股利政策和经营水平。

第二节 实收资本

一、实收资本的概念

实收资本是指投资者按照企业章程或合同、协议的约定，实际投入企业的资本。我国《民法通则》明确规定，设立企业法人的必备条件之一是“有必要的财产或者经费”。我国《企业法人登记条例》明确规定，企业申请开业，必须具备“符合国家规定并与其生产经营和服务规模相适应的资金数额”。《公司法》规定，“股东出资达到法定资本最低限额”是有限责任公司设立的基本条件之一。“发起人认购和募集的股本达到法定资本最低限额”是股份有限公司设立的基本条件之一。

在公司制企业中，实收资本即为股本，是按股票面值或核定的股本额缴入的资本部分。在非公司制企业中，实收资本一般是指投资者按照企业章程或合同、协议的约定，实际投入企业的资本。由于企业组织形式不同，所以所有者投入资金的会计核算方法也不同。

二、实收资本的确认与计量

实收资本具体表现为投资者实际投入企业经营活动的各种财产物资。投资人可以用货币资金、存货、固定资产、知识产权和土地使用权等各种形式的资产对企业投资。我国《公司法》规定，全体股东的货币出资金额不得低于有限责任公司注册资本的 30%。企业应设置“实收资本”科目，核算企业接受投资者投入的实收资本，股份有限公司应将该科目改为“股本”。企业收到投资人投入的现金，应在实际收到或存入企业开户银行时，按实际收到的金额，借记“银行存款”科目，以实物资产投资的，应在办理实物产权转移手续时，借记有关资产科目，以无形资产投资的，应按照投资合同、协议或公司章程规定移交有关凭证时，借记“无形资产”科目，按其在注册资本或股本中所占份额，贷记“实收资本”或“股本”科目，按其差额，贷记“资本公积——资本溢价”或“资本公积——股本溢价”等科目。

【例 10-1】A、B、C 共同出资设立利达有限责任公司，公司注册资本为 50 000 000 元，A、B、C 认缴比例分别为 40%、30%和 30%，各方首期出资比例为认缴总额的 20%。2019 年 1 月 5 日，利达公司如期收到各投资者首期交付的款项。利达公司的会计分录如下：

借：银行存款	10 000 000	
贷：实收资本——A		4 000 000
——B		3 000 000
——C		3 000 000

三、实收资本增加的会计处理

符合增资条件，并经有关部门批准增资的，在实际取得投资者的出资时，登计入账。如果是投资者追加投入，其会计处理与投资者投入资本基本相同。如果企业以资本公积、盈余公积等转为实收资本，会计处理时应借记“资本公积”“盈余公积”等科目，贷记“实收资本”或“股本”科目。资本公积和盈余公积均属于所有者权益，转为实收资本后，所有者权益总额没有发生变动，没有改变各所有者所持资本的比例，只是改变其资本持有数额。如果是独资企业，可将资本公积和盈余公积直接转为实收资本；如果是除独资企业以外的其他企业，应按原投资者所持资本同比例增加所有者的权益。

【例 10-2】 N 公司由甲、乙二人共同投资设立，原注册资本为 1 000 万元，甲、乙分别出资 800 万元和 200 万元。为了扩大经营规模，经批准，N 公司按照原出资比例将资本公积 500 万元转增资本。N 公司的会计分录如下：

借：资本公积	5 000 000	
贷：实收资本——甲		4 000 000
——乙		1 000 000

四、实收资本减少的会计处理

企业实收资本的减少将涉及投资者对企业投资的收回，对企业来说这将会对企业资本实力产生较大的影响，并影响到企业生产经营的方方面面，特别对企业债权人来说将增加其债权的风险，因此国家对企业资本的减少有非常严格的规定，企业应严格按照有关规定办理减资业务，同时对减资业务进行及时、恰当的会计核算。企业应当将因减资而注销股份、发还股款以及因减资需更新股票的变动情况，在实收资本账户的明细账户及有关备查账中详细记录。投资者按规定转让其出资额，企业应当于有关的转让手续办理完毕时，将出让方转让的出资额，在资本（股本）账户的有关明细账户及各备查账中转为受让方。

1. 一般企业按法定程序减少注册资本

企业按法定程序经批准减少注册资本的，借记“实收资本”科目，贷记“库存现金”“银行存款”等科目。

2. 股份有限公司收购企业股票进行减资

股份有限公司因减少注册资本而回购本公司股份的，应按实际支付的金额，借记“库存股”科目，贷记“银行存款”等科目。注销库存股时，应按股票面值和注销股数计算的股票面值总额，借记“股本”科目，按注销库存股的账面余额，贷记“库存股”科目，按其差额，冲减股票发行时原计入资本公积的溢价部分，借记“资本公积——股本溢价”科目。回购价格超过上述冲减“股本”及“资本公积——股本溢价”的部分，依次借记“盈余公积”“利润分配——未分配利润”等科目；如果回购价格低于购回股份所对应的股本，所注销库存股的账面余额与所冲减股本的差额作为增加股本溢价处理，按回购股份所对应的股本面值，借记“股本”科目，按注销库存股的账面余额，贷记“库存股”科目，按其差额，贷记“资本公积——股本溢价”科目。

【例 10-3】新江股份有限公司截至 2019 年 12 月 31 日共发行股票 5 000 万股，股票面值为 1 元，资本公积（股本溢价）5 000 万元，盈余公积 4 000 万元。经股东大会批准，该公司以现金回购公司股票 1 000 万股并注销。假定该公司按照每股 6 元回购股票，不考虑其他因素，该公司的会计分录如下：

借：库存股	60 000 000	
贷：银行存款		60 000 000
借：股本	10 000 000	
资本公积——股本溢价	50 000 000	
贷：库存股		60 000 000

第三节　其他权益工具

一、其他权益工具会计处理基本原则

企业发行的除普通股（作为实收资本或股本）以外，按照金融负债和权益工具区分原则分类为权益工具的其他权益工具，按照以下原则进行会计处理。企业发行的金融工具应按照金融工具准则进行初始确认和计量；其后，于每个资产负债表日计提利息或分派股利，按照相关具体会计准则进行处理。对于归类为金融负债的金融工具，无论其名称中是否包含“股”，其利息支出或股利分配原则上按照借款费用进行处理，其回购或赎回产生的利得或损失等计入当期损益。企业（发行方）发行金融工具，其发生的手续费、佣金等交易费用，如分类为债务工具且以摊余成本计量的，应当计入所发行工具的初始计量金额；如分类为权益工具的，应当从权益（其他权益工具）中扣除。

二、其他权益工具的确认与计量

企业应通过“应付债券”科目来核算归类为金融负债的金融工具，“应付债券”科目应当按照发行的金融工具种类进行明细核算，并在各类工具中按“面值”“利息调整”“应计利息”设置明细账，进行明细核算。企业还应在所有者权益类科目中设置“其他权益工具”科目，核算企业发行的除普通股以外的归类为权益工具的各种金融工具，并按发行金融工具的种类等进行明细核算。

三、其他权益工具的会计处理

1. 发行的金融工具归类为债务工具并以摊余成本计量

会计处理与应付公司债券的核算相同。企业应按实际收到的金额，借记“银行存款”等科目，按债务工具的面值，贷记“应付债券——优先股、永续债等（面值）”科目，按其差额，贷记或借记“应付债券——优先股、永续债等（利息调整）”科目。

2. 发行的金融工具归类为权益工具

企业应按照实际收到的金额，借记“银行存款”等科目，贷记“其他权益工具——优先股、永续债等”科目。在存续期间分配股利，借记“利润分配——应付优先股股利、应

付永续债利息等”科目，贷记“应付股利——优先股股利、永续债利息等”科目。

3. 发行的金融工具为复合金融工具

企业应按实际收到的金额，借记“银行存款”等科目，按金融工具的面值，贷记“应付债券——优先股、永续债（面值）等”科目，按负债成分的公允价值与金融工具面值之间的差额，借记或贷记“应付债券——优先股、永续债等（利息调整）”科目，按实际收到的金额扣除负债成分的公允价值后的金额，贷记“其他权益工具——优先股、永续债等”科目。

4. 发行的金融工具重分类为金融负债或权益工具

企业应当于重分类日，按该工具的账面价值，借记“其他权益工具——优先股、永续债等”科目，按该工具的面值，贷记“应付债券——优先股、永续债等（面值）”科目，按该工具的公允价值与面值之间的差额，借记或贷记“应付债券——优先股、永续债等（利息调整）”科目，按该工具的公允价值与账面价值的差额，贷记或借记“资本公积——资本溢价（或股本溢价）”科目，如资本公积不够冲减的，依次冲减盈余公积和未分配利润。

因发行的金融工具原合同条款约定的条件或事项随着时间的推移或经济环境的改变而发生变化，导致原归类为金融负债的金融工具重分类为权益工具的，应于重分类日，按金融负债的面值，借记“应付债券——优先股、永续债等（面值）”科目，按利息调整余额，借记或贷记“应付债券——优先股、永续债等（利息调整）”科目，按金融负债的账面价值，贷记“其他权益工具——优先股、永续债等”科目。

5. 按合同条款约定赎回所发行的除普通股以外的分类为权益工具的金融工具

企业应按赎回价格，借记“库存股——其他权益工具”科目，贷记“银行存款”等科目；注销所购回的金融工具，按该工具对应的其他权益工具的账面价值，借记“其他权益工具”科目，按该工具的赎回价格，贷记“库存股——其他权益工具”科目，按其差额，借记或贷记“资本公积——资本溢价（或股本溢价）”科目，如资本公积不够冲减的，依次冲减盈余公积和未分配利润。

6. 发行方按合同条款约定将发行的除普通股以外的金融工具转换为普通股

企业应按该工具对应的金融负债或其他权益工具的账面价值，借记“应付债券”“其他权益工具”等科目，按普通股的面值，贷记“实收资本（或股本）”科目，按其差额，贷记“资本公积——资本溢价（或股本溢价）”科目（如转股时金融工具的账面价值不足转换为1股普通股而以现金或其他金融资产支付的，还需按支付的现金或其他金融资产的金额，贷记“银行存款”等科目）。

第四节　资本公积和其他综合收益

一、资本公积的概念

资本公积是指企业收到投资者出资额超出其在注册资本或股本中份额的部分以及直接计入所有者权益的利得和损失等。资本公积包括资本溢价（或股本溢价）和其他资本公积。资本公积的特点是：资本公积按照全部投资者的投资比例，由所有的投资者享有。具体表现在以资本公积转增资本时，各个投资者或股东按其在实收资本中所占比例计算应享有的金额。

资本公积与实收资本同属于所有者权益，但二者有区别。实收资本是投资者投入，并通过投入资本而谋求一定的经济利益，体现了所有者对企业的基本产权关系。而资本公积没有特定来源，可以是投资者投入，如资本溢价，也可以从其他来源取得，它不直接表明所有者对企业的基本产权关系。实收资本的构成比例是确定所有者参与企业财务经营决策的基础，也是企业进行利润分配的依据，同时还是企业清算时确定对净资产的要求权的依据。资本公积的主要用途是转增资本，不作为财务决策和利润分配的依据。

资本公积与盈余公积虽同属于公积金，但二者也有区别。资本公积是投资者投入或其他来源投入，由所有者共享的公积金。盈余公积主要是从净利润中提取的，除一部分可以由所有者共享外，还可以弥补亏损、发放股利。

二、资本公积的确认与计量

企业应通过“资本公积”科目核算资本公积的增减变化情况，并分别“资本溢价（股本溢价）”“其他资本公积”明细科目进行核算。

（一）资本（或股本）溢价的会计处理

1. 资本溢价

在企业重组并有新的投资者加入时，为了维护原有投资者的权益，新加入投资者的出资额并不一定全部作为实收资本处理。新加入的投资者要付出更大的出资额，才能取得与原有投资者相同的投资比例。投资者投入的资本中按其投资比例计算的出资额部分，应计入“实收资本”科目，大于部分应计入“资本公积——资本溢价”科目。

2. 股本溢价

股份有限公司是以发行股票的方式筹集股本的，股票是企业签发的证明股东按其所持股份享有权利和承担义务的书面证明。由于股东按其所持企业股份享有权利和承担义务，为了反映和便于计算各股东所持股份占企业全部股本的比例，企业的股本总额应按股票的面值与股份总数的乘积计算。

在采用与股票面值相同的价格发行股票的情况下，企业发行股票取得的收入，应全部计入“股本”科目；在采用溢价发行股票的情况下，企业发行股票取得的收入，相当于股票面值的部分计入“股本”科目，超出股票面值的溢价收入计入“资本公积”科目，委托证券商代理发行的股票而支付的手续费、佣金等，应从溢价发行收入中扣除，企业应按扣除手续费、佣金后的数额，计入“资本公积——资本溢价”科目。

【例 10-4】甲公司发行股票 100 000 股，每股面值 1 元，每股市场价格 1.2 元，A 公司购买 60 000 股，B 公司购买 40 000 股，相关费用忽略。甲公司的会计分录如下：

借：银行存款	120 000	
贷：股本——A 公司		60 000
——B 公司		40 000
资本公积——股本溢价		20 000

（二）其他资本公积的会计处理

其他资本公积是指除资本溢价（或股本溢价）项目以外所形成的资本公积。

1. 采用权益法核算的长期股权投资

长期股权投资采用权益法核算的，被投资单位除净损益、其他综合收益和利润分配以外所有者权益的其他变动，企业按持股比例计算应享有的份额，如果是利得，应当增加长期股权投资的账面价值，同时增加资本公积（其他资本公积）；如果是损失，应当做相反的会计分录。当处置采用权益法核算的长期股权投资时，应当将原计入“资本公积（其他资本公积）”科目的相关金额转入“投资收益”科目（除不能转入损益的项目外）。

【例 10-5】利达公司因可转换公司债券持有人行使转换权利将债务转换资本时，其资本公积增加 500 000 元，B 公司持有利达公司 60%股份，B 公司的会计分录如下：

借：长期股权投资——其他权益变动　　300 000

　贷：资本公积——其他资本公积　　300 000

2. 以权益结算的股份支付

以权益结算的股份支付换取职工或其他方提供服务的，应按照确定的金额，计入“管理费用”等科目，同时增加资本公积（其他资本公积）。在行权日，应按实际行权的权益工具数量计算确定的金额，借记“资本公积——其他资本公积”科目，按计入实收资本或股本的金额，贷记“实收资本”或“股本”科目，并将其差额计入“资本公积——资本溢价”或“资本公积——股本溢价”科目。

（三）资本公积转增资本的会计处理

按照《公司法》规定，法定公积金（资本公积和盈余公积）转增资本时，所留存的该项公积金不得少于转增前公司注册资本的 25%。经股东大会或类似机构决议，用资本公积转增资本时，应冲减资本公积（资本溢价或股本溢价），并按比例增加各股东相应的股本份额。

【例 10-6】利达公司根据资本规模扩大需要，经股东大会决议将累积的资本公积 8 000 000 元的 50%，转增股本。利达公司的会计分录如下：

借：资本公积——股本溢价　　4 000 000

　贷：股本　　4 000 000

三、其他综合收益的概念

其他综合收益，是指企业根据其他会计准则规定未在当期损益中确认的各项利得和损失。包括以后会计期间不能重分类进损益的其他综合收益和以后会计期间满足规定条件时将重分类进损益的其他综合收益两类。

四、其他综合收益的确认和计量

（1）以后会计期间不能重分类进损益的其他综合收益项目，主要包括重新计量设定受益计划净负债或净资产导致的变动，按照权益法核算因被投资单位重新计量设定受益计划净负债或净资产变动导致的权益变动，投资企业按持股比例计算确认的该部分其他综合收益项目，以及在初始确认时，企业可以将非交易性权益工具指定为以公允价值计量且其变动计入其他综合收益的金融资产，该指定后不得撤销，即当该类非交易性权益工具终止确认时原计入其他综合收益的公允价值变动损益不得重分类进损益。

（2）以后会计期间有满足规定条件时将重分类进损益的其他综合收益项目，主要包括以下几方面内容。

①符合金融工具准则规定，同时符合以下两个条件的金融资产应当分类为以公允价值计量且其变动计入其他综合收益：第一，企业管理该金融资产的业务模式既以收取合同现金流量为目标，又以出售该金融资产为目标；第二，该金融资产的合同条款规定，在特定日期产生的现金流量，仅为对本金和以未偿付本金金额为基础的利息的支付。当该类金融资产终止确认时，之前计入其他综合收益的累计利得或损失应当从其他综合收益中转出，计入当期损益。

②按照金融工具准则规定，对金融资产重分类按规定可以将原计入其他综合收益的利得或损失转入当期损益的部分。

③采用权益法核算的长期股权投资。采用权益法核算的长期股权投资，按照被投资单位实现其他综合收益以及持股比例计算应享有或分担的金额，调整长期股权投资的账面价值，同时增加或减少其他综合收益，其会计处理为：借记（或贷记）“长期股权投资——其他综合收益”科目，贷记（或借记）“其他综合收益”科目。待该项股权投资处置时，将原计入其他综合收益的金额转入当期损益。

④存货或自用房地产转换为投资性房地产。企业将作为存货的房地产转换为采用公允价值模式计量的投资性房地产时，应当按该项房地产在转换日的公允价值，借记“投资性房地产——成本”科目，原已计提跌价准备的，借记“存货跌价准备”科目，按其账面余额，贷记“开发产品”等科目。同时，转换日的公允价值小于账面价值的，按其差额，借记“公允价值变动损益”科目，转换日的公允价值大于账面价值的，按其差额，贷记“其他综合收益”科目。

企业将自用的建筑物等转换为采用公允价值模式计量的投资性房地产时，应当按该项房地产在转换日的公允价值，借记“投资性房地产——成本”科目，原已计提减值准备的，借记“固定资产减值准备”科目，按已计提的累计折旧等，借记“累计折旧”等科目，按其账面余额，贷记“固定资产”等科目。同时，转换日的公允价值小于账面价值的，按其差额，借记“公允价值变动损益”科目，转换日的公允价值大于账面价值的，按其差额，贷记“其他综合收益”科目。待该项投资性房地产处置时，因转换计入其他综合收益的部分应转入当期损益。

⑤现金流量套期工具产生的利得或损失中属于有效套期的部分。

⑥外币财务报表折算差额。按照外币折算的要求，企业在处置境外经营的当期，将已列入合并财务报表所有者权益的外币报表折算差额中与该境外经营相关部分，自其他综合收益项目转入处置当期损益。如果是部分处置境外经营，应当按处置的比例计算处置部分的外币报表折算差额，转入处置当期损益。

第五节 留存收益

留存收益是企业历年生产经营所形成净收益的一种积累，是由企业内部形成的资本。在性质上与所有者投入资本一样属于所有者权益，是所有者权益中的重要组成部分。虽然留存收益与投资人投入的资本都属于所有者权益，但是其与投资人投入资本有所不同，表现为：投入资本是由所有者从外部投入企业的，它构成了企业的实收资本（股本），而留存收益不是由投资人从外部投入企业的，而是投资人投入资本（股本）在企业运营之后的获利。在我国，留存收益主要包括盈余公积和未分配利润两部分。

一、盈余公积

（一）盈余公积的有关规定

根据《公司法》等有关法规的规定，企业当年实现的净利润，一般应当按照以下顺序进行分配：

1. 提取法定盈余公积

公司制企业的法定盈余公积金按照税后利润的10%的比例提取（非公司制企业也可按照超过10%的比例提取），公司法定盈余公积累计额为公司注册资本的50%以上时，可以不再提取法定盈余公积。

外商投资企业的盈余公积还包括以下内容：①储备基金；②企业发展基金；③职工奖励及福利基金；④利润归还投资。

2. 提取任意盈余公积

公司制企业从税后利润中提取法定盈余公积后，经股东会或者股东大会决议，还可以从税后利润中提取任意盈余公积。

法定盈余公积和任意盈余公积两者的区别在于其各自计提的依据不同，前者以国家的法律或行政规章为依据提取，后者则由企业自行决定提取。

企业提取的盈余公积主要可以用于以下几个方面：①弥补亏损。企业弥补亏损的渠道包括：一是用以后年度税前利润弥补。按照现行制度规定，企业发生亏损时，可以用以后5年内实现的税前利润弥补，即税前利润弥补亏损的期间为5年。二是用以后年度税后利润弥补。企业发生的亏损经过5年期间未弥补足额的，尚未弥补的亏损应用所得税后的利润弥补。三是以盈余公积弥补亏损。企业提取的盈余公积弥补亏损时，应当由公司董事会提议，并经股东大会批准。②转增资本。企业将盈余公积转增资本时，必须经股东大会决议批准。在实际将盈余公积转增资本时，要按股东原有持股比例结转。企业提取的盈余公积，无论是用于弥补亏损还是转增资本，都只是在企业所有者权益内部做结构上的调整，并不引起所有者权益总额的变动。③扩大企业生产经营。盈余公积的用途，并不是指其实际占用形态，提取盈余公积也并不是单独将这部分资金从企业资金周转过程中抽出。企业盈余公积的结存数，实际只表现为企业所有者权益的组成部分，表明企业生产经营资金的一个来源。

3. 向投资者分配利润或股利

企业弥补亏损和提取盈余公积后所剩余的税后利润，企业股东按照实缴的出资比例分取红利，但全体股东约定不按照出资比例分取红利的除外；股份有限公司按照股东持有的股份比例分配，但股份有限公司章程规定不按持股比例分配的除外。

（二）盈余公积的确认与计量

为了反映盈余公积的形成及使用情况，企业应设置“盈余公积”科目，并分别“法定盈余公积”“任意盈余公积”进行明细核算。

企业提取盈余公积时，借记“利润分配——提取法定盈余公积”“利润分配——提取任意盈余公积”科目，贷记“盈余公积——法定盈余公积”“盈余公积——任意盈余公积”科目。

企业用盈余公积弥补亏损或转增资本时，借记“盈余公积”科目，贷记“利润分配——盈余公积补亏”“实收资本”或“股本”科目。经股东大会决议，用盈余公积派送新股时，按派送新股计算的金额，借记“盈余公积”科目，按股票面值和派送新股总数计算的金额，贷记“股本”科目，如有差额，贷记“资本公积——股本溢价”科目。企业经股东大会或类似机构决议，用盈余公积分配现金股利或利润时，借记“盈余公积”科目，贷记“应付股利”科目；用盈余公积分配股票股利，应当于实际分配股票股利时，借记“盈余公积”科目，贷记“股本”科目。

二、未分配利润

未分配利润是经过弥补亏损、提取法定盈余公积、提取任意盈余公积和向投资者分配利润等利润分配之后剩余的利润，它是企业留待以后年度进行分配的历年结存的利润。相对于所有者权益的其他部分来说，企业对于未分配利润的使用有较大的自主权。

在会计处理上未分配利润是通过“利润分配”科目进行核算的，“利润分配”科目应当分别“提取法定盈余公积”“提取任意盈余公积”“应付现金股利或利润”“转作股本的股利”“盈余公积补亏”和“未分配利润”等明细科目进行明细核算。

（一）期末结转的会计处理

企业期末结转利润时，应将各损益类科目的余额转入“本年利润”科目，结平各损益类科目。结转后，“本年利润”的贷方余额为当年实现的净利润，借方余额为当年发生的净亏损。年度终了，应将本年收入和支出相抵后结出的本年实现的净利润或净亏损，转入“利润分配——未分配利润”科目。同时将“利润分配”科目所属的其他明细科目的余额，转入“未分配利润”明细科目。结转后，“未分配利润”明细科目的贷方余额，就是未分配利润的金额；出现借方余额，则表示为未弥补亏损的金额。“利润分配”科目所属的其他明细科目应无余额。

（二）分配股利或利润的会计处理

经股东大会或类似机构决议，分配给股东或投资者的现金股利或利润，借记“利润分配——应付现金股利或利润”科目，贷记“应付股利”科目；经股东大会或类似机构决议，分配给股东的股票股利，应在办理增资手续后，借记“利润分配——转作股本的股利”科目，贷记“股本”科目。

（三）亏损弥补的会计处理

企业在生产经营过程中可能发生亏损。企业在当年发生亏损的情况下，应当将本年发生的亏损自“本年利润”科目转入“利润分配——未分配利润”科目，借记“利润分配——未分配利润”科目，贷记“本年利润”科目。结转后，“利润分配”科目的借方余额，即为未弥补亏损的数额。

以当年实现的利润弥补以前年度结转的未弥补亏损，不需要进行专门的账务处理。企业应将当年实现的利润自“本年利润”科目转入“利润分配——未分配利润”科目的贷方，其贷方发生额与“利润分配——未分配利润”的借方余额自然抵补。无论是以税前利润还是以税后利润弥补亏损，其会计处理方法均相同。所不同的是，两者在计算缴纳所得税时的处理存在着差异。在以税前利润弥补亏损的情况下，其弥补的数额可以抵减当期企业应纳税所得额；而以税后利润弥补亏损的数额，则不能作应纳税所得额的扣除处理。

【例 10-7】利达股份有限公司 2019 年期初"利润分配——未分配利润"科目贷方余额为 100 万元，2019 年实现净利润 400 万元。2020 年年初，经董事会提请的利润分配方案报经股东大会决定，利润分配如下：

（1）按税后利润的 10%提取法定盈余公积；

（2）提取任意盈余公积 80 万元；

（3）向普通股股东分配现金股利 120 万元；

（4）向普通股股东分派股票股利 50 万元（尚未经有关部门正式批准办理增资手续）。

根据上述资料，利达公司的会计分录如下：

（1）结转本年实现的净利润时：

借：本年利润　　4 000 000

　贷：利润分配——未分配利润　　4 000 000

（2）进行相关的利润分配时：

借：利润分配——提取法定盈余公积　　400 000

　　　　　　——提取任意盈余公积　　800 000

　　　　　　——应付现金股利　　1 200 000

　贷：盈余公积——法定盈余公积　　400 000

　　　　　　　——任意盈余公积　　800 000

　　　应付股利　　1 200 000

（3）利润分配方案中的当期股票股利分配，在正式办理增资手续之前不做任何账务处理，只在备查簿中登记。待经有关部门批准，正式办理增资手续后，再进行利润分配的会计处理。利达公司的会计分录如下：

借：利润分配——转作股本的股利　　500 000

　贷：股本　　500 000

（4）结转利润分配所属各明细科目时：

借：利润分配——未分配利润　　2 900 000

　贷：利润分配——提取法定盈余公积　　400 000

　　　　　　　——提取任意盈余公积　　800 000

　　　　　　　——应付现金股利或利润　　1 200 000

　　　　　　　——转作股本的股利　　500 000

复习思考题

一、概念题

所有者权益　实收资本　资本公积　盈余公积　未分配利润

二、简答题

1. 什么是所有者权益?所有者权益是如何分类的？各自的含义是什么？

2. 试说明资本公积的内容是什么？如何核算？

3. 盈余公积的主要用途是什么？

4. 未分配利润如何核算？

5. 利润分配的主要内容是什么？

三、业务计算

1. C、D两企业共同投资成立大恒公司，2019年大恒公司发生的部分经济业务如下：

（1）D公司投入新设备一台，购建价格为550 000元，已投入使用。

（2）C公司按协议规定投入800 000元资金，存入银行。

（3）D公司投入的一台旧机器，该机器账面价值400 000元，经过评估确认其现在的价值为450 000元。

（4）C公司投入材料一批，其现在的价值为700 000元。

（5）获得D公司一项专利技术的使用权，经协商该项专利技术作价250 000元。

要求：根据以上资料编制会计分录。

2. 宇翔股份有限公司2019年发生的部分经济业务如下：

（1）向社会公众发行普通股20 000 000股，每股面值2元，售价每股5.5元，收到款项全部存入银行。

（2）接受某台商捐赠的新机器一台，其市场价格为880 000元，机器投入使用。

（3）将某债权一笔价值为70 000元的账款转作资本。

（4）董事会通过决议，将盈余公积金6 000 000元转增资本。

（5）董事会通过决议，将资本公积金4 800 000元转增资本。

要求：根据以上资料编制会计分录。

3. 置业股份有限公司2018年度资料如下：

（1）税后利润为88 000 000元，按规定10%的比率提取法定盈余公积金，并根据股东大会决议按5%的比率提取任意公积金，按13%的比率宣布发现金股利。

（2）按股东大会决议，并办理增资手续，置业股份有限公司将法定盈余公积金600 000元、任意公积金500 000元转增普通股股本。

（3）2019年4月实际发放现金股利。

要求：根据以上资料编制会计分录。

4. 上方公司2019年初未分配利润为500 000元，本年实现利润总额为4 000 000元。公司的所得税税率25%。本年提取法定盈余公积金300 000元，提取任意盈余公积金150 000，宣告发放现金股利800 000元。

要求：

（1）编制上方公司上述业务的会计分录。

（2）计算上方公司2018末“利润分配——未分配利润”科目的期末余额。

收入、费用和利润

本章介绍了收入和费用的概念、特征及利润的构成，在着重阐述收入、费用确认条件的基础上，详细介绍了收入、费用和利润的会计核算，并对所得税费用和本年利润进行了较为系统的阐释。

【重要概念】 收入　费用　利润　所得税费用

第一节　收入

一、收入的概念及特征

（一）收入的概念

《企业会计准则第 14 号——收入》将收入定义为：“收入是指企业在日常活动中形成的、会导致所有者权益增加的、与所有者投入资本无关的经济利益的总流入。”因此收入属于企业主要的、经常性的业务收入。

（二）收入的特征

1. 收入是企业日常活动中形成的，而不是从偶发的交易或事项中产生的

日常活动是指企业为完成其经营目标所从事的经常性活动以及与之相关的活动。企业有些活动属于为完成其经营目标所从事的经常性活动，如工业企业制造并销售产品、商品流通企业销售商品、保险公司签发保单、咨询公司提供咨询服务、商业银行对外贷款等，这些活动形成的经济利益的总流入构成收入，属于企业的主营业务收入。企业还有一些活动属于与经常性活动相关的活动，如工业企业对外出售不需用的原材料、对外转让无形资产使用权等活动，这些活动虽不属于企业的经常性活动，但由此形成的经济利益的总流入也构成收入，属于企业的其他业务收入。

企业处置固定资产、无形资产等活动，不是企业为完成其经营目标所从事的经常性活动，也不属于与经常性活动相关的活动，由此产生的经济利益总流入不构成收入，应作为利得。利得是企业日常活动之外产生的收益，不是经常或定期发生的。例如固定资产处置收入和无形资产所有权转让收入等偶发的交易或事项为企业带来经济利益，以及企业接受政府补贴和捐赠等不经过经营过程就能取得或不曾期望获得的收入。

2. 收入可能表现为企业资产的增加，或负债的减少，或两者兼而有之

收入可以为企业来带经济利益，既可能表现为资产的增加，也可能表现为负债的减少，或者是两者的组合。甲企业销售给乙公司 A 产品，如果在销售时收到乙公司支付的货款或取得债权，则甲企业在确认收入的同时，增加企业的银行存款或应收账款，这就表现为甲企业的资产增加；如果甲企业预先收到乙公司的订货款，当向乙公司最终发出 A 产品时，那么一方面确认收入，另一方面也减少了对乙公司承担的负债；如果甲企业前欠乙公司款项，现从本次销售给乙公司的商品货款中的一部分扣除前欠乙公司债务，另一部分收取现金，就表现为资产的增加和负债的减少同时发生。

3. 收入能导致企业所有者权益的增加

由于收入能增加资产或减少负债或兼而有之，因此根据“资产–负债 = 所有者权益”的公式，企业取得收入一定能增加所有者权益。但收入扣除相关成本费用后的净额，则可能增加所有者权益，也可能减少所有者权益。这里仅指收入本身导致的所有者权益的增加，而不是指收入扣除相关成本费用后的毛利对所有者权益的影响。

4. 收入只包括本企业经济利益的流入，不包括为第三方或客户代收的款项

企业为第三方或客户代收的款项，如增值税、代收利息等，一方面增加企业的资产，一方面增加企业的负债，故不会增加企业的所有者权益，也不属于本企业的经济利益，就不能作为本企业的收入。

二、收入的确认与计量

收入的确认和计量大致分为五步：第一步，识别与客户订立的合同；第二步，识别合同中的单项履约义务；第三步，确定交易价格；第四步，将交易价格分摊至各单项履约义务；第五步，履行每一单项履约义务时确认收入。其中，第一步、第二步和第五步主要与收入的确认有关，第三步和第四步主要与收入的计量有关。

（一）识别与客户订立的合同

1. 合同识别

合同，是指双方或多方之间订立有法律约束力的权利义务的协议。合同包括书面形式、口头形式以及其他可验证的形式（如隐含于商业惯例或企业以往的习惯做法中等）。企业与客户之间的合同同时满足下列五项条件的，企业应当在履行了合同中的履约义务，即在客户取得相关商品控制权时确认收入：一是合同各方已批准该合同并承诺将履行各自义务；二是该合同明确了合同各方与所转让商品（或提供的服务，以下简称转让的商品）相关的权利和义务；三是该合同有明确的与所转让商品相关的支付条款；四是该合同具有商业实质，即履行该合同将改变企业未来现金流量的风险、时间分布或金额；五是企业因向客户转让商品而有权取得的对价很可能收回。企业在进行上述判断时，需要注意下列三点内容。

一是合同约定的权利和义务是否具有法律约束力，需要根据企业所处的法律环境和实务操作进行判断。

二是合同具有商业实质，是指履行该合同将改变企业未来现金流量的风险、时间分布或金额。

三是企业在评估其因向客户转让商品而有权取得的对价是否很可能收回时，仅应考虑客户到期时支付对价的能力和意图（客户的信用风险）。企业预期很可能无法收回全部合同对价时，应当判断其原因是客户的信用风险还是企业向客户提供了价格折让所致。提供价格折让的，应当在估计交易价格时进行考虑。

实务中，企业可能存在一组类似的合同，企业在对该组合同中的每一份合同进行评估时，均认为其合同对价很可能收回，但是根据历史经验，企业预计可能无法收回该组合同的全部对价。在这种情况下，企业应当认为这些合同满足“因向客户转让商品而有权取得的对价很可能收回”这一条件，并以此为基础估计交易价格。与此同时，企业应当考虑这些合同下确认的合同资产或应收款项是否存在减值。

对于不符合上述五项条件的合同，企业只有在不再负有向客户转让商品的剩余义务（如合同已完成或取消），且已向客户收取的对价（包括全部或部分对价）无须退回时，才能将已收取的对价确认为收入；否则，应当将已收取的对价作为负债进行会计处理。其中，企业向客户收取无须退回的对价的，应当在已经将该部分对价所对应的商品的控制权转移给客户，并已经停止向客户转让额外的商品，且也不再负有此类义务时，或者相关合同已经终止时，将该部分对价确认为收入。

企业与客户之间的合同，在合同开始日即满足上述五项条件的，企业在后续期间无须对其进行重新评估，除非有迹象表明相关事实和情况发生重大变化。在合同开始日不符合上述五项条件的，企业应当在后续期间对其进行持续评估，以判断其能否满足上述五项条件，企业在满足相关条件之前已经向客户转移部分商品，当该合同在后续期间满足上述五项条件时，企业应当将在此之前已经转移商品所分摊的交易价格确认为收入。通常情况下，合同开始日是指合同开始赋予合同各方具有法律约束力的权利和义务的日期，即合同生效日。

需要说明的是，没有商业实质的非货币性资产交换，无论何时，均不应确认收入。从事相同业务经营的企业之间，为便于向客户或潜在客户销售商品而进行的非货币性资产交换，不应当确认收入。

【例 11-1】甲公司与乙公司签订合同，将一项专利技术授权给乙公司使用，并按其使用情况收取特许权使用费。甲公司评估认为，该合同在合同开始日满足上述五项条件。该专利技术在合同开始日即授权给乙公司使用。在合同开始日后的第一年内，乙公司每季度向甲公司提供该专利技术的使用情况报告，并在约定的期间内支付特许权使用费。在合同开始日后的第二年内，乙公司继续使用该专利技术，但是乙公司的财务状况下滑，融资能力下降，可用现金不足，因此，乙公司仅按合同支付了当年第一季度的特许权使用费，而后三个季度仅象征性支付了部分金额。在合同开始日后的第三年内，乙公司继续使用甲公司的专利技术，但是，甲公司得知，乙公司已经完全丧失融资能力，且流失了大部分客户，因此，乙公司的付款能力进一步恶化，信用风险显著升高。

本例中，该合同在合同开始日满足上述五项条件，因此，甲公司在乙公司使用该专利技术的行为发生时，按照约定的特许权使用费确认收入。合同开始后的第二年，由于乙公司的信用风险升高，甲公司在确认收入的同时，应对乙公司的应收款项进行减值测试。合同开始日后的第三年，由于乙公司的财务状况恶化，信用风险显著升高，甲公司对该合同进行了重新评估，认为不再满足“企业因向客户转让商品而有权取得的对价很可能收回”这一条件，因此甲公司不再确认特许权使用费收入，同时，按照本书第四章的规定对现有应收款项是否发生减值继续进行评估。

2. 合同合并

企业与同一客户（或该客户的关联方）同时订立或在相近时间内先后订立的两份或多份合同，在满足下列条件之一时，应当合并为一份合同进行会计处理：一是该两份或多份合同基于同一商业目的而订立并构成一揽子交易，如一份合同在不考虑另一份合同对价的情况下将会发生亏损；二是该两份或多份合同中的一份合同的对价金额取决于其他合同的定价或履行情况，如一份合同发生违约，将会影响另一份合同的对价金额；三是该两份或多份合同合并为一份合同进行会计处理的，仍然需要区分该合并的一份合同中包含的各单项履约义务。

3. 合同变更

合同变更，是指经合同各方批准对原合同范围或价格（或两者）做出的变更，合同各方可能以书面形式、口头形式或其他形式（如隐含于企业以往的习惯做法中）批准合同变更。企业应当区分下列三种情形对合同变更分别进行会计处理。

1）合同变更部分作为单独合同

合同变更增加了可明确区分的商品及合同价款，且新增合同价款反映了新增商品单独售价的（以下简称为“合同变更的第 1 种情形”），应当将该合同变更部分作为一份单独的合同进行会计处理。判断新增合同价款是否反映了新增商品的单独售价时，应当考虑为反映该特定合同的具体情况而对新增商品价格所做的适当调整。例如在合同变更时，企业由于无须发生为发展新客户等所需发生的相关销售费用，可能会向客户提供一定的折扣，从而在新增商品单独售价的基础上予以适当调整。此类合同变更不影响原合同的会计处理。

【例 11-2】甲公司承诺向某客户销售 120 件产品，每件产品售价 100 元。该批产品彼此之间可明确区分，且将于未来 6 个月内陆续转让给该客户。甲公司将其中的 60 件产品转让给该客户后，双方对合同进行了变更，甲公司承诺向该客户额外销售 30 件相同的产品，这 30 件产品与原合同中的产品可明确区分，其售价为每件 95 元（假定这价格反映了合同变更时该产品的单独售价）。上述价格均不包含增值税。

本例中，由于新增的 30 件产品是可明确区分的，且新增的合同价款反映了新增产品的单独售价，因此该合同变更实际上构成了一份单独的、在未来销售 30 件产品的新合同，该新合同并不影响对原合同的会计处理。甲公司应当对原合同中的 120 件产品按每件产品 100 元确认收入，对新合同中的 30 件产品按每件产品 95 元确认收入。

2）合同变更作为原合同终止及新合同订立

合同变更不属于合同变更的第 1 种情形，且在合同变更日已转让的商品与未转让的商品之间可明确区分的（以下简称为“合同变更的第 2 种情形”），应当视为原合同终止，同时将原合同未履约部分与合同变更部分合并为新合同进行会计处理。新合同的交易价格应当为下列两项金额之和：一是原合同交易价格中尚未确认为收入的部分（包括已从客户收取的金额）；二是合同变更中客户已承诺的对价金额。

【例 11-3】沿用【例 11-2】资料，甲公司新增销售的 30 件产品售价为每件 80 元（假定该价格不能反映合同变更时该产品的单独售价）。由于客户发现甲公司已转让的 60 件产品存在瑕疵，要求甲公司对已转让的产品提供每件 15 元的销售折让以弥补损失。经协商，双方同意将价格折让在销售新增的 30 件产品的合同价款中进行抵减，金额 900 元。上述价格均不包含增值税。

本例中，由于 900 元的折让金额与已经转让的 60 件产品有关，因此应当将其作为已销售的 60 件产品的销售收入的抵减，在该折让发生时冲减当期销售收入。对于合同变更新增的 30 件产品，由于其售价不能反映该产品在合同变更时的单独售价，因此该合同变更不能作为单独合同进行会计处理。由于尚未转让给客户的产品（包括原合同中尚未交付的 60 件产品以及新增的 30 件产品）与已转让的产品是可明确区分的，因此甲公司应当将该合同变更作为原合同终止，同时将原合同的未履约部分与合同变更合并为新合同进行会计处理。该新合同中，剩余产品为 90 件，其对价为 8 400 元，即原合同下尚未确认收入的客户已承诺对价 6 000（100×60）元与合同变更部分的对价 2 400（80×30）元之和，新合同中的 90 件产品每件产品应确认的收入为 93.33（8400÷90）元。

3）合同变更部分作为原合同的组成部分

合同变更不属于合同变更的第 1 种情形，且在合同变更日已转让的商品与未转让的商品之间不可明确区分的（以下简称为“合同变更的第 3 种情形”），应当将该合同变更部分作为原合同的组成部分，在合同变更日重新计算履约进度，并调整当期收入和相应成本等。

【例 11-4】2019 年 1 月 15 日，乙建筑公司和客户签订了一项总金额为 1 000 万元的固定造价合同，在客户自有土地上建造一幢办公楼，预计合同总成本为 700 万元。假定该建造服务属于在某一时段内履行的履约义务，并根据累计发生的合同成本占合同预计总成本的比例确定履约进度。

截至 2019 年末，乙公司累计已发生成本 420 万元，履约进度为 60%（420÷700×100%），因此乙公司在 2019 年确认收入 600（1 000×60%）万元。2020 年初，合同双方同意更改该办公楼屋顶的设计，合同价格和预计总成本因此而分别增加 200 万元和 120 万元。

在本例中，由于合同变更后拟提供的剩余服务与在合同变更日或之前已提供的服务不可明确区分（该合同仍为单项履约义务），因此乙公司应当将合同变更作为原合同的组成部分进行会计处理。合同变更后的交易价格为 1 200（1 000＋200）万元，乙公司重新估计的履约进度为 51.2% [420÷（700＋120）×100%]，乙公司在合同变更日应额外确认收入 14.4（51.2%×1 200－600）万元。

如果在合同变更日未转让的商品为上述第 2 种和第 3 种情形的组合，企业应当分别相应按照上述第 2 种或第 3 种情形的方式对合同变更后尚未转让（或部分未转让）的商品进行会计处理。

（二）识别合同中的单项履约义务

合同开始日，企业应当对合同进行评估，识别合同所包含的各单项履约义务，并确定各单项履约义务是在某一时段内履行，还是在某一时点履行，然后在履行了各单项履约义务时分别确认收入。履约义务，是指合同中企业向客户转让可明确区分商品的承诺。企业应当将下列向客户转让商品的承诺作为单项履约义务。

1. 企业向客户转让可明确区分商品（或者商品和服务的组合）的承诺

企业向客户承诺的商品同时满足下列条件的，应当作为可明确区分商品：一是客户能够从该商品本身或者从该商品与其他易于获得的资源一起使用中受益，即该商品能够明确区分；二是企业向客户转让该商品的承诺与合同中其他承诺可单独区分，即转让该商品的承诺在合同中是可明确区分的。表明客户能够从某项商品本身或者将其与其他易于获得的资源一起使用获益的因素有很多，如企业通常会单独销售该商品等。需要特别指出的是，在评估某项商品是否能够明确区分时，应当基于该商品自身的特征，而与客户可能使用该商品的方式无关。因此，企业无须考虑合同中可能存在的阻止客户从其他来源取得相关资源的限制性条款。

企业确定了商品本身能够明确区分后，还应当在合同层面继续评估转让该商品（或提供该服务，以下简称转让该商品）的承诺是否与合同中其他承诺彼此之间可明确区分。

下列情形通常表明企业向客户转让该商品的承诺与合同中的其他承诺不可明确区分。

一是企业需提供重大的服务以将该商品与合同中承诺的其他商品进行整合，形成合同约定的某个或某些组合产出转让给客户。

二是该商品将对合同中承诺的其他商品予以重大修改或定制。

三是该商品与合同中承诺的其他商品具有高度关联性。也就是说，合同中承诺的每一项商品均受到合同中其他商品的重大影响。

需要说明的是，企业向客户销售商品时，往往约定企业需要将商品运送至客户指定的地点。通常情况下，商品控制权转移给客户之前发生的运输活动不构成单项履约义务。相反，商品控制权转移给客户之后发生的运输活动可能表明企业向客户提供了一项运输服务，企业应当考虑该项服务是否构成单项履约义务。

2. 企业向客户转让一系列实质相同且转让模式相同的、可明确区分的商品的承诺

当企业向客户连续转让某项承诺的商品时，如每天提供类似劳务的长期劳务合同等，如果这些商品属于实质相同且转让模式相同的一系列商品时，企业应当将这一系列商品作为单项履约义务。其中，转让模式相同，是指每一项可明确区分的商品均满足本节所述的在某一时段内履行履约义务的条件，且采用相同方法确定其履约进度。

企业在判断所转让的一系列商品是否实质相同时，应当考虑合同中承诺的性质，当企业承诺的是提供确定数量的商品时，需要考虑这些商品本身是否实质相同；当企业承诺的是在某一期间内随时向客户提供某项服务时，需要考虑企业在该期间内的各个时间段（如每天或每小时）的承诺是否相同，而并非具体的服务行为本身。

企业为履行合同而应开展的初始活动，通常不构成履约义务，除非该活动向客户转让了承诺的商品。例如，某俱乐部为注册会员建立档案，该活动并未向会员转让承诺的商品，因此不构成单项履约义务。

（三）确定交易价格

交易价格，是指企业因向客户转让商品而预期有权收取的对价金额。企业代第三方收取的款项（如增值税）以及企业预期将退还给客户的款项，应当作为负债进行会计处理，

不计入交易价格。合同标价并不一定代表交易价格，企业应当根据合同条款，并结合以往的习惯做法等确定交易价格。企业在确定交易价格时，应当假设将按照现有合同的约定向客户转让商品，且该合同不会被取消、续约或变更。

1. 可变对价

企业与客户的合同中约定的对价金额可能会因折扣、价格折让、返利、退款、奖励积分、激励措施、业绩奖金、索赔、未来事项等因素而变化。此外，根据一项或多项或有事项的发生而收取不同对价金额的合同，也属于可变对价的情形。企业在判断合同中是否存在可变对价时，不仅应当考虑合同条款的约定，还应当考虑下列情况：一是根据企业已公开宣布的政策、特定声明或者以往的习惯做法等，客户能够合理预期企业将会接受低于合同约定的对价金额，即企业会以折扣、返利等形式提供价格折让；二是其他相关事实和情况表明企业在与客户签订合同时即意图向客户提供价格折让。合同中存在可变对价的，企业应当对计入交易价格的可变对价进行估计。

1）可变对价最佳估计数的确定

企业应当按照期望值或最可能发生金额确定可变对价的最佳估计数。期望值，是按照各种可能发生的对价金额及相关概率计算确定的金额。当企业拥有大量具有类似特征的合同，并据此估计合同可能产生多个结果时，按照期望值估计可变对价金额通常是恰当的。

【例 11-5】甲公司生产和销售洗衣机。2019 年 3 月，甲公司向零售商乙公司销售 1000 台洗衣机，每台价格为 2 000 元，合同价款合计 200 万元。同时，甲公司承诺，在未来 6 个月内，如果同类洗衣机售价下降，则按照合同价格与最低售价之间的差额向乙公司支付差价。甲公司根据以往执行类似合同的经验，预计未来 6 个月内，不降价的概率为 50%，每台降价 200 元的概率为 40%，每台降价 500 元的概率为 10%。假定上述价格均不包含增值税。

本例中，甲公司认为期望值能够更好地预测其有权获取的对价金额。假定不考虑下述有关“计入交易价格的可变对价金额的限制”要求，甲公司估计交易价格为每台 1 870（2 000×50%＋1 800×40%＋1 500×10%）元。

最可能发生金额是一系列可能发生的对价金额中最可能发生的单一金额，即合同最可能产生的单一结果。当合同仅有两个可能结果（如企业能够达到或不能达到某业绩奖金目标）时，按照最可能发生金额估计可变对价金额通常是恰当的。

2）计入交易价格的可变对价金额的限制

企业按照期望值或最可能发生金额确定可变对价金额之后，计入交易价格的可变对价金额还应该满足限制条件，即包含可变对价的交易价格，应当不超过在相关不确定性消除时，累计已确认的收入极可能不会发生重大转回的金额。企业在对此进行评估时，应当同时考虑收入转回的可能性及转回金额的比重。其中，“极可能”发生的概率应远高于“很可能（可能性超过 50%）”，但不要求达到“基本确定（可能性超过 95%）”，其目的是避免因为一些不确定因素的发生导致之前已经确认的收入发生转回；在评估收入转回金额的比重时，应同时考虑合同中包含的固定对价和可变对价，即可能发生的收入转回金额相对于合同总对价（包括固定对价和可变对价）的比重。企业应当将满足上述限制条件的可变对价的金额计入交易价格。需要说明的是，将可变对价计入交易价格的限制条件不适用于企业向客户授予知识产权许可并约定按客户实际销售或使用情况收取特许权使用费的情况。

每一资产负债表日，企业应当重新估计可变对价金额（包括重新评估将估计的可变对价计入交易价格是否受到限制），以如实反映报告期末存在的情况以及报告期内发生的情况变化。

【例 11-6】2019 年 1 月 1 日，甲公司与乙公司签订合同，向乙公司销售 A 产品。合同约定，当乙公司在 2019 年的采购量不超过 2 000 件时，每件产品的价格为 80 元；当乙公司在 2019 年的采购量超过 2 000 件时，每件产品的价格为 70 元。乙公司在第一季度的采购量为 150 件，甲公司预计乙公司全年的采购量不会超过 2 000 件。2019 年 4 月，乙公司因完成产能升级而增加了原材料的采购量，第二季度共向甲公司采购 A 产品 1 000 件，甲公司预计乙公司全年的采购量将超过 2 000 件，因此，全年采购量适用的产品单价均将调整为 70 元。

本例中，2019 年第一季度，甲公司根据以往经验估计乙公司全年的采购量将不会超过 2 000 件，甲公司按照 80 元的单价确认收入，满足在不确定性消除之后（乙公司全年的采购量确定之后），累计已确认的收入将极可能不会发生重大转回的要求。因此甲公司在第一季度确认的收入金额为 12 000（80×150）元。2019 年第二季度，甲公司对交易价格进行重新估计，由于预计乙公司全年的采购量将超过 2 000 件，按照 70 元的单价确认，才满足极可能不会导致累计已确认的收入发生重大转回的要求。因此甲公司在第二季度确认收入 68 500［70×（1 000＋150）－12 000］元。

2. 合同中存在的重大融资成分

当企业将商品的控制权转移给客户的时间与客户实际付款的时间不一致时，如企业以赊销的方式销售商品，或者要求客户支付预付款等，如果各方以在合同中明确（或者以隐含的方式）约定的付款时间为客户或企业就转让商品的交易提供了重大融资利益，则合同中即包含了重大融资成分。合同中存在重大融资成分的，企业应当按照假定客户在取得商品控制权时即以现金支付的应付金额（现销价格）确定交易价格。在评估合同中是否存在融资成分以及该融资成分对于该合同而言是否重大时，企业应当考虑所有相关的事实和情况，包括以下几方面内容。

（1）已承诺的对价金额与已承诺商品的现销价格之间的差额。

（2）企业将承诺的商品转让给客户与客户支付相关款项之间的预计时间间隔和相关的市场现行利率的共同影响。

【例 11-7】2019 年 1 月，甲公司与乙公司签订了一项施工总承包合同。合同约定的工期为 30 个月，工程造价为 8 亿元（不含税价）。甲乙双方每季度进行一次工程结算，并于完工时进行竣工结算，每次工程结算额（除质保金及相应的增值税外）由乙公司于工程结算后 5 个工作日内支付；除质保金外的工程尾款于竣工结算后 10 个工作日内支付；合同金额的 3%作为质保金，用以保证项目在竣工后 2 年内正常运行，在质保期满后 5 个工作日内支付。

本例中，乙公司保留了 3%的质保金直到项目竣工 2 年后支付，虽然服务完成时间与乙公司付款时间间隔较长，但该质保金旨在为乙公司提供工程质量保证，以防甲公司未能完成其合同义务，而并非向乙公司提供融资。因此甲公司认为该合同中不包含重大融资成分，无须就延期支付质保金的影响调整交易价格。

3. 非现金对价

当企业因转让商品而有权向客户收取的对价是非现金形式时，如实物资产、无形资产、股权、客户提供的广告服务等，企业通常应当按照非现金对价在合同开始日的公允价值确定交易价格。非现金对价公允价值不能合理估计的，企业应当参照其承诺向客户转让商品的单独售价间接确定交易价格。

非现金对价的公允价值可能会因对价的形式而发生变动（如企业有权向客户收取的对价是股票，股票本身的价格会发生变动），也可能会因为对价形式以外的原因而发生变动（如企业有权收取非现金对价的公允价值因企业的履约情况而发生变动）。合同开始日后，非现金对价的公允价值因对价形式以外的原因而发生变动的，应当作为可变对价，按照与计入交易价格的可变对价金额的限制条件相关的规定进行处理；合同开始日后，非现金对价的公允价值因对价形式而发生变动的，该变动金额不应计入交易价格。

4. 应付客户对价

企业在向客户转让商品的同时，需要向客户或第三方支付对价的，除为了自客户取得其他可明确区分商品的款项外，应当将该应付对价冲减交易价格，并在确认相关收入与支付（或承诺支付）客户对价二者孰晚的时点冲减当期收入。这里的应付客户对价还包括可以抵减应付企业金额的相关项目金额，如优惠券、兑换券等。

企业应付客户对价是为了自客户取得其他可明确区分商品的，应当采用与企业其他采购相一致的方式确认所购买的商品。企业应付客户对价超过自客户取得的可明确区分商品公允价值的，超过金额应当作为应付客户对价冲减交易价格；自客户取得的可明确区分商品公允价值不能合理估计的，企业应当将应付客户对价全额冲减交易价格。

（四）将交易价格分摊至各单项履约义务

合同中包含两项或多项履约义务的，企业应当在合同开始日，按照各单项履约义务所承诺商品的单独售价的相对比例，将交易价格分摊至各单项履约义务。单独售价是指企业向客户单独销售商品的价格。企业在类似环境下向类似客户单独销售某商品的价格，应作为该商品的单独售价。单独售价无法直接观察的，企业应当综合考虑其能够合理取得的全部相关信息，采用市场调整法、成本加成法、余值法等方法合理估计单独售价。企业在估计单独售价时，应当最大限度地采用可观察的输入值，并对类似情况采用一致的估计方法。

【例 11-8】2019 年 3 月 1 日，甲公司与客户签订合同，向其销售 A、B 两项商品，合同价款 2 000 元。合同约定，A 商品于合同开始日交付，B 商品在合同日 1 个月之后交付，只有当 A、B 两项商品全部交付之后，甲公司才有权收取 2 000 元的合同对价。假定 A 商品和 B 商品的交易价格分别为 500 元和 2 000 元，合计 2 500 元。上述价格均不包括增值税，且假定不考虑相关税费影响。

本例中，根据交易价格分摊原则，A 商品应当分摊的交易价格为 400（500/2 500×2 000）元，B 产品应当分摊的交易价格为 1 600（2 000/2 500×2 000）元，甲公司应当将因交付 A 商品而有权收取的对价 400 元确认为合同资产，而不是应收账款，相应的会计分录如下：

（1）交付 A 商品时：

借：合同资产	400	
贷：主营业务收入		400

（2）交付 B 商品时：

借：应收账款	2 000	
贷：合同资产		400
主营业务收入		1 600

（五）履行每一单项履约义务时确认收入

企业应当在履行了合同中的履约义务，即客户取得相关商品控制权时确认收入。企业将商品的控制权转移给客户，应当根据实际情况，首先判断履行义务是否满足在某一时段内履行的条件，如不满足，则该履约义务属于在某一时点履行的履约义务。对于在某一时段内履行的履约义务，企业应当选取恰当的方法来确定履约进度；对于在某一时点履行的履约义务，企业应当综合分析控制权转移的迹象，判断其转移时点。

1. 在某一时段内履行的履约义务

（1）在某一时段内履行履约义务的条件。满足下列条件之一的，属于在某一时段内履行的履约义务。

①客户在企业履约的同时即取得并消耗企业履约所带来的经济利益。企业在履约过程中是持续地向客户转移企业履约所带的经济利益的，该履约义务属于在某一时段内履行的履约义务。企业在进行判断时，可以假定在企业履约的过程中更换为其他企业继续履行剩余履约义务，如果继续履行合同的企业实质上无须重新执行企业累计至今已经完成的工作，则表明客户在企业履约的同时即取得并消耗了企业履约所带来的经济利益。

②客户能够控制企业履约过程中在建的商品。企业在履约过程中在建的商品包括在产品、在建工程、尚未完成的研发项目、正在进行的服务等，由于客户控制了在建的商品，客户在企业提供商品的过程中获得其利益，因此该履约义务属于在某一时间段内履行的履约义务，应当在该履约义务履行的期间内确认收入。

③企业履约过程中所产出的商品具有不可替代用途，且该企业在整个合同期间内有权就累计至今已完成的履约部分收取款项。

【例 11-9】甲公司是一家造船企业，与乙公司签订了一份船舶建造合同，按照乙公司的具体要求设计和建造船舶。甲公司在自己的厂区内完成该船舶的建造，乙公司无法控制在建过程中的船舶。甲公司如果想把该船舶出售给其他客户，需要发生重大的改造成本。双方约定，如果乙公司单方面解约，乙公司需向甲公司支付相当于合同总价 30%的违约金，且建造中的船舶归甲公司所有。假定该合同仅包含一项履约义务，即设计和建造船舶。

本例中，船舶是按照乙公司的具体要求进行设计和建造的，甲公司需要发生重大的改造成本将该船舶改造之后才能将其出售给其他客户，因此该船舶具有不可替代用途。如果乙公司单方面解约，仅需向甲公司支付相当于合同总价 30%的违约金，表明甲公司无法在整个合同期间内都有权就累计至今已完成的履约部分收取能够补偿其已发生成本和合理利润的款项。因此甲公司为乙公司设计和建造船舶不属于在某一时段内履行的履约义务。

（2）在某一时段内履行的履约义务的收入确认。对于在某一时段内履行的履约义务，企业应当在该段时间内按照履约进度确认收入，但履约进度不能合理确定的除外。企业应当考虑商品的性质，采用产出法或投入法确定恰当的履约进度，并且在确定履约进度时，应当扣除那些控制权尚未转移给客户的商品和服务。企业按照履约进度确认收入时，通常应当在资产负债表日按照合同的交易价格总额乘以履约进度扣除以前会计期间累计已确认的收入后的金额，确认为当期收入。

①产出法。产出法是根据已转移给客户的商品对于客户的价值确定履约进度的方法。企业在评估是否采用产出法确定履约进度时，应当考虑具体的事实和情况，并选择能够如实反映企业履约进度和向客户转移商品控制权的产出指标。当选择的产出指标无法计量控制权已转移给客户的商品时，不应采用产出法。

【例 11-10】2019 年 8 月 1 日，甲公司与客户签订合同，为该客户拥有的一条铁路更换 100 根铁轨，合同价格为 100 万元（不含税价）。截至 2019 年 12 月 31 日，甲公司共更换铁轨 60 根，剩余部分预计在 2020 年 3 月 31 日之前完成。该合同仅包含一项履约义务，且该履约义务满足在某一时段内履行的条件。假定不考虑其他情况。

本例中，甲公司提供的更换铁轨的服务属于在某一时段内履行的履约义务，甲公司按照已完成的工作量占预计总工作量的比例确定履约进度。因此，截至 2019 年 12 月 31 日，该合同的履约进度为 60%（60÷100×100%），甲公司应确认的收入为 60（100×60%）万元。

产出法下有关产出指标的信息有时可能无法直接观察获得，企业为获得这些信息需要花费很高的成本，可能需要采用投入法来确定履约进度。

②投入法。投入法是根据企业履行履约义务的投入确定履约进度的方法，通常可采用投入的材料数量、花费的人工工时或机器工时、发生的成本和时间进度等投入指标确定履约进度。当企业从事的工作或发生的投入是在整个履约期间内平均发生时，企业也可以按照直线法确认收入。

【例 11-11】甲公司于 2019 年 12 月 1 日接受一项设备安装任务，安装期为 3 个月，合同总收入 600 000 元，至年底已预收安装费 440 000 元，实际发生安装费用为 280 000 元（假定均为安装人员薪酬），估计还将发生安装费 120 000 元。假定甲公司按实际发生的成本占估计总成本的比例确定安装的履约进度，不考虑增值税等其他因素。甲公司的会计分录如下：

实际发生的成本占估计总成本的比例 = 280 000÷（280 000 + 120 000）×100% = 70%

2019 年 12 月 31 日确认的劳务收入 = 600 000×70% − 0 = 420 000（元）

（1）实际发生劳务成本时：

借：合同履约成本——设备安装	280 000	
贷：应付职工薪酬		280 000

（2）预收劳务款时：

借：银行存款	440 000	
贷：合同负债——××公司		440 000

（3）2019 年 12 月 31 日确认劳务收入并结转劳务成本时：

借：合同负债——××公司　　420 000

　贷：主营业务收入——设备安装　　420 000

借：主营业务成本——设备安装　　280 000

　贷：合同履约成本——设备安装　　280 000

由于投入法下的投入指标与企业向客户转移商品的控制权之间未必存在直接的对应关系，因此企业在采用投入法时，应该扣除那些虽然已经发生，但是未导致向客户转移商品的投入。

2. *在某一时点履行的履约义务*

对于不属于在某一时段内履行的履约义务，应当属于在某一时点履行的履约义务，企业应当在客户取得相关商品控制权时点确认收入。在判断控制权是否转移时，企业应当考虑下列迹象：

（1）企业就该商品享有现时收款权利，即客户就该商品负有现时付款义务。当企业就该商品享有现时收款权利时，可能表明客户已经有能力主导该商品的使用并从中获得几乎全部的经济利益。

（2）企业已将该商品的法定所有权转移给客户，即客户已拥有该商品的法定所有权。当客户取得了商品的法定所有权时，可能表明客户已取得对该商品的控制权。如果企业仅仅是为了确保到期收回货款而保留商品的法定所有权，那么企业拥有的该权利通常不会对客户取得对该商品的控制权构成障碍。

（3）企业已将该商品实物转移给客户，即客户已占有该商品实物。客户占有了某项商品实物并不意味着其就一定取得了该商品的控制权，反之亦然。

①委托代销安排。这一安排是指委托方和受托方签订代销合同或协议，委托受托方向终端客户销售商品。受托方获得对该商品控制权的，企业应当按销售商品进行会计处理，这种安排不属于委托代销安排；受托方没有获得对该商品控制权的，企业通常应当在受托方售出商品后，按合同或协议约定的方法计算确定的手续费确认收入。表明一项安排是委托代销安排的迹象包括但不限于以下方面：一是在特定事件发生之前（如向最终客户出售产品或指定期间到期之前），企业拥有对商品的控制权；二是企业能够要求将委托代销的商品退回或者将其销售给其他方（如其他经销商）；三是尽管受托方可能被要求向企业支付一定金额的押金，但是其并没有承担对这些商品无条件付款的义务。

【例 11-12】甲公司委托乙公司销售 W 商品 200 件，W 商品已经发出，每件成本为 60 元。合同约定乙公司应按每件 100 元对外销售，甲公司按不含增值税的销售价格的 10%向乙公司支付手续费。乙公司对外实际销售 100 件，销售价格为 10 000 元，增值税税额为 1 300 元，款项已经收到。甲公司收到乙公司开具的代销清单时，向乙公司开具一张相同金额的增值税专用发票。假定除上述情况外，不考虑其他因素。

本例中，甲公司将 W 商品发送至乙公司后，乙公司虽然已经实物占有 W 商品，但仅是接受甲公司的委托销售 W 商品，并根据实际销售的数量赚取一定比例的手续费。甲公司有权要求收回 W 商品或将其销售给其他的客户，乙公司并不能主导这些商品的销售，这些商品对外销售与否、是否获利以及获利多少等不由乙公司控制，乙公司没有取得这些商品的控制权。因此甲公司将 W 商品发往乙公司时，不应确认收入，而应当在乙公司将 W 商品销售给最终客户时确认收入。

根据上述材料，甲公司的会计分录如下：

（1）发出商品时：

借：发出商品——乙公司	12 000	
贷：库存商品——W 商品		12 000

（2）收到代销清单，同时发生增值税纳税义务时：

借：应收账款——乙公司	11 300	
贷：主营业务收入——销售 W 商品		10 000
应交税费——应交增值税（销项税额）		1 300
借：主营业务成本——销售 W 商品	6 000	
贷：发出商品——乙公司		6 000
借：销售费用——代销手续费	1 000	
贷：应收账款——乙公司		1 000

（3）收到乙公司支付的货款时：

借：银行存款	10 300	
贷：应收账款——乙公司		10 300

乙公司的会计分录如下：

（1）收到商品时：

借：受托代销商品——甲公司	20 000	
贷：受托代销商品款——甲公司		20 000

（2）对外销售时：

借：银行存款	11 300	
贷：受托代销商品——甲公司		10 000
应交税费——应交增值税（销项税额）		1 300

（3）收到增值税专用发票时：

借：受托代销商品款——甲公司	10 000	
应交税费——应交增值税（进项税额）	1 300	
贷：应付账款——甲公司		11 300

（4）支付货款并计算代销手续费时：

借：应付账款——甲公司	11 300	
贷：银行存款		10 300
其他业务收入——代销手续费		1 000

②售后代管商品安排。售后代管商品是指根据企业与客户签订的合同，已经就销售的商品向客户收款或取得了收款权利，但是直到在未来某一时点将该商品交付给客户之前，企业仍然继续持有该商品实物的安排。

（4）企业已将该商品所有权上的主要风险和报酬转移给客户，即客户已取得该商品所有权上的主要风险和报酬。企业在判断时不应考虑导致企业在除所转让商品之外产生其他单项履约义务的风险。

（5）客户已接受该商品。当商品通过了客户的验收，通常表明客户已接受该商品。客户验收通常有两种情况：一是企业向客户转让商品时，能够客观地确定该商品符合合同约定的标准和条件，客户验收只是一项例行程序，不会影响企业判断客户取得该商品控制权的时点；二是企业向客户转让商品时，无法客观地确定该商品是否符合合同规定的条件，在客户验收之前，企业不能认为已经将该商品的控制权转移给了客户，企业应当在客户完成验收并接受该商品时才能确认收入。

（6）其他表明客户已取得商品控制权的迹象。需要强调的是，在上述迹象中，并没有哪一个或哪几个迹象是决定性的，企业应当根据合同条款和交易实质进行分析，综合判断其是否将商品的控制权转移给客户以及何时转移的，从而确定收入确认的时点。此外，企业应当从客户的角度进行评估，而不应当仅考虑企业自身的看法。

三、特定交易的会计处理

（一）附有销售退回条款的销售

企业将商品控制权转让给客户之后，可能会因为各种原因允许客户依照有关合同、法律要求、声明或承诺、以往的习惯做法等选择退货，此销售为附有销售退回条款的销售。

企业应当在客户取得相关商品控制权时，按照因向客户转让商品而预期有权收取的对价金额（不包含预期因销售退回将退还的金额）确认收入，按照预期因销售退回将退还的金额确认负债。同时，按照预期将退回商品转让时的账面价值，扣除收回该商品预计发生的成本（包括退回商品的价值减损）后的余额，确认一项资产，按照所转让的商品转让时的账面价值，扣除上述资产成本的净额结转成本。每一资产负债表日，企业应当重新估计未来销售退回情况，并对上述资产和负债进行重新计量。如有变化，应当作为会计估计变更进行会计处理。

【例 11-13】甲公司是一家健身器材销售公司。2018 年 10 月 1 日，甲公司向乙公司销售 5 000 件健身器材，单位销售价格为 500 元，单位成本为 400 元，开出的增值税专用发票上注明的销售价格为 250 万元，增值税额为 32.5 万元。健身器材已经发出，但款项尚未收到。根据协议约定，乙公司应于 2018 年 12 月 1 日之前支付货款，在 2019 年 3 月 31 日之前有权退还健身器材。甲公司根据过去的经验，估计该批健身器材的退货率约为 20%。2018 年 12 月 31 日，甲公司对退货率进行了重新评估，认为只有 10%的健身器材会被退回。甲公司为增值税一般纳税人，健身器材发出时纳税义务已经发生，实际发生退回时取得税务机关开具的红字增值税专用发票。假定健身器材发出时控制权转移给乙公司。甲公司的会计分录如下：

（1）2018 年 10 月 1 日发出健身器材时：

借：应收账款	2 825 000	
贷：主营业务收入		2 000 000
预计负债——应收退货款		500 000
应交税费——应交增值税（销项税额）		325 000

借：主营业务成本　　1 600 000
　　应收退货成本　　400 000
　贷：库存商品　　2 000 000

（2）2018 年 12 月 1 日前收到货款时：

借：银行存款　　2 825 000
　贷：应收账款　　2 825 000

（3）2018 年 12 月 31 日，甲公司对退货率进行重新评估时：

借：预计负债——应付退货款　　250 000
　贷：主营业务收入　　250 000
借：主营业务成本　　200 000
　贷：应收退货成本　　200 000

（4）2019 年 3 月 31 日发生销售退回，假定实际退货量为 400 件，退货款项已经支付时：

借：库存商品　　160 000
　　应交税费——应交增值税（销项税额）（325 000×0.08）　　26 000
　　预计负债——应付退货款　　250 000
　贷：应收退货成本　　160 000
　　　主营业务收入　　50 000
　　　银行存款　　226 000
借：主营业务成本　　40 000
　贷：应收退货成本　　40 000

（二）附有质量保证条款的销售

企业在向客户销售商品时，根据合同约定、法律规定或本企业以往的习惯做法等，可能会为所销售的商品提供质量保证。对于客户能够选择单独购买质量保证的，表明该质量保证构成单项履约义务；对于客户虽然不能选择单独购买质量保证，但是如果该质量保证在向客户保证所销售的商品符合既定标准之外提供了一项单独服务的，也应当作为单项履约义务。作为单项履约义务的质量保证应当按本章进行会计处理，并将部分交易价格分摊至该项履约义务。对于不能作为单项履约义务的质量保证，企业应当按照《企业会计准则第 14 号——或有事项》的规定进行会计处理。

企业在评估一项质量保证是否在向客户保证所销售的商品符合既定标准之外提供了一项单独的服务时，应当考虑的因素包括以下几点。

（1）该质量保证是否为法定要求。当法律要求企业提供质量保证时，该法律规定通常表明企业承诺提供的质量保证不是单项履约义务。

（2）质量保证期限。企业提供质量保证的期限越长，越有可能表明企业向客户提供了保证商品符合既定标准之外的服务，该质量保证越有可能构成单项履约义务。

（3）企业承诺履行义务的性质。如果企业必须履行某些特定的义务以保证所销售的商品符合既定标准（如企业负责运输被客户退回的瑕疵商品），则这些特定的任务可能不构成单项履约义务。

（三）附有客户额外购买选择权的销售

企业在销售商品的同时，有时会向客户授予选择权，允许客户据此免费或者以折扣价格购买额外的商品，此种情况称为附有客户额外购买选择权的销售。企业向客户授予的额外购买选择权的形式包括销售激励、客户奖励积分、未来购买商品的折扣券以及合同续约选择权等。

对于附有客户额外购买选择权的销售，企业应当评估该选择权是否向客户提供了一项重大权利。如果客户只有在订立了一项合同的前提下才取得了额外购买选择权，并且客户行使该选择权购买额外商品时，能够享受到超过该地区或该市场中其他同类客户所能够享有的折扣，则通常认为该选择权向客户提供了一项重大权利，其应当作为单项履约义务，企业应按照各单项履约义务的单独售价的相对比例，将交易价格分摊至各单项履约义务。其中，分摊至重大选择权的交易价格与未来的商品相关，企业应当在客户未来行使该选择权取得相关商品的控制权时，或者在该选择权失效时确认为收入。

（四）授予知识产权许可

授予知识产权许可，是指企业授予客户对企业拥有的知识产权享有相应权利。常见的知识产权包括软件和技术，影视和音乐等的版权、特许经营权以及专利权、商标权和其他版权等。

1. 授予知识产权许可是否构成单项履约义务

企业向客户授予知识产权许可时，可能也会同时销售商品，企业应当评估该知识产权许可是否构成单项履约义务，不构成单项履约义务的，企业应当将该知识产权许可和所售商品一起作为单项履约义务进行会计处理。

2. 授予知识产权许可属于在某一时段履行的履约义务

授予客户的知识产权许可构成单项履约义务的，企业应当根据该履约义务的性质，进一步确定其是在某一时段内履行还是在某一时点履行。企业向客户授予的知识产权许可，同时满足下列三项条件的，应当作为在某一时段内履行的履约义务确认相关收入。否则，应当作为在某一时点履行的履约义务确认相关收入。

（1）合同要求或客户能够合理预期企业将从事对该项知识产权有重大影响的活动。企业在向客户授予知识产权许可之后，还可能会从事市场推广、继续开发等后续活动，这些活动存在下列情况之一的，将会对该项知识产权有重大影响：一是这些活动预期将显著改变该项知识产权的形式（如知识产权的设计、内容）或者功能（如执行某任务的能力）；二是客户从该项知识产权中获益的能力在很大程度上来源于或者取决于这些活动。如果该项知识产权具有重大的独立功能，且该项知识产权绝大部分的经济利益来源于该项功能，则客户从该项知识产权中获益的能力通常不会受到企业从事的相关活动的重大影响，除非这些活动显著改变了该项知识产权的形式或者功能。

（2）该活动对客户将产生有利或不利影响。当企业从事的后续活动并不影响授予客户的知识产权许可时，企业的后续活动只是在改变其自己拥有的资产。

（3）该活动不会导致向客户转让某项商品。当企业从事的后续活动本身构成单项履约义务时，企业在评估授予知识产权许可是否属于在某一时段履行的履约义务时应当不予考虑。

3. 授予知识产权许可属于在某一时点履行的履约义务

授予知识产权许可不属于在某一时段内履行的履约义务的，应当作为在某一时点履行的履约义务，在履行该履约义务时确认收入。在客户能够使用某项知识产权许可并开始从中获利之前，企业不能对此类知识产权许可确认收入。

（五）基于销售或使用情况的特许权使用费

企业向客户授予知识产权许可，并约定按该客户实际销售或使用情况（如按照客户的销售额）收取特许权使用费的，应当在客户后续销售或使用行为实际发生与企业履行相关履约义务二者孰晚的时点确认收入。这是估计可变对价的一个例外规定，该例外规定只有在下列两种情形下才能使用：一是特许权使用费仅与知识产权许可相关；二是特许权使用费可能与合同中的知识产权许可和其他商品都相关，但是与知识产权许可相关的部分占主导地位。当企业能够合理预期，客户认为知识产权许可的价值远高于合同中与之相关的其他商品时，该知识产权许可通常占主导地位。对于不适用该例外规定的特许权使用费，应当按照估计可变对价的一般原则进行处理。

（六）售后回购

售后回购，是指企业销售商品的同时承诺或有权选择日后再将该商品（包括相同或几乎相同的商品，或以该商品作为组成部分的商品）购回的销售方式。企业应当区分下列两种情形分别对售后回购交易进行会计处理。

1. 企业因存在与客户的远期安排而负有回购义务或企业享有回购权利的

企业因存在与客户的远期安排而负有回购义务或企业享有回购权利的，尽管客户可能已经持有该商品的实物，但是由于企业将会回购或者有权回购该商品，导致客户主导该商品的使用并从中获取几乎全部经济利益的能力受到限制。因此在销售时点，客户并没有取得该商品的控制权，企业应根据下列情况分别进行相应的会计处理：一是回购价格低于原售价的，应当视为租赁交易进行会计处理；二是回购价格不低于原售价的，应当视为融资交易，应当在收到客户款项时确认金融负债，而不是终止确认该商品，并将该款项和回购价格的差额在回购期间内确认为利息费用等。

2. 企业应客户要求回购商品的

企业负有应客户要求回购商品义务的，应当在合同开始日评估客户是否具有行使该要求权的重大经济动因。客户具有行使该要求权的重大经济动因的，企业应当将回购价格与原售价进行比较，并按照第 1 种情形下的原则将该售后回购作为租赁交易或融资交易进行相应的会计处理。客户不具有行使该要求权的重大经济动因的，企业应当将该售后回购作为附有销售额退回条款的销售交易进行相应的会计处理。

在判断客户是否具有行权的重大经济动因时，企业应当综合考虑各种相关因素，包括回购价格与预计回购时市场价格之间的比较，以及权利的到期日等。当回购价格明显高于该商品回购时的市场价值时，通常表明客户有行权的重大经济动因。

（七）客户未行使的权利

企业因销售商品向客户收取的预收款，赋予了客户一项在未来从企业取得该商品的权利，并使企业承担了向客户转让该商品的义务，因此企业应当将预收的款项确认为合同负债，待未来履行了相关履约义务，即向客户转让相关商品时，再将该负债转为收入。

某些情况下，企业收取的预收款无须退回，但是客户可能会放弃其全部或部分合同权利，如放弃储值卡的使用等。企业预期将有权获得与客户所放弃的合同权利相关的金额的，应当按照客户行使合同权利的模式按比例将上述金额确认为收入。否则，企业只有在客户要求其履行剩余履约义务的可能性极低时，才能将相关负债余额转为收入。企业在确定其是否预期将有权获得与客户所放弃的合同权利相关的金额时，应当考虑将估计的可变对价计入交易价格的限制要求。

如果有相关法律规定，企业所收取的、与客户未行使权利相关的款项需转交给其他方的（如法律规定无人认领的财产需上交政府），企业不应将其确认为收入。

（八）无须退回的初始费

企业在合同开始日（或临近合同开始日）向客户收取的无须退回的初始费通常包括入会费、接驳费、初装费等。企业收取该初始费时，应当评估该初始费是否与向客户转让已承诺的商品相关。该初始费与向客户转让已承诺的商品相关，且该商品构成单项履约义务的，企业应当在转让该商品时，按照分摊至该商品的交易价格确认收入。该初始费与向客户转让已承诺的商品相关，但该商品不构成单项履约义务的，企业应当在包含该商品的单项履约义务履行时，按照分摊至该单项履约义务的交易价格确认收入。该初始费与向客户转让已承诺的商品不相关的，该初始费应当作为未来将转让商品的预收款，在未来转让该商品时确认为收入。当企业向客户授予了续约选择权，且该选择权向客户提供了重大权利时，这部分收入确认的期间将可能长于初始合同期限。

在合同开始日（或临近合同开始日），企业通常必须开展一些初始活动，为履行合同进行准备，如一些行政管理性质的准备工作，这些活动虽然与履行合同有关，但并没有向客户转让已承诺的商品，因此，不构成单项履约义务，即使企业向客户收取的无须退还的初始费与这些初始活动有关（如企业为了补偿开展这些活动所发生的成本而向客户收取初始费），也不应在这些活动完成时将该初始费确认为收入，而是应当将该初始费作为未来将转让商品的预收款，在未来转让该商品时确认为收入。

第二节　费用

一、费用的特征与分类

企业在经营过程中，为了取得一定的收入，必然要发生各种耗费和支出，如机器设备、原材料、人工等耗费以及办公费用、利息费用、销售费用等。这些耗费和支出都构成了企业的费用。费用是指企业在日常活动中发生的、会导致所有者权益减少的、与向所有者分配利润无关的经济利益的总流出。费用从理论上来讲有广义和狭义之分。广义的费用是指企业各种日常活动发生的所有耗费，狭义的费用仅指与本期营业收入相配比的那部分耗费。

（一）费用的特征

1. 费用是企业在日常活动中发生的经济利益的总流出

日常活动是企业为完成其经营目标所从事的经常性活动以及与之相关的活动，日常活动中所产生的费用通常包括销售成本、职工薪酬、折旧费、无形资产摊销等。企业从事或发生的某些活动或事项也能导致经济利益流出企业，但不属于企业的日常活动，如企业处置固定资产、无形资产等非流动资产，支付税收滞纳金和违约罚款、因自然灾害等非常原因造成财产损耗等，这些非日常活动或事项形成的经济利益的总流出属于企业的损失而不是费用，不能作为企业的费用，而应计入营业外支出。

2. 费用表现为企业资产的减少或负债的增加

费用会导致经济利益流出企业，表现为企业资产的减少，如减少银行存款、库存商品等，也可以表现为企业负债的增加，如增加应付职工薪酬、应交税费等。

3. 费用最终会导致企业所有者权益的减少

根据“资产－负债＝所有者权益”的公式，费用的发生一定会导致所有者权益的减少。但企业在日常活动中发生的某些支出并不导致所有者权益减少，也就不构成费用。例如企业以银行存款偿还一项前欠货款时，只是等额减少了企业的一项资产和一项负债，对所有者权益并没有影响，即使有现金流出企业，也不确认为费用。

4. 费用与向所有者分配利润无关

企业向所有者分配利润或现金股利，虽然发生了现金流出并减少了企业的所有者权益，但它属于利润分配的结果，不是经营活动的结果，因而不能作为企业的费用。

（二）费用的分类

为了便于合理地确认和计量费用，正确地计算产品成本，应对费用进行合理的分类。对费用进行分类有以下几种不同的分类标准。

1. 按费用的经济内容（或性质）分类

费用按经济内容（或性质）进行分类，可以分为劳动对象方面的费用、劳动手段方面的费用和活劳动方面的费用三大类。这在会计上称为生产费用要素，一般有以下几项内容。

（1）外购材料。外购材料是指企业为进行生产而耗用的从外部购入的原料及主要材料、半成品、辅助材料、包装物、修理用备件和低值易耗品等。

（2）外购燃料。外购燃料是指企业为进行生产而耗用的从外部购入的各种燃料，包括固体燃料、液体燃料和气体燃料。

（3）外购动力。外购动力是指企业为进行生产而耗用的从外部购进的各种动力，包括电力、热力和蒸汽等。

（4）职工薪酬。职工薪酬是指企业根据有关规定应计入生产费用的职工薪酬。

（5）折旧费。折旧费是指企业对所拥有或控制的固定资产按照使用情况计提的折旧费用。

（6）利息支出。利息支出是指企业计入期间费用等的负债利息净支出，即利息支出减去利息收入后的余额。

（7）其他费用。其他费用是指不属于以上各费用要素的费用。

费用按照经济内容进行分类，可以反映企业在一定时期内发生的生产费用项目与数额，以便于分析企业各时期各种费用占费用总额的比重，有利于分析企业各个时期各种要素费用支出的水平，考核费用计划的执行情况。

2. 按费用的经济用途分类

费用按经济用途可以分为计入产品生产成本的费用和不计入产品生产成本的费用两大类。计入产品生产成本的费用可划分为直接费用和间接费用。其中直接费用包括直接材料、直接人工和其他直接费用，它们应当根据实际发生数进行核算，并按照成本计算对象进行归集，直接计入产品的生产成本；间接费用指制造费用。

1）生产成本

生产成本是指与生产产品有关的费用。按照费用在生产过程中的用途不同，可以进一步划分为若干项目，称为产品成本项目，简称成本项目。产品成本项目主要包括以下三项内容。

（1）直接材料费用。直接材料费用是指企业在生产产品和提供劳务过程中所消耗的直接用于产品生产，并构成产品实体的原料、主要材料、外购半成品、修理用备件、包装物及有助于产品形成的辅助材料等。

（2）直接人工费用。直接人工费用是指企业在生产产品和提供劳务过程中，直接从事产品生产的工人的各种薪酬。

（3）制造费用。制造费用是指企业各生产车间（部门）为生产产品和提供劳务而发生的各项间接费用，包括车间管理人员等的职工薪酬、折旧费、办公费、水电费、物料消耗、劳动保护费、季节性和修理期间的停工损失等。

2）期间费用

期间费用是指企业当期发生的必须从当期收入中获得补偿的费用。由于它仅与当期实现的收入相关，必须计入当期损益，所以称为期间费用。其主要包括：企业行政管理部门为组织和管理生产经营活动而发生的管理费用；企业为筹集资金而发生的财务费用；企业为销售商品而发生的销售费用。

费用按照经济用途进行分类，能够明确地反映出直接用于产品生产上的材料费、职工薪酬和耗用于组织和管理生产经营活动上的各项数额，有利于企业分析和检查费用计划、定额、预算等的执行情况，控制成本费用支出，加强成本管理和成本分析。

二、费用的确认和计量

（一）费用的确认

1. 费用确认的条件

根据费用的特征、财务会计要素确认的基本标准以及财务会计信息质量要求，某一交易或事项的结果若要被确认为费用，必须同时满足下列几项条件。

1）经济利益很可能流出企业

一般情况下，企业发生的费用可能给企业带来经济利益，如企业销售产品与提供劳务发生的费用；也可能不产生经济利益，或者即使产生经济利益但不符合资产确认的条件，如企业在研究阶段发生的研究费用等，都是在发生时会导致企业资产减少或者负债增加的支出。

2）经济利益的流出额能够可靠地计量

经济利益流出可计量实质就是指减少的资产或增加的负债可计量。减少的资产或增加的负债是否可计量，应依据资产或负债的可计量标准来判定。会计上需要有相关的真实凭据，或者有真实可靠的证据以合理估计其数额的大小。

2. 费用的确认原则

企业在经营过程中，为了取得一定的收入，必然要发生各种各样的支出。这些支出中有的形成本期费用，有的并不形成本期费用。究竟哪些支出形成本期费用，可采用以下几项基本原则进行确认。

1）权责发生制原则

根据权责发生制原则，凡是当期已经发生或应当负担的费用，不论款项是否收付，都应作为当期的费用；凡是不属于当期的费用，即使款项已在当期支付，也不应当作为当期的费用。也就是说，费用应该在实际发生时确认，而不是在现金支付时确认，即费用确认的时点，不一定是现金支付的时点。例如企业借入的到期一次还本付息的银行借款，在资产负债表日，虽然不用现金支付利息，但需要计提利息费用。再如企业年初预付了一年的报刊费，这笔报刊费应分摊在 12 个月加以确认，而不应该在支付报刊费的当月一次确认。

2）划分收益性支出与资本性支出的原则

根据划分收益性支出与资本性支出的原则，凡支出的效益仅限于一个会计期间的，应当作为收益性支出；凡支出的效益长于一个会计期间的，应当作为资本性支出。

由于收益性支出的效益仅仅体现在一个会计期间，因而发生的支出应在一个会计期间确认为费用。例如企业发生的各种办公费用支出等，发生时就要确认为费用。对于资本性支出，由于其效益能够体现在几个会计期间，所以发生的支出应分别在几个会计期间确认为费用。当资本性支出发生时，应予以资本化，不确认为当期费用。例如企业购置固定资产发生的支出，应先作为资产确认，然后根据各会计期间的受益程度，通过折旧方式逐步转化为各期的费用。

3）配比原则

配比原则是会计上确认费用的重要原则。它是按照费用与收入的关联关系来确认费用的实现。即它是按照其关联的收入实现的期间来确认费用实现的期间。费用与收入之间的关联或一致性不仅表现在经济性质上的因果性方面，也表现在时间方面。由于许多资产是跨若干会计期间使企业受益，且只能大致和间接地确定费用与收益的联系，如固定资产、无形资产等。使用这些资产而发生的费用，就应该用系统合理的分配方法在估计的有效期限内进行分配。

（二）费用的计量

费用的确认解决了费用入账的时点，费用的计量则解决费用的入账金额。费用计量的基本原则，就是按照费用的实际发生额入账。由于费用一般被视为资产价值的减少，而已耗用的资产又可以从不同的角度来计量，所以与之相适应的费用也可采用不同的计量属性。通常的费用计量标准是实际成本。费用采用实际成本计量属性来计量，是由于实际成本代表企业获得商品或劳务时的交换价值由交易双方认可，具有客观性和可验证性，从而能够使会计信息具有足够的可靠性。

费用的实际成本是按企业为取得商品或劳务而放弃的资源的实际价值来计量的，即按交换价值或市场价格计量的。这种市场价格的确定则取决于交易中所具体采用的支付方式。交易中最基本的支付方式是现金，但费用的发生与现金支出在时间上有时是不一致的，如以现金支付的管理部门的办公费等，费用的实际成本就代表了当时的市场价格。对于固定资产折旧的计提基础是固定资产的购入成本，它在取得资产时是当时的市场价格，但一经入账就成为历史成本。费用发生时，费用的实际成本并不是固定资产现实的市场价格。而对于先于现金支出而发生的费用来说，由于实际的交易尚未发生，没有市场价格可以计量，所以一般采用预计价值确认入账。

三、期间费用的会计处理

期间费用是指不能直接归属于某个特定产品成本的费用，它容易确定发生的期间，但难以判断所应归属的产品，因而在发生时直接计入当期损益，包括管理费用、销售费用和财务费用。

“管理费用”科目，用来核算和监督管理费用的发生和结转情况，属于损益类科目。借方登记发生的各项管理费用，贷方登记期末转入“本年利润”科目的管理费用，期末结转后该科目应无余额。该科目可按费用项目进行明细核算。

“销售费用”科目，用来核算和监督销售费用的发生及结转情况，属于损益类科目。借方登记实际发生的各项销售费用，贷方登记期末转入“本年利润”科目的销售费用，期末结转后该科目应无余额。该科目可按费用项目进行明细核算。

“财务费用”科目，用来核算和监督财务费用的发生和结转情况，属于损益类科目。借方登记发生的各项财务费用，贷方登记期末转入“本年利润”科目的财务费用，期末结转后该科目应无余额。该科目可按费用项目进行明细核算。

（一）管理费用的会计处理

管理费用是指企业行政管理部门为组织和管理生产经营活动而发生的各种费用。包括企业在筹建期间发生的开办费、董事会和行政管理部门在企业的经营管理中发生的或者应由企业统一负担的公司经费（包括行政管理部门人员的职工薪酬、物料消耗、低值易耗品摊销、办公费和差旅费等）、工会经费、董事会费（包括董事会成员津贴、会议费和差旅费等）、聘请中介机构费、咨询费（含顾问费）、诉讼费、业务招待费、技术转让费、矿产资源补偿费、排污费、绿化费、研究费用以及行政管理部门发生的固定资产修理费等。

【例 11-14】2019 年 10 月琛楠公司应付行政管理部门人员薪酬 200 000 元，计提行政管理部门专用办公设备折旧 35 000 元，以银行存款支付购销业务的应酬费 20 000 元。琛楠公司的会计分录如下：

借：管理费用	255 000	
贷：应付职工薪酬		200 000
累计折旧		35 000
银行存款		20 000

【例 11-15】琛楠公司 2019 年 9 月以银行存款支付法律咨询费 30 000 元，行政管理部门发生的办公设备修理费 5 000 元。琛楠公司的会计分录如下：

借：管理费用——修理费　　30 000
　　　　　　——咨询费　　5 000
　贷：银行存款　　35 000

（二）销售费用的会计处理

销售费用是指企业在销售商品和材料、提供劳务过程中发生的各项费用，包括企业在销售商品过程中发生的保险费、包装费、展览费和广告费、商品维修费、预计产品质量保证损失、运输费、装卸费以及企业发生的为销售本企业商品而专设的销售机构（含销售网点、售后服务网点等）的职工薪酬、业务费、折旧费、固定资产修理费等费用。

【例 11-16】琛楠公司以银行存款支付 2019 年 9 月产品广告费用 30 000 元，销售商品的运费 1 500 元。琛楠公司的会计分录如下：

借：销售费用　　31 500
　贷：银行存款　　31 500

【例 11-17】琛楠公司 2019 年 9 月应付专设销售机构职工的薪酬 180 000 元，计提销售部专用办公设备折旧费 10 000 元。琛楠公司的会计分录如下：

借：销售费用　　190 000
　贷：应付职工薪酬　　180 000
　　　累计折旧　　10 000

（三）财务费用的会计处理

财务费用是指企业为筹集生产经营所需资金而发生的筹资费用，包括利息净支出（减利息收入后的支出）、汇兑净损失（减去汇兑收益后的损失）、金融机构的手续费、企业发生的现金折扣或收到的现金折扣以及筹集生产经营资金发生的财务费用等。

【例 11-18】2019 年 8 月，琛楠公司计提银行短期借款利息 4 000 元。琛楠公司的会计分录如下：

借：财务费用　　4 000
　贷：应付利息　　4 000

【例 11-19】2019 年 9 月，琛楠公司收到开户银行的通知，已将本月银行存款利息收入 3 400 元转入公司存款户。琛楠公司的会计分录如下：

借：银行存款　　3 400
　贷：财务费用　　3 400

第三节　利润

一、利润的概念与构成

利润是企业在一定会计期间的经营成果，包括收入减去费用后的净额、直接计入当期利润的利得和损失等。其中，直接计入当期利润的利得和损失是指应当计入当期损益、会导致所有者权益发生增减变动的、与所有者投入资本或者向所有者分配利润无关的利得或损失。

企业的利润取决于收入和费用、直接计入当期利润的利得和损失金额的计量。企业的利润能够反映企业在一定会计期间的经营业绩和获利能力，反映企业的投入产出效率和经济效益，是衡量企业优劣的一个重要标志，有助于投资者、债权人做出正确的决策。

企业的利润包括营业利润、利润总额和净利润。

（一）营业利润

营业利润是指企业一定期间的日常活动取得的利润。即

营业利润＝营业收入－营业成本－税金及附加－销售费用－管理费用－研发费用－财务费用－资产减值损失＋其他收益＋投资收益（－投资损失）＋净敞口套期收益（－净敞口套期损失）＋公允价值变动收益（－公允价值变动损失）＋资产处置收益（－资产处置损失）

营业收入是指企业经营业务所确认的收入总额，包括主营业务收入和其他业务收入。

营业成本是指企业经营业务所发生的实际成本总额，包括主营业务成本和其他业务成本。

资产减值损失是指企业计提各项资产减值准备所形成的损失。

公允价值变动收益（或损失）是指企业交易性金融资产等公允价值变动形成的应计入当期损益的利得（或损失）。

投资收益（或损失）是指企业以各种方式对外投资所取得的收益（或发生的损失）。

（二）利润总额

利润总额是指企业一定期间的营业利润，加上营业外收入减去营业外支出后的所得税前利润总额。即

利润总额＝营业利润＋营业外收入－营业外支出

营业外收入是指企业发生的与其日常活动无直接关系的各项利得。

营业外支出是指企业发生的与其日常活动无直接关系的各项损失。

（三）净利润

净利润是指企业一定期间的利润总额减去所得税费用后的净额。即

净利润＝利润总额－所得税费用

所得税费用是指企业确认的应从当期利润总额中扣除的所得税费用。

二、营业外收入和营业外支出的会计处理

营业外收入和营业外支出是指企业发生的与日常活动无直接关系的各项收支。尽管营业外收支与企业生产经营活动关系不是很大，但从企业整体出发来考虑，营业外收支对企业的利润总额产生一定程度的影响。

（一）营业外收入

1. 营业外收入核算的内容

营业外收入是指企业发生的与其日常活动无直接关系的各项利得，营业外收入不是由企业经营资金耗费所产生的，不需要企业付出代价。营业外收入主要包括非流动资产毁损报废利得、债务重组利得、政府补助、盘盈利得、捐赠利得等。

非流动资产毁损报废利得是指因自然灾害等发生毁损、已丧失使用功能而报废的非流动资产所产生的清理收益。

债务重组利得是指重组债务的账面价值超过清偿债务的现金、非现金资产的公允价

值、所转股份的公允价值或重组后债务账面价值之间的差额。

盘盈利得是指企业对于清查盘点中盘盈的现金等，报经批准后计入营业外收入的金额。

政府补助是指与企业日常活动无关的、从政府无偿取得货币性资产或非货币性资产形成的利得。

捐赠利得是指企业接受捐赠产生的利得。

为了反映营业外收入的发生和结转情况，企业应设置“营业外收入”科目，其贷方登记企业发生的各项营业外收入，借方登记期末转入“本年利润”科目的数额，期末结转后该科目应无余额。该科目按营业外收入的具体项目设置明细账。

2. 营业外收入的会计处理

【例 11-20】 2019 年 11 月，琛楠公司没收逾期未退的包装物押金 1 000 元，转为营业外收入。琛楠公司的会计分录如下：

借：其他应付款　　1 000

　贷：营业外收入　　855

　　应交税费——应交增值税（销项税额）　　145

【例 11-21】 2019 年 12 月，琛楠公司收到 S 公司因拖欠货款交来的赔偿金 10 000 元，存入银行。琛楠公司的会计分录如下：

借：银行存款　　10 000

　贷：营业外收入　　10 000

（二）营业外支出

1. 营业外支出核算的内容

营业外支出是指企业发生的与其日常活动无直接关系的各项损失，主要包括非流动资产毁损报废损失、债务重组损失、公益性捐赠支出、非常损失、盘亏损失等。

非流动资产毁损报废损失是指因自然灾害等发生毁损、已丧失使用功能而报废的非流动资产所产生的清理损失。

债务重组损失是指重组债权的账面价值与受让资产的公允价值、所转股份的公允价值或重组后债权账面价值之间的差额。

公益性捐赠支出是指企业对外进行公益性捐赠发生的支出。

非常损失是指企业对于因客观因素（如自然灾害等）造成的损失，在扣除保险公司赔偿后的净损失。

盘亏损失是指对于财产清查盘点中盘亏的资产，在查明原因处理时确定的损失。

为了反映营业外支出的发生和结转情况，企业应设置“营业外支出”科目，其借方登记企业发生的各项营业外支出，贷方登记期末转入“本年利润”科目的数额，期末结转后该科目应无余额。该科目按营业外支出的具体项目设置明细账。

2. 营业外支出的会计处理

【例 11-22】 2019 年 12 月，琛楠公司报废设备的净损失 10 000 元，转入营业外支出。琛楠公司的会计分录如下：

借：营业外支出　　10 000

　贷：固定资产清理　　10 000

三、利润结转的会计处理

（一）设置的会计科目

企业本年利润的结转是通过设置“本年利润”科目进行的。“本年利润”科目属于所有者权益类科目，该科目的贷方登记期末转入的收入类科目的贷方余额，借方登记期末转入的费用、支出类科目的借方余额，结转后本科目如为贷方余额，表示实现的净利润，如为借方余额表示发生的净亏损。年度终了，应将本年实现的净利润转入“利润分配——未分配利润”科目的贷方，如为净亏损则转入“利润分配——未分配利润”科目的借方，年末结转后本科目应无余额。

（二）结转本年利润的方法

在会计实务中，期末结转本年利润的方法有账结法和表结法两种。

1. *账结法*

账结法是指在每月月末将所有损益类科目的余额转入“本年利润”科目，结转后各损益类科目月末均没有余额，“本年利润”科目的余额反映年度内累计实现的净利润（或发生的净亏损）。账结法在各月均可通过“本年利润”科目提供当月及本年累计的利润（或亏损）额，但增加了转账环节和工作量。

2. *表结法*

表结法是指各损益类科目每月月末只需结出本月发生额和月末累计余额，不需结转到“本年利润”科目，只有在年末才将各损益类科目的全年累计余额结转入“本年利润”科目。但每月月末要将损益类科目的本月发生额合计数填入利润表的本月数栏，同时将本月末累计余额填入利润表的本年累计数栏，通过利润表计算反映当期及本年累计利润或亏损。表结法下，年中损益类科目无须结转入“本年利润”科目，从而减少了转账环节和工作量，同时并不影响利润表的编制及有关损益指标的利用。

（三）结转本年利润的会计处理

【例 11-23】琛楠公司 2019 年 12 月各损益类科目余额表如表 11-1 所示。

表 11-1 2019 年 12 月各损益类科目余额表 单位：元

会计科目	借方发生额	贷方发生额
主营业务收入		4 500 000
其他业务收入		60 000
投资收益		300 000
营业外收入		25 000
主营业务成本	3 000 000	
其他业务成本	50 000	
税金及附加	200 000	
销售费用	500 000	
管理费用	200 000	
财务费用	80 000	
营业外支出	20 000	
所得税费用	208 750	

琛楠公司的会计分录如下：

结转各项收入、利得类科目时：

借：主营业务收入	4 500 000	
其他业务收入	60 000	
投资收益	300 000	
营业外收入	25 000	
贷：本年利润		4 885 000

结转各项费用、损失类科目时：

借：本年利润	4 050 000	
贷：主营业务成本		3 000 000
其他业务成本		50 000
销售费用		500 000
管理费用		200 000
财务费用		80 000
税金及附加		200 000
营业外支出		20 000

琛楠公司 12 月利润总额为 835 000（4 885 000 – 4 050 000）元，假定该公司计算确认的所得税费用为 208 750 元，将所得税费用接转入“本年利润”科目。琛楠公司的会计分录如下：

借：本年利润	208 750	
贷：所得税费用		208 750

假设琛楠公司 2019 年 1～11 月累计实现净利润为 573 750 元，12 月实现的净利润为 626 250（4 885 000 – 4 050 000 – 208 750）元，故该公司全年累计实现的净利润为 1 200 000（573 750 + 626 250）元。将“本年利润”科目的年末余额 1 200 000 元结转入“利润分配——未分配利润”账户，琛楠公司的会计分录如下：

借：本年利润	1 200 000	
贷：利润分配——未分配利润		1 200 000

结转后，“本年利润”科目无年末余额。

第四节　所得税

企业的会计核算和税收处理分别遵循不同的原则，服务于不同的目的。我国会计的确认、计量、报告应遵循企业会计准则的规定，实现真实与完整地反映企业的财务状况、经营成果和现金流量等，为投资者、债权人以及其他会计信息使用者提供对其决策有用的信息。税法是以课税为目的，根据国家有关法律法规的规定，确定一定时期内纳税人应缴纳的税额，从所得税的角度，确定企业的应纳所得税额，以对企业的经营所得征税。

所得税会计的形成和发展是所得税法规和企业会计准则规定相互分离的必然结果，两者分离的程度和差异的种类、数量直接影响和决定了所得税会计处理方法的改进。

一、资产负债表债务法

所得税会计是会计与税收规定之间的差异在所得税会计核算中的具体表现，《企业会计准则第 18 号——所得税》规定采用资产负债表债务法核算所得税。资产负债表债务法是从资产负债表出发，通过比较资产负债表上列示的资产、负债按照企业会计准则规定确定的账面价值与按照税法规定确定的计税基础，对于两者之间的差异分别应纳税暂时性差异与可抵扣暂时性差异，确认相关的递延所得税负债与递延所得税资产，并在此基础上确定每一会计期间利润表中的所得税费用。

资产负债表债务法在所得税会计核算方面贯彻了资产、负债等基本会计要素的界定。如从资产负债表角度考虑，资产的账面价值代表企业在持续持有及最终处置某项资产的一定期间内，该项资产能够为企业带来的未来经济利益，而其计税基础代表的是在这一期间内，就该项资产按照税法规定可以税前扣除的金额。一项资产的账面价值小于其计税基础的，表明该项资产于未来期间产生的经济利益流入低于按照税法规定允许税前扣除的金额，产生可抵减未来期间应纳税所得额的因素，减少未来期间以应交所得税的方式流出企业的经济利益，从其产生时点看，应确认为资产。反之，一项资产的账面价值大于其计税基础的，两者之间的差额将会于未来期间产生应税金额，增加未来期间的应纳税所得额及应交所得税，对企业形成经济利益流出的义务，应确认为负债。

二、所得税会计核算的一般程序

采用资产负债表债务法核算所得税，企业一般应于每一资产负债表日进行所得税的核算。发生特殊交易或事项时，如企业合并，在确认因交易或事项取得的资产、负债时即应确认相关的所得税影响。企业进行所得税核算一般应遵循以下几个程序。

（1）按照相关企业会计准则规定，确定资产负债表中除递延所得税负债和递延所得税资产以外的其他资产及负债项目的账面价值。其中，资产和负债项目的账面价值是指企业按照相关会计准则的规定进行核算后在资产负债表中列示的金额。

（2）按照企业会计准则中对于资产和负债计税基础的确定方法，以适用的税收法规为基础，确定资产负债表中有关资产、负债项目的计税基础。

（3）比较资产、负债的账面价值与其计税基础，对于两者之间存在差异的，分析其性质，除企业会计准则中规定的特殊情况外，区别应纳税暂时性差异与可抵扣暂时性差异，确定该资产负债表日与应纳税暂时性差异及可抵扣暂时性差异相关的递延所得税负债和递延所得税资产的应有金额，并将该金额与期初递延所得税负债和递延所得税资产的余额相比，确定当期应予进一步确认的递延所得税负债和递延所得税资产的金额或应予转销的金额，作为构成利润表中所得税费用的递延所得税。

（4）确定利润表中的所得税费用。利润表中的所得税费用包括当期所得税和递延所得税两个组成部分，其中，当期所得税是指当期发生的交易或事项按照适用的税法规定计算确定的当期应交所得税；递延所得税是当期确认的递延所得税资产和递延所得税负债的金额或予以转销的金额的综合结果。

按照适用的税法规定计算确定当期应纳税所得额，将应纳税所得额与适用的所得税税率计算的结果确认为当期应交所得税（当期所得税），同时结合当期确认的递延所得税资产和递延所得税负债（递延所得税），作为利润表中应予确认的所得税费用。

三、计税基础和暂时性差异

（一）资产的计税基础

资产的计税基础是指企业收回资产账面价值的过程中，计算应纳税所得额时按照税法规定可以自应税经济利益中抵扣的金额，即某一项资产在未来期间计税时可以税前扣除的金额。

从税收角度考虑，资产的计税基础是假定企业按照税法规定进行核算所提供的资产负债表中资产的应有金额。

资产在初始确认时，其计税基础一般为取得成本，即企业为取得某项资产支付的成本在未来期间准予税前扣除。在资产持续持有的过程中，其计税基础是指资产的取得成本减去以前期间按照税法规定已经税前扣除的金额后的余额，该余额代表的是按照税法规定，就涉及的资产在未来期间计税时仍然可以税前扣除的金额。例如固定资产和无形资产等长期资产在某一资产负债表日的计税基础，是指其成本扣除按照税法规定已在以前期间税前扣除的累计折旧额或累计摊销额后的金额。

【例 11-24】琛楠公司于 2019 年 12 月 8 日以 100 万元购入一台生产用设备，估计其使用寿命为 10 年，按照直线法计提折旧，预计净残值为 0。假定税法规定，该类设备折旧年限为 20 年，其折旧方法、预计净残值与会计规定相同。假定该固定资产未发生减值。

2020 年末，该设备账面价值 = 100 – 100/10 = 90（万元）

2020 年末，该设备的计税基础 = 100 – 100/20 = 95（万元）

该项固定资产的账面价值 90 万元与其计税基础 95 万元之间产生的 5 万元差额，在未来期间会减少企业的应纳税所得额。

（二）负债的计税基础

负债的计税基础是指负债的账面价值减去未来期间计算应纳税所得额时，按照税法规定可予抵扣的金额。

一般情况下，负债的确认与偿还不会影响企业的损益，也不会影响其应纳税所得额，未来期间计算应纳税所得额时按照税法规定可予抵扣的金额为零，计税基础即为账面价值，如企业的短期借款、应付账款等。但在某些情况下，负债的确认可能会影响企业的损益，进而影响不同期间的应纳税所得额，使得其计税基础与账面价值之间产生差额，如按照会计规定确认的某些预计负债。

【例 11-25】琛楠公司 2019 年 12 月计入成本费用的职工工资总额为 2 500 万元，至 2019 年 12 月 31 日尚未支付体现为资产负债表中的应付职工薪酬。按照适用税法规定，当期计入成本费用的 2 500 万元工资支出中，可予税前扣除的工资费用为 2 000 万元。

该项应付职工薪酬负债的账面价值 = 2 500（万元）。

该项应付职工薪酬负债的计税基础＝账面价值 2 500（万元）－未来期间计算应纳税所得额时按照税法规定可予抵扣的金额 0（万元）＝2 500（万元）

该项负债的账面价值 2 500 万元与其计税基础 2 500 万元相同，不形成暂时性差异。

（三）暂时性差异

暂时性差异是指资产、负债的账面价值与其计税基础之间的差额。由于资产、负债的账面价值与其计税基础不同，产生了在未来收回资产或清偿负债的期间内，应纳税所得额增加或减少并导致未来期间应交所得税增加或减少的情况，形成企业的递延所得税资产和递延所得税负债。

根据暂时性差异对未来期间应税金额影响的不同，分为应纳税暂时性差异和可抵扣暂时性差异。

1. 应纳税暂时性差异

应纳税暂时性差异是指在确定未来收回资产或清偿负债期间的应纳税所得额时，将导致产生应税金额的暂时性差异。该差异在未来期间转回时，会增加转回期间的应纳税所得额，即在未来期间不考虑该事项影响的应纳税所得额的基础上，由于该暂时性差异的转回，会进一步增加转回期间的应纳税所得额和应交所得税金额。在该暂时性差异产生当期，应当确认相关的递延所得税负债。

应纳税暂时性差异通常产生于以下几种情况。

（1）资产的账面价值大于其计税基础。一项资产的账面价值代表的是企业在持续使用及最终出售该项资产时会取得的经济利益的总额，而计税基础代表的是一项资产在未来期间可予税前扣除的总金额。资产的账面价值大于其计税基础，该项资产未来期间产生的经济利益不能全部税前抵扣，两者之间的差额需要交税，产生应纳税暂时性差异。在应纳税暂时性差异产生当期，符合确认条件的情况下，应确认相关的递延所得税负债。

（2）负债的账面价值小于其计税基础。一项负债的账面价值为企业预计在未来期间清偿该项负债时的经济利益流出，而其计税基础代表的是账面价值在扣除税法规定未来期间允许税前扣除的金额之后的差额。因负债的账面价值与其计税基础不同产生的暂时性差异，实质上是税法规定就该项负债在未来期间可以税前扣除的金额。即

负债的计税基础＝负债的账面价值－未来期间可以税前抵扣的金额

负债的账面价值－负债的计税基础＝未来期间可以税前抵扣的金额

若负债的账面价值小于其计税基础，则该项负债应在未来期间可以税前抵扣的金额为负数，应在未来期间应纳税所得额的基础上调增，增加未来期间的应纳税所得额和应交所得税金额，产生应纳税暂时性差异，应确认相关的递延所得税负债。

2. 可抵扣暂时性差异

可抵扣暂时性差异是指在确定未来收回资产或清偿负债期间的应纳税所得额时，将导致产生可抵扣金额的暂时性差异。该差异在未来期间转回时会减少转回期间的应纳税所得额，减少未来期间的应交所得税。在该暂时性差异产生当期，符合确认条件的情况下，应当确认相关的递延所得税资产。

可抵扣暂时性差异一般产生于以下两种情况。

（1）资产的账面价值小于其计税基础，意味着资产在未来期间产生的经济利益少，按照税法规定允许税前扣除的金额多，则账面价值与计税基础之间的差额，企业在未来期间可以减少应纳税所得额并减少应交所得税，形成可抵扣暂时性差异，符合有关确认条件时，应确认相关的递延所得税资产。

（2）负债的账面价值大于其计税基础，负债产生的暂时性差异实质上是税法规定就该项负债可以在未来期间税前扣除的金额。

负债的账面价值大于其计税基础，意味着未来期间按照税法规定构成负债的全部或部分金额可以自未来应税经济利益中扣除，减少未来期间的应纳税所得额和应交所得税，产生可抵扣暂时性差异，符合条件的情况下，应确认与其相关的递延所得税资产。

四、递延所得税资产及递延所得税负债的确认和计量

（一）递延所得税资产的确认和计量

1. 递延所得税资产的确认

递延所得税资产产生于可抵扣暂时性差异。资产、负债的账面价值与其计税基础不同产生可抵扣暂时性差异的，在估计未来期间能够取得足够的应纳税所得额用以利用该可抵扣暂时性差异时，应当以很可能取得用来抵扣可抵扣暂时性差异的应纳税所得额为限，确认相关的递延所得税资产。

2. 递延所得税资产的计量

确认递延所得税资产时，应当以预期收回该资产期间的适用所得税税率为基础计算确定。无论相关的可抵扣暂时性差异转回期间如何，递延所得税资产不要求折现。

企业在确认了递延所得税资产后，在资产负债表日，应当对递延所得税资产的账面价值进行复核。如果未来期间很可能无法取得足够的应纳税所得额用以抵扣暂时性差异带来的利润，应当减记递延所得税资产的账面价值，减记的金额直接增加当期所得税费用。如果以后根据新的环境判断能够产生足够的应纳税所得额利用可抵扣暂时性差异，使得递延所得税资产包含的经济利益能够实现时，应相应恢复递延所得税资产的账面价值，并应在财务报表附注中进行披露。

（二）递延所得税负债的确认和计量

1. 递延所得税负债的确认

应纳税暂时性差异在转回期间将增加未来期间企业的应纳税所得额和应交所得税，导致企业经济利益的流出，从其发生当期看，构成企业应支付税金的义务，应作为递延所得税负债确认。

除企业会计准则中明确规定可不确认递延所得税负债的情况以外，企业对于所有的应纳税暂时性差异均应确认相关的递延所得税负债。除直接计入所有者权益的交易或事项以及企业合并外，在确认递延所得税负债的同时，应增加利润表中的所得税费用。

2. 递延所得税负债的计量

所得税准则规定，在资产负债表日，对于递延所得税负债，应当根据适用的税法规定，按照预计清偿该负债期间的适用税率计量。即递延所得税负债应以相关应纳税暂时性差异转回期间按照税法规定适用的所得税税率计量。在我国，除享受优惠政策的情况以

外，企业适用的所得税税率在不同年度之间一般不会发生变化，企业在确认递延所得税负债时，可以现行适用税率为基础计算确定，递延所得税负债不要求折现。

五、所得税费用的确认和计量

采用资产负债表债务法核算所得税时，所得税费用由当期所得税和递延所得税两部分组成。企业在计算确定当期所得税和递延所得税的基础上，应将两者之和确认为利润表中的所得税费用。

（一）当期所得税

当期所得税是指企业按照税法规定计算确定的针对当期发生的交易和事项，应交纳给税务部门的所得税金额，应交所得税应以适用的税收法规为基础计算确定。即

当期所得税 = 当期应交所得税 = 应纳税所得额×适用的所得税税率

企业在确定当期所得税时，对于当期发生的交易或事项，会计处理与税收处理不同的，应在会计利润的基础上，按照适用税收法规的要求进行调整，计算出当期应纳税所得额，按照应纳税所得额与适用所得税税率计算确定当期应交所得税。

（二）递延所得税

递延所得税是指按照企业会计准则规定应予确认的递延所得税资产和递延所得税负债在期末应有的金额，相对于原已确认金额之间的差额，即递延所得税资产及递延所得税负债的当期发生额，但不包括直接计入所有者权益的交易或事项及企业合并的所得税影响。即

递延所得税 =（期末递延所得税负债 – 期初递延所得税负债）–（期末递延所得税资产 – 期初递延所得税资产）

应注意：如果某项交易或事项按照企业会计准则规定应计入所有者权益，由该交易或事项产生的递延所得税资产或递延所得税负债及其变化也应计入所有者权益，不构成利润表中的递延所得税费用（或收益）。

（三）所得税费用

所得税费用由当期应交所得税和递延所得税两个部分组成。即

所得税费用 = 当期应交所得税 + 递延所得税

所得税费用在利润表中单独列示。

【例 11-26】琛楠公司 2019 年度利润表中利润总额为 1 200 万元。该公司适用的所得税税率为 25%。不考虑中期报告。

2019 年发生的有关交易和事项中，会计处理与税收处理存在的差别有：

（1）2019 年 1 月 2 日开始计提折旧的一项固定资产，成本为 800 万元，使用年限为 10 年，净残值为零，会计处理按双倍余额递减法计提折旧，税收处理按直线法计提折旧。假定税法规定的使用年限及净残值与会计规定相同。

（2）向关联企业提供现金捐赠 300 万元。

（3）期末持有的交易性金融资产成本为 400 万元，公允价值为 600 万元。税法规定，资产在持有期间公允价值的变动不计入应纳税所得额。

（4）应付违反环保法规定罚款 150 万元。

（5）期末对持有的存货计提了 60 万元的存货跌价准备。

1. 2019 年度当期应交所得税

应纳税所得额 = 12 000 000 + 800 000 + 3 000 000 − 2 000 000 + 1 500 000 + 600 000
= 15 900 000（元）

应交所得税 = 15 900 000×25% = 3 975 000（元）

2. 2019 年度递延所得税

递延所得税资产 = 1 400 000×25% = 350 000（元）

递延所得税负债 = 2 000 000×25% = 500 000（元）

递延所得税 = 500 000 − 350 000 = 150 000（元）

该公司 2019 年资产负债表相关项目金额及其计税基础如表 11-2 所示。

表 11-2 2019 年资产负债表相关项目金额及其计税基础 单位：万元

项目	账面价值	计税基础	差异	
			应纳税暂时性差异	可抵扣暂时性差异
交易性金融资产	600	400	200	
存货	1600	1660		60
固定资产：				
固定资产原价	800	800		
减：累计折旧	160	80		
减：固定资产减值准备	0	0		
固定资产账面价值	640	720		80
总计			200	140

3. 利润表中应确认的所得税费用

所得税费用 = 3 975 000 + 150 000 = 4 125 000（元）

确认所得税费用的会计分录如下：

借：所得税费用 4 125 000
　　递延所得税资产 350 000
　贷：应交税费——应交所得税 3 975 000
　　　递延所得税负债 500 000

【例 11-27】沿用【例 11-26】，假定琛楠公司 2019 年当期应交所得税为 3 250 000 元。资产负债表中有关资产、负债的账面价值及其计税基础相关资料如表 11-3 所示，除所列项目外，其他资产、负债项目不存在会计和税收的差异。

1. 当期应交所得税为 3 250 000 元

2. 当期递延所得税

（1）期末递延所得税负债（2 300 000×25%） 575 000
　　期初递延所得税负债 500 000
　　递延所得税负债增加 75 000

（2）期末递延所得税资产（2 280 000×25%） 570 000
　　期初递延所得税资产 350 000

递延所得税资产增加　　220 000

递延所得税 = 75 000 – 220 000 = – 145 000（元）

3. 所得税费用

所得税费用 = 3 250 000 – 145 000 = 3 105 000（元）

借：所得税费用　　3 105 000

　递延所得税资产　　220 000

　贷：递延所得税负债　　75 000

　　应交税费——应交所得税　　3 250 000

表 11-3　资产负债表中有关资产、负债的账面价值及其计税基础　单位：万元

项目	账面价值	计税基础	差异	
			应纳税暂时性差异	可抵扣暂时性差异
交易性金融资产	630	400	230	
存货	2 000	2050		50
固定资产：				
固定资产原价	800	800		
减：累计折旧	288	160		
减：固定资产减值准备	50	0		
固定资产账面价值	462	640		178
总计			230	228

复习思考题

一、概念题

收入　费用　利润　所得税费用　税金及附加　营业外收入　营业外支出　期间费用　表结法　账结法

二、简答题

1. 简述收入的特点及分类。
2. 简述销售商品收入确认的条件。
3. 简述其他业务支出核算的内容。
4. 简述营业外收入核算的内容。
5. 简述营业外支出核算的内容。
6. 利润包括哪些内容？
7. 简述利润分配的程序及其核算原理。

三、业务计算题

1. 某企业销售甲产品 10 000 件，每件售价 15 元（不含增值税），增值税税率 13%，每件销售成本 12 元；企业为购货方提供的商业折扣为 10%，现金折扣条件为（2/10，1/20，

N/30)，计算现金折扣不考虑增值税。该企业已收到购货方于销售实现后的第 20 天所支付的款项。

要求：编制相应的会计分录

2. A 企业于 2019 年 12 月 10 日销售一批商品，售价 350 000 元（不含增值税），增值税税率为 13%，成本 158 000 元。A 企业已收到购货方于 2019 年 12 月 18 日支付的款项。2020 年 5 月 10 日，该批商品因质量出现严重问题被全部退回，A 企业同意退货并将所收货款退回。

要求：编制相应的会计分录。

3. 2019 年 3 月，A 企业委托 B 企业销售商品 50 件，协议价为 360 元/件，该商品成本 280 元/件，A、B 两个企业适用增值税税率为 13%。2019 年 5 月，A 企业收到 B 企业开来的代销清单时开具增值税专用发票，发票注明售价 18 000 元，增值税税额 2 340 元。

要求：编制会计分录。

第十二章

财 务 报 告

本章首先介绍了财务报告的概念、分类及财务报表列报的基本要求，并分别详细地介绍了资产负债表、利润表、现金流量表和所有者权益变动表的概念及编制方法。

【重要概念】财务报告　资产负债表　利润表　现金流量表

第一节　财务报告概述

一、财务报告的概念

财务报告是指企业对外提供的反映企业某一特定日期的财务状况和某一会计期间的经营成果、现金流量等会计信息的文件。财务报告包括财务报表和其他应当在财务报告中披露的相关信息和资料。

根据财务报告的定义，财务报告具有以下几层含义。

（1）财务报告应当是对外报告，其服务对象主要是投资者、债权人等外部使用者，专门为了内部管理需要的，具有特定目的的报告不属于财务报告范畴。

（2）财务报告应当综合反映企业的生产经营状况，包括某一时点的财务状况和某一时期的经营成果与现金流量等信息，以勾勒出企业的整体和全貌。

（3）财务报告必须形成一个系统的文件，不应是零星的或者不完整的信息。

财务报告是企业财务会计确认与计量的最终结果体现，投资者等使用者主要是通过财务报告来了解企业当前的财务状况、经营成果和现金流量等情况，从而预测企业未来的发展趋势。因此，财务报告是向投资者等财务报告使用者提供决策有用信息的媒介和渠道，是沟通投资者、债权人等使用者与企业管理层之间信息的桥梁和纽带。

财务报表是特定会计主体对企业财务状况、经营成果和现金流量所做的结构性表述。按《企业会计准则第 30 号——财务报表列报》的规定，财务报表至少应当包括资产负债表、利润表、现金流量表、所有者权益（或股东权益）变动表和附注，小企业编制的财务报表可以不包括现金流量表。其中，资产负债表、利润表、现金流量表和所有者权益（或股东权益）变动表属于基本财务报表；附注是对基本财务报表信息的进一步说明、补充或解释。

二、财务报表的分类

财务报表可以按照不同的标准进行分类。

1. 按财务报表反映的内容不同分类

按账务报表反映的内容不同，财务报表可分为动态报表和静态报表。动态报表是指反映企业一定时期内资金耗费和资金回收的报表，如利润表是反映企业一定时期内经营成果的报表；静态报表是指反映一定时点企业资产、负债和所有者权益的报表，如资产负债表是反映资产负债表日企业资产总额和权益总额的报表。

2. 按财务报表编制期间的不同分类

按财务报表编制期间的不同，财务报表可分为中期财务报表和年度财务报表。中期财务报表是以短于一个完整会计年度的报告期间为基础编制的财务报表，包括月度财务报表、季度财务报表和半年度财务报表。中期财务报表至少应当包括资产负债表、利润表、现金流量表和附注。年度财务报表是指年度终了对外提供的财务报表。

3. 按财务报表编制主体的不同分类

按财务报表编制主体的不同，财务报表可分为个别财务报表和合并财务报表。个别财务报表是由企业在自身会计核算基础上对账簿记录进行加工而编制的财务报表，它主要用以反映企业自身的财务状况、经营成果和现金流量情况；合并财务报表是以母公司和子公司组成的企业集团为会计主体，根据母公司和所属子公司的财务报表，由母公司编制的综合反映企业集团财务状况、经营成果及现金流量的财务报表。

4. 按财务报表提供的对象不同分类

按财务报表提供的对象不同，财务报表可分为内部财务报表和外部财务报表。内部财务报表是为企业内部经营管理服务而编制的、不对外公开的财务报表，内部财务报表内容及格式不受企业会计准则的限制；外部财务报表是指企业向企业外部不同财务报表使用者提供的财务报表，一般受企业会计准则和有关法规约束。

三、财务报表列报的基本要求

（一）依据各项会计准则确认和计量的结果编制财务报表

企业应当根据实际发生的交易和事项，遵循各项具体会计准则的规定进行确认和计量，并在此基础上编制财务报表。企业应当在附注中做出声明，即遵循了企业会计准则而进行编制的财务报表。

对于企业采用了不恰当的会计政策，不得通过在附注中披露等其他形式予以更正，而应当对交易和事项进行正确的确认和计量。

（二）列报基础

持续经营是会计的基本前提，是会计确认、计量及编制财务报表的基础。财务报表列报准则中规定的财务报表是以持续经营为基础编制的。

在编制财务报表的过程中，企业管理层应当对企业盈利能力、偿债能力等持续经营的能力进行评价。若对企业持续经营的能力产生严重怀疑的，应当在附注中披露导致对持续经营能力产生重大怀疑的重要的不确定因素。

企业处于非持续经营状态时，应当采用其他基础编制财务报表，如破产企业的资产应当采用可变现净值计量，负债应当按照其预计的结算金额计量等，并在附注中声明财务报表未以持续经营为基础列报，披露未以持续经营为基础的原因以及财务报表的编制基础。

（三）重要性和项目列报

财务报表的某个项目若省略或错报会影响使用者据此做出决策时，该项目具有重要性。重要性是判断项目是否单独列报的重要标准。企业在进行重要性判断时，应当考虑该项目的性质是否属于企业日常活动、是否对企业财务状况和经营成果具有较大影响等因素；判断项目金额大小的重要性，应当通过单项金额占资产总额、负债总额、所有者权益总额、营业收入总额、净利润等直接相关项目金额的比重加以确定。

（四）权责发生制

除现金流量表按照收付实现制原则编制外，企业应当按照权责发生制原则编制其他财务报表。

（五）列报的一致性

可比性是会计信息质量的一项重要质量要求，财务报表项目的列报也应当在各个会计期间保持一致，不得随意变更。这一要求不仅针对财务报表中的项目名称，还包括财务报表项目的分类、排列顺序等方面。

在以下规定的特殊情况下，财务报表项目的列报是可以改变的：①会计准则要求改变；②企业经营业务的性质发生重大变化或对企业经营影响较大的交易或事项发生后，变更财务报表项目的列报能够提供更可靠、更相关的会计信息。

（六）财务报表项目金额间的相互抵销

财务报表项目应当以总额列报，资产和负债、收入和费用、直接计入当期利润的利得和损失项目的金额不能相互抵销，即不得以净额列报，但企业会计准则另有规定的除外。这是因为，如果相互抵销，所提供的信息就不完整，信息的可比性大为降低。

以下三种情况不属于抵销，可以以净额列示：①资产或负债项目按扣除备抵项目的净额列示，不属于抵销。②非日常活动产生的利得和损失应当以同一交易形成的收入扣减相关费用后的净额列示，不属于抵销。③一组类似交易形成的利得和损失以净额列示的，不属于抵销。

（七）比较信息的列报

企业在列报当期财务报表时，至少应当提供所有列报项目上一可比会计期间的比较数据，以及与理解当期财务报表相关的说明。

在财务报表项目的列报确需发生变更的情况下，企业应当对上期比较数据按照当期的列报要求进行调整，并在附注中披露调整的原因和性质，以及调整的各项目金额。但是，在某些情况下，对上期比较数据进行调整是不切实可行的，则应当在附注中披露不能调整的原因，以及假设金额重分类可能进行的调整的性质。

（八）财务报表表首的列报要求

财务报表一般分为表首和正表两部分，其中，在表首部分企业应当概括地说明下列基本信息：①编报企业的名称。②资产负债表应当列示资产负债表日，利润表、现金流量表、所有者权益变动表应当列示涵盖的会计期间。货币名称和单位。按照我国企业会计准则规定，企业应当以人民币作为记账本位币列报，并标明金额单位。④财务报表是合并财务报表的，应当予以标明。

（九）报告期间

企业至少应当编制年度财务报表。根据《会计法》的规定，会计年度自公历 1 月 1 日起至 12 月 31 日止。在编制年度财务报表时，如出现企业年度财务报表涵盖的期间短于一年的情况下，企业应当披露年度财务报表的实际涵盖期间及其短于一年的原因，并应当说明由此引起财务报表项目与比较数据不具可比性这一事实。

第二节 资产负债表

一、资产负债表的概念

资产负债表是指反映企业在某一特定日期财务状况的会计报表。资产负债表属于静态的财务报表，反映企业在某一特定日期所拥有或控制的经济资源、所承担的现时义务和所有者对净资产的要求权。

资产负债表能够从整体上反映企业所拥有的资产及其分布与构成情况，使报表使用者可以了解企业的经营规模，了解企业资金来源渠道和资金的构成，分析企业所面临的财务风险，监督企业合理使用资金。同时还可以了解企业的偿债能力和支付能力，使投资者和债权人据此做出投资和贷款的正确决策；通过对前后连续的各期资产负债表进行比较分析，可以反映企业财务状况的变化趋势。

二、资产负债表的结构

（一）资产负债表列报要求

资产负债表的基本结构是建立在资产、负债和所有者权益三者之间的会计平衡公式的基础上的。为了便于财务信息的分析利用，资产负债表反映的各种内容应适当地分类。具体应遵循以下几点要求。

1. 分类别列报

资产负债表列报最根本的目标就是如实反映企业在资产负债表日所拥有的资源、所承担的负债以及所有者所拥有的权益。因此，资产负债表应当按照资产、负债和所有者权益三大类别分类列报。

2. 资产和负债按流动性列报

资产和负债应当按照流动性分别分为流动资产和非流动资产、流动负债和非流动负债列示。流动性，通常按照资产的变现或耗用时间长短或者负债的偿还时间长短来确定。按照财务报表列报准则的规定，应先列报流动性强的资产和负债，再列报流动性弱的资产或负债。

3. 所有者权益按其来源或特定用途列报

所有者权益按其来源分为投入资本和留存收益。所有者权益类一般按照净资产的不同来源和特定用途进行分类列示，投入资本分为实收资本（或股本）和资本公积，留存收益分为盈余公积和未分配利润。

4. 列报相关的合计、总计项目

资产负债表中的资产类至少应当列示流动资产、非流动资产以及资产的合计项目；负债类至少应当列示流动负债、非流动负债以及负债的合计项目；所有者权益类应当列示所有者权益的合计项目。

资产负债表遵循“资产－负债＝所有者权益”的会计恒等式，把企业在特定时日所拥有的经济资源和与之相对应的企业所承担的债务及偿债以后属于所有者的权益充分反映出来。因此，资产负债表应当分别列示资产总计项目和负债与所有者权益之和的总计项目，并且这二者的金额应当相等。

（二）资产负债表的列报格式

目前国际上通行的资产负债表正表的列报格式一般有报告式资产负债表和账户式资产负债表两种。

1. 报告式资产负债表

报告式资产负债表是上下结构，上半部列示资产，下半部列示负债和所有者权益，因此又称竖式资产负债表。具体又分为按“资产＝负债＋所有者权益”和按“资产－负债＝所有者权益”两种排列形式。其格式如表 12-1 所示。

表 12-1 资产负债表（报告式）

年 月 日 单位：元

资产＝负债＋所有者权益		资产－负债＝所有者权益	
项目	期末余额	项目	期末余额
流动资产： ⋮ 非流动资产： ⋮ 资产合计： 流动负债： ⋮ 非流动负债： ⋮ 负债合计： 所有者权益： ⋮ 所有者权益合计： 负债及所有者权益合计：		流动资产： ⋮ 非流动资产： ⋮ 资产合计： 流动负债： ⋮ 非流动负债： ⋮ 负债合计： 所有者权益： ⋮ 所有者权益合计：	

2. 账户式资产负债表

账户式资产负债表是按照“T”型账户的形式设计的资产负债表。账户式资产负债表是左右结构，左边列示资产各项目，反映全部资产的分布及存在形态；右边列示负债和所有者权益各项目，反映全部负债和所有者权益的内容及构成情况。资产负债表左右双方平衡，资产总计等于负债和所有者权益总计，即“资产 = 负债 + 所有者权益”。在我国，资产负债表采用账户式结构。为了让使用者通过比较不同时点资产负债表的数据，掌握企业财务状况的变动情况及发展趋势，企业需要提供比较资产负债表，资产负债表还就各项目再分为“年初余额”和“期末余额”两栏分别填列。其格式如表 12-2 所示。

表 12-2 资产负债表（账户式）

年 月 日 单位：元

资产	期末余额	负债及所有者权益	期末余额
流动资产： ⋮ 非流动资产： ⋮		流动负债： ⋮ 非流动负债： ⋮ 负债合计 所有者权益： ⋮ 所有者权益合计：	
资产合计		负债及所有者权益合计	

三、资产负债表填列方法

（一）“年初余额”的填列方法

“年初余额”栏内各项数字，应根据上年末资产负债表“期末余额”栏内所列金额填列。如果上年度资产负债表规定的各个项目的名称和内容同本年度不相一致，应对上年年末资产负债表各项目的名称和金额按照本年度的规定进行调整，填入本表“年初余额”栏内。

（二）“期末余额”的填列方法

资产负债表“期末余额”栏一般应根据资产、负债和所有者权益类科目的期末余额填列。

（1）根据总账科目余额填列。有些项目可以直接根据有关总账科目的余额填列，如“交易性金融资产”“固定资产清理”“短期借款”“应付票据”“应付职工薪酬”“应交税费”“实收资本（或股本）”等项目；有些项目则应根据几个总账科目的期末余额计算填列，如“货币资金”项目，应根据“库存现金”“银行存款”“其他货币资金”三个总账科目的期末余额的合计数填列。

（2）根据明细账科目余额计算填列。如“应付账款”项目，应根据“应付账款”和“预付账款”两个科目所属的相关明细科目的期末贷方余额合计数填列；“预收款项”项目，应根据“预收账款”和“应收账款”科目所属各明细科目的期末贷方余额合计数填列。

（3）根据总账科目和明细账科目余额分析计算填列。如“长期借款”项目，应根据“长期借款”总账科目余额扣除“长期借款”科目所属的明细科目中将在资产负债表日起一年内到期且企业不能自主地将清偿义务展期的长期借款后的金额计算填列。

（4）根据有关科目余额减去其备抵科目余额后的净额填列。如“固定资产”项目，应根据“固定资产”和“固定资产清理”的期末余额减去“累计折旧”“固定资产减值准备”科目余额后的净额填列。

（5）综合运用上述填列方法分析填列。如“存货”项目，应根据“材料采购”“原材料”“发出商品”“库存商品”“周转材料”“委托加工物资”“生产成本”“受托代销商品”等科目的期末余额及“合同履约成本”科目的明细科目中初始确认时摊销期限不超过一年或一个正常营业周期的期末余额合计，减去“受托代销商品款”“存货跌价准备”科目期末余额及“合同履约成本减值准备”科目中相应的期末余额后的金额填列，材料采用计划成本核算，以及库存商品采用售价核算的企业，还应按加或减“材料成本差异”“商品进销差价”后的金额填列。

（三）资产负债表各项目列报说明

1. 资产项目的列报说明

（1）“货币资金”项目，反映企业库存现金、银行结算户存款、外埠存款、银行汇票存款、银行本票存款等的合计数。本项目应根据“库存现金”“银行存款”“其他货币资金”科目期末余额的合计数填列。

（2）“交易性金融资产”项目，反映企业持有的以公允价值计量且其变动计入当期损益的金融资产，以及企业持有的指定为以公允价值计量且其变动计入当期损益的金融资产的期末账面价值。本项目应根据“交易性金融资产”科目的期末余额填列。

（3）“应收票据”项目，反映以摊余成本计量的、企业因销售商品、提供劳务等而收到的商业汇票，包括银行承兑汇票和商业承兑汇票。本项目根据“应收票据”科目的期末余额，减去“坏账准备”科目中有关应收票据计提的坏账准备期末余额后的金额填列。

（4）“应收账款”项目，反映以摊余成本计量的、企业因销售商品、提供劳务等经营活动应收取的款项。本项目应根据“应收账款”和“预收账款”科目所属各明细科目的期末借方余额合计数，减去“坏账准备”科目中有关应收账款计提的坏账准备期末余额后的金额填列。如“应收账款”科目所属明细科目期末有贷方余额的，应在资产负债表“预收款项”项目内填列。

（5）“应收款项融资”项目，反映企业以公允价值计量且其变动计入其他综合收益的应收票据和应收账款等。

（6）“预付款项”项目，反映企业按照购货合同规定预付给供应单位的款项等。本项目应根据“预付账款”和“应付账款”科目所属各明细科目的期末借方余额合计数，减去“坏账准备”科目中有关预付款项计提的坏账准备期末余额后的金额填列。例如“预付账款”科目所属各明细科目期末有贷方余额的，应在资产负债表“应付账款”项目内填列。

（7）“其他应收款”项目，应根据“其他应收款”“应收利息”“应收股利”科目的期末余额合计数，减去“坏账准备”科目中有关坏账准备期末余额后的金额填列。

（8）“存货”项目，反映企业期末在库、在途和在加工中的各种存货的可变现净值。本项目应根据“材料采购”“原材料”“低值易耗品”“库存商品”“周转材料”“委托加工物资”“生产成本”等科目的期末余额及“合同履约成本”科目的明细科目中初始确认时摊销期限不超过一年或一个正常营业周期的期末余额合计，减去“受托代销商品款”“存货跌价准备”科目期末余额及“合同履约成本减值准备”科目中相应的期末余额后的金额填列。材料采用计划成本核算，以及库存商品采用售价核算的企业，还应加或减“材料成本差异”“商品进销差价”后的金额填列。

（9）“合同资产”项目，反映的是企业已向客户转让商品而有权收取对价的权利，且该权利取决于时间流逝之外的其他因素。本项目应根据“合同资产”科目的明细科目期末余额分析填列。

（10）“持有待售资产”项目，反映资产负债表日划分为持有待售类别的非流动资产及划分为持有待售类别的处置组中的流动资产和非流动资产的期末账面价值。本项目应根据“持有待售资产”科目的期末余额，减去“持有待售资产减值准备”科目的期末余额后的金额填列。

（11）“一年内到期的非流动资产”项目，反映企业将于一年内到期的非流动资产项目金额。本项目应根据有关科目的期末余额填列。

（12）“其他流动资产”项目，反映企业除货币资金、交易性金融资产、应收票据及应收账款、存货等流动资产以外的其他流动资产。本项目应根据有关科目的期末余额填列。

（13）“债权投资”项目，反映资产负债表日企业以摊余成本计量的长期债权投资的期末账面价值。本项目应根据“债权投资”科目的相关明细科目期末余额，减去“债权投资减值准备”科目中相关减值准备的期末余额后的金额分析填列。

（14）“其他债权投资”项目，反映资产负债表日企业分类为以公允价值计量且其变动计入其他综合收益的长期债券投资的期末账面价值。本项目应根据“其他债权投资”科目的相关明细科目期末余额分析填列。

（15）“长期应收款”项目，反映企业融资租赁产生的应收款项、采用递延方式具有融资性质的销售商品和提供劳务等产生的长期应收款项等。本项目应根据“长期应收款”科目的期末余额，减去相应的“未实现融资收益”科目和“坏账准备”科目所属相关明细科目期末余额后的金额填列。

（16）“长期股权投资”项目，反映企业持有的对子公司、联营企业和合营企业的长期股权投资。本项目应根据“长期股权投资”科目的期末余额，减去“长期股权投资减值准备”科目期末余额后的金额填列。

（17）“其他权益工具投资”项目，反映资产负债表日企业指定为公允价值计量且其变动计入其他综合收益的非交易性权益工具投资的期末账面价值。本项目应根据“其他权益工具投资”科目的期末余额填列。

（18）“其他非流动金融资产”项目，反映自资产负债表日起超过一年到期且预期持有超过一年的以公允价值计量且其变动计入当期损益的非流动金融资产的期末账面价值。本项目应根据“其他非流动金融资产”科目的相关明细科目期末余额分析填列。

（19）“投资性房地产”项目，反映企业持有的投资性房地产。企业采用成本模式计量投资性房地产的，本项目应根据“投资性房地产”科目的期末余额，减去“投资性房地产累计折旧（摊销）”和“投资性房地产减值准备”科目期末余额后的金额填列；企业采用公允价值模式计量投资性房地产的，本项目应根据“投资性房地产”科目的期末余额填列。

（20）“固定资产”项目，反映资产负债表日企业固定资产的期末账面价值和企业尚未清理完毕的固定资产清理净损益。本项目应根据“固定资产”科目的期末余额，减去“累计折旧”和“固定资产减值准备”科目期末余额后的金额以及“固定资产清理”科目的期末余额填列。

（21）“在建工程”项目，反映资产负债表日企业尚未达到预定可使用状态的在建工程的期末账面价值和企业为在建工程准备的各种物资的期末账面价值。本项目应根据“在建工程”科目的期末余额减去“在建工程减值准备”科目期末余额后的金额，以及“工程物资”科目的期末余额减去“工程物资减值准备”科目期末余额后的金额填列。

（22）“使用权资产”项目，反映资产负债表日承租人企业持有的使用权资产的期末账面价值。本项目应根据“使用权资产”科目的期末余额，减去“使用权资产累计折旧”和“使用权资产减值准备”科目期末余额后的金额填列。

（23）“无形资产”项目，反映企业持有的无形资产，包括专利权、非专利技术、商标权、著作权、土地使用权等。本项目应根据“无形资产”科目的期末余额，减去“累计摊销”和“无形资产减值准备”科目期末余额后的金额填列。

（24）“开发支出”项目，反映企业开发无形资产过程中能够资本化形成无形资产成本的支出部分。本项目应根据“研发支出”科目中所属的“资本化支出”明细科目期末余额填列。

（25）“商誉”项目，反映企业合并中形成的商誉的价值。本项目应根据“商誉”科目的期末余额，减去相应减值准备后的金额填列。

（26）“长期待摊费用”项目，反映企业已经发生但应由本期和以后各期负担的分摊期限在一年以上的各项费用。长期待摊费用中在一年内（含一年）摊销的部分，在资产负债表“一年内到期的非流动资产”项目填列。本项目应根据“长期待摊费用”科目的期末余额减去将于一年内（含一年）摊销的数额后的金额填列。

（27）“递延所得税资产”项目，反映企业确认的可抵扣暂时性差异产生的递延所得税资产。本项目应根据“递延所得税资产”科目的期末余额填列。

（28）“其他非流动资产”项目，反映企业除长期股权投资、固定资产、在建工程、无形资产等资产以外的其他非流动资产。本项目应根据有关科目的期末余额填列。

2. 负债项目的列报说明

（1）“短期借款”项目，反映企业向银行或其他金融机构等借入的期限在一年以下（含一年）的各种借款。本项目应根据“短期借款”科目的期末余额填列。

（2）“交易性金融负债”项目，反映资产负债表日企业承担的交易性金融负债，以及企业持有的直接指定为以公允价值计量且其变动计入当期损益的金融负债的期末账面价值。本项目应根据“交易性金融负债”科目的期末余额填列。

（3）“应付票据”项目，反映以摊余成本计量的、企业购买材料、商品和接受劳务供应等而开出、承兑的商业汇票，包括银行承兑汇票和商业承兑汇票。本项目应根据“应付票据”科目的期末余额填列。

（4）“应付账款”项目，反映以摊余成本计量的、企业因购买材料、接受劳务等经营活动应支付的款项。本项目应根据“应付账款”和“预付账款”科目所属各明细科目的期末贷方余额合计数填列，如“应付账款”科目所属明细科目期末有借方余额的，应在资产负债表“预付款项”项目内填列。

（5）“预收款项”项目，反映企业按照购货合同规定预付给供应单位的款项。本项目应根据“预收账款”和“应收账款”科目所属各明细科目的期末贷方余额合计数填列，如“预收账款”科目所属各明细科目期末有借方余额，应在资产负债表“应收账款”项目内填列。

（6）“合同负债”项目，反映企业已收或应收客户对价而应向客户转让商品的义务。本项目应根据“合同负债”科目的明细科目期末余额分析填列。

（7）“应付职工薪酬”项目，反映企业根据有关规定应付给职工的工资、职工福利、社会保险费、住房公积金、工会经费、职工教育经费、非货币性福利、辞退福利等各种薪酬。

（8）“应交税费”项目，反映企业按照税法等规定计算应交纳的各种税费，包括增值税、消费税、所得税、资源税、土地增值税、城市维护建设税、房产税、土地使用税、车船税、教育费附加等。企业代扣代交的个人所得税等，也通过本科目核算。企业所交纳的税金不需要预计应交数的，如印花税、耕地占用税等，不在本项目列示。本项目应根据“应交税费”科目的期末贷方余额填列，如“应交税费”科目期末为借方余额，应以“–”号填列。

（9）“其他应付款”项目，应根据“应付利息”“应付股利”和“其他应付款”科目的期末余额合计数填列。

（10）“持有待售负债”项目，反映资产负债表日处置组中与划分为持有待售类别的资产直接相关的负债的期末账面价值。本项目应根据“持有待售负债”科目的期末余额填列。

（11）“一年内到期的非流动负债”项目，反映企业非流动负债中将于资产负债表日后一年内到期部分的金额，如将于一年内偿还的长期借款。本项目应根据有关科目的期末余额填列。

（12）“其他流动负债”项目，反映企业除短期借款、交易性金融负债、应付票据及应付账款、应付职工薪酬、应交税费等流动负债以外的其他流动负债。本项目应根据有关科目的期末余额填列。

（13）“长期借款”项目，反映企业向银行或其他金融机构借入的期限在一年以上（不含一年）的各种借款。本项目应根据“长期借款”科目的期末余额填列。

（14）“应付债券”项目，反映企业为筹集长期资金而发行的债券本金和利息。本项目应根据“应付债券”科目的期末余额填列。

（15）“租赁负债”项目，反映承租人企业尚未支付的租赁付款额的期末账面价值。本项目应根据“租赁负债”科目的期末余额填列。

（16）“长期应付款”项目，反映企业除长期借款和应付债券以外的其他各种长期应付款项和专项应付款合计数。本项目应根据“专项应付款”和“长期应付款”科目的期末余额，减去相应的“未确认融资费用”科目期末余额后的金额填列。

（17）“预计负债”项目，反映企业确认的对外提供担保、未决诉讼、产品质量保证、重组义务、亏损性合同等预计负债。本项目应根据“预计负债”科目的期末余额填列。

（18）“递延所得税负债”项目，反映企业确认的应纳税暂时性差异产生的所得税负债。本项目应根据“递延所得税负债”科目的期末余额填列。

（19）“其他非流动负债”项目，反映企业除长期借款、应付债券等负债以外的其他非流动负债。本项目应根据有关科目的期末余额减去将于一年内（含一年）到期偿还数后的余额填列。非流动负债各项目中将于一年内（含一年）到期的非流动负债，应在“一年内到期的非流动负债”项目内单独反映。

3. 所有者权益项目的列报说明

（1）“实收资本（或股本）”项目，反映企业各投资者实际投入的资本（或股本）总额。本项目应根据“实收资本（或股本）”科目的期末余额填列。

（2）“其他权益工具”项目，反映企业发行在外的除普通股以外分类为权益工具的金融工具的期末账面价值。本项目应根据“其他权益工具”科目的期末余额填列。

（3）“专项储备”项目，反映高危行业企业按国家规定提取的安全生产费的期末账面价值。本项目应根据“专项储备”科目的期末余额填列。

（4）“资本公积”项目，反映企业资本公积的期末余额。本项目应根据“资本公积”科目的期末余额填列。

（5）“库存股”项目，反映企业持有尚未转让或注销的本公司股份金额。本项目应根据“库存股”科目的期末余额填列。

（6）“盈余公积”项目，反映企业盈余公积的期末余额。本项目应根据“盈余公积”科目的期末余额填列。

（7）“未分配利润”项目，反映企业尚未分配的利润。本项目应根据“本年利润”科目和“利润分配”科目的余额计算填列。未弥补的亏损在本项目内以“–”号填列。

（四）资产负债表编制举例

【例 12-1】琛楠公司 2018 年 12 月 31 日的资产负债表（年初余额略）及 2019 年 12 月 31 日的科目余额表分别如表 12-3 和表 12-4 所示。假设该公司 2019 年度除计提固定资产减值准备导致固定资产账面价值与其计税基础存在可抵扣暂时性差异外，其他资产和负债项目的账面价值均等于计税基础。假定该公司未来很可能获得足够的应纳税所得额用来抵扣暂时性差异，适用的所得税税率为 25%。

表 12-3 资产负债表

企会 01 表

编制单位：琛楠公司　　2018 年 12 月 31 日　　单位：元

资产	期末余额	年初余额	负债和所有者权益（或股东权益）	期末余额	年初余额
流动资产：			流动负债：		
货币资金	5 625 200		短期借款	1 200 000	
交易性金融资产	60 000		交易性金融负债	0	
衍生金融资产	0		衍生金融负债	0	
应收票据	984 000		应付票据	800 000	
应收账款	1 196 400		应付账款	3 815 200	
应收款项融资	0		预收款项	0	
预付款项	400 000		合同负债	0	
其他应收款	20 000		应付职工薪酬	440 000	
存货	10 320 000		应交税费	146 400	
合同资产	0		其他应付款	204 000	
持有待售资产	0		持有待售负债	0	
一年内到期的非流动资产	0		一年内到期的非流动负债	4 000 000	

续表

资产	期末余额	年初余额	负债和所有者权益（或股东权益）	期末余额	年初余额
其他流动资产	400 000		其他流动负债	0	
流动资产合计	19 005 600		流动负债合计	10 605 600	
非流动资产：			非流动负债：		
债权投资	0		长期借款	2 400 000	
其他债权投资	0		应付债券	0	
长期应收款	0		其中：优先股	0	
长期股权投资	1 000 000		永续债	0	
其他权益工具投资	0		租赁负债	0	
其他非流动金融资产	0		长期应付款	0	
投资性房地产	0		预计负债	0	
固定资产	4 400 000		递延收益		
在建工程	6 000 000		递延所得税负债	0	
生产性生物资产	0		其他非流动负债	0	
油气资产	0		非流动负债合计	2 400 000	
使用性资产	0		负债合计	1 300 5600	
无形资产	2 400 000		所有者权益（或股东权益）：		
开发支出	0		实收资本（或股本）	20 000 000	
商誉	0		其他权益工具	0	
长期待摊费用	0		其中：优先股	0	
递延所得税资产	0		永续债	0	
其他非流动资产	800 000		资本公积	0	
非流动资产合计	14 600 000		其他综合收益	0	
			专项储备	0	
			盈余公积	400 000	
			未分配利润	200 000	
			减：库存股	0	
			所有者权益（或股东权益）合计	20 600 000	
资产总计	33 605 600		负债和所有者权益（或股东权益）合计	33 605 600	

表 12-4 科目余额表

企会 01 表

编制单位：琛楠公司　　2018 年 12 月 31 日　　单位：元

科目名称	借方余额	科目名称	贷方余额
库存现金	8 000	短期借款	200 000
银行存款	3 104 540	应付票据	400 000
其他货币资金	177 984	应付账款	3 815 200
交易性金融资产	0	其他应付款	200 000
应收票据	264 000	应付职工薪酬	720 000

续表

科目名称	借方余额	科目名称	贷方余额
应收账款	2 400 000	应交税费	906 924
坏账准备	−7 200	应付利息	0
预付账款	400 000	应付股利	128 864
其他应收款	20 000	一年内到期的非流动负债	0
材料采购	1 100 000	长期借款	4 640 000
原材料	180 000	股本	20 000 000
周转材料	152 200	盈余公积	497 648
库存商品	8 489 600	利润分配（未分配利润）	903 488
材料成本差异	17 000		
其他流动资产	400 000		
长期股权投资	1 000 000		
固定资产	9 604 000		
累计折旧	−680 000		
固定资产减值准备	−120 900		
工程物资	1 200 000		
在建工程	1 712 000		
无形资产	2 400 000		
累计摊销	−240 000		
递延所得税资产	30 900		
其他非流动资产	800 000		
合计	32 412 124	合计	32 412 124

根据上述资料，编制琛楠公司2019年12月31日的资产负债表，如表12-5所示。

表12-5 资产负债表

企会01表

编制单位：琛楠公司　　2019年12月31日　　单位：元

资产	期末余额	年初余额	负债和所有者权益（或股东权益）	期末余额	年初余额
流动资产：			流动负债：		
货币资金	3 290 524	5 625 200	短期借款	200 000	1 200 000
交易性金融资产	0	60 000	交易性金融负债	0	0
衍生金融资产	0	0	衍生金融负债	0	0
应收票据	264 000	984 000	应付票据	400 000	800 000
应收账款	2 392 800	1 196 400	应付账款	3 815 200	3 815 200
应收款项融资	0	0	预收款项	0	0
预付款项	400 000	400 000	合同负债	0	0

续表

资产	期末余额	年初余额	负债和所有者权益（或股东权益）	期末余额	年初余额
其他应收款	20 000	20 000	应付职工薪酬	720 000	440 000
存货	9 938 800	10 320 000	应交税费	906 924	146 400
合同资产	0	0	其他应付款	328 864	204 000
持有待售资产	0	0	持有待售负债	0	0
一年内到期的非流动资产	0	0	一年内到期的非流动负债	0	4 000 000
其他流动资产	400 000	400 000	其他流动负债	0	0
流动资产合计	16 706 124	19 005 600	流动负债合计	6 370 988	10 605 600
非流动资产：			非流动负债：		
债权投资	0	0	长期借款	4 640 000	2 400 000
其他债权投资	0	0	应付债券	0	0
长期应收款	0	0	其中：优先股	0	0
长期股权投资	1 000 000	1 000 000	永续债	0	0
其他权益工具投资	0	0	租赁负债	0	0
其他非流动金融资产	0	0	长期应付款	0	0
投资性房地产	0	0	预计负债	0	0
固定资产	8 803 100	4 400 000	递延收益	0	
在建工程	2 912 000	6 000 000	递延所得税负债	0	0
生产性生物资产	0	0	其他非流动负债	0	0
油气资产	0	0	非流动负债合计	4 640 000	2 400 000
使用权资产	0	0	负债合计	11 010 988	1 300 5600
无形资产	2 160 000	2 400 000	所有者权益（或股东权益）：		
开发支出	0	0	实收资本（或股本）	20 000 000	20 000 000
商誉	0	0	其他权益工具	0	0
长期待摊费用	0	0	其中：优先股	0	0
递延所得税资产	30 900	0	永续债	0	0
其他非流动资产	800 000	800 000	资本公积	0	0
非流动资产合计	15 706 000	14 600 000	其他综合收益	0	0
			专项储备	0	0
			盈余公积	497 648	400 000
			未分配利润	903 488	200 000
			减：库存股	0	0
			所有者权益（或股东权益）合计	21 401 136	20 600 000
资产总计	32 412 124	33 605 600	负债和所有者权益（或股东权益）合计	32 412 124	33 605 600

第三节 利润表

一、利润表的概念

利润表是反映企业在一定会计期间的经营成果的会计报表。利润表是动态报表，反映企业一定期间的收入和费用相配比形成的净收益。

通过利润表，报表使用者可以了解企业经营活动的成果和盈利能力，有助于分析评价企业未来的现金流量、分析评价企业的偿债能力、预测企业的利润分配情况和评价、考核企业管理层的经营绩效。

二、利润表的结构

目前国际上通行的利润表的列报格式一般有单步式利润表和多步式利润表两种。

1. 单步式利润表

单步式利润表是将各项收入和费用分别汇总归为收入和费用两大类项目，通过收入总额减去费用总额，从而计算得出净利润。其格式如表12-6所示。

表12-6 利润表（单步式）

年 月

项目	本期金额	上期金额
一、收入		
营业收入		
投资收益		
营业外收入		
二、费用		
营业成本		
税金及附加		
销售费用		
管理费用		
财务费用		
营业外支出		
所得税费用		
三、净利润		

单步式利润表简单明了，但由于其收入与费用配比缺乏对应关系，不利于报表使用者理解和使用。

2. 多步式利润表

多步式利润表是通过对当期的收入、费用、支出项目按性质加以归类，按利润形成的主要环节列示一些中间性利润指标，分步计算当期净损益。在我国，企业利润表采用的基本上是多步式结构，其格式如表12-7所示。

表 12-7 利润表（多步式）

年 月

项目	本期金额	上期金额
一、营业收入		
减：营业成本		
税金及附加		
销售费用		
管理费用		
研发费用		
财务费用		
其中：利息费用		
利息收入		
加：其他收益（损失以“-”填列）		
公允价值变动收益（损失以“-”填列）		
资产减值损失（损失以“-”填列）		
信用减值损失（损失以“-”填列）		
投资收益（损失以“-”填列）		
其中：对联营企业和合营企业的投资收益		
以摊余成本计量的金融资产终止确认收益（损失以“-”填列）		
净敞口套期收益（损失以“-”填列）		
资产处置收益（损失以“-”填列）		
二、营业利润（亏损以“-”填列）		
加：营业外收入		
减：营业外支出		
三、利润总额（亏损总额以“-”填列）		
减：所得税费用		
四、净利润（净亏损以“-”填列）		
（一）持续经营净利润（净亏损以“-”填列）		
（二）终止经营净利润（净亏损以“-”填列）		
五、其他综合收益的税后净额		
（一）不能重分类进损益的其他综合收益		
（二）将重分类进损益的其他综合收益		
六、综合收益总额		
七、每股收益		
（一）基本每股收益		
（二）稀释每股收益		

多步式利润表通过列示中间性利润数据，分步反映净利润的计算过程，可以清晰地解释净利润各构成要素之间的内在联系，便于报表使用者进行盈利情况分析，满足决策时所需要的财务信息。

三、利润表填列方法

（一）上期金额栏的填列方法

利润表“上年金额”栏内各项数字，应根据上年度利润表“本年金额”栏内所列数字填列。如果上年度利润表规定的各个项目的名称和内容同本年度不相一致，应对上年度利润表各项目的名称和数字按照本年度的规定进行调整，填入本表“上年金额”栏内。

（二）本期金额栏的填制方法

利润表“本年金额”栏内各项数字一般应根据损益类科目的发生额分析填列。具体项目内容及填列方法如下。

（1）“营业收入”项目，反映企业经营主要业务和其他业务所确认的收入总额。本项目应根据“主营业务收入”和“其他业务收入”科目的发生额分析填列。

（2）“营业成本”项目，反映企业经营主要业务和其他业务所发生的成本总额。本项目应根据“主营业务成本”和“其他业务成本”科目的发生额分析填列。

（3）“税金及附加”项目，反映企业经营业务应负担的消费税、城市维护建设税、资源税、土地增值税和教育费附加等。本项目应根据“税金及附加”科目的发生额分析填列。

（4）“销售费用”项目，反映企业在销售商品过程中发生的包装费、广告费等费用和为销售本企业商品而专设的销售机构的职工薪酬、业务费等经营费用。本项目应根据“销售费用”科目的发生额分析填列。

（5）“管理费用”项目，反映企业为组织和管理生产经营发生的管理费用。本项目应根据“管理费用”科目的发生额分析填列。

（6）“研发费用”项目，反映企业进行研究与开发过程中的费用化支出，以及计入管理费用的自行开发无形资产的摊销。本项目应根据“管理费用”科目下的“研发费用”明细科目的发生额，以及“管理费用”科目下的“无形资产摊销”明细科目的发生额分析填列。

（7）“财务费用”下的“利息费用”项目，反映企业筹集生产经营所需资金等而发生的筹资费用。本项目应根据“财务费用”科目的发生额分析填列。

（8）“财务费用”下的“利息收入”项目，反映企业按照相关会计准则确认的应冲减财务费用的利息收入。本项目应根据“财务费用”科目的相关明细科目的发生额分析填列。

（9）“其他收益”项目，反映计入其他收益的政府补助，以及其他与日常生活相关且计入其他收益的项目。本项目应根据“其他收益”科目的发生额分析填列。

（10）“公允价值变动收益”项目，反映企业应当计入当期损益的资产或负债公允价值变动收益。本项目应根据“公允价值变动损益”科目的发生额分析填列。如为净损失，本项目以“–”号填列。

（11）“投资收益”项目，反映企业以各种方式对外投资所取得的收益。本项目应根据“投资收益”科目的发生额分析填列。如为投资损失，本项目以“–”号填列。

（12）“以摊余成本计量的金融资产终止确认收益”项目，反映企业因转让等情形导致终止确认以摊余成本计量的金融资产而产生的利得或损失。本项目应根据“投资收益”的相关明细科目发生额分析填列。

（13）“净敞口套期收益”项目，反映净敞口套期下被套期项目累计公允价值变动转入当期损益的金额或现金流量套期储备转入当期损益的金额。本项目应根据“净敞口套期损益”科目的发生额分析填列。如为套期损失，本项目以“–”号填列。

（14）“资产减值损失”项目，反映企业各项资产发生的减值损失。本项目应根据“资产减值损失”科目的发生额分析填列。

（15）“信用减值损失”项目，反映企业计提的各种金融工具减值准备所形成的预期信用损失。本项目应根据“信用减值损失”科目的发生额分析填列。

（16）“资产处置收益”项目，反映企业出售划分为持有待售的非流动资产（金融工具、长期股权投资和投资性房地产除外）或处置组时确认的处置利得或损失，以及处置未划分为持有待售的固定资产、在建工程、生产性生物资产及无形资产而产生的处置利得或损失。本项目应根据"资产处置损益"科目的发生额分析填列，如为处置损失，以"–"号填列。

（17）"营业利润"项目，反映企业实现的营业利润。如为亏损，本项目以"–"号填列。

（18）"营业外收入"项目，反映企业发生的与经营业务无直接关系的各项收入。本项目应根据"营业外收入"科目的发生额分析填列。

（19）"营业外支出"项目，反映企业发生的与经营业务无直接关系的各项支出。本项目应根据"营业外支出"科目的发生额分析填列。

（20）"利润总额"项目，反映企业实现的利润。如为亏损，本项目以"–"号填列。

（21）"所得税费用"项目，反映企业应从当期利润总额中扣除的所得税费用。本项目应根据"所得税费用"科目的发生额分析填列。

（22）"净利润"项目，反映企业实现的净利润。如为亏损，本项目以"–"号填列。

（23）"其他综合收益的税后净额"项目，反映企业根据企业会计准则规定未在损益中确认的各项利得和损失扣除所得税影响后的净额。本项目应根据"其他综合收益"科目及其所属明细科目的本期发生额分析填列。

（24）"基本每股收益"项目，应当根据每股收益准则规定计算的金额填列。企业应当按照归属于普通股股东的当期净利润，除以发行在外普通股的加权平均数计算基本每股收益。

（25）"稀释每股收益"项目，应当根据每股收益准则规定计算的金额填列。

（三）利润表编制举例

【例 12-2】续【例 12-1】，琛楠公司 2019 年度有关损益类科目累计发生净额如表 12-8 所示。

表 12-8　2019 年度有关损益类科目累计发生净额　　单位：元

科目名称	借方发生额	贷方发生额
主营业务收入		5 000 000
主营业务成本	3 000 000	
税金及附加	8 000	
销售费用	80 000	
管理费用	628 400	
财务费用	166 000	
资产减值损失	123 600	
投资收益		126 000
营业外收入		200 000
营业外支出	78 800	
所得税费用	311 200	

根据上述资料编制琛楠公司 2019 年度利润表，如表 12-9 所示。

表 12-9 利润表

企会 02 表

编制单位：琛楠公司　　2019 年度　　单位：元

项目	行次	本年金额	上年金额（略）
一、营业收入		5 000 000	
减：营业成本		3 000 000	
税金及附加		8 000	
销售费用		80 000	
管理费用		628 400	
研发费用		0	
财务费用（收益以“–”号填列）		166 000	
加：其他收益净额（净损失以“–”填列）		0	
公允价值变动净收益（净损失以“–”填列）		0	
投资净收益（净损失“–”号填列）		126 000	
净敞口套期净收益（净损失以“–”填列）		0	
资产减值损失		–123 600	
信用减值损失		0	
资产处置净收益（净损失以“–”填列）		0	
二、营业利润（亏损以“–”号填列）		1 120 000	
加：营业外收入		200 000	
减：营业外支出		78 800	
三、利润总额（亏损以“–”号填列）		1 241 200	
减：所得税费用		311 200	
四、净利润（净亏损以“–”号填列）		930 900	
（一）持续经营净利润（净亏损以“–”填列）			
（二）终止经营净利润（净亏损以“–”填列）			
五、其他综合收益的税后净额		（略）	
（一）不能重分类进损益的其他综合收益			
（二）将重分类进损益的其他综合收益			
六、综合收益总额		（略）	
七、每股收益		（略）	
（一）基本每股收益			
（二）稀释每股收益			

第四节 现金流量表

一、现金流量表的概念

现金流量表是指反映企业在一定会计期间现金及现金等价物流入和流出的报表。

由于利润表提供的净利润金额，是按照权责发生制原则确认收入和费用得到的计算结果，因此利润表不能直接提供经营活动取得现金流量的信息；资产负债表很难从期末和期初金额的比较中直接提供企业投资和筹资活动提供现金流量的信息。而现金流量表却是一张能够反映企业经营全貌，揭示企业现金来源和运用，作为资产负债表和利润表之间的纽带和桥梁的报表。通过提供现金流量表，报表使用者能够了解企业现金流量的影响因素，评价企业的支付能力、偿债能力和周转能力，预测企业未来现金流量，评价会计年度内影响或不影响现金的投资活动和筹资活动，以弥补资产负债表和利润表提供信息的不足。

二、现金流量表的编制基础

由于现金流量表的编制信息源于资产负债表和利润表等的会计数据，而企业的会计收入、费用和其他应计项目是以权责发生制为基础的，现金流量表信息是以现金收付制为编制基础的，因此应将权责发生制下的盈利信息调整为收付实现制下的现金流量信息。

（一）现金

现金是指企业库存现金以及可以随时用于支付的存款。不能随时用于支付的存款不属于现金。主要包括企业持有可随时用于支付的现金，存入金融机构、可以随时用于支取的存款，存放在金融机构的外埠存款、银行汇票存款、银行本票存款、信用卡存款、信用证保证金存款和存出投资款等。

（二）现金等价物

现金等价物是指企业持有的期限短、流动性强、易于转换为已知金额现金、价值变动风险很小的投资。现金等价物虽然不是现金，但其支付能力与现金的差别不大，可视为现金。一项投资被确认为现金等价物必须同时具备四个条件：期限短、流动性强、易于转换为已知金额现金、价值变动风险很小。其中，期限较短一般是指从购买日起3个月内到期。

企业应当根据具体情况，确定现金等价物的范围，并且一贯性地保持其划分标准，如改变划分标准，应视为会计政策的变更。企业确定现金等价物的原则及其变更应当在会计报表附注中披露。

三、现金流量的分类

现金流量是企业一定时期的现金及现金等价物流入和流出的数量。

现金流量总额是指现金流入和流出的总金额。按照企业会计准则规定，现金流量表一般应当按现金流入和流出总额反映。这样可以全面揭示企业现金流量的方向、规模和结构。但代客户收取或支付现金以及周转快、金额大、期限短的项目的现金收入和现金支出，可以按净额反映。

现金净流量是指现金流入与流出的差额。现金净流量可能是正数，也可能是负数。如果是正数，则为净流入；如果是负数，则为净流出。现金净流量是现金流量表要反映的一个重要指标。

按照企业会计准则的规定，现金流量分为经营活动现金流量、投资活动现金流量和筹资活动现金流量三大类。

1. 经营活动产生的现金流量

经营活动是企业最主要的日常生产性活动，它直接与企业生产、销售商品或提供劳务相关的经济活动。各类企业经营活动的范围因其行业特点的不同而异，经营活动主要包括：销售商品、提供劳务、经营性租赁、购买商品、接受劳务、广告宣传、推销产品、缴纳税款等。各类企业由于行业特点不同，对经营活动的认定存在一定差异，在编制现金流量表时，应根据企业的实际情况，对现金流量进行合理的归类。

2. 投资活动产生的现金流量

投资活动是指企业长期资产的购建和不包括在现金等价物范围内的投资及其处置活动。例如企业为扩大再生产而投资建设新的厂房、增加新的机器设备等，为了获取投资回报而进行长期债券和股票投资等投资活动一般会引起企业现金的流出，但若企业将现有的固定资产进行处置，予以变现，将持有的债券或股票予以出售等投资活动一般会引起企业现金的流入。

3. 筹资活动产生的现金流量

筹资活动是指导致企业资本及债务规模和构成发生变化的活动。其中资本包括实收资本（股本）、资本溢价（股本溢价），债务包括向银行借款、发行债券。应付账款、应付票据等商业应付款等属于经营活动。

在编制现金流量表时，对于企业日常活动以外的特殊项目，应归并到相关类别中单设一项反映。特别项目是指日常活动之外的、不经常发生的项目，如灾害损失、保险赔款、捐赠等。对于这些灾害损失和保险赔偿，如果能够确指属于流动资产的损失，则应当列入经营活动现金流量；属于固定资产损失则应当列入投资活动现金流量。如果不能确指则可以列入经营活动现金流量。如果特殊项目的现金流量金额不大，则可以列入现金流量类别下的“其他”项目，不单列项目。

四、现金流量表的基本格式

现金流量表由正表和附表两部分组成。为了反映企业经营活动、投资活动及筹资活动的现金流入和流出情况，现金流量表正表是按“现金净流量＝经营活动净现金流量＋投资活动净现金流量＋筹资活动净现金流量”等式安排结构的，其格式包括经营活动的现金流量、投资活动的现金流量和筹资活动的现金流量三大部分，每一部分都分别列示现金流入和现金流出的明细情况。我国企业会计准则所采用的就是这种格式的现金流量表。

五、现金流量表的填列方法

（一）经营活动产生的现金流量

（1）“销售商品、提供劳务收到的现金”项目，反映企业销售商品、提供劳务实际收到的现金（包括销售收入和应向购买者收取的增值税额），具体包括在本期销售商品、提供劳务收到的现金，以及前期销售商品、前期提供劳务本期收到的现金和本期预收的账款，减去本期退回本期销售的商品和前期销售本期退回的商品支付的现金。企业销售材料和代购代销业务收到的现金，也在本项目反映。本项目可以根据“库存现金”“银行存款”“应收票据”“应收账款”“预收账款”“主营业务收入”“其他业务收入”科目的记录分析填列。

根据账户记录分析计算该项目的金额公式为

销售商品、提供劳务收到的现金＝当期销售商品、提供劳务收到的现金＋当期收回前期的应收账款和应收票据＋当期预收的账款－当期销售退回支付的现金＋当期收回前期核销的坏账损失

（2）“收到的税费返还”项目，反映企业收到返还的各项税费，如收到的增值税、消费税、关税、所得税、教育费附加返还等。本项目可以根据“库存现金”“银行存款”“税金及附加”“营业外收入”“其他应收款”等科目的记录分析填列。

（3）“收到的其他与经营活动有关的现金”项目，反映企业除了上述各项目外，收到的其他与经营活动有关的现金，如罚款收入、流动资产损失中由个人赔偿的现金收入等。若某项其他与经营活动有关的现金流入金额较大，应单列项目反映。本项目可以根据“库存现金”“银行存款”“营业外收入”等科目的记录分析填列。

（4）“购买商品、接受劳务支付的现金”项目，反映企业购买商品、接受劳务实际支付的现金（包括增值税进项税额），包括本期购买材料、商品、接受劳务而实际支付的现金，以及本期支付前期购买商品、接受劳务的未付款项和本期预付款项，减去本期发生的购货退回收到的现金。为购置存货而发生的借款利息资本化部分，应在“分配股利、利润或偿付利息支付的现金”项目中反映。本项目可以根据“库存现金”“银行存款”“应付票据”“应付账款”“预付账款”“主营业务成本”“其他业务支出”等科目的记录分析填列。根据账户记录分析计算该项目的金额公式为

购买商品、接受劳务支付的现金＝当期购买商品、接受劳务支付的现金＋当期支付前期的应付账款和应付票据＋当期预付的账款－当期因购货退回收到的现金

（5）“支付给职工以及为职工支付的现金”项目，反映企业实际支付给职工的现金以及为职工支付的现金，包括企业为获得职工提供的服务，本期实际给予各种形式的报酬以及其他相关支出，如支付给职工的工资、奖金、各种津贴和补贴等，以及为职工支付的其他费用，不包括支付给在建工程人员的工资。支付的在建工程人员的工资，在“购建固定资产、无形资产和其他长期资产所支付的现金”项目中反映。

企业为职工支付的医疗、养老、失业、工伤、生育等社会保险基金、补充养老保险、住房公积金，企业为职工交纳的商业保险金，因解除与职工劳动关系给予的补偿，现金结算的股份支付，以及企业支付给职工或为职工支付的其他福利费用等，应根据职工的工作性质和服务对象，分别在“购建固定资产、无形资产和其他长期资产所支付的现金”和“支付给职工以及为职工支付的现金”项目中反映。本项目可根据“库存现金”“银行存款”“应付职工薪酬”等科目的记录分析填列。

（6）“支付的各项税费”项目，反映企业按规定支付的各项税费，包括本期发生并支付的税费，以及本期支付以前各期发生的税费和预交的税金，如支付的增值税、消费税、所得税、教育费附加、印花税、房产税、土地增值税、车船税等。不包括本期退回的增值税、所得税。本期退回的增值税、所得税等，在“收到的税费返还”项目中反映。本项目可以根据“应交税费”“库存现金”“银行存款”等科目分析填列。

（7）“支付的其他与经营活动有关的现金”项目，反映企业除上述各项目外，支付的其他与经营活动有关的现金流出，如罚款支出、支付的差旅费、业务招待费支出、保险费等。其他现金流出如价值较大的，应单列项目反映。

（二）投资活动产生的现金流量

（1）“收回投资所收到的现金”项目，反映企业出售、转让或到期收回除现金等价物以外的以公允价值计量且其变动计入当期损益的金融资产、以摊余成本计量的金融资产、以公允价值计量且其变动计入其他综合收益的金融资产、长期股权投资等收到的现金。不包括债权性投资收回的利息、收回的非现金资产，以及处置子公司及其他营业单位收到的现金净额。债权性投资收回的本金，在本项目中反映，债权性投资收回的利息，不在本项目中反映，而在“取得投资收益所收到的现金”项目中反映。处置子公司及其他营业单位收到的现金净额单设项目反映。本项目可以根据“交易性金融资产”“长期股权投资”“库存现金”“银行存款”等科目的记录分析填列。

（2）“取得投资收益所收到的现金”项目，反映企业因股权性投资而分得的现金股利，因债权性投资而取得的利息收入。股票股利由于不产生现金流量，不在本项目中反映，包括在现金等价物范围内的债券性投资，其利息收入在本项目中反映。本项目可以根据“应收股利”“应收利息”“投资收益”“库存现金”“银行存款”等科目的记录分析填列。

（3）“处置固定资产、无形资产和其他长期资产而收回的现金净额”项目，反映企业处置固定资产、无形资产和其他长期资产所取得的现金，减去为出售这些资产而支付的有关费用后的净额。由于自然灾害所造成的固定资产等长期资产损失而收到的保险赔偿收入，也在本项目中反映。如处置固定资产、无形资产和其他长期资产所收回的现金净额为负数，应作为投资活动产生的现金流量，在“支付的其他与投资活动有关的现金”项目中反映。本项目可以根据“固定资产清理”“库存现金”“银行存款”等科目的记录分析填列。

（4）“处置子公司及其他营业单位收到的现金净额”项目，反映处置子公司及其他营业单位所取得的现金减去子公司或其他营业单位持有的现金和现金等价物以及相关处置费用后的净额。本项目可以根据有关科目的记录分析填列。

（5）“收到的其他与投资活动有关的现金”项目，反映企业除了上述各项以外，收到的其他与投资活动有关的现金。其他与投资活动有关的如价值较大的，应单列项目反映。本项目可以根据有关科目的记录分析填列。

（6）“购建固定资产、无形资产和其他长期资产所支付的现金”项目，反映企业为购买、建造固定资产，取得无形资产和其他长期资产所支付的现金，不包括为购建固定资产而发生的借款利息资本化的部分，以及融资租入固定资产支付的租赁费。为购建固定资产、无形资产和其他长期资产而发生的借款利息资本化部分，在“分配股利、利润或偿付利息支付的现金”项目中反映；融资租入固定资产所支付的租赁费，在“支付的其他与筹资活动有关的现金”项目中反映。本项目可以根据“固定资产”“在建工程”“工程物资”“无形资产”“库存现金”“银行存款”等科目的记录分析填列。

（7）“投资所支付的现金”项目，反映企业进行权益性投资和债权性投资所支付的现金，包括企业取得的除现金等价物以外的以公允价值计量且其变动计入当期损益的金融资产、以摊余成本计量的金融资产、以公允价值计量且其变动计入其他综合收益的金融资产、长期股权投资以及支付的佣金、手续费等交易费用。

企业在购买股票和债券时，实际支付的价款中包含的已宣告而尚未领取的现金股利或已到付息期但尚未领取的债券的利息，应在“支付的其他与投资活动有关的现金”项目中反映；收回购买股票和债券时支付的已宣告而尚未领取的现金股利或已到付息期但尚未领取的债券的利息，在“收到的其他与投资活动有关的现金”项目中反映。本项目可以根据“交易性金融资产”“长期股权投资”“库存现金”“银行存款”等科目的记录分析填列。

（8）“取得子公司及其他营业单位支付的现金净额”项目，反映取得子公司及其他营业单位购买出价中以现金支付的部分，减去子公司或其他营业单位持有的现金和现金等价物后的净额。本项目可以根据有关科目的记录分析填列。

（9）“支付的其他与投资活动有关的现金”项目，反映企业除了上述各项目以外，支付的其他与投资活动有关的现金。其他与投资活动有关的现金，如价值较大的，应单列项目反映。本项目可以根据有关科目的记录分析填列。

（三）筹资活动产生的现金流量

（1）“吸收投资所收到的现金”项目，反映企业以发行股票等方式筹集资金实际收到的款项净额（发行收入减去支付的佣金等发行费用后的净额）。以发行股票等方式筹集资金而由企业直接支付的审计、咨询费用等，在“支付的其他与筹资活动有关的现金”项目中反映。本项目可根据“实收资本（或股本）”“资本公积”“库存现金”“银行存款”等科目的记录分析填列。

（2）“借款收到的现金”项目，反映企业举借各种短期、长期借款而收到的现金，以及发行债券实际收到的款项净额（发行收入减去直接支付的佣金等发行费用后的净额）。本项目可以根据“短期借款”“长期借款”“应付债券”“库存现金”“银行存款”等科目的记录分析填列。

（3）“收到的其他与筹资活动有关的现金”项目，反映企业除上述各项目外，收到的其他与筹资活动有关的现金。其他与筹资活动有关的现金，如果价值较大的，应单列项目反映。本项目可根据有关科目的记录分析填列。

（4）“偿还债务所支付的现金”项目，反映企业以现金归还金融企业的借款本金、偿付企业到期的债券本金等。企业偿还的借款利息、债券利息，在“分配股利、利润或偿付利息所支付的现金”项目中反映。本项目可以根据“短期借款”“长期借款”“应付债券”“库存现金”“银行存款”等科目的记录分析填列。

（5）“分配股利、利润或偿付利息支付的现金”项目，反映企业实际支付的现金股利、支付给其他投资单位的利润或用现金支付的借款利息、债券利息。不同用途的借款，其利息的开支渠道不一样，如在建工程、财务费用等，均在本项目中反映。本项目可以根据“应付股利”“应付利息”“利润分配”“财务费用”“在建工程”“研发支出”“库存现金”“银行存款”等科目的记录分析填列。

（6）“支付的其他与筹资活动有关的现金”项目，反映企业除上述各项目外，支付的其他与筹资活动有关的现金。其他与筹资活动有关的现金，如价值较大的，应单列项目反映。本项目可以根据有关科目的记录分析填列。

（四）汇率变动对现金的影响

现金流量表准则规定，外币现金流量以及境外子公司的现金流量，应当采用现金流量发生日的即期汇率或即期汇率的近似汇率折算。汇率变动对现金的影响额应当作为调节项目，在现金流量表中单独列报。

（五）现金流量表补充资料

企业应当采用间接法在现金流量表补充资料中披露将净利润调节为经营活动现金流量、不涉及现金收支的重大投资和筹资活动、现金及现金等价物净变动情况等信息。

1. 将净利润调节为经营活动的现金流量

（1）“资产减值准备”项目，反映企业本期计提的坏账准备、存货跌价准备、长期股权投资减值准备、投资性房地产减值准备、固定资产减值准备、在建工程减值准备、工程物资减值准备、生物资产减值准备、无形资产减值准备、商誉减值准备等资产减值准备。企业当期计提和按规定转回的各项资产减值准备，包括在利润表中，属于利润的减除项目，但没有发生现金流出，因此在将净利润调节为经营活动现金流量时，需要加回。本项目可根据“资产减值损失”科目的记录分析填列。

（2）“固定资产折旧”“油气资产折耗”“生产性生物资产折旧”项目，分别反映企业本期计提的固定资产折旧、油气资产折耗、生产性生物资产折旧。将净利润调节为经营活动现金流量时，计入期间费用的折旧或摊销费用是净利润的减项，但没有发生现金流出，需要予以加回。计入制造费用中的已经变现的部分，在计算净利润时通过销售成本予以扣除，但没有发生现金流出，需要加回；计入制造费用中的没有变现的部分，既不涉及现金收支，也不影响企业当期净利润，但在调节存货时，已经从中扣除，在此处将净利润调节为经营活动现金流量时，需要予以加回。本项目可根据“累计折旧”“累计折耗”“生产性生物资产折旧”科目的贷方发生额分析填列。

（3）“无形资产摊销和长期待摊费用摊销”项目，反映企业本期累计摊入成本费用的无形资产价值和长期待摊费用。企业对使用寿命有限的无形资产计提摊销时，计入管理费用或制造费用。长期待摊费摊销时，根据不同归属分别计入管理费用、销售费用和制造费用。计入管理费用等期间费用和计入制造费用中的已变现的部分，在计算净利润时已从中扣除，但没有发生现金流出；计入制造费用中的没有变现的部分，在调节存货时已经从中扣除，但不涉及现金收支，在此处将净利润调节为经营活动现金流量时，需要予以加回。本项目可根据“累计摊销”“长期待摊费用”科目的贷方发生额分析填列。

（4）“处置固定资产、无形资产和其他长期资产的损失（减：收益）”项目，反映企业本期处置固定资产、无形资产和其他长期资产发生的净损失（或净收益）。企业处置固定资产、无形资产和其他长期资产发生的损益，属于投资活动产生的损益，在将净利润调节为经营活动现金流量时，需要予以剔除。本项目可根据“营业外收入”“营业外支出”等科目所属有关明细科目的记录分析填列。

（5）“固定资产报废损失”项目，反映企业本期发生的固定资产盘亏净损失。企业发生的固定资产报废损益，属于投资活动产生的损益，在将净利润调节为经营活动现金流量时，需要予以剔除。本项目可根据“营业外支出”“营业外收入”等科目所属有关明细科目的记录分析填列。

（6）“公允价值变动损失”项目，反映企业持有的交易性金融资产、交易性金融负债、采用公允价值模式计量的投资性房地产等公允价值变动形成的净损失。本项目可以根据“公允价值变动损益”科目的发生额分析填列。

（7）“财务费用”项目，反映企业本期实际发生的属于投资活动或筹资活动的财务费用。企业发生的财务费用中不属于经营活动的部分，应当在将净利润调节为经营活动现金流量时将其加回。本项目可根据“财务费用”科目的本期借方发生额分析填列；如为收益，以“–”号填列。

（8）“投资损失（减：收益）”项目，反映企业本期实际发生的投资损失减去收益后的净损失。本项目可根据利润表中“投资收益”项目的数字填列；如为投资收益，以“–”号填列。

（9）“递延所得税资产减少（减：增加）”项目，反映企业资产负债表“递延所得税资产”项目的期初余额与期末余额的差额。本项目可以根据资产负债表中“递延所得税资产”项目期初、期末余额分析填列。

（10）“递延所得税负债增加（减：减少）”项目，反映企业资产负债表“递延所得税负债”项目的期初余额与期末余额的差额。本项目可以根据资产负债表中“递延所得税负债”项目期初、期末余额分析填列。

（11）“存货的减少（减：增加）”项目，反映企业资产负债表“存货”项目的期初余额与期末余额的差额。本项目可根据资产负债表中“存货”项目的期初余额、期末余额之间的差额填列；期末数大于期初数的差额，以“–”号填列。

（12）“经营性应收项目的减少（减：增加）”项目，反映企业本期经营性应收项目（包括应收票据、应收账款、预付账款、长期应收款和其他应收款等经营性应收项目中与经营活动有关的部分及应收的增值税销项税额等）的期初余额与期末余额的差额。本项目应当根据有关科目的期初、期末余额分析填列；期末数大于期初数的差额，以“–”号填列。

（13）“经营性应付项目的增加（减：减少）”项目，反映企业本期经营性应付项目（包括应付票据、应付账款、预收账款、应付职工薪酬、应交税费和其他应付款中与经营活动有关的部分，以及应付的增值税进项税额等）的期初余额与期末余额的差额。本项目应当根据有关科目的期初、期末余额分析填列；期末数小于期初数的差额，以“–”号填列。

2. 不涉及现金收支的重大投资和筹资活动

不涉及现金收支的重大投资和筹资活动，反映企业一定期间内影响资产或负债但不形成该期现金收支的所有投资和筹资活动的信息。这些投资和筹资活动虽然不涉及当期现金收支，但对以后各期的现金流量有重大影响。现金流量表准则规定，企业应当在附注中披露不涉及当期现金收支、但影响企业财务状况或在未来可能影响企业现金流量的重大投资和筹资活动，主要包括债务转为资本、一年内到期的可转换公司债券、融资租入固定资产。

六、现金流量表的编制方法及程序

（一）直接法和间接法

直接法是通过现金收入和支出的主要类别直接反映来自企业经营活动的现金流量。

采用直接法编制的现金流量表，便于报表使用者理解企业经营活动现金流量的影响及其结果。

间接法是以本期净利润为起算点，调整不涉及现金的收入、费用项目以及其他有关项目，剔除投资活动和筹资活动对现金流量的影响，据以确定经营活动的现金流量。采用间接法编制的现金流量表，便于对净利润与经营活动现金净流量进行比较，了解净利润与经营活动现金流量差异的原因，从现金流量的角度分析净利润的质量。

（二）工作底稿法和T型账户法

在具体编制现金流量表时，可以采用工作底稿法和 T 型账户法。

1. 工作底稿法

工作底稿法是以工作底稿为手段，以资产负债表和利润表数据为基础，对每一项目进行分析并编制调整分录，从而编制现金流量表的方法。工作底稿法的程序有以下几个步骤。

第一步，将资产负债表的期初数和期末数过入工作底稿的期初数栏和期末数栏。

第二步，对当期业务进行分析并编制调整分录。编制调整分录时，要以利润表项目为基础从“营业收入”开始，结合资产负债表项目逐一进行分析。在调整分录中，有关现金和现金等价物的事项，并不直接借记或贷记现金，而是分别计入“经营活动产生的现金流量”“投资活动产生的现金流量”“筹资活动产生的现金流量”有关项目。借记表示现金流入，贷记表示现金流出。

第三步，将调整分录过入工作底稿中的相应部分。

第四步，核对调整分录，借方、贷方合计数均已经相等，资产负债表项目期初数加减调整分录中的借贷金额以后，应等于期末数。

第五步，根据工作底稿中的现金流量表项目部分编制正式的现金流量表。

2. T 型账户法

T 型账户法是以 T 型账户为手段，以资产负债表和利润表数据为基础，对每一项目进行分析并编制调整分录，从而编制现金流量表的方法。T 型账户法的程序有以下几个步骤。

第一步，为所有的非现金项目（包括资产负债表项目和利润表项目）分别开设 T 型账户，并将各自的期末期初变动数过入各相关账户。如果项目的期末数大于期初数，则将差额过入和项目余额相同的方向；反之，过入相反的方向。

第二步，开设一个大的“现金及现金等价物”T 型账户，每边分为经营活动、投资活动和筹资活动三个部分，左边记现金流入，右边记现金流出。与其他账户一样，过入期末期初变动数。

第三步，以利润表项目为基础，结合资产负债表分析每一个非现金项目的增减变动，并据此编制调整分录。

第四步，将调整分录过入各 T 型账户，并进行核对，该账户借贷相抵后的余额与原先过入的期末期初变动数应当一致。

第五步，根据大的“现金及现金等价物”T 型账户编制正式的现金流量表。

（三）现金流量表编制举例

【例 12-3】沿用【例 12-1】和【例 12-2】资料，琛楠公司其他相关资料如下：

1. 2019 年度利润表有关项目的明细资料如下：

（1）管理费用：职工薪酬 68 400 元，无形资产摊销 240 000 元，折旧费 80 000 元，支付其他费用 240 000 元。

（2）财务费用：计提借款利息 46 000 元，支付应收票据贴现利息 120 000 元。

（3）资产减值损失：计提坏账准备 3 600 元，计提固定资产减值准备 120 000 元。上年年末坏账准备余额为 3 600 元。

（4）投资收益：收到股息收入 120 000 元，与本金一起收回的交易性股票投资收益 2 000 元，自公允价值变动损益结转投资收益 4 000 元。

（5）营业外收入：处置固定资产净收益 200 000 元（其所处置固定资产原价为 1 600 000 元，累计折旧为 600 000 元，收到处置收入 1 200 000 元）。假定不考虑与固定资产处置有关的税费。

（6）营业外支出：报废固定资产净损失 78 800 元（其所报废固定资产原价为 800 000 元，累计折旧 720 000 元，支付清理费用 2 000 元，收到残值收入 3 200 元）。

（7）所得税费用：当期所得税费用为 310 300 元，递延所得税收益 30 900 元。

除上述项目外，利润表中的销售费用 80 000 元至期末已经支付。

2. 资产负债表有关项目的明细料如下：

（1）本期收回交易性股票投资本金 60 000 元、公允价值变动 4 000 元，同时实现投资收益 2 000 元。

（2）存货中生产成本、制造费用：职工薪酬 1 296 600 元，折旧费 320 000 元。

（3）应交税费：本期增值税进项税额 169 864 元，增值税销项税额 850 000 元，已交增值税 400 000 元，应交所得税期末余额为 80 388 元，应交所得税期初余额为 0。应交税费期末数中应由在建工程负担的部分为 400 000 元。

（4）应付职工薪酬的期初数无应付在建工程人员的部分，本期支付在建工程人员职工薪酬 800 000 元。应付职工薪酬的期末数中应付在建工程人员的部分为 112 000 元。

（5）应付利息均为短期借款利息，其中本期计提利息 46 000 元，支付利息 50 000 元。

（6）本期用现金购买固定资产 404 000 元，购买工程物资 1 200 000 元。

（7）本期用现金偿还短期借款 1 000 000 元，偿还一年内到期的长期借款 4 000 000 元，借入长期借款 2 240 000 元。

根据以上资料，编制琛楠公司 2019 年度的现金流量表。

3. 2019 年度琛楠公司现金流量表各项目金额计算如下：

（1）销售商品、提供劳务收到的现金 = 5 000 000 + 850 000 + （1 196 400 − 2 392 800） + （984 000 − 264 000） − 3 600 − 120 000 = 5 250 000（元）

（2）购买商品、接受劳务支付的现金 = 3 000 000 + 169 864 − （10 320 000 − 9 938 800） + （3 815 200 − 3 815 200）+（800 000 − 400 000）+（400 000 − 400 000）− 1 299 600 − 320 000 = 1 569 064（元）

（3）支付给职工以及为职工支付的现金 = 1 299 600 + 68 400 + （440 000 − 720 000） − （0 − 112 000） = 1 200 000（元）

（4）支付的各项税费 = 341 200 + 8 000 + 400 000 − （80 388 − 0） = 668 812（元）

（5）支付其他与经营活动有关的现金 = 240 000（元）
（6）收回投资收到的现金 = 64 000 + 2 000 = 66 000（元）
（7）取得投资收益所收到的现金 = 120 000（元）
（8）处置固定资产收回的现金净额 = 1 200 000 + （3 200-2 000） = 1 201 200（元）
（9）购建固定资产支付的现金 = 404 000 + 1 200 000 + 800 000 = 2 404 000（元）
（10）取得借款所收到的现金 = 2 240 000（元）
（11）偿还债务支付的现金 = 1 000 000 + 4 000 000 = 5 000 000（元）
（12）偿还利息支付的现金 = 50 000（元）

4. 将净利润调节为经营活动现金流量：
（1）资产减值准备 = 3 600 + 120 000 = 123 600（元）
（2）固定资产折旧 = 80 000 + 320 000 = 400 000（元）
（3）无形资产摊销 = 240 000（元）
（4）处置固定资产、无形资产和其他长期资产的损失（减：收益） = – 200 000（元）
（5）固定资产报废损失 = 78 800（元）
（6）财务费用 = 46 000（元）
（7）投资损失（减：收益） = – 126 000（元）
（8）递延所得税资产减少 = 0 – 30 900 = – 30 900（元）
（9）存货的减少 = 10 320 000 – 9 938 800 = 381 200（元）
（10）经营性应收项目的减少 = （984 000 – 264 000） + （1 196 400 + 3 600 – 2 392 800 – 7 200） = – 480 000（元）
（11）经营性应付项目的增加 = （400 000 – 800 000） + [（720 000 – 112 000） – 440 000] + [（906 924 – 400 000） – 146 400] = 128 524（元）

5. 根据上述数据，编制现金流量表（表 12-10）及其补充资料（表 12-11）。

表 12-10　现金流量表

企会 03 表

编制单位：琛楠公司　　　　2019 年度　　　　单位：元

项目	本年金额	上年金额（略）
一、经营活动产生的现金流量		
销售商品、提供劳务收到的现金	5 250 000	
收到的税费返还	0	
收到的其他与经营活动有关的现金	0	
经营活动现金流入小计	5 250 000	
购买商品、接受劳务支付的现金	1 569 064	
支付给职工以及为职工支付的现金	1 200 000	
支付的各项税费	668 812	
支付的其他与经营活动有关的现金	240 000	

续表

项目	本年金额	上年金额（略）
经营活动现金流出小计	3 677 867	
经营活动产生现金流量净额	1 572 124	
二、投资活动产生的现金流量		
收回投资所收到的现金	66 000	
取得投资收益所收到的现金	120 000	
处置固定资产、无形资产和其他长期资产所收回的现金	1 201 200	
处置子公司及其他营业单位收到的现金净额	0	
收到的其他与投资活动有关的现金	0	
投资活动现金流入小计	1 387 200	
购置固定资产、无形资产和其他长期资产所支付的现金	2 404 000	
投资所支付的现金	0	
取得子公司及其他营业单位支付的现金净额	0	
支付的其他与投资活动有关的现金	0	
投资活动现金流出小计	2 404 000	
投资活动产生的现金流量净额	−1 016 800	
三、筹资活动产生的现金流量		
吸收投资所收到的现金	0	
借款所收到的现金	2 240 000	
收到的其他与筹资活动有关的现金	0	
筹资活动现金流入小计	2 240 000	
偿还债务所支付的现金	5 000 000	
分配股利、利润或偿付利息所支付的现金	50 000	
支付其他与筹资活动有关的现金	0	
筹资活动现金流出小计	5 050 000	
筹资活动产生的现金流量净额	−2 810 000	
四、汇率变动对现金的影响	0	
五、现金及现金等价物净增加额	−2 254 676	
加：期初现金及现金等价物余额	5 625 200	
六、期末现金及现金等价物余额	3 370 524	

表 12-11　现金流量表补充资料

补充资料	本年金额	上年金额（略）
1. 将净利润调节为经营活动现金流量：		
净利润	930 900	
加：资产减值准备	123 600	

续表

补充资料	本年金额	上年金额（略）
信用损失准备	0	
固定资产折旧、油气资产折耗、生产性生物资产折旧	400 000	
无形资产摊销	240 000	
长期待摊费用摊销	0	
处置固定资产、无形资产和其他长期资产的损失（收益以“—”号填列）	−200 000	
固定资产报废损失（收益以“—”号填列）	78 800	
净敞口套期损失（收益以“—”号填列）	0	
公允价值变动损失（收益以“—”号填列）	0	
财务费用（收益以“—”号填列）	46 000	
投资损失（收益以“—”号填列）	−126 000	
递延所得税资产减少（增加以“—”号填列）	−30 900	
递延所得税负债增加（减少以“—”号填列）	0	
存货的减少（增加以“—”号填列）	381 200	
经营性应收项目的减少（增加以“—”号填列）	−480 000	
经营性应付项目的增加（减少以“—”号填列）	128 524	
其他	80 000	
经营活动产生的现金流量净额	1 572 124	
2. 不涉及现金收支的重大投资和筹资活动：		
债务转为资本	0	
一年内到期的可转换公司债券	0	
融资租入固定资产	0	
3. 现金及现金等价物净变动情况：		
现金的期末余额	3 370 524	
减：现金的期初余额	5 625 200	
加：现金等价物的期末余额	0	
减：现金等价物的期初余额	0	
现金及现金等价物净增加额	−2 254 676	

第五节 所有者权益变动表

一、所有者权益变动表的内容

所有者权益变动表是指反映构成所有者权益的各组成部分当期的增减变动情况。当期损益、直接计入所有者权益的利得和损失，以及与所有者的资本交易导致的所有者权益的变动，应当分别列示。自2006年新会计准则颁布后，所有者权益变动表由资产负债表的附表提升为单独一张主表，成为资产负债表、利润表和现金流量表后的第四张报表。

所有者权益变动表至少应当单独列示反映下列信息的项目：净利润；直接计入所有者权益的利得和损失项目及其总额；会计政策变更和差错更正的累积影响金额；所有者投入资本和向所有者分配利润等；提取的盈余公积；实收资本（或股本）、资本公积、盈余公积、未分配利润的期初和期末余额及其调节情况。

二、所有者权益变动表的填列方法

（一）上年金额栏的填列方法

所有者权益变动表“上年金额”栏内各项数字，应根据上年度所有者权益变动表“本年金额”栏内所列数字填列。如果上年度所有者权益变动表规定的各个项目的名称和内容与本年度不相一致，应对上年度所有者权益变动表各项目的名称和数字按本年度的规定进行调整，填入本年度所有者权益变动表“上年金额”栏内。

（二）本年金额栏的填列方法

所有者权益变动表“本年金额”栏内各项数字，一般应根据“实收资本（或股本）”“资本公积”“盈余公积”“利润分配”“库存股”“以前年度损益调整”科目的发生额分析填列。

（三）所有者权益变动表编制举例

【例12-4】沿用【例12-1】、【例12-2】和【例12-3】资料，琛楠公司其他相关资料为：提取盈余公积97 648元，向投资者分配现金股利129 764元。

根据上述资料，琛楠公司编制2019年的所有者权益（股东权益）变动表，如表12-12所示。

第六节 财务报表附注

一、附注的概念

附注是对在资产负债表、利润表、现金流量表和所有者权益变动表等报表中列示项目的文字描述或明细资料，以及对未能在这些报表中列示项目的说明等。

附注是财务报表不可或缺的组成部分，报表使用者了解企业的财务状况、经营成果和现金流量，应当全面阅读附注。附注相对于报表而言，同样具有重要性，应当按照一定的结构进行系统合理的排列和分类，有顺序地披露信息。

二、附注的形式

财务报表附注的主要形式为表后底注。底注（也称脚注）是指在财务报表正文后面用一定的文字和数字对企业财务信息和非财务信息所作的补充说明。底注比较灵活，可用来揭示那些不便于列入报表正文的有关信息。

表 12-12 所有者权益（股东权益）变动表

企会 04 表

编制单位：琛楠公司 2019 年度 单位：元

项目	行次	本年金额											上年金额										
		实收资本（或股本）	其他权益工具			资本公积	其他综合收益	专项储备	盈余公积	未分配利润	库存股（减项）	所有者权益合计	实收资本（或股本）	其他权益工具			资本公积	其他综合收益	专项储备	盈余公积	未分配利润	库存股（减项）	所有者权益合计
			优先股	永续债	其他									优先股	永续债	其他							
一、上年年末余额		20 000 000		0		0	0	0	400 000	200 000	0	20 600 000											
1. 会计政策变更																							
2. 前期差错更正																							
3. 其他																							
二、本年年初余额		20 000 000		0		0	0	0	400 000	200 000	0	20 600 000											
三、本年增减变动金额（减少以“–”号填列																							
（一）综合收益总额										930 900		930 900											
（二）所有者投入和减少资本																							
1. 所有者投入的普通股																							
2. 其他权益工具持有者投入资本																							
3. 股份支付计入所有者权益的金额																							
4. 其他																							
（三）利润分配																							
1. 提取盈余公积									97 648	–97 648		0											
2. 对所有者（或股东）的分配										–129 764		–129 764											
3. 其他																							

续表

项目	行次	本年金额											上年金额										
		实收资本（或股本）	其他权益工具			资本公积	其他综合收益	专项储备	盈余公积	未分配利润	库存股（减项）	所有者权益合计	实收资本（或股本）	其他权益工具			资本公积	其他综合收益	专项储备	盈余公积	未分配利润	库存股（减项）	所有者权益合计
			优先股	永续债	其他									优先股	永续债	其他							
（四）所有者权益内部结转																							
1. 资本公积转增资本																							
2. 盈余公积转增资本																							
3. 盈余公积补亏																							
4. 设定受益计划变动额结转留存收益																							
5. 其他综合收益结转留存收益																							
6. 其他																							
四、本年年末余额		20 000 000		0		0	0	0	497 648	903 488	0	21 401 136											

三、财务报表附注的内容

企业应当在附注中至少披露下列几方面内容。

（一）企业的基本情况

（1）企业注册地、组织形式和总部地址。

（2）企业的业务性质和主要经营活动。

（3）母公司以及集团最终母公司的名称。

（4）财务报告的批准报出者和财务报告批准报出日。按照有关法律、行政法规等规定，企业所有者或其他方面有权对报出的财务报告进行修改的事实。

（5）营业期限有限的企业，还应当披露有关其营业期限的信息。

（二）财务报表的编制基础

（三）遵循企业会计准则的声明

企业应当明确说明编制的财务报表符合企业会计准则体系的要求，真实、公允地反映了企业的财务状况、经营成果和现金流量等有关信息。

（四）重要会计政策和会计估计

企业应当披露重要的会计政策和会计估计，不具有重要性的会计政策和会计估计可以不披露。判断会计政策和会计估计是否重要，应当考虑与会计政策和会计估计相关项目的性质和金额。

（五）会计政策和会计估计变更以及差错更正的说明

企业应当按照《企业会计准则第 28 号——会计政策、会计估计变更和差错更正》及其应用指南的规定，披露会计政策和会计估计变更以及差错更正的有关情况。

（六）重要报表项目的说明

企业应当以文字和数字描述相结合，尽可能以列表形式披露重要报表项目的构成或当期增减变动情况，并与报表项目相互参照。在披露顺序上，一般应当按照资产负债表、利润表、现金流量表、所有者权益变动表的顺序及其报表项目列示的顺序。

（七）其他需要说明的重要事项

主要包括或有和承诺事项、资产负债表日后非调整事项、关联方关系及其交易等。

复习思考题

一、概念题

资产负债表　利润表　现金流量　所有者权益变动表　现金　现金等价物

二、简答题

1. 说明资产负债表的结构。
2. 如何编制资产负债表？
3. 说明利润表的结构。
4. 如何编制利润表？

5. 现金流量是如何分类的?
6. 说明现金流量表结构。
7. 说明所有者权益变动表的结构。
8. 财务报表附注的内容有哪些?

参 考 文 献

财政部会计资格评价中心. 2019. 中级会计实务[M]. 北京：经济科学出版社.

陈信元. 2018. 会计学[M]. 5 版. 上海：上海财经大学出版社.

陈星宇，苏丽娟. 2017. 中级财务会计[M]. 北京：清华大学出版社.

崔智敏，陈爱玲. 2018. 会计学基础[M]. 6 版. 北京：中国人民大学出版社.

葛家澍. 2006. 会计学[M]. 2 版. 北京：高等教育出版社.

侯雪筠，李玉凤. 2018. 中级财务会计[M]. 3 版. 北京：科学出版社.

侯雪筠，杨忠海. 2014. 会计学[M]. 2 版. 北京：科学出版社.

企业会计准则编审委员会. 2020. 企业会计准则及应用指南实务详解[M]. 北京：人民邮电出版社.

孙铮. 2007. 基础会计[M]. 3 版. 上海：上海财经大学出版社.

王君彩. 2019. 中级财务会计[M]. 7 版. 北京：经济科学出版社.

张天西，薛许军. 2017. 中级财务会计[M]. 4 版. 上海：复旦大学出版社.

中国注册会计师协会. 2020. 会计[M]. 北京：中国财政经济出版社.

中华人民共和国财政部. 2003. 关于企业与银行等金融机构之间从事应收债权融资等有关业务会计处理的暂行规定[S]. 中华人民共和国财政部官方网站.

中华人民共和国财政部. 2019. 企业会计准则[S]. 合订本. 北京：中国财政经济出版社.

中华人民共和国财政部. 2020. 企业会计准则应用指南[S]. 2020 年版. 上海：立信会计出版社.

周晓苏. 2018. MBA 专用教材：会计学[M]. 3 版. 大连：大连出版社.

周晓苏. 2013. 会计学[M]. 2 版. 北京：清华大学出版社.